E. von Schenckendorff, Ferdinand Schmidt

Jahrbuch für Volks- und Jugendspiele

Neunter Jahrgang 1900

E. von Schenckendorff, Ferdinand Schmidt

Jahrbuch für Volks- und Jugendspiele
Neunter Jahrgang 1900

ISBN/EAN: 9783742812759

Manufactured in Europe, USA, Canada, Australia, Japa

Cover: Foto ©Thomas Meinert / pixelio.de

Manufactured and distributed by brebook publishing software
(www.brebook.com)

E. von Schenckendorff, Ferdinand Schmidt

Jahrbuch für Volks- und Jugendspiele

von Schenckendorff

Jahrbuch
für
Volks- und Jugendspiele

Herausgegeben von

E. von Schenckendorff und
Dr. med. F. A. Schmidt

Vorsitzenden des Zentral-Ausschusses zur Förderung der Volks- und Jugendspiele in Deutschland.

Neunter
Jahrgang
1900

Leipzig, im Jahre 1900.

R. Voigtländers Verlag.

Inhalt.

I. Die Volks- und Jugendspiele in Theorie und Praxis.

A. Abhandlungen allgemeinen Inhalts.

Seite

1. Zum Eingange, von Dr. med. F. A. Schmidt, Bonn 1
2. Zehn Jahre unserer Arbeit, von E. von Schenckendorff, Görlitz . . . 3
3. Wehrkraft und Jugenderziehung 14
    1. Überblick über die Entstehung der Bestrebungen, von E. v. Schenckendorff, Görlitz 14
    2. Die Sitzung des Ausschusses für Förderung der Wehrkraft durch Erziehung am 4. März 1900 in Berlin 21
        a) Ansprache des Vorsitzenden v. Schenckendorff 21
        b) Die Ausführungen des Hauptberichterstatters Direktor Dr. Lorenz, Quedlinburg 25
        c) Ausführungen des Mitberichterstatters Dr. med. F. A. Schmidt, Bonn 42
        d) Erörterung des Ausschusses 48
        e) Die Leitsätze des Ausschusses für Förderung der Wehrkraft durch Erziehung 61
4. Die Erziehung zum Mute und die geistige Seite der Leibesübungen, nach dem gleichnamigen Werke des Professor Dr. K. Koch, dargestellt von Dr. E. Witte, Braunschweig 66
5. Die historischen Grundlagen der öffentlichen Feste in Deutschland, von Oberlehrer K. Dunker, Hadersleben 80
6. Über den Einfluß der Bewegungsspiele auf die Erstarkung des weiblichen Geschlechts, von Turninspektor A. Hermann, Braunschweig 94
7. Wie kann das weibliche Geschlecht noch mehr für die Bewegungsspiele gewonnen werden? von Martha Thurm, Krefeld 100
8. Die deutsche Gesellschaft für Volksbäder und ihre Ziele, von A. Pezold, Berlin 118
9. Welche Vorteile und Nachteile sind mit den Wettspielen der Spielvereinigungen verbunden? von Dr. med. F. A. Schmidt, Bonn 119

Seite

10. Die Spielplätze in den deutschen Orten über 5000 Einwohner in den Jahren 1890—1900. Im Auftrage des Zentral-Ausschusses bearbeitet von R. A. Graf zu Leiningen, Berlin 129

B. Abhandlungen besonderen Inhalts.

1. Wie kann die Spielbewegung an den deutschen Hochschulen gefördert werden? von Oberlehrer Dr. O. Knörk, Gr. Lichterfelde bei Berlin 161
2. Vaterländische Festspiele zu Köln, von Professor Dr. Moldenhauer, Köln 170
3. Vaterländische Festspiele zu Dresden, von Professor Dr. Weißenbach, Dresden 174
4. Lawn-Tennis in Deutschland 1890—1900, von Frhr. von Fichard, Schlettstadt 178
5. Die Spielfeste in der Provinz Schleswig-Holstein im Jahre 1899, von Oberlehrer K. Dunker, Hadersleben 181
6. Volksspiele auf der Insel Gotland, von Dr. med. F. A. Schmidt, Bonn 194
7. Spielfest des Turnvereins „Jahn" zu Siegen am 2. Juli 1899, von W. Forschepiepe, Siegen 208

II. Über den Fortgang der Spiele und verwandten Leibesübungen im Jahre 1899.

1. Die Wettkämpfe des Vorjahres, von Professor Dr. K. Koch, Braunschweig 211
2. Das Fußballspiel im Jahre 1899, von Professor Dr. K. Koch, Braunschweig 219
3. Laufen, Werfen und Springen im Jahre 1899 von O. Fräsdorf, Bonn 224
4. Der Eislauf in den Wintern 1898/99 und 1899/1900, von Turninspektor A. Hermann, Braunschweig 233

III. Spielkurse für Lehrer und Lehrerinnen.

1. Die Spielkurse des Jahres 1900, von E. von Schenckendorff, Görlitz 242
2. Die deutschen Spielkurse des Jahres 1899, von Professor H. Wickenhagen, Rendsburg 244
3. Allgemeine Übersicht über die von 1890—1900 abgehaltenen Spielkurse, von Professor H. Wickenhagen, Rendsburg 246
4. Leiter der Spielkurse von 1890—1900, von Professor H. Wickenhagen, Rendsburg 247

IV. Mitteilungen des Zentral-Ausschusses aus dem Jahre 1899.

Seite

1. Der vierte deutsche Kongreß für Volks- und Jugendspiele zu Königsberg i. Pr. am 25. und 26. Juni 1899. Vom Geschäftsführer des Zentral-Ausschusses Professor H. Raydt, Leipzig 249
2. Verzeichnis der an den Zentral-Ausschuß i. J. 1899 gezahlten Beiträge, vom Schatzmeister Professor Dr. K. Koch, Braunschweig . 256
3. Verzeichnis der Mitglieder des Zentral-Ausschusses und der Unter-Ausschüsse 272
4. Verzeichnis der vom Zentral-Ausschuß herausgegebenen Schriften . 275

Nachträgliche Bemerkung zu Seite 82.

Herr Dr. Schmidt macht zur Geschichte der ersten rheinischen Bergfeiern nachträglich die folgende interessante Mitteilung, welche, da es sich um die historischen Grundlagen der öffentlichen Feste handelt, an dieser Stelle noch bekannt gegeben werden möge:

„Die ersten nachweisbaren Oktoberfeiern in der Bonner Rheingegend, die übrigens nicht von der zum Teil noch französisch gesinnten rheinischen Bevölkerung ausgingen, waren 1818 auf dem Kreuzberg in Bonn, nachdem die erst beabsichtigte Feier auf dem Drachenfels verboten worden war, und 1819 ebenfalls auf dem Kreuzberg. Erstere Feier ging von Gießener Studenten aus, die auf einer Rheinfahrt begriffen waren; letztere von Professoren und Studenten der jungen Universität Bonn. Letztere Feier führte zu einer peinlichen Untersuchung, in welcher außer Arndt auch u. a. Heinrich Heine verwickelt war, der damals am Bonner Gymnasium seine Aufnahmeprüfung zur Universität bestand.

von Schenckendorff.

Erster Abschnitt. Die Volks- und Jugendspiele in Theorie und Praxis.

A. Abhandlungen allgemeinen Inhalts.

1

Zum Eingange.

Unser Jahrbuch bringt diesmal zur Jahrhundertwende eine Zusammenstellung dessen, was der Zentral-Ausschuß bisher erreicht hat. Ob diese Erfolge schon als beträchtliche zu gelten haben, mögen unsere vielen Freunde im Reich entscheiden, welchen wir in diesem Bande die Ergebnisse unseres Thuns gesammelt und nebeneinandergestellt vorlegen. Wohl aber möge es uns gestattet sein, der Entwickelung unserer gemeinsamen Arbeit heute freudig zu gedenken und in dieser Erinnerung den Antrieb zu finden, um auf dem eingeschlagenen Wege thätig und treu zu beharren. So macht auch der rüstige Bergwanderer, den noch weite und beschwerliche Pfade von dem ersehnten Gipfel trennen, ab und zu einen kurzen Halt und wirft einen Blick zurück ins Thal, über das er sich erhoben, um dann neu gestärkt und neu beseelt seinen Anstieg fortzusetzen.

Es war nur ein kleiner Kreis von Männern, der am 21. Mai 1891 auf den Ruf des Herrn von Schenckendorff in Berlin zusammentrat, um zur Ausbreitung der Spiele im Freien bei der deutschen Jugend eine freie Vereinigung zu gründen, den „Zentral-Ausschuß zur Förderung der Volks- und Jugendspiele in Deutschland“. Einig waren wir alle in dem Gefühle der Wichtigkeit unserer Sache, einig in dem Verlangen, der Förderung derselben unsere besten Kräfte zu widmen. Welche Wege aber in der Öffentlichkeit vorerst einzuschlagen seien, schwebte uns andern nur unklar vor. Indes der Mann, der uns zusammenberufen und durch erhebende Worte mit Begeisterung erfüllt hatte, wußte uns auch die Arbeitsgebiete zu erschließen, auf welchen der gute Wille in die ersprießliche That umgesetzt werden konnte. Für die Spielkurse, welche gleich im ersten Sommer des Bestehens der jungen Vereinigung an verschiedenen Orten ihren Anfang nahmen, um von da ab zu einer umfassenden Einrichtung des Zentral-Ausschusses zu werden, hatte er bereits vorher in Görlitz das treffliche Muster geliefert. Bald lag auch schon der erste Band des Jahrbuches vor, — zwar noch bescheiden in seinem Umfange, aber bereits hervorragend durch die Verteilung und Mannigfaltigkeit des Stoffes. Überblicken wir heute die Reihe der Bände des Jahrbuches, und lassen wir vor unserem geistigen Auge den überreichen Inhalt derselben vorüberziehen, so erfüllt uns vor allem mit Freude und Genugthuung, wie aus der Förderung des einfachen Jugendspiels heraus ein Strom von Anregungen sich entwickelte über das gesamte Gebiet frischer, froher Leibesübung in Jugend und Volk und darüber hinaus über die Veredelung des Volkslebens und der Volkserholung in unserem Vaterlande. Wir alle wissen, daß diese Erweiterung des Gedankenkreises, in welchem unsere Bestrebungen sich bewegen, ureigenstes Werk unseres Führers ist. Es folgten die meist glänzend gelungenen und stets sorgfältigst vorbereiteten Kongresse und größeren Versammlungen in Berlin, Magdeburg, München, Hannover, Altona, Bonn und Königsberg. Für bestimmte Richtungen der Arbeit des Zentral-Ausschusses wurden Sonderausschüsse ins Leben gerufen: so der technische Ausschuß, dessen Musterregeln in vielen Tausenden von Heftchen allüberall, wo deutsche Jugend auf dem Spielplatze sich tummelt, verbreitet sind; so der Ausschuß für Volksfeste, der Ausschuß für die Spiele an deutschen Hochschulen und so noch jüngst der Wehrausschuß, dessen Arbeit eine besonders umfassende zu werden verspricht. Aus dem Zentral-Ausschuß heraus wuchsen ferner die Bestrebungen zu einer Vereinigung alles dessen, was in Deutschlands Jugend an erfrischenden Leibesübungen lebt, auf einem großen nationalen Wettkampfsplatz an bedeutungsvoller Stätte. Sind auch diese Bestrebungen zur Zeit in den Hintergrund getreten, die ungeheure Summe hingebender Vorarbeit — und der Hauptanteil davon entfällt wieder auf die Person des Herrn von Schenckendorff — ist sicherlich nicht vergeblich gewesen. Der Gedanke eines solchen Hochfestes deutschen Volkstums geht nicht mehr unter; mögen es nun die alten, mögen es neue Kämpen sein, welche ihn zu gelegener Zeit mit Kraft wieder aufzunehmen wagen.

Alles dies sahen wir in einer kurzen Reihe von Jahren ins Leben treten. Das war aber nur möglich, wenn an der Spitze ein Mann stand, der nicht nur allen seinen Mitarbeitern an Arbeitsfreude und nie rastender Pflichterfüllung ein Vorbild war, sondern der vor allem auch durch seine Herzenswärme und edelste ideale Gesinnung, in guten wie in schweren Tagen stetig strahlend, unserem gemeinsamen Thun voranleuchtete.

Den zahlreichen Freunden unserer Sache aber, welche die persönliche Arbeit von Schenckendorffs, wenn auch kaum in ihrem großen Umfange zu bemessen, so doch anzuerkennen und zu würdigen wissen, glaubte der Vorstand des Zentral-Ausschusses eine Freude zu bereiten, wenn er das Bildnis des verehrten Mannes diesem Band des Jahrbuchs voranzusetzen beschloß. Möge es Herrn von Schenckendorff beschieden sein, in steter Frische und Kraft auch fürderhin weiter zu schaffen und zu wirken, dann wird es um den weiteren Fortgang unserer hohen Sache im deutschen Vaterlande wohl bestellt sein!

Bonn, im Januar 1900.

Im Auftrage des Vorstandes des Zentral-Ausschusses:
Dr. med. F. A. Schmidt, 2. Vorsitzender.

2

Zehn Jahre unsrer Arbeit.

Von E. von Schenckendorff: Görlitz.

Es war an einem herrlichen Oktobertage des Jahres 1889, als die Mitglieder des in Görlitz tagenden Philologenkongresses in großer Zahl auf dem städtischen Turnplatze erschienen waren, um der Vorführung der Jugendspiele des Gymnasiums und Realgymnasiums beizuwohnen. Das Interesse der Kongreßteilnehmer an diesen Spielen war ein ganz besonders reges. Es erklärte sich besonders dadurch, daß schon vor der Ankunft der Kongreßbesucher mittels einer auf Veranlassung des Kultusministers Dr. v. Goßler herausgegebenen Schrift des Gymnasialdirektors Dr. Eitner, „Die Jugendspiele in Görlitz", auf die in guter Entwickelung stehenden Görlitzer Jugendspiele hingewiesen war. Hier hatte der Verein für Knabenhandarbeit die Spiele im Jahre 1883 auf Veranlassung des Berichterstatters aufgenommen, und fanden diese in selten hingebender Weise durch Gymnasialdirektor Dr. Eitner und Oberturnlehrer Jordan die begeistertste Förderung. Als ich im September 1888 in der Angelegenheit der Reform der höheren Lehranstalten mit dem Ausschuß für Schulreform von dem Kultusminister empfangen wurde, wies dieser besonders auf die Notwendigkeit einer wesentlich erhöhten Körperpflege der Jugend hin. Ich konnte darauf erwidern, daß der bekannte Erlaß des Ministers von 1882 die Veranlassung gegeben hätte, die Spiele in Görlitz aufzunehmen. Auf einen später dem Minister von mir erstatteten näheren Bericht antwortete derselbe: „Was in meinem Erlaß vom 27. Oktober 1882 als erwünscht und notwendig bezeichnet worden ist, sehe ich in dem, was von Görlitz berichtet wird, zum großen Teile erreicht. . . . . Wenn Ew. Hochwohlgeboren die Zeit gewinnen, das, was in Görlitz in der Pflege und Ausdehnung der Jugendspiele erreicht ist, der Öffentlichkeit zu übergeben, so zweifle ich nicht, daß dies anregend auf weitere Kreise des Vaterlandes wirken und zur Nacheiferung reizen wird." Diesem Wunsche kam auf meine Bitte Gymnasialdirektor Dr. Eitner in der erwähnten Schrift nach.

Die Kongreßbesucher, die der Jugendspielsache augenscheinlich sympathisch gegenüberstanden, hatten vielfach die Absicht, das Jugendspiel in der eigenen heimischen Anstalt einzuführen. Trotz ungünstigster äußerer Verhältnisse — es waren Ferien, und durch langen Regen war der Spielplatz fast unbrauchbar geworden, sodaß sich, allerdings gegen meinen Willen, die Absicht stark geltend machte, von der Spielvorführung überhaupt abzusehen — leuchtete ein glücklicher Stern über den Spielvorführungen selbst. Neben der eingetretenen Besserung der Witterung war dies nicht zum wenigsten auf das fast vollständige Erscheinen und die musterhafte Haltung der Schüler zurückzuführen, die sehr wohl wußten, was für ihren geliebten Direktor bei dieser Vorführung „auf dem Spiele" stand.

Diese gewagte, dann aber beherzt durchgeführte Vorführung ist das Samenkorn gewesen, aus dem der Zentral-Ausschuß für Volks- und Jugendspiele in Deutschland erwachsen ist. Nach Schluß der Vorführung trat nämlich aus dem Kreise der Zuschauer der allgemeinere Wunsch hervor, daß doch im nächsten Jahre hier 8—10tägige Kurse zur Ausbildung auswärtiger Lehrer abgehalten werden möchten, damit die Einführung der Spiele auch an anderen Stellen des Vaterlandes schon bald ermöglicht werden könnte. Diesem Wunsche kamen als echte Pioniere für die gute Sache Direktor Eitner und Oberturnlehrer Jordan im Jahre 1890 gern nach, und wurden in diesem Jahre 70 Lehrer, die aus den verschiedensten Teilen des Reiches erschienen waren, ausgebildet. Dieser Spielkursus war die erste Frucht aus dem Samenkorn der Spielvorführungen des Philologenkongresses, und hiermit war der Zentral-Ausschuß im Jahre 1890 thatsächlich, wenn auch noch nicht formell begründet.

Durch die dargelegten Vorgänge, ganz besonders aber durch die Spielkurse veranlaßt, hatte sich hier im Anschluß an den genannten Görlitzer Verein wie von selbst eine deutsche Zentralstelle für die Jugendspiele gebildet, und die Geschäfte derselben hatten bereits einen derartigen Umfang angenommen, daß sie notwendig auf breitere Schultern gelegt werden mußten. So sagt der 9. Jahresbericht des Görlitzer Vereins, daß durch diese für die Förderung der Spiele über Görlitz hinausgegangene Thätigkeit etwa 1000 Mk. an Ausgaben erwachsen seien! Sie wurden durch Görlitzer Bürger, die Stadtgemeinde und die Kommunalstände der Oberlausitz bereitwilligst gedeckt. Mit dieser Wirksamkeit war der Boden für eine deutsche Thätigkeit vorbereitet. Ich setzte mich Anfang 1891 dann mit hervorragenden Freunden der Jugendspiele und Vertretern der Deutschen Turnerschaft in Verbindung und berief sie zum 21. Mai 1891 zu einer Versammlung nach Berlin ein. Auf dieser wurde der Zentral-Ausschuß dann formell ins Leben gerufen.

Wie sehr der alte GutsMuths'sche Gedanke, Spiele sind eine Ergänzung des Turnens, in der damaligen Zeit zurückgetreten war, ging schon aus dem Goßlerschen Erlaß von 1882 hervor. Es zeigte sich ferner aus der dargelegten Goßlerschen Anregung von 1888 und trat besonders deutlich auf dem Görlitzer Philologenkongreß hervor, wo zahlreiche Mitglieder auf die Spiele wie auf eine ganz neue Einrichtung der Leibesübungen hinblickten. Auch in der grundlegenden Versammlung des Zentral-Ausschusses wurde das Bedürfnis einer besonderen Zentralstelle, wie ihr Protokoll auf 17 Seiten darlegt, einstimmig anerkannt. In meinem einleitenden Vortrage wies ich nicht allein auf die Bedeutung, sondern auch auf die mannigfachen Vorgänger von GutsMuths bis Hartwich-Düsseldorf hin und empfahl dringend ein freundschaftliches Zusammengehen mit den Turnern.

So sind diese neueren Bestrebungen also nicht vom grünen Tisch, sondern aus dem vollen Leben heraus erwachsen. Auch haben sie nicht einzelne Personen — wenn sie auch ihre Förderer waren — hervorgerufen, sondern das Bedürfnis der Zeit. Ohne hier in eine eigentliche Geschichte des Zentral-Ausschusses eintreten zu wollen, seien nachfolgend vielmehr nur die Grundlinien seiner Entwickelung skizziert. Sie lassen sich leicht nach den drei Richtungen verfolgen: 1. nach der Weckung des Interesses für die Bestrebungen im Volksleben; 2. nach der Förderung der Spiele selbst und 3. nach dem Bestreben, die Sache der gesundheitsfördernden Leibesübungen überhaupt zu höherem Ansehen im Volke, als der wichtigsten Triebfeder zu ihrer Förderung, zu führen.

Nach dem Beschlusse der grundlegenden Versammlung des 21. Mai 1891 sollte von der Bildung eines Vereins abgesehen und nur eine freie Vereinigung von Männern angestrebt werden, die als hervorragende Förderer der Spiele in Deutschland anzusehen wären. So hat der Zentral-Ausschuß bisher nur aus einer Gesamtmitgliederzahl von 40—50 bestanden. Auch eigentliche Satzungen hat er seither nicht gehabt; doch ist 1897 eine Geschäftsordnung, die im 7. Jahrbuch auf den Seiten 256 59 abgedruckt ist, eingeführt worden. Diese Organisation hatte jedenfalls den großen Vorteil, daß die Initiative des Zentral-Ausschusses eine freiere war und seine Arbeiten nicht durch Vereinsformalitäten und -Rücksichten erschwert wurden.

Was die erste Richtung seiner Thätigkeit, nämlich die Weckung des Interesses für die Spiele im Volksleben, betrifft, so mußte zunächst das Verständnis in die maßgebenden und in die weiteren Volkskreise getragen werden. Der Zentral-Ausschuß gab daher dauernde Anregung bei den Staatsbehörden, bei den Städten, Schulen, Lehrern, Ärzten und geeigneten Vereinen, stellte Anträge und hielt jene Stellen über die Entwickelung im Laufenden; ebenso suchte er in der politischen wie in der pädagogischen, turnerischen und medizinischen Presse auf die weiteren Volks- wie Fachkreise einzuwirken. Nach der gleichen Richtung wirkten Vorträge und die Veröffentlichung wie gelegentliche Verteilung von Schriften. An diesen Vorträgen auf den Kongressen und im Reiche haben sich viele Mitglieder des Zentral-Ausschusses, besonders seine Vorstandsmitglieder beteiligt. So hat u. a. Herr Turninspektor Hermann außer seinen Reden auf den Versammlungen des Zentral-Ausschusses in größeren Orten Vorträge gehalten in Leipzig, Stettin, Charlottenburg, Holzminden, Höxter, Kolberg, Altona, Erfurt, Stade und Bonn. Ähnliches wäre von den Herren Dr. Schmidt, Raydt, Koch und Weber und vielen anderen zu berichten. Von den Schriften ist das Jahrbuch des Zentral-Ausschusses das wesentlichste, das zugleich als Quellenwerk der gesamten Bestrebungen zu erachten ist. Die Anregungen haben die mannigfachsten Früchte getragen. Eine derselben von größerer Bedeutung war die erreichte wirtschaftliche Sicherstellung des Zentral-Ausschusses. Sie knüpfte an die Erwägung an, daß das größte Bedürfnis für die Leibesübungen im Freien zweifellos bei der in den Städten aufwachsenden Jugend wie bei ihrer Bevölkerung überhaupt vorliege, da zu den vielen in sitzender Stellung und in geschlossenen Räumen zugebrachten Schul- und Arbeitsstunden, die an sich schon der ausgleichenden körperlichen Bewegung bedürfen, noch die mannigfachen gesundheitlichen Nachteile des engen Zusammenwohnens hinzutreten. Der Zentral-Ausschuß hat seinen wirtschaftlichen Stützpunkt daher von vornherein in den deutschen Städten gesucht und auch gefunden, indem er ihnen die Bitte unterbreitete, ihm für die allmähliche Durchführung seiner Aufgaben einen jährlichen Beitrag von 1 Mk. auf je 1000 Einwohner zuzuwenden. Diesem Ersuchen haben zur Zeit schon mehr als 330 Städte entsprochen, und glaube ich, daß sich angesichts der Bedeutung, welche diese Bewegung gefunden hat, auch die übrigen Städte auf die Dauer, schon im Interesse der eigenen heimischen Jugend, welcher die Bewegung gleichmäßig zu statten kommt, nicht werden entziehen können.

Dankend sei hierbei auch der hervorragenden Unterstützung gedacht, die der preußische Unterrichtsminister Dr. Bosse unserem Unternehmen zugewandt hat, und zwar mit jährlichen Beihilfen von durchschnittlich 3000 Mk., sowie durch den Ankauf von je 1200 Exemplaren der Jahrbücher behufs Verteilung an die Schulen und Seminare. Auch einige andere Behörden und eine Reihe von Vereinen wie einige Privatpersonen zahlen uns in dankenswerter Weise laufende Beiträge. Eine eigentliche Werbung hierfür hat, da der Zentral-Ausschuß kein Verein ist, außer bei den Städten nicht stattgefunden.

Der Verbreitung des Wortes reihten sich dann zu seiner Belebung Versammlungen und Kongresse an, deren zahlreicher Besuch Zeugnis von dem auf diesem Gebiete erwachten Leben ablegte. Um diesen Einfluß auf die Verbreitung der Bewegung nachzuweisen, könnten zahlreiche Belege beigebracht werden. Besonders waren es die Gemeindebehörden und Lehrerkreise, welche zahlreich diese Versammlungen, mit denen stets auch Spielvorführungen sowie Ausstellungen von Spielgeräten und litterarischen Fachschriften verbunden waren, beschickten. Dabei sei hervorgehoben, daß auch die von den Freunden im Lande zahlreich veranstalteten Versammlungen außerordentlich gut besucht waren.

Hinsichtlich des zweiten Arbeitsgebietes, nämlich der Förderung der Spiele selbst, ist zunächst auf die schon erwähnten Spielkurse hinzuweisen. Wie sein eifriges Mitglied Herr Professor Wickenhagen im Abschnitt III, 3 dieses Jahrbuchs statistisch nachweist, haben in diesen in allen deutschen Landesteilen abgehaltenen Kursen von 1890 bis Ende 1899, also in zehn Jahren, 3736 Lehrer und 1956 Lehrerinnen ihre Ausbildung erfahren! Bedenkt man, daß viele derselben die Spiele dann in ihren heimischen Kreisen aufgenommen und gefördert haben, so erkennt man hiermit die reife Saat, die von den Spielkursen ausgestreut worden ist.

Sodann sind von den Unterausschüssen des Zentral-Ausschusses auf Grund vielseitiger Erfahrungen die Spielregeln für eine größere Reihe von Spielen, sowie grundlegende Schriften herausgegeben worden, die am Schlusse dieses Jahrbuchs unter IV, 4 verzeichnet sind. Dazu sind Flugschriften, Preisschriften, sowie die größere Lorenz'sche Schrift „Wehrkraft und Jugenderziehung" hinzugetreten. Auch für die Belebung der Spiele an den deutschen Hochschulen und in der gewerblichen Jugend ist mannigfach gewirkt worden. Eine besondere Fürsorge wurde der Schaffung von Spielplätzen in den einzelnen Orten zugewendet. Ihr gegenwärtiger Stand ergiebt sich aus der dankenswerten Statistik des Herrn Grafen zu Leiningen, wie sie nachfolgend am Schlusse dieses Abschnitts unter I A 10 für den zehnjährigen Zeitraum von 1890—1899 bearbeitet worden ist. Daß auch in zahlreichen Fällen, besonders von unserem rührigen Geschäftsführer Professor Raydt in Leipzig, Auskunft über Einrichtungen aller Art, über Spielplätze, Spielgeräte und Spielbetrieb, über Litteratur u. s. w. gegeben worden ist, und daß einer großen Anzahl von Vereinsgründungen, durch die die Spiele selbst dann an zahlreichen Orten zur Einführung gelangten, die helfende Hand geboten wurde, sei hier noch erwähnt.

So ist aus diesem Wirken ein hocherfreuliches Gesamtbild des heutigen Spiellebens erwachsen. Es wäre aber unzutreffend und zugleich ungerecht, wollte man das, was hier seit 1891 entstanden ist, allein der Thätigkeit des Zentral-Ausschusses zuschreiben; hat er in diesen zehn Jahren auch unermüdlich das Interesse in allen Kreisen zu wecken gesucht und die Spielsache selbst durchgebildet, so ist die Zahl derer, die hier erfolgreich mitgewirkt haben und weiter mitwirken, doch sehr erheblich, und nenne ich nur die oberen Schulverwaltungen, die Militärbehörden, die Direktoren und Lehrer der Schulen, die Gemeinden, besonders die Städte, die Turnerschaft mit ihren Turnvereinen, die schon seit langen Jahren, wenn auch in unzureichendem Maße, Pflegestätten der Spiele gewesen waren, ferner andere für die Spiele selbst geschaffene Vereine und endlich eine große, stattliche Zahl einzelner für die Sache begeisterter Personen. Sie alle haben zum Wohle der Jugend und des Volkes an der reichen Entfaltung der Bewegung beigetragen.

So hocherfreulich diese Entwickelung nun aber auch sein mag, und so segensreich schon lange vorher das Turnen und andere Leibesübungen für die gedeihliche Gesamtentwickelung der Jugend, für die Gesundheit der Erwachsenen wie für die Erhaltung der Volkskraft gewirkt haben, so darf man sich doch nicht verhehlen, daß im Volksleben die Zahl derer, die heute regelmäßig turnen, spielen, laufen, rudern oder sonst eine Bewegungsart mit Eifer pflegen, im Verhältnis zur Gesamtzahl der Bevölkerung noch immer verschwindend gering ist. Im Unterrichtsplane der Schulen aber erscheinen Turnen und Spiel vielfach noch immer als ein im Vergleich mit anderen Bildungsfächern untergeordnetes „technisches Fach" und mit verhältnismäßig geringer Stundenzahl, während doch alle wissenschaftlichen Fächer ohne Ausnahme nur recht erfolgreich wirken, wenn die Jugend auch frisch und aufnahmefähig ist, wenn sie eine nachhaltige Arbeitskraft besitzt, wenn durch die jugendlichen Adern auch ein frischer Lebensstrom zieht. So hat die neuere Entwickelung nur relativ große Fortschritte gemacht, denn noch immer stehen Körperkraft und Gesundheit weit hinter dem geistigen Ringen der Zeit zurück!

Diese Überzeugung durchdrang den Zentral-Ausschuß schon von Anfang seiner Begründung an, und sie führte daher zur dritten, vorher bezeichneten Richtung seiner Thätigkeit, nämlich dazu, die **Sache aller gesundheitsfördernden Leibesübungen überhaupt zu höherem Ansehen im Volke zu führen.** Nur wenn dies gelang, konnten die der allgemeineren Entwickelung noch im Wege stehenden Hindernisse beseitigt werden. Naturgemäß kann ein so weit ausgestecktes Ziel, das der gesamten Volksauffassung eine veränderte, ja eine idealere Richtung geben soll, nur ganz allmählich erreicht werden. So können auch die aus diesem Beweggrunde entsprossenen Schritte des Zentral-Ausschusses nur erst in einigen Zügen geschildert werden, ohne daß es möglich ist, die Erfolge dieser Bemühungen heute schon greifbar vorführen zu können. Und doch ist dem Zentral-Ausschuß gerade auf diesem Gebiete zum Teil der heftigste Widerstand entgegengetreten. Eine künftige Zeit wird ihm größere Gerechtigkeit widerfahren lassen, denn die Leibesübungen zu höherer Wertung im Volksleben zu führen, ist die notwendigste Vorbedingung, um die Hindernisse für ihr volles Aufblühen zu beseitigen.

Am 22. Januar 1893 trat der Zentral-Ausschuß zuerst in dieser Thätigkeit hervor. Er verhandelte in Anwesenheit der leitenden Männer des Militär-Erziehungswesens, des Generals der Infanterie von Keßler und des Generalmajors von Amann, über die Frage: „Inwiefern nützen die Jugend- und Volksspiele der

Armee?" Nach den eingehenden Referaten des Geheimen Sanitätsrats Dr. Graf-Elberfeld und Dr. med. Schmidt-Bonn, in denen von GutsMuths an die Männer ausgeführt wurden, die die Leibesübungen der Schuljugend, also Turnen und Spiele, in den Dienst der Wehrhaftigkeit stellen wollten, kann der folgende Satz als das einmütige Ergebnis der Verhandlungen hingestellt werden: „Nicht Vorwegnahme militärischer Dienstformen oder militärischer Drill sind anzustreben, sondern die harmonische Leibesentwickelung des ganzen Menschen durch Turnen und Spiel, um dem Vaterlande eine kraftvolle, tüchtig entwickelte, leistungsfähige und ausdauernde deutsche Jugend als Grundlage des Volksheeres zu schaffen." Mit dieser ersten Anregung hatte es zunächst sein Bewenden.

Im weiteren Verlauf seiner Bestrebungen erkannte der Zentral-Ausschuß aber immer mehr und mehr, daß man die Leibesübungen allgemein wohl für ganz förderlich und segensreich hielt, aber es fehlte der großen Masse des Volkes doch die Kraft, nach dieser Einsicht auch zu leben und insbesondere die Trägheit der Glieder, die durch die Lebensgewohnheit und die Arbeitsweise ihre Nahrung fand, zu überwinden. Dies konnte dann geschehen, wenn die Lust für die Leibesübungen derartig erwuchs, daß sie zu einer lebendigen Sitte des Volkes geworden war. Man mußte daher, sagten wir uns, das Volk da aufsuchen, wo alle Stände vereint sind; das war bei den Volksfesten, auf denen die Leibesübungen mustergültig vorzuführen waren. Von diesen Anregungen bei diesen Gelegenheiten war viel zu erwarten. Aber diese Volksfeste befanden sich in tiefem Niedergange. So schrieb der Zentral-Ausschuß 1894 die Preisaufgabe aus: „Wie sind die Feste des deutschen Volkes zeitgemäß zu reformieren und zu wahren Volksfesten zu machen?" Unerwartet groß war der Erfolg dieses Ausschreibens, da 42 umfangreiche und zum Teil vortreffliche Arbeiten eingingen. Wir bildeten dann 1895 einen Ausschuß für Volksfeste. Bei seiner Thätigkeit trat bald hervor, daß solche reformierte Volksfeste in absehbarer Zeit aber nur dann eine allgemeinere Verbreitung in Deutschland finden könnten, wenn sie ihrerseits eine kräftige Anregung von einem periodisch, etwa fünfjährig, wiederkehrenden allgemeineren deutschen Feste, dem deutschen Nationalfeste, erhielten. Diese Bestrebungen wurden im Oktober 1895 und zwar in einer Vorstandssitzung zu Hannover aufgenommen. Treffend schrieb Dr. Schmidt später im 4. Heft der Zeitschrift

„Deutsche Nationalfeste“: „Jünglinge und Männer deutschen Stammes sollen hier vor versammeltem Volke ihre Tüchtigkeit und Leistungsfähigkeit auf dem Gebiete der Leibesübungen darthun und in festlicher Stunde die frohe Gewähr geben, daß die Zukunft des deutschen Volkes auf den Schultern eines heranwachsenden mannhaften, kraftvollen und unverdorbenen Geschlechtes ruht. Es sollen diese Darbietungen in Art und Umfang ein Vorbild und Muster für örtliche Veranstaltungen im kleineren Rahmen bei vaterländischen Volksfeiern geben, um damit die längst als notwendig empfundene Veredelung und Hebung der Feste im deutschen Volke in die rechten Wege zu leiten.“

Auf die Entwickelung dieser Bestrebungen, die sich, wenn auch unter gleicher Leitung stehend, doch infolge der neu erwachsenden großen Aufgaben vom Zentral-Ausschuß abzweigten, und denen sich zahlreiche Männer von hohen vaterländischen Verdiensten anschlossen, hier einzugehen, erübrigt sich schon formell aus dem Grunde, weil sie außerhalb der Thätigkeit des Zentral-Ausschusses liegen. Dieser begnügte sich mit der weiteren Förderung der örtlichen Volksfeste. Es sei aber, um über den weiteren Verlauf dieser vom Zentral-Ausschuß angeregten Bestrebungen doch Mitteilung zu machen, berichtet, daß dieser Plan besonders heftigem Widerstande aus den Reihen der Deutschen Turnerschaft begegnete. Die Gründe hierfür, die einer Erläuterung nicht bedürfen, gehen am unzweideutigsten aus den Hamburger Beschlüssen des Ausschusses der Turnerschaft im Jahre 1898 hervor, wonach 1) „das Nationalfest nicht aus einem Volksbedürfnis hervorgegangen sei, 2) nur eine beschränkte Anzahl von Höchstleistungen erzielt würde, 3) ein großer Teil des Interesses und der materiellen Mittel der Bessergestellten der deutschen Turnsache und ihren Bedürfnissen verloren ginge und 4) Nationalfeste und deutsche Turnfeste nicht nebeneinander bestehen könnten, ohne daß die einen durch die anderen geschädigt werden“. Diese Beschlüsse waren der Anfang von schweren Kämpfen mit der Turnerschaft und hemmten zweifellos den freien Fortgang der Nationalfestbestrebungen, die dahin ihre Wendung nahmen, daß sich im März 1899 der Reichsverein für vaterländische Festspiele begründete, der zunächst durch Schaffung örtlicher vaterländischer Festspiele eine umfassendere Reform der Volksfeste anzustreben hat, aus welcher das Nationalfest selbst dann als Krone des Ganzen hervorgehen soll.

Nun die ganze Entwickelung in allen ihren Abschnitten vorliegt, kann ich aus dem Einblick in die Gesamtverhältnisse nur feststellen, daß zugleich doch auch tiefer liegende Gründe für das zeitliche Fehlschlagen des Planes vorlagen als die Dargelegten. Diese Gründe lagen in der großen Unruhe der Zeit mit ihren hochgehenden politischen und sozialen Wogen und in dem mit seltner Schärfe erwachten Interessenkampfe aller Stände. In dieser Atmosphäre konnte ein Werk, das friedliche öffentliche Verhältnisse zur Voraussetzung hatte, nicht gedeihen. Auch auf dem neu eingeschlagenen Wege wird man den geeigneten Zeitpunkt für die Einrichtung des Nationalfestes von dem Herannahen ruhigerer öffentlicher Zustände abzuwarten haben. Ebenso wird die künftige Wahl des Festortes nicht nach den Reizen der Natur zu bestimmen sein, denen sich bei der Wahl von Rüdesheim allerdings eine selten opferfreudige und patriotische Bürgerschaft, sowie eine weitgehende Unterstützung der Rheinlande zugesellten; sondern es wird eine Stätte zu wählen sein, auf welcher sich ein Stück ruhmreicher deutscher Geschichte vollzogen hat, die mit dem deutschen Einheitsgedanken verknüpft ist.

Ist nun auch das Nationalfest selbst jetzt nicht erreicht, so ist doch der ursprüngliche Plan der Reform der Volksfeste in Fluß geraten, sodaß auch von dieser Seite her die Förderung der Leibesübungen zunehmend ihre Nahrung finden wird.

Seit 1898 hat der Zentral-Ausschuß aber seine früheren Wehrkraftbestrebungen wieder aufgenommen. Die nachfolgende Abhandlung „Wehrkraft und Jugenderziehung" giebt hierüber eingehendere Mitteilung, und soll dem folgenden Berichte hier nicht vorgegriffen werden. Vielleicht ist hiermit der Weg ermittelt, auf welchem die Hauptvertreter der Leibesübungen in Deutschland zu wahrhafter Hebung deutscher Volkskraft friedlich und gedeihlich zusammenwirken können.

So kann der Zentral-Ausschuß — und diese Anerkennung ist seiner seitherigen Thätigkeit so ziemlich allgemein zugesprochen — mit einer gewissen Genugthuung auf das erste Jahrzehnt seiner Arbeit zurückblicken. Wenn diese sich frei und kräftig entwickeln konnte, so ist dies nicht zum wenigsten dem geschlossenen Zusammenhalten und gedeihlichen Ineinanderarbeiten aller Mitglieder des Zentral-Ausschusses zu danken. Er hatte in dieser Zeit wohl manchen äußeren Gegner zu bekämpfen, aber in sich ist er, so groß die Gegensätze in der Auffassung auch zuweilen waren, doch vor Konflikten irgend welcher Art verschont geblieben. Das harmonische Zusammenwirken zeigte sich ganz besonders auch im engeren Kreise des Vorstandes. Das bei diesem Rückblick hervorzuheben und dankend anzuerkennen, ist mir ein aufrichtiges Herzensbedürfnis. Wenn der Zentral-

Ausschuß aber auch verhältnismäßig leicht den Boden für seine Thätigkeit fand und diese mit den vorher bereits genannten helfenden Kräften darauf fruchtbringend entfalten konnte, so liegt die Erklärung vor allem darin, daß er an einem allgemein empfundenen Zeitbedürfnis anknüpfte. Sein Zweck kommt im Satz 1 seiner „Geschäftsordnung“ zum Ausdruck, worin es heißt: „Der Zentral-Ausschuß ist aus den Bestrebungen hervorgegangen, die Leibesübungen in Schule und Volk mehr ins Freie zu verlegen.“ Dazu drängen aber mehr und mehr die Fortschritte unserer geistigen und technischen Kultur und die dadurch bedingte Lebensweise. Unser Aufenthalt ist im wesentlichen das Zimmer, der geschlossene Raum, sei es als Wohnung oder als Arbeitsstätte. Tage, ja zuweilen Wochen vergehen für den Kulturmenschen, ehe er sich diesen ihn umschließenden Mauern entziehen und hinaus ins Freie, in die Natur eilen kann. Zu dieser Einengung kommt die einseitige, durch den Beruf bedingte Inanspruchnahme der Kräfte. Und rechnet man hierzu die kräfteraubende Genußsucht unserer Zeit und die Gewöhnung, auch die Erholung in geschlossenen Räumen zu suchen, so überschaut man ein solch großes Maß gesundheitswidriger Einflüsse auf den Kulturmenschen, daß es nicht wunder nehmen kann, wenn das Drängen ins Freie ein allgemein empfundenes Bedürfnis geworden ist. Aber es kommt noch ein zweites hinzu, daß nämlich das Arbeitsleben des Kulturmenschen immer weniger körperliche Anstrengungen erfordert, und daß auch da, wo die Fortbewegung sie noch notwendig machen würde, Beförderungseinrichtungen aller Art zur Verfügung stehen. Und um in dem Hasten und Drängen, das uns alle ergriffen hat, Zeit zu ersparen, benutzt sie fast jedermann. So erwacht in der für die Erholung gegebenen Zeit, soweit noch der Kern des Menschen gesund geblieben ist, naturgemäß auch die Lust zu körperlicher Anstrengung. Diese und der Drang ins Freie sind aber die ersten Voraussetzungen eifrig betriebener Leibesübungen im Freien und hiermit auch der Jugend- und Volksspiele.

So eröffnet sich für die Thätigkeit des Zentral-Ausschusses auch weiterhin noch ein großes, ungemessenes Arbeitsfeld. Möchte er es zum Segen des deutschen Volkes immer weiter erschließen helfen durch treue Arbeit, durch die Ermittelung der besten Bedingungen für diese Erschließung und vor allem auch durch die Hebung des Ansehens der Leibesübungen, ohne welches das Volk nicht erfaßt wird und ohne das auch die begeistertsten Bestrebungen zur Förderung des Turnens, Spiels und Sports im Verhältnis zum Ganzen ein Stückwerk bleiben. Unser Ziel bleibt aber auch im neuen Jahrzehnt das gleiche wie es am Anfang des ersten war, nämlich auch zu unserem Teile auf die Erzielung eines körperlich und geistig gesunden Geschlechtes hinzuwirken. Heil unserem Volke!

3

Wehrkraft und Jugenderziehung.

1. Überblick über die Entstehung der Bestrebungen.

Von E. von Schenckendorff—Görlitz.

Wer die großen Kraftanstrengungen übersieht, die, etwa mit dem Anfange des letzten Jahrhunderts beginnend, sich zunehmend für die Einführung einer ihrem Zweck genügenden gymnastischen Schulung des deutschen Volkes geltend gemacht haben, und insbesondere die zahlreichen Stellen in ihrer Wirksamkeit verfolgt, die heute auf dem Gebiet des Turnens, Spiels und Sports thätig sind, der gelangt zu dem wenig erfreulichen Ergebnis, daß das erreichte Ziel noch in keiner Weise mit der darauf verwendeten hingebenden und begeisterten Arbeit im Einklange steht. Die Ursache dürfte bei der Schule vornehmlich darin liegen, daß in vielen maßgebenden Kreisen der Schulverwaltung die Frage der leiblichen Erziehung der Jugend den übrigen Bildungsfragen gegenüber noch immer als minderwertig, ja zum Teil überhaupt nicht als eine Aufgabe der Schule erachtet wird, daß vor allem auch ihre vaterländische Bedeutung noch viel zu wenig in den Vordergrund tritt. Im Volksleben aber, in welchem sich die Früchte der gymnastischen Erziehung zu wenig geltend machen, bleibt durch die sich drängenden Anforderungen des Tages der Ruf nach der so notwendigen leiblichen Erfrischung unerfüllt, da Gleichgültigkeit und Trägheit so große Hindernisse entgegenstellen, daß der gute Wille erlahmt. So haben verhältnismäßig nur wenig die Willensstärke, um ihre körperlichen Kräfte im Interesse ihrer Gesundheit und der Erhaltung ihrer Arbeitskraft und Lebensfrische regelmäßig zu üben und zu schulen.

Unser Kaiser hat in der Schulkonferenz 1890 die Bedeutung der körperlichen Erziehung auf die hohe vaterländische Staffel gestellt, indem er an die Jugenderzieher die ernste Mahnung richtete: „Bedenken Sie, was uns für ein Nachwuchs für die Landesverteidigung erwächst!"

Diese ernste vaterländische Mahnung unseres Kaisers steht mit so mancher anderen Anregung im Einklang, welche in dem letzten Jahrhundert von bedeutungsvollen Männern ausgegangen ist. Der 1891 gegründete Zentral-Ausschuß zur Förderung der Volks- und Jugendspiele suchte deshalb dahin zu wirken, die vaterländische Bedeutung der Leibesübungen in den Vordergrund der Beweggründe zu stellen. So verhandelte er in seiner Sitzung zu Berlin am 22. Januar 1893 über die Frage: „Inwiefern nützen die Jugend- und Volksspiele der Armee?“ Die Verhandlungen haben im II. Jahrbuch des Zentral-Ausschusses 1893 auf den Seiten 159—178 wörtlich Aufnahme gefunden. Aus den trefflichen Ausführungen des Berichterstatters, Geheimen Sanitätsrats und Abgeordneten Dr. Graf-Elberfeld, und des Mitberichterstatters, Dr. med. F. A. Schmidt-Bonn, seien hier zur Kennzeichnung der Ideenrichtung, in welcher die Frage behandelt wurde, die folgenden Stellen wiedergegeben. Der erstere sagte, indem er zugleich die auf rein militärische Übungen gerichteten Auswüchse der Jugenderziehung verurteilte und dann das hier zu verfolgende richtige Ziel kennzeichnete, u. a.:

„Die Bewegung für die militärische Jugenderziehung ist nicht neu; sie schwebte namentlich den Männern, welche die Befreiungskriege von der napoleonischen Fremdherrschaft vorbereiteten, als Ideal vor. In Fichtes ‚Reden an die deutsche Nation‘ wird auf die notwendige Umgestaltung der nationalen Erziehung hingewiesen; Gneisenau schrieb damals seine bekannte Abhandlung „Über die militärische Organisation der Schulen im Lande“; Ernst Moritz Arndt sprach sich 1813 im gleichen Sinne dahin aus: „Keine stehenden Heere, sondern ein ganzes Volk von Soldaten durch Vorübung der ganzen männlichen Jugend!“ GutsMuths, der große Vorkämpfer für die Gymnastik der Jugend, hatte schon Ende des vorigen Jahrhunderts die kriegerische Waffenübung der Jugend in sein Programm aufgenommen; 1814 während der Volkserhebung präzisierte er seine Forderungen und wollte in Städten und Dörfern die männliche Jugend in Compagnien und Bataillonen sammeln. Aber ebenso deutlich spricht GutsMuths im Jahre 1817 in seinem Turnbuch es aus, daß er die kriegerische Ausbildung, die Einführung der völligen Waffenübung bei der Schule verwirft; er will deshalb nur durch allgemeine turnerische Vorbildung die Wehrhaftigkeit steigern. Ähnlich stand Friedrich Ludwig Jahn zur Sache: er verlangte dreijährige Dienstzeit: ein Jahr als Dienstlerner, ein Jahr als Dienstthuer, das dritte Jahr als Dienstlehrer. Nie hat er das Turnen als Ersatz für die militärische Ausbildung erklärt . . .

So bleibt uns denn nur übrig, durch Turnen und Jugendspiele der harmonischen Entwickelung des ganzen Menschen fördernd zur Seite zu stehen, die auch ein so gründlicher Kenner der soldatischen Ausbildung wie der General v. Willich als einen sehr wesentlichen Vorläufer der eigentlichen militärischen Schulung ansieht. Herr v. Willich sagte schon 1861: „Die Gymnastik muß bei uns bis in die Volksschule ihre eingreifende Wirksamkeit ausüben, und die Lust an körperlichen Übungen muß dem Volkscharakter wieder eingepflanzt werden. Diese Lust wird durch die Jugendspiele in hervorragendem Maße bewirkt und erhalten, und so werden sich dieselben auch hierdurch für die Wehrhaftigkeit unserer Nation als nutzbringend erweisen."

Der Mitberichterstatter Dr. med. F. A. Schmidt führte u. a. das Folgende aus:

„Meinen ergänzenden Ausführungen über die Frage: „Inwiefern nützen die Spiele und Leibesübungen im Freien der Armee?" möchte ich zunächst den Satz voranstellen: daß alle Bemühungen, welche auf Erhöhung der Wehrkraft unserer Jugend, d. h. ihrer Militärtauglichkeit abzielen, in gleicher Weise der Arbeitskraft und Arbeitstüchtigkeit unseres Volkes im Frieden zu gute kommen. Dies um so mehr, als die Mittel hierzu — und das hat auch mein geehrter Herr Vorredner schon ausgeführt — keineswegs einen ausgesprochen militärischen Charakter haben sollen, sondern ganz in den Rahmen allgemeiner Leibesübungen fallen, wie wir sie von je zur Erhöhung leiblicher Gesundheit, geistiger Frische und arbeitsfreudiger Willenskraft in unserem Vaterland zu fördern suchten. . . .

Alle Anstrengungen, der Jugend in den Entwickelungsjahren der Schulzeit, den Handwerkern, den Kaufmannslehrlingen, den jungen Industriearbeitern u. s. w. durch reichliche regelmäßige Bewegung im Freien körperliche Frische und Tüchtigkeit, namentlich Kräftigung der Organe der Atmung und des Kreislaufs, Förderung der Blutbildung und damit volle, ungehinderte Reifeentwickelung zu schaffen, sind daher für die Tüchtigkeit unseres Heeres von höchster Bedeutung. Nicht Vorwegnahme militärischer Dienstformen und Drills ist anzustreben: das sei lediglich der spezifisch militärischen Heereserziehung überlassen. Unsere Bestrebungen zielen dahin: dem Vaterland eine kraft- und saftvolle, tüchtig entwickelte, leistungsfähige und ausdauernde deutsche Jugend als Grundlage des Volksheeres zu schaffen. . . .

Es ist ein vaterländisches Werk, wenn auf dieses Ziel die freiwillige Arbeit tüchtiger Männer gerichtet wird. Hier ist die langjährige Arbeit deutscher Turnvereine mit ihren Lehrlingsabteilungen zu erweitern, sei es im Rahmen des Gegebenen, sei es durch Neuorganisationen, die ich mir besonders im Anschluß an die Fortbildungsschulen denke. Zu dieser Arbeit im Dienste des Vaterlandes sollten auch mithelfen die gewiß hierzu besonders befähigten Angehörigen des Heeres im Beurlaubtenstande.

Unserem Volke ist die Sonntagsruhe gegeben: nun, lassen wir nicht die heranwachsende Jugend allzu früh dem entnervenden Wirtshausbesuche und anderen niedrigen Vergnügungen verfallen. Befreunden wir sie wieder mehr mit der ewigen Erzieherin, der freien Gottesnatur, und mit der Freude an frischer, stärkender Bewegung in fröhlichem Wettkampf mit den Altersgenossen.

Erst wenn diese freiwillige Arbeit einen nennenswerten Umfang nicht erreichen sollte und im Lärm des Tages solche Anregungen ungehört verhallen, dann möge im Interesse der Arbeits- und Wehrkraft und damit der Existenz unseres Volkes die Frage ernsthaft erwogen werden, ob nicht eine leibliche Erziehung der Jugend auch über die Schuljahre hinaus zu einer verpflichtenden werden soll und muß."

Eine Reihe weiterer Jahre ruhte die Frage der Förderung der Wehrkraft durch Erziehung. Da waren es die 1898 in der „Zeitschrift für Turnen und Jugendspiel“ erschienenen Aufsätze des Realschuldirektors Dr. Lorenz in Quedlinburg „Die Marschleistungen der Kriegsheere, ein Fingerzeig für die Jugenderziehung“, welche die Aufmerksamkeit des Zentral-Ausschusses auf sich lenkten. Meine Anregung im Vorstande des Zentral-Ausschusses, Dr. Lorenz und Dr. Stürenburg, Gymnasialrektor der Kreuzschule zu Dresden, welch letzterer schon 1879 über „Wehrkraft und Erziehung“ geschrieben hatte, als gemeinsame Redner für den 1899 bevorstehenden IV. Kongreß für Volks- und Jugendspiele in Königsberg i. Pr. zu gewinnen, führte bezüglich des letzteren, der zur Kongreßzeit unabkömmlich von Dresden war, leider nicht zum Ziele; doch erklärte sich Dr. Lorenz in einem mich außerordentlich frisch anmutenden Antwortschreiben zu dem Vortrage bereit. Nach eingehendem Briefwechsel mit ihm — in dessen Verlauf ich auch mit militärischen Autoritäten, die litterarisch nach dieser Richtung gewirkt hatten, in Verbindung trat, wie mit den Generalleutnants von der Goltz und von Boguslawsky, mit dem General der Infanterie von Blume und mit dem Oberstleutnant Dr. Jähns, die sämtlich der weiteren Verfolgung des Planes lebhaft zustimmten — wurde das Kongreßthema wie folgt festgestellt: „Welche Anforderungen stellt der Heeresdienst an die moralischen und körperlichen Eigenschaften der Jünglinge, und wie kann die Jugenderziehung im Dienste der nationalen Wehrkraft die Vorbedingungen dazu schaffen?“ Den Bericht übernahm Dr. Lorenz, die Mitberichterstattung Oberstleutnant Dr. Jähns.

Der von mehr als 1000 Personen besuchte Kongreß, über den im IV. Abschnitt dieses Jahrbuchs berichtet wird und welchem die Oberpräsidenten von Goßler und von Bismarck, sowie Vertreter des Unterrichtsministers, des Kriegsministers und des Generalstabsarztes der Armee beiwohnten, nahm die Ausführungen der beiden Redner mit großer Begeisterung auf, und am Schluß fanden die folgenden Leitsätze die einstimmige Annahme:

1. „Die deutsche Jugenderziehung hat aus Rücksicht auf die Erhaltung und weitere Förderung der nationalen Wehrkraft ihre Maßnahmen, insbesondere die Leibesübungen den Anforderungen des Heeresdienstes anzupassen, soweit es die Eigenart der Schule irgend gestattet.

2. Beim Eintritt in das Heer sind Vorkenntnisse im Waffengebrauch, Exerzieren und Felddienst nicht erforderlich und auch nicht erwünscht. Die Einrichtung von sogenannten Schülerbataillonen ist daher zu verwerfen.

3. Als Grundlage für die Anforderungen des Heeresdienstes soll die Jugenderziehung bei den Zöglingen auszubilden suchen:

a) Die allgemeinen Bürgertugenden: eine gewissenhafte Pflichterfüllung, Mut und Wahrheitsliebe, willigen Gehorsam, Kameradschaft, Ehrgefühl, Treue zum Landesfürsten wie zu Kaiser und Reich, Gottesfurcht;

b) Stärke des Willens und des Körpers in unlösbarer Wechselwirkung;

c) Fähigkeit zum Ertragen körperlicher Anstrengungen; dies erfordert insbesondere:

straffe und gelenkige Bein- und Gesamtmuskulatur, Abhärtung von Haut und Nerven und einen weiten, dehnungsfähigen Brustkorb mit gesunden Lungen und kraftvollem Herzschlag.

4. Die Kraft- und Geschicklichkeitsübungen des deutschen Turnens an Geräten, sowie Freiübungen und Übungen mit Handgeräten sind unentbehrlich; doch sind im Hinblick auf die Wehrfähigkeit ganz besonders sämtliche volkstümliche Übungen des Turnens zu pflegen, ferner das ganze Jahr hindurch im Turnbetriebe weitausgreifendes Marschieren mit kraftvollem Gleichtritt und Schnellgehen, kerniger Dauerlauf und gelegentlich Bewegungsübungen auf unebenem, durchschnittenem Gelände. Die Ordnungsübungen der Schule sollen sich auf die notwendigsten Bewegungsformen beschränken. Die Einführung einer Hindernisbahn, ähnlich der beim Militär gebräuchlichen, ist erwünscht. Dem Schuhwerk und der Fußpflege ist Aufmerksamkeit zu widmen.

5. Die Jugendspiele, „die edelste Perle des angewandten Turnens", sind, soweit es die klimatischen Verhältnisse gestatten, das ganze Jahr hindurch außerhalb der Turnstunden in grundsätzliche und geordnete Pflege zu nehmen. Jeder Schule muß ein geeigneter Spielplatz zur Verfügung stehen. Die Schüler sind zur Teilnahme an den Spielen verpflichtet. Eine Aufsicht der Schule ist unerläßlich.

6. Kleinere und größere Turnmärsche (Turnfahrten) sollen häufiger stattfinden. Dieselben sollen belebt werden durch Orientierungsübungen, Kartenlesen, Entfernungsschätzen, Sehübungen u. dergl. Kräftiger Gesang der deutschen Wanderlieder ist besonders zu pflegen. Die Einrichtung eines Trommler- und Pfeifercorps ist erwünscht. Die Verpflegung auf den Turnmärschen sei einfach, die Kleidung schlicht.

7. Baden, Schwimmen, Schlittschuhlaufen und Rudern sind möglichst von der Schule zu fördern.

8. Auch an den Fortbildungs- und Fachschulen, sowie an den Hochschulen sind die genannten Übungen thunlichst einzuführen.

9. Es muß von seiten der in Betracht kommenden Behörden darauf gesehen werden, daß die abgehenden Seminaristen und die Kandidaten des höheren Lehramts in den genannten Übungen praktisch und theoretisch erfahren sind.

10. Wettkämpfe mit einfachen Ehrenpreisen sind zu fördern. Der Sedantag oder ein anderer vaterländischer Erinnerungstag soll alljährlich in allen Schulen als ein nationaler Wetturn- und Wettspieltag gefeiert werden."

Diese beiden sich ergänzenden Vorträge sollten aber nicht nur die vaterländische Bedeutung der Leibesübungen von neuem betonen, sondern zugleich den Ausgangspunkt für Vorschläge bilden, die gymnastische

Erziehung der Jugend nach den Forderungen der nationalen Wehrkraft auszugestalten. Daß dies die Grundlage der heutigen gymnastischen Schulerziehung in keiner Weise beeinträchtigen würde, ergiebt sich schon aus den vorstehenden Leitsätzen. In der so vorgebildeten, verstärkten Wehrfähigkeit der deutschen Jugend werden aber vermehrt auch alle Vorbedingungen für die Entwickelung der körperlichen Kräfte erfüllt sein. So wird die körperliche Erziehung in der öffentlichen Meinung auf eine höhere Staffel gehoben, und mit dieser höheren Wertung wird ihr auch diejenige Beachtung endlich zugewendet, die ihr im Interesse der gedeihlichen Gesamtentwickelung der Jugend wie des Vaterlandes gebührt.

Um diese Aufgabe aufzunehmen, bedurfte es der Bildung eines besonderen Ausschusses. Diesen wählte der Kongreß zu Königsberg mit dem Recht der Zuwahl. Er erhielt die Bezeichnung Ausschuß für Förderung der Wehrkraft durch Erziehung. Ihm gehören z. Z. an: der Vorstand des Zentral-Ausschusses und sieben weitere Mitglieder desselben, nämlich v. Schenckendorff-Görlitz, Vorsitzender, Dr. med. F. A. Schmidt-Bonn, stellvertr. Vorsitzender, Dr. Lorenz-Quedlinburg, erster Schriftführer, Turninspektor A. Hermann-Braunschweig, zweiter Schriftführer, Dr. v. Goßler-Danzig, Königlich preuß. Staatsminister, Dr. Euler, Professor und Schulrat, Berlin, Professor Keßler-Stuttgart, Ausschußmitglied der Deutschen Turnerschaft, Professor Dr. Koch-Braunschweig, Stadtschulrat Platen-Magdeburg, Professor Direktor Raydt-Leipzig, städt. Turnwart Schröder-Berlin, Vorsitzender des Deutschen Turnlehrervereins, Königl. wirkl. Rat Weber-München und Gymnasial-Professor Wickenhagen-Rendsburg. Weitere Ergänzungen sind in der Vorbereitung begriffen.

Die erste Aufgabe war, daß Dr. Lorenz seinen Königsberger Vortrag wesentlich erweiterte und darin die Begründung für die Notwendigkeit des hier dargelegten Planes näher entwickelte, auch die zu ergreifenden Maßnahmen im einzelnen näher bezeichnete. Diese schwierige und mühevolle Aufgabe, für welche zum Teil völlig neue Bahnen zu schaffen waren, hat Dr. Lorenz mit größter Hingabe und Begeisterung in seiner Schrift: „Wehrkraft und Jugenderziehung“ *) trefflichst gelöst.

Der Ausschuß hielt seine erste Sitzung am 4. Oktober in

*) R. Voigtländers Verlag, Leipzig.

Eisenach ab. Ihr wohnte auch ein Vertreter des Generalstabsarztes der Armee, von Coler, bei. Aus der Beratung ergaben sich eine Reihe außerordentlicher Schwierigkeiten, die sowohl in der Sache wie in der geschäftlichen Behandlung derselben lagen. Sie sind im weiteren Verlauf überwunden worden, wie die nachfolgende Verhandlung des 4. März zu Berlin ergiebt. Sollte unser Vorgehen von eingreifendem Erfolge sein, so mußte sowohl das preußische Unterrichtsministerium wie das Kriegsministerium unter Darlegung der Ziele dieser Bestrebungen gebeten werden, Vertreter zu diesen Verhandlungen zu entsenden. Von beiden Seiten wurde diesem Gesuche unter der Bekundung größten Interesses entsprochen. Die gleiche Einladung sogleich auch an die anderen deutschen Unterrichts- und Kriegsministerien zu richten, ließ sich nicht zur Ausführung bringen, da zunächst erst eine positive Unterlage für die Arbeiten geschaffen und der Ausschuß sich dieser Aufgabe gegenüber auch erst in sich selbst zusammenfinden mußte.

Vor allem war es aber dem Ausschuß ein Bedürfnis, Sr. Majestät unserem Kaiser, der 1890 durch seine an die Schulkonferenz gerichtete Mahnung die eigentliche Anregung zu diesen Bestrebungen gegeben hatte, den Dank zu bekunden, sowie sein Interesse für die Arbeit des Ausschusses zu erbitten. Der Ausschuß war von hoher Freude wie tiefem Danke erfüllt, als ihm aus dem Kabinett Sr. Majestät zu meinen Händen unter dem 26. Februar 1000 zunächst das folgende huldreiche Schreiben zuging:

„Ew. Hochwohlgeboren teile ich auf das gefällige Schreiben vom 16. d. M. ergebenst mit, daß Se. Majestät der Kaiser und König geruht haben, die Immediateingabe vom gleichen Datum nebst der Schrift, „Wehrkraft und Jugenderziehung“ von Dr. Lorenz den Herren Ministern der geistlichen 2c. Angelegenheiten und des Krieges zur weiteren Veranlassung zu überweisen.“

Der Ausschuß nahm später Gelegenheit, Sr. Majestät auch den in der Sitzung des 4. März angenommenen Arbeitsplan, wie er nachstehend folgt, zu unterbreiten. Darauf ging mir unter dem 14. April das nachfolgende huldvolle Schreiben zu, das alle Förderer und Freunde einer zeitgemäßen Jugenderziehung wie der Erhaltung deutscher Wehrkraft mit aufrichtigster Freude wie mit tiefstem Dank erfüllen wird:

„Ew. Hochwohlgeboren teile ich auf das gefällige Schreiben vom 5. d. M. ergebenst mit, daß Se. Majestät der Kaiser und König von dem mittels Immediateingabe überreichten ‚Arbeitsplan des Ausschusses für Förderung der Wehrkraft durch Erziehung' mit Interesse Kenntnis zu nehmen geruht haben und den auf die Förderung der Wehrhaftigkeit gerichteten Bestrebungen des Ausschusses besten Erfolg wünschen." Der Geheime Kabinettsrat, Wirkliche Geheime Rat von Lucanus.

So sind die Wege zu diesem schönen und großen, aber auch schwierigen Werke geebnet, das noch der gedeihlichen Mitarbeit vieler bedarf. Ob das Werk daher sogleich oder erst später gelingt, muß der Zukunft überlassen werden. Wenn man aber die Gefahr erkennt, die in der Raschlebigkeit, Genußsucht und Nervosität unserer Zeit liegt, welche eine Minderung unserer Wehrkraft herbeizuführen drohen, so wird der vaterländische Gedanke der unbedingten Wahrung und Hochhaltung deutscher Wehrkraft der kräftige Ansporn zur Besiegung der Hindernisse sein und auch die Sympathie der maßgebenden wie der breiten Schichten des Volkes diesem Werke zuwenden. Möchten diese Arbeiten im Interesse der Wohlfahrt und der Zukunft unsers Vaterlandes von reichem Erfolg begleitet sein!

2. Die Sitzung des Ausschusses für Förderung der Wehrkraft durch Erziehung am 4. März 1900 zu Berlin.

a. Ansprache des Vorsitzenden von Schenckendorff.

Ich eröffne die Sitzung des Wehrausschusses und nehme zuerst Anlaß, den Vertreter des preußischen Herrn Unterrichtsministers, Herrn Geheimen Oberregierungsrat Brandi, in unserer Mitte herzlichst willkommen zu heißen. In gleicher Weise hat auch der Herr Kriegsminister sein ganz besonderes Interesse für diese Bestrebungen bekundet, und würde ein Vertreter desselben ebenfalls anwesend sein, wenn nicht ein rein zufälliger äußerer Grund dies verhindert hätte. Ich nehme Gelegenheit, beiden hohen Stellen den herzlichsten Dank für dies Interesse auszusprechen.

Wenn wir die leitenden Unterrichts- und Militärbehörden Preußens, in dessen Hauptstadt wir heute tagen, gebeten haben, an unseren Arbeiten teilzunehmen, so geschah es, weil hier ein gemeinsames Gebiet vorliegt, auf welchem das staatliche und das Volksinteresse sich eng berühren, ja in eins zusammenfallen. Denn die große Sache, die uns hier verbindet, nämlich die Fürsorge für die Sicherheit des Vaterlandes wie die Förderung der Volkskraft, als des Lebensnervs aller Volkskultur, sind dem Staate wie dem Volke gleichmäßig hohe ideale Ziele ihres Strebens.

Dies Zusammenarbeiten, das für die Förderung unserer Bestrebungen von großer, ja ausschlaggebender Bedeutung ist, legt uns natürlich die Pflicht auf, daß wir uns mit unseren Vorschlägen auf gangbaren Wegen halten, also in absehbarer Zeit unerfüllbare Forderungen nicht aufstellen, und dann, daß wir wohl hier in unserem Kreise ohne Rückhalt und völlig freimütig unsere Ansichten äußern, aber den Streit unserer Meinungen, der Praxis geschlossener Korporationen folgend, nicht nach außen hin tragen. Da über die Grundgedanken, die in der Lorenz'schen Schrift: „Wehrkraft und Jugenderziehung" gegeben sind, eine völlige Einigung zwischen uns erzielt worden ist, so kann ich hoffen, daß wir so zu fruchtbaren Ergebnissen kommen werden. Jene Beschränkung schließt, um nicht mißverstanden zu werden, in keiner Weise aus, daß die hier gegenteilig geltend gemachten Ansichten nicht auch nachrichtlich öffentlich mitgeteilt würden; ja das ist schon notwendig, um unsere Beschlüsse um so überzeugender wirken zu lassen und uns vor dem Vorwurfe der Einseitigkeit zu schützen.

Was sind nun in kurzen Worten die Aufgaben des Ausschusses?

Schon in früheren Jahren hat der Zentral-Ausschuß, wie Ihnen bekannt, den Grundgedanken angeregt, die Erhaltung und die Stärkung der vaterländischen Wehrkraft zum Ausgangspunkt der Leibesübungen in den Schulen zu machen. Dies Ziel ist nicht neu, aber es ist bislang unerreicht geblieben. So hoch erfreulich auch die Fortschritte in Deutschland in der Zunahme der Leibesübungen sind, und so sehr man auch die hohe Bedeutung regelmäßiger Leibesübungen für die Gesamtentwickelung der Jugend, für die Gesundheit jedes einzelnen und für die Erhaltung der Volkskraft anerkennt, so darf man sich doch nicht verhehlen, daß all das mühsam, ja mit größter Hingebung und Begeisterung auf diesem Gebiete Erreichte im Verhältnis zur Gesamtzahl der Bevölkerung noch verschwindend klein ist. An den deutschen Hochschulen sind es etwa 5 vom Hundert, wenn man von dem Fechten, das anderen Zwecken dient, absieht. Aber auch dann sind es bei den einzelnen Hochschulen nur 10—20 %. Noch geringer als 5 % dürfte diese Verhältniszahl in der ganzen Bevölkerung sein, wenn man die Schulpflichtigen abzieht. Da erscheint es an der Zeit, daß der leiblichen Erziehung schon von der Schule her diejenige volle Würdigung und auch dasjenige

Maß an Zeit zugewendet wird, die ihr im Gesamtinteresse der Jugend wie des Volkes gebührt. Das wird aber nur dann geschehen, wenn man die körperliche Erziehung höher wertet, als es heute geschieht; wenn man sie grundsätzlich von einem höheren und idealeren Standpunkte auffaßt und damit ihr Ansehen im Volke hebt. Der höchste aus dem Gemeinschaftsleben sich ergebende Gesichtspunkt aber ist die Erhaltung und die Stärkung der vaterländischen Wehrkraft. Damit wird die körperliche Erziehung der Jugend zu einer **nationalen Aufgabe!**

Wir haben seit Scharnhorsts Tagen die allgemeine Wehrpflicht. Ihre Bedeutung hängt auf das engste mit der deutschen Wehrhaftigkeit zusammen; sinkt diese bedenklich herab, so verliert jene in dem gleichen Maße auch ihre Bedeutung für die Verteidigung des Vaterlandes. Darüber also zu wachen, daß die Wehrkraft des Volkes unangetastet bleibe, ist eine der ersten Pflichten des Staates, des ganzen Volkes und insbesondere der Schule. Heute ist die Wehrkraft durch den Einfluß unseres modernen Lebens den mannigfachsten Gefahren ausgesetzt. Mit dem Ziele der Wehrhaftigkeit im Auge wird zugleich ein mehr objektiver Maßstab für die Beurteilung der erlangten körperlichen Tüchtigkeit der heranwachsenden Jugend überhaupt geschaffen; denn man wird diese künftig auch daraufhin zu prüfen haben, ob sie die Keime und die Vorbedingungen späterer Felddiensttüchtigkeit in sich birgt. Heute bestreitet man uns in Kreisen, denen unsere Bestrebungen nicht etwa unsympathisch, aber aus Rücksicht auf die wissenschaftlichen Fächer oft doch unbequem sind, daß die Jugend nicht gesund, daß sie nervös und nicht widerstandskräftig genug sei, indem man uns sagt: „Seht die Jugend doch einfach an, was fehlt ihr denn?" Nun, die körperlichen Mängel würden bald hervortreten, wenn man diese Jugend tüchtig körperlich schulen und auch mit dem Turnmarsche ins Freie führen würde. Da wird so manches Muttersöhnchen oder so mancher wirklich kranke Schüler schon um dieser Anstrengung willen sich auf ärztlichen Rat „dispensieren" lassen. Denken wir uns nun aber gar, daß an diese Jugend die Anstrengungen des Felddienstes dereinst herantreten sollen, und legen wir uns die Frage vor: hat sie die Vorbedingungen dafür erworben? — so wird ein weiterer Teil ausscheiden, von dem wir auf den ersten Blick sagen, daß ihm alle Bedingungen, Anstrengungen auszuhalten und wetterfest zu sein, fehlen, daß schon der erste Sturmwind ihn hinwegfegen würde.

Nicht liegt es in der Aufgabe des Ausschusses, zur Durchführung seines Planes schulreformatorische Fragen aufzunehmen. Als ein sachverständiges Kollegium für die Durchführung der gymnastischen Erziehung zur Wehrhaftigkeit hat der Ausschuß sich vielmehr darauf zu beschränken, seine Forderungen aufzustellen und, wenn notwendig, sie zu wiederholen und nachdrücklicher zu begründen. Die Durchführung selbst muß den staatlichen Stellen und Gemeinden überlassen werden.

Mit dieser dargelegten Auffassung ist das eigentliche Arbeitsgebiet des Ausschusses bezeichnet. Soll das Ziel der Wehrhaftigkeit nicht, wie seither, nur als ein aus den segensreichen Folgen der Leibesübungen sich von selbst ergebendes ideales betont werden, so hat der Ausschuß nun das System einer planmäßigen Erziehung der Jugend zur Wehrhaftigkeit aufzustellen.

Bei der Größe der gestellten Aufgaben und den großen Schwierigkeiten, die sich hier entgegenstellen, muß es der weiteren Entwickelung überlassen werden, ob der Ausschuß lediglich die Hauptgesichtspunkte aufstellt, die hier in Betracht kommen, oder ob er in eine mehr dauernde Einzelarbeit eintritt. Jedenfalls werden wir dies Ziel nicht mehr aus dem Auge verlieren.

Man könnte uns den Einwurf machen, daß die gymnastische Erziehung, mit dem Ziele der Wehrhaftigkeit im Auge, leicht zu einer einseitigen militärischen Erziehung und zur Weckung des kriegerischen Geistes führen könnte. Diesem Einwurf durch unsere Vorschläge zu begegnen, wird allerdings unser Bemühen sein müssen. Geschieht dies, wie es in unserer Absicht liegt, so wird man derartigen Einwendungen aber mit großer Gelassenheit entgegensehen können; denn wie der dem Germanen schon von alters her im Blut liegende Gedanke der allgemeinen Wehrpflicht uns nicht zu einem kriegerischen Volke gemacht hat, sondern wie diese letztere im Gegenteil gerade zu schöner Entwickelung deutschen Volkstums beigetragen und uns zu aufrichtigen Verfechtern des Friedens gemacht hat, — so wird auch das künftig bei der Pflege der Leibesübungen verfolgte Ziel, die heranwachsende deutsche Jugend zur Wehrhaftigkeit zu erziehen, nicht den kriegerischen Geist in ihr nähren. Wir werden vielmehr kraft- und lebensvolle Persönlichkeiten sich entwickeln sehen, die körperlich, geistig und auch sittlicher gerüstet sind, um dann gleichmäßig der Sicherheit des Vaterlandes wie germanischer Friedenskultur dienen zu können.

Wie wir der mannigfachen Vorarbeit auf diesem Gebiet von anderer Seite her dankbar gegenüberstehen, so fühle ich es als eine mich mit Freude erfüllende Pflicht, heute, wo wir mit Ihnen, Herr Direktor Lorenz, im Wehrausschuß zum erstenmal zusammen sind, unseren aufrichtigen und herzlichen Dank auszusprechen für Ihre Vorarbeit, die Sie im Interesse der Aufgaben unseres Ausschusses schon geleistet haben. Sie waren sofort bereit, diese Ideenrichtung des Zentral-Ausschusses zu der Ihrigen zu machen, und ein längerer Briefwechsel, den ich mit Ihnen hierüber geführt, legt beredtes Zeugnis von der Größe der Beurteilung ab, mit der Sie diesen Ideen gegenüberstanden. Sie haben, das gestatten sie mir auszusprechen, den Beweis geliefert, daß Sie hier der rechte Mann an der rechten Stelle sind.

Wie auch Professor Dr. Jäger in Stuttgart schon in den sechziger Jahren in der „Turnzeitung", später Rektor Professor Dr. Stürenberg-Dresden 1878 in seiner bekannten Schrift „Wehrpflicht und Erziehung" und der leider schon heimgegangene Professor Dr. Fink-Tübingen auf der 13. Turnlehrerversammlung zu Koburg 1897 in seinem von Begeisterung getragenen Vortrage: „Gesichtspunkte zur Ausgestaltung und Hebung der gymnastischen Schulerziehung" — ich sage, wie alle diese schon früher nach der gleichen Richtung, wie wir sie jetzt betreten wollen, gewirkt haben, und wie wir in der umfassenden, sachkundigen Schrift des Generals von Blume „Die Grundlagen unserer Wehrkraft", und derjenigen des General von der Goltz „Das Volk in Waffen" eine neue Bestätigung unserer Grundauffassung von sachverständigster Seite finden, — das will ich in der Pflicht der Anerkennung und Dankbarkeit beim Beginn unserer heutigen Arbeiten doch wenigstens andeuten.

So spreche ich denn den herzlichen Wunsch aus, daß sich hier ein Boden vorbereite, auf welchem die heute noch immer getrennt marschierenden, für die Förderung der Leibesübungen im Vaterlande wirkenden Körperschaften einen gemeinsamen Boden für eine große vaterländische Thätigkeit finden möchten, und daß in diesem hohen Ziele auch von den Staats- und Gemeindebehörden die mannigfachen Hindernisse bewältigt werden, die der zeitgemäßen Durchführung der gymnastischen Erziehung der deutschen Jugend noch immer im Wege stehen!

b. Die Ausführungen des Hauptberichterstatters, Direktor Dr. Lorenz-Quedlinburg.

Wenn der „Ausschuß für Förderung der Wehrkraft durch Erziehung" heute die Lösung der ihm gestellten Aufgabe in Angriff nimmt, so maßt er sich dabei keineswegs das Verdienst an, auf diesem Gebiete bahnbrechend als Erster zu arbeiten. Seit dem Anfange des neunzehnten Jahrhunderts, seit dem Wirken eines GutsMuths und Jahn ist die nationale Wehrkraft immer wieder als ein Hauptziel der turnerischen Übungen hingestellt worden, bald eindringlicher, bald beiläufiger, je nach dem Geiste und den Bedürfnissen der Zeit. Auch in den letzten Jahrzehnten hat man in Vorträgen, Versammlungen, Schriften wiederholt geraten, die Gesichtspunkte einer wehrhaften Erziehung mehr als bisher in den Vordergrund zu rücken. Auf dem Felde, das wir bebauen wollen, haben also schon andere geackert, aber doch meist ohne rechten, nachhaltigen, umfassenden Erfolg. Wir nun wollen von heute ab den Pflug tiefer einsetzen und so eine fruchtbare Ackerkrume schaffen, auf der sich die edle Sache der Leibesübungen zum Segen für das Vaterland zu noch höherer, allseitiger Blüte entwickeln kann.

Dabei müssen wir von vornherein den Vorwurf zurückweisen, daß wir die Wehrhaftigkeit als den höchsten, alles beherrschenden Gesichtspunkt, gleichsam als das Ideal der Jugenderziehung überhaupt aufpflanzen wollten. Auch wir sehen das allgemeine und höchste Ziel der Schule darin, die ihr anvertrauten Kinder zu gebildeten Menschen, guten Staatsbürgern und frommen Christen zu machen. Diesem höchsten Ziele gegenüber ist die Wehrhaftigkeit immer nur eine Grundlage, eine Voraussetzung, und auch wir wollen diese Voraussetzung keineswegs für den Zweck selbst setzen. Aber anderseits verhehlen wir uns nicht, daß bei den heutigen Zeitverhältnissen keine wichtige politische, wirtschaftliche und soziale Frage ohne Berücksichtigung der Heeresinteressen entschieden werden kann, auch nicht die Frage der Schulerziehung. Wir maßen uns keineswegs an, in die Schulreform und die Lehrpläne hineinzureden, aber wir wollen die Gesichtspunkte, unter denen eine gebührende Berücksichtigung der nationalen Wehrkraft dringend gefordert werden muß, mit allem Nachdruck betonen und — worin wir unsre besondere, eigene Arbeit suchen — von diesem Gesichtspunkt aus die bezüglichen Richtlinien für die leibliche Jugenderziehung bestimmt und so klar als möglich festlegen.

Um von vornherein sicheren Boden und feste Anknüpfungspunkte zu gewinnen, müssen wir uns erst einmal klar werden über das Wesen der Wehrkraft. Wir wollen zunächst eine grundlegende Aufgabe ins Auge fassen, indem wir uns die Frage vorlegen: Welche Eigenschaften müssen die Offiziere beim Rekruten vorfinden, um sie so festigen zu können, daß man im Ernstfalle auf sie bauen kann auch viele Jahre nach beendigter Dienstzeit? Der

Jugenderzieher kann sich diese ungemein wichtige Frage erst dann richtig beantworten und ihr seine Maßnahmen anpassen, wenn er die Gelegenheiten näher kennen lernt, bei denen jene Eigenschaften zur Verwendung kommen, d. h. einen zuverlässigen Einblick gewinnt in das Wesen und Getriebe des Heeresdienstes.

Es sind zunächst die ernsten Bilder zu zeichnen, die sich aus diesem Einblick ergeben. Es wird nicht an Stimmen fehlen, die da sagen: die Zeichnung dieser Bilder sei übertrieben schwarz; die rechte Begeisterung und Wehrfähigkeit, der rechte Opfermut werde sich schon zur rechten Stunde einstellen, wie es 1866 und 1870/71 der Fall gewesen sei. Es wäre ein sanguinischer Optimismus, der sich mit diesem wohlfeilen Einwande begnügen wollte. Der schlimmste Fehler, der beim Heerwesen gemacht werden kann, ist die Unterschätzung des Feindes sowohl seitens der Heeresleitung als auch seitens des Volkes. Das Jahr 1806 zeigt uns, wie überaus verhängnisvoll eine solche Selbsttäuschung ist. Wir haben aber nicht bloß Feinde jenseits der Vogesen, wir haben auch Feinde der Wehrkraft im eigenen Lande: das sind die schlimmen Einflüsse der Zeitverhältnisse. Je schärfer man diese latenten Feinde ins Auge faßt, je ernster man sie nimmt, um so energischer und erfolgreicher werden sie von der Jugend- und Volkserziehung bekämpft werden können!

Daher möchte ich den ersten Teil der Aufgaben des Wehrausschusses folgendermaßen in Worte fassen:

„Grundlegende Aufgabe ist die Sammlung aller der Thatsachen, durch welche die Notwendigkeit einer auf Wehrkraft gerichteten Jugenderziehung bewiesen werden kann, behufs Überzeugung und Gewinnung der maßgebenden Kreise."

Zunächst würde an der Hand der neuesten Kriegsgeschichte und der sonstigen militärischen Fachlitteratur zu betrachten sein, welche Anforderungen der Heeresdienst in den nationalen Kriegen des neunzehnten Jahrhunderts gestellt hat, welche sittlichen und körperlichen Leistungen im Gefecht verlangt werden, vor allem — worüber man sich gemeinhin noch lange nicht klar genug ist — welche gewaltigen körperlichen Anstrengungen bei den Märschen und welche sonstigen Dauerleistungen geleistet werden müssen.

Weiter sind alle die Momente in Betracht zu ziehen, durch welche künftighin eine Steigerung jener Anforderungen bedingt wird: wir haben heute viel gefährlichere Gegner als früher; es werden infolge der viel größeren Heeresmassen und der weitertragenden

Schnellfeuerwaffen noch großartigere Marschleistungen als früher erfordert, und diese Marschleistungen werden an die Bein- und Herzmuskulatur noch ganz andere Anforderungen stellen als die der früheren Kriege; dann kommt in Betracht die plötzlich hereinbrechende Mobilmachung der an langjährige Friedenszeit gewöhnten Bevölkerung; ferner ist die Überwindung der großen Volksheeren innewohnenden Mängel besonders bei Reserveregimentern und Landwehrbataillonen eine Aufgabe, die man nicht ernstlich genug ins Auge fassen kann; dazu kommt die erschlaffende Entwöhnung von Fußmärschen infolge der vielen Verkehrserleichterungen; schließlich ist wohl auch auf die zweijährige Dienstzeit hinzuweisen, zu welcher der junge Mann gefestigte körperliche und moralische Eigenschaften mitbringen muß, um in der verhältnismäßig kurzen Ausbildungsfrist widerstandsfähig zu werden gegen alle Strapazen und Mühsale.

Weiter sind alle Gefahren zu beachten, die heutzutage unsere nationale Wehrkraft zu mindern drohen: im allgemeinen bürgerlichen Leben die Raschlebigkeit, die Genußsucht, in den Schulen die Überbürdung und die Schädigung der Augenschärfe, ferner bei der halbwüchsigen Jugend die Verrohung und Verführung, dann auch das allmähliche Überwiegen der Stadtbevölkerung über das entschieden wehrfähigere Landvolk. Endlich ist auch ins Auge zu fassen die Degeneration bei der großstädtischen Bevölkerung, die noch immer weiter vorwärts schreiten wird, je mehr sich die Großstädte ausbreiten.

Behufs Sammlung aller dieser Thatsachen hat der Wehrausschuß unausgesetzt Ausschau zu halten über die pädagogische Litteratur, die Schriften und Versammlungen der Nervenärzte, die Bevölkerungs- und Berufsstatistik, die militärische Fachlitteratur und — wenn es sein kann — auch über die Ergebnisse der Aushebungslisten. Die gesammelten Thatsachen sind von geeigneten Mitgliedern in Zusammenhang zu bringen und im Jahrbuch bezw. in Einzelschriften zu veröffentlichen.

Geschieht dies, dann können wir zur zweiten Hauptaufgabe des Wehrausschusses übergehen: sie besteht in der Feststellung und Anratung geeigneter Maßnahmen auf dem Gebiete des Turnens im engeren Sinne, der Jugendspiele, der Turnmärsche, des Wassersports.

Von vornherein will ich bemerken, daß Schülerbataillone zu verwerfen sind. Über die Verneinung dieser Frage sind sich sowohl die Herren der Heeresleitung als auch die pädagogischen Kreise einig. Es hieße, um mit Dr. Schmidt zu reden, eine bereits tote

Sache nochmals totschlagen, wollte ich hier die Gründe, die gegen die Schülerbataillone sprechen, von neuem näher auseinandersetzen. Unbedingt aber ist von der Jugenderziehung zu fordern, daß sie einen festen Grund lege für alle wehrfähigen Eigenschaften, die der Rekrut zur Truppe mitbringen muß.

Es ergeben sich demnach aus dem inneren Wesen der Wehrkraft folgende vier Hauptgesichtspunkte. Es sind erstens auszubilden die sittlichen Eigenschaften, welche die leibliche Jugenderziehung fördern kann, die Selbstzucht, die willige Unterordnung, der Mut, die umsichtige Entschlossenheit. Zweitens ist zu erzielen eine möglichst straffe Gesamtmuskulatur mit geschickter Koordination der einzelnen Muskeln und geschmeidigen Bewegungen, vor allem marschfähige Beine, drittens ein kräftiges Herz und widerstandsfähige Lungen, viertens scharfe Augen.

Es ist wohl von vornherein mit allem Nachdruck zu betonen, daß der vierte Gesichtspunkt (Sehschärfe) eine planmäßige Ausbildung in unserem Schulwesen überhaupt noch nicht erfahren hat, und daß die als dritter Punkt erwähnten Bestrebungen (Herz und Lunge) erst in ihren Anfängen stehen. Wie jede Aushebungsliste beweist, sind aber gerade Herz und Lunge für militärische Dauerleistungen (Märsche) von allerhöchster Bedeutung! Die ernsteste Berücksichtigung dieser beiden hochwichtigen Organe sollte beim leiblichen Erziehungswesen in erster Reihe stehen!

Betrachten wir nun die verschiedenen Zweige des Turnens im engeren Sinne, so liegen drei Gebiete vor: die Ordnungsübungen, das Gerätturnen und die sogenannten volkstümlichen Übungen.

Die Ordnungs- und Freiübungen zeigen darin großen Wert für die Wehrkraft, daß sie als Gemeinübungen ermöglichen, ganze Klassen und Massen von Schülern im Geiste der Zucht und Unterordnung zusammenzufassen. Der Vater dieser Übungen ist bekanntlich Adolf Spieß. Leider verfiel die Spieß'sche Schule in eine gewisse Permutationssucht und verarbeitete ihre Gemeinübungen zu einer solchen Fülle künstlicher Formen, daß eine „einseitige Kopfturnerei" entstand, bei der es weniger ankam auf die straffe Ausbildung des Leibes als auf das scharfe Aufpassen der im sonstigen Unterricht bereits genugsam angestrengten Schüler. Erst H. O. Jäger hauchte den Ordnungsübungen mit seinem Feuergeiste neues Wehrkraftsleben ein, indem er die Erzeugung männlicher Willens- und Körperkraft auch für sie als hohes Ziel aufpflanzte. Nachdem sich namhafte Fachmänner in der Mehrzahl auf Jägers Seite gestellt, dürfte heute wohl allgemein für die Ordnungsübungen der Grundsatz gelten: sie haben sich von zeitvergeudenden, gedächtnisdrillenden Reigenübungen fernzuhalten, nur einfache Aufmarschformen zu bilden, dabei peinliche Zucht und straffste Haltung zu erstreben.

Werden die Ordnungsübungen in diesem Sinne gehandhabt, so sind sie das Turngebiet, das in seinem inneren Wesen den militärischen Exerzierübungen am nächsten kommt. Mit Recht meint Prof. Wickenhagen, daß die exakte Ausführung derartiger Gemeinübungen unseren Jungen nicht schwer falle dank der Wärme, welche sie dem strammen Exerzieren der vaterländischen Armee entgegenbringen. Ohne Exaktheit und Strammheit lassen sich nach unserer Ansicht tüchtige Ordnungs- oder Freiübungen einmal nicht erzielen.

Gegen das deutsche Gerätturnen hat der bekannte Turiner Prof. A. Mosso in seiner Schrift: „Die körperliche Erziehung der Jugend" einen heftigen Angriff gerichtet. Die Möglichkeit, daß bei ungeschickter, wenig anfeuernder Leitung das Turnen auf das Niveau nüchterner Langeweile herabsinken kann, nahm Mosso, wohl trüben Turnerfahrungen der eigenen Jugendzeit folgend, als Gewißheit an und suchte zugleich nachzuweisen, daß unser deutsches Schulturnen einseitig die Armmuskulatur bevorzuge und für die Wehrhaftigkeit von geringerer Bedeutung sei. Mossos Ansichten erregten weithin Beachtung, da er im Anschluß an sie auch manchen wertvollen Rat gab, haben aber auch entschiedene Widerlegungen gefunden und das historisch bewährte Ansehen unseres Schulturnens nicht zu erschüttern vermocht. Es werden zunächst hochwichtige körperliche Fertigkeiten durch das Gerätturnen erzeugt: alle Muskelgruppen werden harmonisch und systematisch ausgebildet. Die Fähigkeit, schnell und sicher zu koordinieren, d. h. nur immer die Muskelkombination zu verwenden, die für den augenblicklichen Fall nötig ist, und Kraft zu sparen durch besonnene Geschicklichkeit, wird als höchste Aufgabe des Gerätturnens zu betrachten sein. Ein so ausgebildeter Jüngling wird später im Heere seine Waffe ohne unbeholfenes Kraftübermaß und ohne zuckende Nebenbewegungen handhaben können.

Ebenso hoch sind zu schätzen die moralischen Eigenschaften des Gerätturnens: ein entschlossener Wille, die Freude an männlicher Kraftäußerung, sowie die Gewöhnung an einen gewissen Grad von Gefahr; es erwacht dabei das kühne Bauen auf die eigene Kraft und als Krönung des Ganzen der ritterliche, wehrhafte Mut! Nur muß sich das Gerätturnen davor hüten, in Schablone und Theorie, in einen Überfluß von Formen und gekünstelten, ja wohl gar unnatürlichen Übungen aufzugehen. Es wäre sehr wünschenswert, wenn die von den Schülern sicher beherrschten Gerätübungen ab und zu als angewandtes Turnen an natürlichen Hindernissen vorgenommen würden. Die militärische Hindernisbahn bietet hierzu eine vortreffliche Gelegenheit: an ihren Palissaden, Zäunen, Gräben und Kletterwänden können fast alle Phasen des Gerätturnens zur praktischen Verwendung kommen, das Stützen, Hängen, Klimmziehen, Klettern, Springen, Schwingen, Balancieren; namentlich wird auch die plötzlich zu leistende Koordinationsfähigkeit sehr unterstützt.

Das Gerätturnen muß sich in einer klaren Auswahl möglichst einfacher Übungen einen festen Kanon aufstellen: er sei der Maßstab und die Ziellinie der zu erstrebenden guten Durchschnittsleistungen. Denn nur diese sind für die Wehrkraft von allgemeinem Wert, nicht die Heranbildung glänzender Gipfelturner.

Diejenigen Turnlehrer — und es giebt deren nicht wenige —, die auch heute noch dem Gerätturnen die ausschließliche Vorherrschaft im Turnlehrplane sichern wollen, mögen bedenken, daß es bei aller seiner unbestreitbaren Wichtigkeit doch drei ganz unerläßliche Elemente der Gesundheit und der Wehrkraft zu wenig fördern kann: die Marschmuskulatur, die Kraft des Herzschlages und des Blutumlaufs, die Weitung der Lungen und des Brustkorbes.

Die Lungen unterliegen als sehr empfindliches Körperorgan nur zu leicht den Keimen des Verderbens, die ihnen besonders die Großstadtluft zuträgt; betragen doch in manchen Fabrikstädten die Todesfälle infolge von Tuberkulose 30, ja 60 % aller Verstorbenen; jeder angehende Phthisiker ist für die Armee unbrauchbar! Und ebenso wichtig wie die Lunge ist ein kräftiges Herz; in diesem Punkte steht es bei der Jugend höherer Stände recht ungünstig. Warnend wies Oberstabsarzt Dr. Werner bei der Schulkonferenz im Dezember 1890 auf die betrübende Thatsache hin, daß laut den Aushebungslisten die Zahl der Herzfehler bei den zum einjährigen Dienst Berechtigten mindestens dreimal so hoch sei wie bei den übrigen Gestellungspflichtigen. Die ungemein hohe Bedeutung von Lunge und Herz für größere Anstrengungen, insbesondere auch für militärische Dauerleistungen, hat in neuester Zeit unser hochverehrter Dr. Schmidt in seinem vortrefflichen Buch „Unser Körper“ (R. Voigtländers Verlag, Leipzig) in überaus klarer und anziehender Weise dargelegt. Wenn wir unter Hinweis auf dieses vortreffliche, für die Turnphysiologie fundamentale Werk die Wichtigkeit der Wechselwirkung gebührend betonen, die zwischen jenen hochbedeutsamen Organen,

Herz und Lunge, besteht, so werden uns solche Übungen ganz besonders willkommen erscheinen, welche die Stärkung von Lunge und Herz zur Folge haben: das sind die volkstümlichen Übungen des Werfens, Springens und Laufens. Diesen Übungen widmet sich unsere Schuljugend gewissermaßen aus einem instinktiven Drange heraus ganz von selbst: hat sie doch weite, elastische Adern und ein kleines, frisch arbeitendes Herz, dessen leicht fließender Blutstrom das innere Wesen der Knaben dahin beeinflußt, daß sie ihre höchste Freude am Laufen, Tummeln, Springen, Schreien finden. Wenn die Jugenderziehung diesem von der Natur vorgezeichneten Wege folgt, wenn sie alles thut, um durch planvollen Turnbetrieb jene volkstümlichen Übungen zur höchsten Blüte zu bringen, dann erweist sie dem Vaterlande und dem Wehrwesen einen ungeheuer wichtigen Dienst: rüstige Jünglinge mit starken Herzen und weiten Lungen werden dann eine Freude sein für den Aushebungsarzt und den sie ausbildenden Offizier, kerngesunde und wehrkräftige Nachkommen ihnen entstammen.

Spätere Generationen werden dereinst die Maßnahmen segnen, durch welche die volkstümlichen Übungen in unseren Schulen eingeführt worden: den Goßler'schen Ministerialerlaß vom 3. April 1890, der auf die Wichtigkeit der Laufübungen hinwies, die Lehrpläne von 1892, durch die jene Übungen auch den höheren Schulen vorgeschrieben wurden, und den Bosse'schen Ministerialerlaß vom 15. März 1897, der die letzte Schranke zwischen dem Kunstturnen und dem bisher geringer geschätzten volkstümlichen Turnen niederriß!

Wenn die volkstümlichen Übungen, wenn die Einwirkung auf Herz und Lunge stark genug sein sollen, muß das Turnen möglichst im Freien getrieben werden. Die unerläßliche Grundlage zu dieser hocherfreulichen Entwickelung hat gelegt der denkwürdige Ministerialerlaß des Ministers v. Goßler vom 27. Oktober 1882, der darauf hinwies, daß das Turnen im Freien unter allen Umständen zu bevorzugen sei. Turnhallen können wir nun einmal nicht entbehren, weil sie bei unseren Witterungsverhältnissen den Turnbetrieb im ganzen Jahr ermöglichen. Aber sie sind, wenn auch noch so gut eingerichtet, doch immer nur ein Notbehelf und, wenn kümmerlich ausgestattet, geradezu ein notwendiges Übel. Ihr Staub belastet die Lungen, ihr Dröhnen die Nerven!

Daher ist dringend anzuraten, daß auch im Winterhalbjahr der Turnbetrieb, solange es irgend geht, außerhalb der Halle bleibe. Und wenn Schnee und Eis den Spielplatz decken, so werde wenigstens jede dritte Turnstunde, solange nicht schädliche Winde wehen, durch

Übungen im Freien ausgefüllt, die sich den Verhältnissen anpassen: durch Schneeballschlachten, Schneeschanzenbau, Eislauf, durch Erklimmung von Anhöhen, durch einstündige Märsche in die Winterlandschaft hinein, auch querfeldein über Gräben und Schneefelder u. s. w.

Wir gehen nunmehr über zu dem Gebiete der Jugendspiele. Seit dem Anfang der 90er Jahre ist auf das Jugendspiel immer größerer Wert gelegt worden, und es sind die Jugendspiele, sich immer weiter verbreitend, zu dem geworden, was GutsMuths aus allen seinen turnerischen Übungen machen wollte: „Arbeit im Gewande jugendlicher Freude". Belustigung und Fröhlichkeit sind Lebensbedürfnisse für die Schuljugend. Das wußte GutsMuths, als er der leiblichen Erziehung riet: „man mache es jedem leicht und lustig, sich in den Wehrstand einzuwerfen!" Er wollte aber, daß diese Lockmittel der Belustigung doch immer nur die äußere Einkleidung sein sollten. Der Kern seiner guten Sache ist und bleibt die Arbeit, und der Kern der Arbeit ist ein sittliches Ziel, d. h. nicht zum wenigsten die Wehrkraft fürs Vaterland.

Der Unterrichtszweig, an den sich die schulgemäßen Jugendspiele aufs engste anlehnen, aus dem sie gleichsam herauswachsen müssen, ist selbstverständlich das Turnen. Auch beim Jugendspiel soll sich der Schüler als pflichttreuer Turner bewähren: weiß er doch, daß es Ehrensache ist, das im Turnunterricht Gelernte im Spiele wohl anzuwenden, und daß nur der hierzu recht würdig und wohlgeschickt erscheint, der alle Anforderungen der Turnstunde erfüllt hat. Überaus treffend sagt in dieser Beziehung Prof. Wickenhagen: „Das Jugendspiel ist die edelste Perle des angewandten Turnens." Ist das Jugendspiel von diesem Geiste getragen, dann werden die hochwichtigen körperlichen Eigenschaften des wehrfähigen Turners noch weiter ausgebildet: die straffe, aufrechte Haltung, das freie Spiel der Gliedmaßen, die Geschmeidigkeit beim Bücken, Drehen, Wenden, ferner die durch Gerätübungen erworbene Kraft der Armmuskulatur bei Stoß und Griff, bei Schlag und Wurf, sowie das blitzschnelle Koordinieren in die vom raschen Wechsel der Spielphasen erforderten Stellungen bei Angriff und Abwehr. Am deutlichsten aber zeigt sich die segensreiche Nachwirkung der volkstümlichen Übungen im Laufen und Springen: wie dringt so frisch und voll die freie Luft, Bazillen verscheuchend, bis in die innersten Winkel des Brustkorbes, und wie rollt so freudig der Blutstrom durch die Adern!

Ein großer Hauptwert des Parteispiels beruht ferner darin, daß er das lebendige Bild des Kämpfens und Ringens entrollt und damit wichtige, für die Wehrkraft außerordentlich hoch zu schätzende Eigenschaften des Charakters ausbildet. Thatkraft, unermüdliche Initiative und kühnes Selbstvertrauen entfalten sich, wenn das Gefecht vorwärts geht, Geduld und willensstarke Zähigkeit, wenn ein mächtiger Gegner durchaus nicht weichen will. Besonnene Ruhe und straffe Aufmerksamkeit auf alle Wechselfälle sind unerläßlich. Die lobende Anerkennung der Kameraden weckt das mannhafte Ehrgefühl, das freilich nicht in dem Grade zum Ehrgeiz anwachsen darf, daß dabei die selbstlose Hingabe an die Gemeinschaft verloren ginge. Die von wahrer Kameradschaft durchwehte freiwillige Unterordnung und bewußte Disciplin ist auch beim Jugendspiel die Urmutter aller Erfolge; auch der Störrische, der Leidenschaftliche, der Träge, — alle lernen sie die Macht des thätigen Gehorsams schätzen im Banne des Spielgesetzes, unter der Leitung der meist von den Schülern selbst mit richtigem Instinkt gewählten Führer. Wer unter den Schülern die für die Wehrkraft sehr willkommene Gabe hat, anzufeuern, anzuführen, zu organisieren, der findet als Ordner der Spielabteilungen, als Verwalter des Spielgeräts, als Parteiführer viel mehr als beim bloßen Riegenturnen Gelegenheit, sein hochwillkommenes Talent zu üben.

Unter den von uns aufgestellten Gesichtspunkten erscheinen somit die Jugendspiele hinsichtlich der Wehrfähigkeit als überaus wichtiges Erziehungsmittel. Als solches wirken sie aber nur dann segensreich, wenn alle Schüler zur Teilnahme verpflichtet sind und dabei unter geordneter Aufsicht stehen. Es wäre ein hocherfreulicher Sieg der guten Sache, wenn die staatlichen Behörden die Spielstunde als verbindliche Pflichtstunde dem Lehrplan einfügen und die amtliche Aufsicht durch Lehrer anordnen wollten.

Man hat dagegen den Einwand erhoben, daß „Spiel und Zwang sich gegenseitig ausschlössen", daß solche Zwangsmaßnahmen einen inneren Widerspruch in sich trügen. Demgegenüber muß man bedenken, daß einerseits im Jugendspiel „das Letzte keineswegs das Spiel" ist, sondern die stählende Leibesübung; anderseits bleibt dem Schüler von dem Punkte an, wo das Spiel beginnt, die nötige Freiheit und ungebundene Jugendlust gewahrt; der Zwang besteht thatsächlich bloß darin, daß jeder auf dem Spielplatze pünktlich erscheint, reicht also nicht viel weiter als der in ähnlichen Fällen vom Elternhaus geübte Zwang. Dieser Zwang ist sehr heilsam für die faulen, gleichgültigen „Einlinge" — ein bezeichnender Ausdruck für die Schüler, die nicht beseelt sind von dem Gemeingefühl der Kameradschaft, sondern für sich allein träumen und sich schlaffer Bequemlichkeit hingeben. Diese Jünglinge sind für unsere

Nation thatsächlich eine Gefahr; das sind dann später die Bürger, die keine hohen Gesichtspunkte haben, über alles maulen und schimpfen und einen herabstimmenden Einfluß auf ihre Umgebung gewinnen. Das geschieht schon in der Schule und pflanzt sich in das spätere Leben fort. Wenn ein solcher Schüler dem Zwange des Spiels unterworfen wird, kann sein Charakter sehr wohl in andere Bahnen gelenkt werden.

Es ist hohe Pflicht der staatlichen und städtischen Behörden, daß jede Knabenschule zu ihrer Spielstunde einen mit allem Spielgerät versorgten, genügend großen und günstig gelegenen Spielplatz zur Verfügung habe. Seine Beschaffung stößt besonders in Großstädten auf große Schwierigkeiten, und das Spielen wäre oft geradezu unmöglich, wenn nicht die Militärbehörden ihre Exerzierplätze zur Verfügung stellten. Aber mit der Zeit muß dieses Bedürfnis befriedigt werden, namentlich für die Volksschulen, wo der Spielbetrieb noch recht im argen liegt.

Ich komme weiter zum Turnmarsch, dessen Pflege an der von mir geleiteten Anstalt uns Lehrern besondere Freude macht. Der Turnmarsch ist bisher entschieden das Aschenbrödel und Stiefkind unter den Leibesübungen gewesen. Bei der Schulkonferenz von 1890 ist einstimmig auf Antrag des Direktors Eitner-Görlitz der Beschluß gefaßt worden, den Turnmarsch als einen Zweig des Lehrplans in geordnete Pflege zu nehmen. Aber ausgeführt ist dieser Vorschlag aus naheliegenden Gründen bis jetzt noch recht wenig. Und doch bietet gerade der Turnmarsch ganz besonders große Vorteile für wehrkräftige Jugenderziehung.

Wenn man als ein rechter Schulmeister das Ganze des Schulwesens ins Auge faßt, so ist sehr zu beklagen, daß namentlich in den Großstädten höchstens ein geringer Teil der Volksschüler der herz- und lungenstärkenden Wohlthat der Jugendspiele teilhaftig wird und vielleicht noch Jahrzehnte darüber hingehen, ehe der bedauerliche Mangel an geeigneten Spielplätzen gehoben ist. Da giebt es zunächst nur ein durchgreifendes Mittel, die liebe Großstadtjugend regelmäßig und durchgreifend ins Freie hinauszubringen: das ist der obligatorische Turnmarsch! Zugleich kommt er seinem inneren Wesen nach den Anforderungen des Militärmarsches entgegen, da bei ihm größere Massen einer anstrengenden Dauerleistung unterworfen werden. Ein anderer Mangel, welcher den regelrechten Spielbetrieb so oft bedauerlicherweise hindert, ist der Mangel an geeigneten Lehrern. Dieser Mangel kommt beim Turnmarsch nicht so sehr in Frage, da bei ihm auch die Lehrkräfte nutzbar gemacht werden können, die für den Turn- und Spielbetrieb weniger tauglich sind.

Unser vaterländisches Schulwesen besitzt bereits eine Einrichtung, die von den Unterrichtsbehörden allerdings mehr empfohlen als anbefohlen wird, — das ist der große Tagesausflug, der von den allermeisten Lehranstalten einmal im Sommer veranstaltet zu werden pflegt. Doch ist er vielfach mit allerlei hemmendem Ballast verbunden, wie schon die ebenso fremdländisch wie ungemütlich klingende Bezeichnung „Schulpartie“ besagt, ein Ausdruck, der den ganzen Troß der begleitenden Väter und Mütter vor unserer Phantasie aufsteigen läßt. Demgegenüber ist mit aller Entschiedenheit zu betonen, daß der Tagesturnmarsch kein Familienfest sein soll, sondern unter allen Umständen eine stählende Leibesübung, bei der schlichteste Verpflegung herrscht und wo möglich jeder Schüler seinen Tagesproviant selbst bei sich trägt.

Außer diesen Tagesturnmärschen müßten dann auch noch Nachmittagsturnmärsche vorgeschrieben werden, etwa in der Art, daß jeder dritte bis vierte lehrplanmäßige Spielnachmittag zu einem strammen Fußmarsch verwendet wird. Wenn diese kleineren Märsche den Lehrern einige Tage zuvor rechtzeitig angesagt werden, so läßt sich eine merkliche Störung in den häuslichen Arbeiten leicht vermeiden. Wir haben in Quedlinburg solche Übungen in der angeratenen Form schon oft ausgeführt und die besten Erfahrungen damit gemacht. Das Durchschnittsmaß für Nachmittagsmärsche betrug für die Kleinen 12—15 km, für die Größeren 15—25 km.

Kürzere Nachmittagsmärsche können auch mit Spielübungen verbunden werden. Belehrungen über Gegenstände des engeren wissenschaftlichen Unterrichts, z. B. über Botanik, Geologie, würde ich von solchen Turnmärschen möglichst ausschließen und nur solche Punkte berühren, die sich aus dem Marsche von selbst ergeben; dahin gehört vor allen Dingen das Orientieren im Gelände. Wie mancher Hauptmann hat nicht schon seine Einjährigen scharf heruntergerissen, weil sie trotz ihrer genauen Karte und gelehrten Brille infolge mangelnden Ortsinns ihre Patrouille „schauderhaft thöricht“ führen. Schon Guts-Muths wies im Anfang dieses Jahrhunderts auf diesen wichtigen Punkt hin und giebt in seinem „Turnbuch für die Söhne des Vaterlandes“ dem Jugenderzieher bezüglich der „Sinnenübungen“ manche noch heute beachtenswerte Winke. Es war für uns immer sehr interessant, mit unseren Realschülern, wenn sie mitten in die Wildnis der Harzwälder hineingeführt waren, solche Orientierungsübungen anzustellen. Der Besitz einer Specialkarte ist dabei recht wünschenswert, zumal da doch das Kartenlesen für das Militär von ungeheurer Bedeutung ist, namentlich jetzt, wo jeder einzelne Mann eine selbständigere Ausbildung erfährt als früher. Besonders segensreich aber werden solche Belehrungen, wenn sie, von einem hochgelegenen Punkte aus vorgenommen, sich mit dem *Fernsehen* verbinden.

Sie erinnern sich vielleicht, meine Herren, der Angaben, die Oberstabsarzt Dr. Werner bei der Dezemberkonferenz 1890 über die Kurzsichtigkeit der von den höheren Schulen kommenden Rekruten gemacht hat. Er wies statistisch nach, daß die Kurzsichtigkeit bei den Einjährigen sechsmal so groß ist wie bei den übrigen Rekruten. Die neueren Augenärzte haben erprobt, daß man thatsächlich die Kurzsichtigkeit dadurch bekämpfen kann, daß man das Auge gewöhnt, in weitere Entfernungen und dann wieder in die Nähe zu blicken. Bei den Turnmärschen ist dazu die ausgiebigste Gelegenheit. Hier schweift der Blick in ungebundene Fernen hinaus über Felder, Wälder, Berg und Thal. Wird der Schüler nun angehalten, scharf auf die entfernten Gegenstände hinzusehen, ihre Lage und Gestalt recht genau anzugeben, so kräftigt sich das blöde Auge und lernt, sich bald auf nahe, bald auf entfernte Sachen einzustellen. Deshalb wird es sich empfehlen, die Turnmärsche möglichst nach Bergeshöhen oder sonstigen die Umgegend beherrschenden Punkten zu richten. Wollte doch schon Jahn zum Zwecke des turnerischen Fernsehens in ebenen Gefilden Aussichtstürme haben.

Ich möchte diese Ausführungen über Turnmärsche damit schließen, daß ich die Worte eines unserer besten Militärschriftsteller, des Herrn von der Goltz, anführe. Er sagt betreffs der Märsche beim Heer: „Es kommt darauf an, eine *Überlieferung bedeutender Leistungen* zu gewinnen: Anstrengungen, welche man nach früheren Erfahrungen einmal als nichts Außerordentliches ansehen gelernt hat, erträgt man viel leichter als diejenigen, die man überhaupt nicht kennt. Stellt man keine Übungsmärsche an, so geht nach und nach der Maßstab für das verloren, was die menschliche Natur bei gutem Willen ohne Nachteil ertragen kann."

Diese Worte können in gewissem Sinne auch auf die Marschleistungen der Schüler angewandt werden; denn von allen Leibesübungen der Jugend hat die *Gewöhnung an ausgedehnte Turnmärsche die längste Nachwirkung bis ins Alter hinein!* Wenn der 50jährige Mann nicht mehr turnen und spielen kann, — ein rüstiger Wanderer wird er immer noch bleiben wollen! Wenn die Schule darauf hinwirkt, daß die „Überlieferung bedeutender Marschleistungen" den Jüngling ins Leben hinausbegleitet, dann werden nicht nur die jungen Mannschaften, sondern auch ernste Reservisten und Landwehrleute immer marschbereit sein und auch bei anderen durch ihr gutes Vorbild Marschtüchtigkeit erzeugen können.

Wir haben so das Gebiet der Leibesübungen betrachtet, soweit sie im engeren Rahmen der geordneten Schulerziehung vorgenommen werden können. Es ist außerdem noch zu erwähnen die Wichtigkeit des Wassersports. Die Jugenderziehung hat darauf hinzuwirken, daß die Schüler fleißig baden, das Schwimmen lernen und im Winter Schlittschuhlaufen. Ich sage: „darauf hinzuwirken", um anzudeuten, daß man diese Übungen nicht als pflichtmäßige Lehrplanübungen aufstellen kann. Besonders wichtig sind die Ruderübungen, ebenso wie alle Anregungen, durch welche kräftige Jünglinge für die Wehrkraft zur See begeistert oder sogar gewonnen werden können. Seine Majestät der Kaiser hat im vorigen Jahre in Hamburg gesagt: „Keine Kunst ist wohl so geeignet, den Mut zu stählen und das Auge zu klären, wie die Fahrt auf dem Wasser." Die Ruderübungen sind als ein mächtiges Förderungsmittel nicht bloß der Wehrkraft, sondern der nationalen Fortschritte überhaupt zu begrüßen.

Von ungemein hoher Bedeutung ist für die Wehrkraft die Erstarkung des weiblichen Geschlechtes. General v. Blume sagt darüber: „An Mädchenschulen muß der Rücksicht auf die Gesundheit der Schülerinnen alles andere untergeordnet werden." Diese leibliche Erziehung der Mädchen wird um so segensreicher wirken, je mehr sie unter Vermeidung von Reigenphantastereien nach frischer, kräftiger Bewegung, besonders bei Laufspielen, strebt.

Eine besonders ernste Gefahr droht der Wehrkraft von seiten der halbwüchsigen Jugend im Lehrlingsalter. Die Verrohung und Verführung in diesen Kreisen muß den Volksfreund und Vaterlandsfreund thatsächlich mit banger Besorgnis erfüllen. Ich will die sehr zutreffenden Worte v. Blumes hier anführen. Er sagt: „Der körperliche und sittliche Verfall eines großen Teils der Jugend tritt vielfach in besorgniserregender Weise in die Erscheinung. Nicht nur daß das Benehmen halbwüchsiger Burschen auf den Straßen und an öffentlichen Orten häufig allen Regeln des Anstandes und der Sitte Hohn spricht; sie beeinträchtigen auch die Sicherheit der Personen und des Eigentums. Die Armee erhält aus diesen Kreisen alljährlich eine beträchtliche Zahl unzuverlässiger, sittlich verdorbener Elemente, die sich der militärischen Zucht nur widerwillig unterwerfen und durch schlechtes Beispiel nachteilig wirken. Aber auch für Umsturzbestrebungen in jeder Form stellen sie alljährlich das Hauptrekrutenelement. Was ist von diesen in der Jugend von Grund aus verdorbenen Elementen für die Zukunft anderes zu erwarten als Schaden und Gefahr?!"

Es ist mit Freuden zu begrüßen, daß der „Zentral-Ausschuß" seit Jahren einen Unterausschuß gebildet hat, an dessen Spitze Herr Stadtschulrat Platen steht, der für diese Jünglinge vom 14. bis 18. Lebensjahre eine würdige und nachdrückliche Leibeserziehung anstrebt. Daß die Zeit vom 14. bis 18. Lebensjahre bei dem größten Teile unserer männlichen Jugend für die körperliche Erziehung und somit für die Wehrkraft verloren geht, ist besonders deshalb sehr bedauerlich, weil gerade diese Jahre besonders geeignet sind, die sichere Herrschaft der Muskulatur durch Entwickelung der Geschicklichkeit zu erzielen, und in keiner Wachstumsperiode das Herz und die Lungen eine solche mächtige Ausbildung erfahren; das Herz z. B. vermehrt sich in dieser wichtigen Zeit des mannbaren Reifens auf das Doppelte seines bisherigen Umfanges, die Wachstumszunahme der Lungen beträgt jährlich 100—140 ccm! Es ist ganz entschieden verhängnisvoll, wenn diese für das Wehrwesen meist in Betracht fallenden Organe in ihrer wichtigsten Entwickelungsperiode keine Wachstumsanregungen erhalten.

Diese Anregungen können nur durch planmäßige, regelmäßige Leibesübungen geboten werden. Auf demselben Wege wie für die bisherigen Fortbildungsschulen müssen geeignete Lehrkräfte gewonnen werden, welche in der Freizeit mit den Lehrlingsklassen Jugendspiele und Turnmärsche veranstalten. —

Es seien bei unseren grundlegenden Beratungen auch die von der Schuljugend vorzunehmenden Wettübungen nicht vergessen: Wettkämpfe mit einfachen Ehrenpreisen sind zu fördern. Es wird dagegen eingewendet, daß solche Wettkämpfe die Eitelkeit und Ruhmsucht großziehen. Aber ohne Wetten und Wagen geht es bei keinem Manne ab, wenn er hinaus muß „ins feindliche Leben"; Wetten und Wagen ist der Charakter eines jeden Kampfes, auch des Kampfes ums Vaterland. Und ebenso liegt das Streben nach Ruhm und Ehre im Wesen des Ringens und Kämpfens. Schon Lucian sagt an einer Stelle: „Tilgte man die Liebe zum Ruhm aus dem Leben, was würde da noch Gutes erblühen? Wer würde dann noch eine Heldenthat vollbringen wollen? Wer aber im Spiele um einen Kranz solche Siegeslust zeigt, der wird sich im Kampfe fürs Vaterland, für Weib und Kind und für die Heiligtümer der Götter wohl bewähren."

Besonders sind die Wettspiele hochwillkommen an einem nationalen Festtage, wie er sich in unsrem Sedantage zur günstigsten

Jahreszeit bietet. Es ist dahin zu streben, daß dieser Tag an möglichst vielen Orten ein volkstümlicher Wettturn- und Wettspieltag werde, schon deshalb, weil dabei Gelegenheit gegeben wird, den Eltern die Jugendspiele und Wettkämpfe und ihren guten Einfluß auf die Jugend vorzuführen.

Der Hauptmangel, der nun unseren Bestrebungen entgegensteht, ist die Frage nach geeigneten Lehrkräften. Bei der seminaristisch ausgebildeten Lehrerschaft ist ein diesbezüglicher Mangel weniger fühlbar oder zu befürchten; die Volksschullehrer treten meist in einem verhältnismäßig jugendlichen, noch elastischen Alter in den Dienst der leiblichen Erziehung. Schwieriger ist es, die Kandidaten des höheren Schulamts in den genannten Übungen praktisch und theoretisch auszubilden. Insbesondere sind, um dem für höhere Knabenschulen immer ernstlicher drohenden Mangel an geeigneten Leitern von Leibesübungen abzuhelfen, für die sich dem Lehrerberuf widmenden Studenten Unterweisungskurse im Jugendspiel auf den Hochschulen einzurichten und für das Staatsexamen von ihnen ein dahin gehender Ausweis zu erlangen. Es ist nicht notwendig, daß jeder Oberlehrer die Turnlehrerprüfung ablegt; es kommt mehr darauf an, daß er sich überhaupt für die Sache wehrhafter Leibeserziehung erwärmt. Die jetzt eben erschienene Denkschrift des Königl. Unterrichtsministeriums über die Alters- und Sterblichkeitsverhältnisse der Lehrer an den höheren Unterrichtsanstalten rückt ja die beklagenswerte Thatsache in den Vordergrund, daß die Oberlehrer bis zum 30. Lebensjahre eine dreimal höhere Sterblichkeit aufweisen als andere Berufsarten. Die Ursache liegt in dem aufreibenden Studium und wohl auch in der Dürftigkeit der Lebensverhältnisse. Gerade diese Thatsache sollte uns nun erst recht bestimmen, für die jungen Kandidaten des höheren Schulamts an den Universitäten etwas zu thun und ihnen Gelegenheit zu geben, sich in eine wehrhafte Erziehung einzuleben, die Begeisterung dafür in die Schule mit herüberzunehmen und auf die Jungen zu übertragen.

Haben wir so alle Gebiete der leiblichen Jugendübungen nach dem Gesichtspunkt der Wehrkraft betrachtet und die ihr förderlichen Maßnahmen festgestellt, so erwächst uns als dritte Aufgabe die Beantwortung der Frage: Was können wir von diesen angeratenen Maßnahmen zunächst durchführen, und welche Schritte müssen wir thun, um diese Durchführung in die Wege zu leiten?

Selbstverständlich werden wir uns zunächst an die höheren Unterrichtsbehörden wenden müssen und sie ehrfurchtsvoll bitten, daß die Lehrpläne der leiblichen Jugenderziehung an den Volksschulen wie an den höheren Schulen nach den Gesichtspunkten der nationalen Wehrkraft noch mehr als bis jetzt eingerichtet, und daß insbesondere die bis jetzt noch nicht verwirklichten Leitsätze der Dezemberkonferenz von 1890 durchgeführt werden.

Zweitens würden wir die Unterrichtsbehörden bitten, daß an den Lehrerseminaren die Kurse für Jugendspiele weiter ausgedehnt und vertieft, und daß ganz besonders an den Universitäten Einrichtungen getroffen werden möchten, durch welche die zukünftigen Lehrer auf die hohe Wichtigkeit der leiblichen Jugenderziehung theoretisch hingewiesen und für dieselbe praktisch vorbereitet werden, und daß man drittens die zur geregelten Durchführung der genannten Maßnahmen dringend notwendigen sachmännischen Turninspektionen einrichte; eine ähnliche Beaufsichtigung ist ja jüngst bereits für den Zeichenunterricht angeordnet worden.

Ferner würden wir uns an die militärischen Behörden wenden. Wir haben uns gefreut, daß so oft Vertreter der militärischen Behörden den Beratungen des „Zentral-Ausschusses" beiwohnten, und wir wollen diese Behörden bitten, daß sie ihre für uns so sehr wertvolle wohlwollende Anteilnahme den Bestrebungen des Wehrausschusses erhalten und dieselbe durch Entsendung von Vertretern des Offizierstandes zu den Veranstaltungen des Zentral-Ausschusses auch fernerhin öffentlich bethätigen. Wir haben vor allem auch den Wunsch, daß die Militärbehörden dem Wehrausschuß das statistische Material der Aushebungslisten zur Verfügung stellen, und es wäre durchaus zu empfehlen, wenn wir an die Heeresleitung eine dahin gehende Bitte richteten. Durch die Ergebnisse der Aushebungslisten würde die Notwendigkeit einer allseitigen nationalen Jugenderziehung ohne Zweifel noch viel tiefer begründet werden können. Aufklärung über die bei den Rekruten, insbesondere den Einjährig-Freiwilligen, hervortretenden Mängel in ähnlicher Weise, wie sie bei der Dezemberkonferenz 1890 von Oberstabsarzt Dr. Werner gegeben wurden, wären auch in Zukunft sehr erwünscht.

Drittens könnte man sich auch an den Vorstand des Deutschen Kriegerbundes wenden. Man müßte ihn bitten, darauf einzuwirken, daß in den Versammlungen der Kriegervereine die Väter und Lehrherren hinsichtlich ihrer Söhne und Lehrlinge auf die hohe Wichtigkeit wehrhafter Leibesübungen gebührend hingewiesen werden. —

Dem Wunsche des Vorstandes entsprechend, habe ich Ihnen hiermit alles dargelegt, was nach meiner Ansicht bei der Lösung unserer Aufgabe in Betracht kommen könnte. Den Kern meiner Ausführungen finden Sie in den Leitsätzen schriftlich zusammengefaßt, die ich Ihnen nunmehr zu unterbreiten mir erlaube mit der Bitte, die Besprechung nachher an dieselben anzuknüpfen.

c. Ausführungen des Mitberichterstatters Dr. med. F. A. Schmidt, Bonn.

Ich habe dem trefflichen Bericht des Herrn Direktor Lorenz, welcher in erschöpfender Weise alle hier einschlägigen Gesichtspunkte behandelt hat, nur wenig hinzuzusetzen. Ich kann mich im wesentlichen darauf beschränken, daß ich an einzelne Stellen der hier vorliegenden Leitsätze einige Bemerkungen anknüpfe. Wir werden nachher noch auf die Einzelheiten genauer eingehen und entsprechende Beschlüsse zu fassen haben, sodaß alles, was in der Verhandlung von einzelnen Seiten noch zugetragen wird, mit dem vorliegenden Entwurfe in eine einheitliche Form gebracht und so als Gesamtergebnis veröffentlicht wird.

Ich möchte zunächst betreffs des ersten Punktes, welchen Herr Direktor Lorenz hier vorgeführt hat, und der mehr den agitatorischen Teil der Sache behandelt, sagen: wir sind wohl alle überzeugt, daß es nützlich und segensreich sein wird, wenn die einschlägigen Erscheinungen und Thatsachen in fortlaufender Weise möglichst sorgfältig gesammelt, zusammengestellt und veröffentlicht werden, sodaß wir hier immer auf dem Laufenden bleiben können. Es ist das eine notwendige Grundlage für die rechte Weiterentwickelung der Frage der Wehrhaftmachung unserer Jugend.

Ich komme nunmehr zu dem praktischen zweiten Teil, der die geeigneten Übungen der Jugend behandelt. Es heißt da zunächst:

Waffenübungen und Schülerbataillone sind zu verwerfen.

Ich möchte bitten, daß wir vielleicht diesen Punkt etwas anders fassen. Auch ich bin bezüglich der „Schülerbataillone" der Meinung, daß die unmittelbare Herübernahme militärischer Formen und militärischer Übungen derart, wie sie sich in den sogenannten Jugendwehren ausspricht, zu verwerfen ist, wenigstens für unsere deutschen Verhältnisse. Darüber sind wir wohl alle einig. Dagegen möchte ich doch hinzugefügt wissen, daß den Ordnungsübungen des Turnens die taktischen Formen des Heeres zu Grunde zu legen sind. Das ist zum Teil zwar schon geschehen. Aber es herrscht hinsichtlich der Befehlsformen wie auch hinsichtlich der einzelnen Bewegungen im Gliede immer noch in manchen Punkten ein gewisser Gegensatz. Ich meine aber, keinerlei Bedenken sollten uns von dem großen Gesichtspunkte abbringen, daß unsere Heeresausbildung in ihrem Wesen und in ihrer Form eine Sache des ganzen Volkes ist, und daß sie mit der körperlichen Ausbildung der Jugend in der Schule unmittelbar verknüpft werden muß. Unsere Rekruten sollen nicht bezüglich der grundlegenden Bewegungen gewissermaßen alles das umlernen müssen, was ihnen als Schülern im Schulturnen beigebracht ist, und sie sollen dies auch nicht anders bezeichnen hören.

Wenn es hier ferner heißt: „Waffenübungen sind zu verwerfen", so möchte ich doch betonen, daß für ältere Schüler — ich denke an unsere höheren Lehranstalten — das Fechten wenigstens zuzulassen ist. Kann die Zahl eigentlicher Fechtstunden auch nur eine sehr beschränkte sein, so können wir doch eine Reihe von Vorübungen für das Fechten als Freiübungen betreiben. So gut wie wir sonstiges Handgerät bei Freiübungen gebrauchen, können wir dabei schließlich auch den Stoßfechtel zur Hand nehmen, zumal die grundlegenden Angriffs- und Abwehrstellungen ausgezeichnet schöne Bewegungen darstellen.

Dann möchte ich darauf hinweisen, daß das Werfen — wenn schon vom Schießen abgesehen werden muß — zur Übung des Auges als Zielwerfen betrieben werden soll. Auch das geschieht zwar auf manchen Turnplätzen schon heute, aber noch lange nicht überall; ich denke hier an das Zielwerfen mit der Lanze, mit dem Ger, sowie auch mit dem Ball, wie u. a. Herr Dr. Schnell in Altona es ausgebildet hat. Wir haben verschiedene brauchbare Gerätschaften für dies Zielwerfen mit dem Ball. Ich möchte gerade diese Übungen besonders empfehlen, um Auge und Hand in rechte Zusammenarbeit zu bringen. Daß solche Übung in wirksamster Weise beim Ballspiel ergänzt wird, sei nur eben erwähnt.

Endlich möchte ich noch, daß auch bei den Turnmärschen, welche uns Herr Direktor Lorenz in so beredter Weise geschildert hat, der Marsch ab und zu in militärischen Formationen geschieht, mit Vor- und Nachhut und Hauptcorps, und daß dabei, namentlich wenn es sich um mehrere Schülerklassen handelt, das Kriegsspiel geübt wird, welches außerordentlich anfeuernd auf die Jugend wirkt. Herr Direktor Lorenz hat es allerdings selbst schon mit seinen Schülern veranstaltet. Ich habe aber den Wunsch, daß ein besonderer kleiner Hinweis darauf an dieser Stelle geschieht. Bei den Turnvereinen wird bekanntlich das Kriegsspiel sowohl von Schüler und Lehrlingsabteilungen als auch von erwachsenen Turnern seit langen Jahren geübt, aber doch immer nur an vereinzelten Orten. Es ist anzustreben, daß dieses schöne Stück Jahnscher Überlieferung zu einer größeren ganz allgemeinen Verbreitung gelangt. —

Es kommen nun die verschiedenen Leitsätze über das Turnen im engeren Sinne. Da ist unter a) „Gerätturnen" mit hinzugezählt worden die Einführung der festen Hindernisbahn. Das ist nun doch ungewöhnlich; der Hindernislauf begreift zwar ein angewandtes Gerätspringen und Klettern in sich, rechnet aber doch nicht zu den Gerätübungen im engeren Sinne. Ich habe daher den Wunsch, daß die Hindernisbahn und das Hindernislaufen erst in den dritten Absatz eingefügt wird, wo von Laufübungen die Rede ist. — Weiterhin bei den Freiübungen wünschte ich hinzugesetzt zu sehen, daß bei Freiübungen und Aufmarschübungen auf die Erzielung einer schönen Körperhaltung in erster Linie Gewicht zu legen ist. Dies scheint zwar selbstverständlich — muß aber gleichwohl immer wieder betont werden. Das leitet hinüber zur Übung der Lungen; denn eine gut entwickelte Lunge bedingt eine gewohnheitsmäßig schöne Körperhaltung. Nur eine solche gestattet, daß der obere Teil des Brustkorbes und damit der entsprechende Lungenabschnitt sich voll entfalten kann.

Es ist sodann von volkstümlichen Übungen des Laufens und Springens die Rede. Wir haben zwar in Preußen von früher her einen Ministerialerlaß, der die Pflege des Laufens im Schulturnen besonders anordnet. Ich möchte aber ausdrücklich betont wissen, daß der Lauf sowohl als Dauerlauf über lange wie als Schnelligkeitsübung über ganz kurze Strecken geübt werden muß. Es besteht ein großer Unterschied in der Ausbildung der Lauffertigkeit, je nachdem es sich um große oder kurze Strecken handelt. Im ersteren Falle, also beim Dauerlauf, kommt wesentlich die Leistungsfähigkeit der Lungen und des Herzens in Betracht; beim Lauf über kurze Strecken aber bedingt die Fähigkeit, unmittelbar aus dem Ruhezustand in die schnellste Bewegung überzugehen, noch eine ganz andere Art der Übung, nämlich die des Nervensystems. Gerade das plötzliche Aufraffen und Aufschnellen des Körpers zur größtmöglichen Schnelligkeit der Fortbewegung stellt eine in Bezug auf die Beherrschung des Gesamtkörpers durch den Willen ebenso eigenartige als wertvolle Übung dar. Wertvoll auch für den Gesichtspunkt, von dem wir bei unserer heutigen Beratung eigens ausgehen. Hier wäre also weiterhin der Hindernislauf hinzuzufügen und die Anlage befestigter Hindernisbahnen besonders zu empfehlen. Alle die, welche von uns auf dem Kongresse in Königsberg waren, haben auf dem Walter-Simon-Platz die schön angelegte ständige Hindernisbahn mit ganz besonderer Freude begrüßt, und wir haben gesehen, welchen Eindruck dieser Lauf nicht nur als Wettübung, sondern auch als Schulübung auf alle Anwesenden machte. Nur eine völlige Verständnislosigkeit für eine rechte, allseitige Leibeserziehung vermag an einer so hervorragenden Übung achtlos vorüberzugehen oder gar sie gering zu schätzen. —

Punkt 3 beginnt mit den Worten:

„Die Jugendspiele sind als ‚angewandtes Turnen' zu behandeln und zu betreiben."

Ganz einverstanden. Nur möchte ich noch gerne hinzugefügt haben:

„richtig ausgewählte und betriebene Jugendspiele."

Wir haben eine große Menge von Jugendspielen. Diese sind aber in ihrem erziehlichen Werte außerordentlich verschieden. Diejenigen Jugendspiele, welche mehr den Charakter munterer Scherzspiele mit lebhafter Bewegung haben, passen nur für die untersten Altersstufen. Eine mehr entwickelte Jugend hat sich an den feineren Kampfspielen, im steten Messen der geistigen und körperlichen Fähigkeiten aneinander und gegeneinander heranzubilden.

Weiter möchte ich an der Stelle, wo es bezüglich der plötzlich zu koordinierenden Bewegungen bei den Jugendspielen heißt:

„sie stärken und üben die gesamte Muskulatur . . . . ."

noch hinzugefügt haben:

„und das Nervensystem."

Denn in erster Linie handelt es sich bei solchen Bewegungen um Nervenarbeit, in zweiter Linie um die Muskelarbeit.

Ich möchte mich ferner vollständig dem anschließen, was Herr Lorenz über die Turnmärsche gesagt hat. Vielleicht können wir in Punkt b), wo es heißt:

„für die Turnmärsche sind allgemein gültige Verhaltungsmaßregeln (über Marschdisciplin, Trommlerkorps, schlichteste Verpflegung) aufzustellen . . ."

das Trommlerkorps an eine etwas weniger hervorragende Stelle setzen. Dagegen möchte ich besonders unterstreichen: „schlichteste Verpflegung", denn ich weiß aus meinen eigenen Erfahrungen, daß an höheren Knabenschulen, besonders aber an höheren Mädchenschulen bei derartigen Schulausflügen Gewohnheiten immer mehr hervortreten und auf Turnfahrten übertragen werden, welche in den besser gestellten Gesellschaftsschichten bei Ausflügen üblich geworden sind, seitdem wir in Deutschland an Wohlstand zugenommen haben. Geradezu protzenhafte Gepflogenheiten sind es, welche auf solche Schulfahrten übertragen werden. So ist es hier und da Regel geworden, daß bei solcher Gelegenheit nicht etwa in einem schlichten Hause ein einfaches Mittagessen bestellt oder lediglich das von Hause Mitgenommene verzehrt wird, nein! unsere höheren Töchter, Tertianer, Sekundaner und Primaner müssen, namentlich wenn sie von einer längeren Eisenbahnfahrt erschöpft sind, gleich schon „table d'hôte" essen! Deshalb freut mich hier dieser Hinweis auf Einfachheit; „schlichteste Verpflegung" muß doppelt unterstrichen werden; denn das halte ich geradezu für eine erste Pflicht der Leiter derartiger Turnausflüge, unsere Jugend an möglichste Einfachheit zu gewöhnen, ganz abgesehen davon, daß eine Turnfahrt stets um so genußreicher ist, je bescheidener und urwüchsiger sich solche äußere Dinge gestalten.

Herr Direktor Lorenz hat dann auch kurz das Mädchenturnen gestreift. Es heißt da:

> „Von ungemein hoher Bedeutung ist für die Wehrkraft die Erstarkung des weiblichen Geschlechts. An den Mädchenschulen wird die leibliche Erziehung um so segensreicher wirken, je mehr sie unter Vermeidung von Reigenphantasterien nach frischer, kräftiger Bewegung, besonders bei Laufspielen, strebt."

Hier vermisse ich etwa folgenden Satz:

> „Die Erzielung einer schönen Haltung und die Ausbildung der Muskulatur des Rumpfes hat . . . . beim Mädchenturnen als besonders wichtiger Gesichtspunkt zu gelten."

Diesen Gesichtspunkt würde ich obenan stellen, und zwar deshalb, weil thatsächlich der Übungsstoff, den wir für das Turnen der Mädchen an den Schulen haben, noch sehr der Sichtung bedarf. Das Mädchenturnen ist ein jüngerer Zweig der deutschen Turnkunst, und es sind zunächst, soweit es natürlich ging und mit der Natur des weiblichen Geschlechts verträglich ist, einfach die Übungen des Knabenturnens in das Mädchenturnen herübergenommen worden. Wir können wohl sagen, daß manche Geräte, welche für Knaben durchaus geeignet sind, für die Mädchen sehr wenig passen, und durchaus nicht den Wert beanspruchen können, den man ihnen für gewöhnlich beilegt.

Mir ist z. B. aus diesem Frühjahr, wo ich im schulärztlichen Dienst einige Privatmädchenschulen besuchte, in Erinnerung ein Raum, in dem das Turnen stattfand, und der noch nicht so groß war wie dieses Zimmer hier. Die Hauptgeräte waren ein Paar Ringe, die von der niedrigen Decke herabhingen, und vor Allem ein Barren.

So hohen Wert ich nun auf den Barren für das Knaben- und Männerturnen lege, für das Mädchenturnen wüßte ich kein Gerät, welches mehr entbehrlich wäre. Wo wir es haben, können wir es ja z. B. zu Übungen im Liegehang und zu einigen wenigen Übungen im Stütz gebrauchen, aber neu brauchen wir es nicht anzuschaffen. Mit ganz einfachen Geräten kann man beim Mädchenturnen viel Ersprießlicheres erreichen; wir haben hier gar nicht nötig, die Erstarkung der Arm- und Schultermuskulatur in den Vordergrund zu rücken; viel wichtiger ist die Ausbildung der Bauch- und Rückenmuskulatur, sowohl für die gesamte Körperhaltung als auch im Hinblick auf die besonderen körperlichen Verhältnisse und die Bestimmung des Weibes.

Gerade die Rückenmuskulatur aber ist es, bezüglich welcher unsere Mädchen und Frauen ganz besonders an Schwäche leiden. Ich erinnere nur an die ungemein vielen Rückenschmerzen, die bei Mädchen und Frauen nach irgendwelchen Anstrengungen vorkommen. Kräftige Streckmuskeln längs der Wirbelsäule und kräftige Muskeln rings um das Becken zu entwickeln, ist eine Hauptaufgabe beim Mädchenturnen, gegen welche die Entwickelung der Muskeln des Schultergürtels und der Arme erst in zweiter Reihe kommt. —

Ein zweiter Satz des Herrn Lorenz lautet:

„Wettkämpfe mit einfachen Ehrenpreisen sind zu fördern."

Hier möchte ich hinter ‚Ehrenpreisen' eingefügt wissen: „sowie Wettspiele". Ich hebe das darum besonders hervor, weil die Wettspiele wieder von vielen Seiten, so auch durch eine Resolution des Märkischen Turnlehrervereins, angefochten sind. Ich meine, wir sind mit solcher Anfechtung höchstens dann einverstanden, wenn es sich um Wettspiele handelt, die in ungeeigneten Formen gemacht werden. Auch wir wollen das Hineinziehen der breiten Öffentlichkeit vermieden sehen, die Namhaftmachung besserer Spieler durch die Presse u. dergl., kurz, auch wir wünschen nicht, daß der Schüler in eine Stellung hinausgerückt wird, in die er noch nicht hineingehört. Indes, das sind doch bloße Äußerlichkeiten, die mit dem Kern der Sache nichts zu thun haben und ganz gut zu vermeiden sind. Richtig geleitete Wettspiele sind aber ein ausgezeichnetes Erziehungsmittel und für eine gute Schülerabteilung, welche nach einer vollendeten Spielweise strebt, gar nicht zu entbehren. Der Reiz der Wettspiele und ihr erziehlicher Wert besteht eben darin, daß eine Spielmannschaft, welche einer anderen Abteilung entgegentritt, zumal wenn diese eine fremde, von einer anderen Schule ist, darin zuerst einen Gegner findet, der eine neue, noch unbekannte und andersartige Spielweise ins Feld führt. Jeder Spielplatz hat ja mehr oder weniger seine eigene besondere Spielweise; wenn also zwei Abteilungen verschiedener Anstalten sich gegenübertreten, dann müssen die Spielenden, um den Gegner zu überwinden, ganz andere Kräfte des Körpers und des Geistes heranziehen und entfalten, als wenn sich Abteilungen gegenüberstehen, in denen ein jeder den anderen, seine Leistungsstärke und Spielweise schon kennt. Nur in solchen Wettspielen geht das Spiel über den Charakter des Übungsspiels weit hinaus und gewinnt den Charakter eines ernsthafteren Kampfes. Das bedingt dann für die Spieler die Notwendigkeit, alles herauszuholen, was sie im gegebenen Augenblick geistig und körperlich zu leisten imstande sind. Darin gerade liegt der erzieherische Wert der Wettspiele. Aber solche dürfen im Schulleben nur so veranstaltet werden, daß die leitenden Lehrer sich einfach verabreden: am nächsten Sonntag, oder wann es ist, spielen wir da oder dort; und daß dann die Sache ruhig und schlicht ausgefochten wird, ohne Inanspruchnahme der großen Öffentlichkeit, sich also stets im bescheidenen Rahmen von Schülerspielen hält. Also weil meines Erachtens wegen ihrer hohen Bedeutung die Wettspiele gar nicht zu entbehren sind, deshalb wollen wir hier neben den Wettübungen die Wettspiele noch besonders betonen. —

Was nun den dritten Teil der Anträge des Herrn Direktor Lorenz betrifft, so behalte ich mir vor, auf einige kleine Punkte nachher im Laufe der Einzelverhandlung einzugehen. Hier würde das zu weit führen. Meine größten Bedenken habe ich in der sehr schwierigen Frage, wie unsere Studierenden der Philologie zu vermögen wären, daß sie sich während ihrer Studienzeit etwas mehr um das Turnen und Spiel bekümmerten. Ob es möglich sein würde, darüber einen Ausweis bei der Prüfung zu erlangen, lasse ich dahingestellt.

d. Erörterung des Ausschusses.

Der Vorsitzende schlägt vor, den Bericht des Dr. Lorenz, dessen einzelne Abschnitte in Leitsätzen zusammengefaßt vorliegen (siehe S. 61 ff.), zur Grundlage der Besprechung zu nehmen. Die Punkte seien so klar geordnet, daß sich nach ihrer Annahme eine gute Grundlage für alles weitere ergeben werde.

Es wird zunächst der erste Teil der Lorenz'schen Ausführungen, der die Sammlung aller auf die Anforderungen der Wehrhaftigkeit bezüglichen Thatsachen und Erfahrungen als grundlegende Aufgabe fordert, in allen seinen Unterteilen unverändert angenommen.

Bezüglich der Forderung, die die Verwerfung von „Waffenübungen und Schülerbataillonen" vorschlägt, rät Dr. Schmidt, das Wort „Waffenübungen" zu streichen, da man dann streng genommen auch das Fechten, diese treffliche Übung von Auge und Hand, verwerfen müsse.

In dem Abschnitte, welcher die Gerätübungen behandelt, wird von einer Seite gewünscht, die Anratung der Hindernisbahn zu streichen, um sie später an der Stelle anzufügen, wo die volkstümliche Übung des Laufens behandelt wird. Es wird vom Berichterstatter erwidert, daß die Hindernisbahn deshalb sehr wichtig sei, weil sie, alle Hauptübungen des Gerätturnens zusammenfassend, den Turner an die plötzlich geforderte natürliche Muskelkoordination gewöhne, wie sie gerade der Heeresdienst vielfach verlange; das alles werde durch den bloßen Hindernislauf nicht erreicht.

Dr. Koch meint, der Ausdruck des Hauptberichts: „das Gerätturnen kann nicht entbehrt werden", klinge in dieser Fassung zu schwach; man müsse den Satz positiv ausdrücken. Auf Vorschlag des Vorsitzenden wird dafür eingesetzt: „Das Gerätturnen ist unentbehrlich."

Herr Geheimer Oberregierungsrat Brandi spricht sich hierzu zustimmend aus und bringt zum Ausdruck, daß er überzeugt sei, der Herr Kultusminister werde mit großem Interesse von den heutigen Verhandlungen Kenntnis nehmen. Er könne die Schulverwaltung selbstverständlich heute in keiner Weise binden, aber der Herr Minister begrüße doch diese Vereinsbestrebungen, die eine wirkl. Pionieraufgabe erfüllten, auf das wohlwollendste, und er glaube daher im Sinne seines Herrn Chefs zu sprechen, wenn er den Bestrebungen von ganzem Herzen ein reiches Gedeihen wünsche!

Es sei hier der Wortlaut des später eingegangenen erfreulichen Erlasses eingeschaltet:

Berlin, den 21. April 1900.

Seine Majestät der Kaiser und König haben Ihre Immediat-Vorstellung vom 16. Februar d. J. uns zur Prüfung und zu Ihrer Bescheidung zugehen zu lassen geruht.

Indem wir Sie hiervon in Kenntnis setzen, eröffnen wir Ihnen auf Grund der stattgehabten Prüfung, daß wir die Bestrebungen des Wehrausschusses des Vereins zur Förderung der Volks- und Jugendspiele in Deutschland mit Interesse verfolgen, wie auch die Entsendung unserer Kommissare zu den bisherigen Verhandlungen des Ausschusses erkennen läßt.

Der Kriegs-Minister. Der Minister der geistlichen ꝛc. Angelegenheiten.

Es wird sodann in die Besprechung des die Freiübungen betreffenden Abschnittes eingetreten. Der Mitberichterstatter Dr. Schmidt rät, folgende zwei Forderungen hinzuzufügen: „Bei Ordnungsübungen sind die militärtaktischen Formen zur Grundlage zu nehmen", und: „Bei Freiübungen ist auf die Erzielung einer schönen Haltung ganz besonders Gewicht zu legen." Die zweite dieser Forderungen wird vom Antragsteller mit dem Hinweis darauf begründet, daß in Schweden, wo er im vergangenen Sommer dem Turnbetriebe beigewohnt habe, die treffliche Körperhaltung der Schuljugend auf ihn einen sehr guten Eindruck gemacht habe; das Gleiche müsse man auch in Deutschland erstreben.

Der andere (militärtaktische Formen fordernde) Vorschlag Dr. Schmidts erregt eine längere Erörterung. Turnlehrer Schröer meint, jener Vorschlag werde kaum die allseitige Anerkennung der Turnlehrerschaft finden, da man das Hereinbringen militärischer Formen und Kommandos in das Turngebiet für bedenklich halte und eine an den militärischen Drill erinnernde Betriebsweise nicht wünsche. Der jetzige amtliche Leitfaden halte ja die rechte Mitte zwischen militärischer Form und freierem Turnen. Man müsse erst abwarten, ob sich das Interesse für die mehr militärische Richtung noch steigere. Professor Wickenhagen erwidert darauf, er sehe den Grund nicht ein, weshalb man auf jener Mittelstellung verharren solle. Das jetzige Doppelsystem von militärischer und turnerischer Befehlsform erschwere als unnötige Ballast den ganzen Betrieb. Die größere Berücksichtigung militärischer Freiübungsformen sei der beste Weg, um auf allen Turnplätzen die noch fehlende Einheitlichkeit im Kommando zu erreichen, und werde dem wehrkräftigen Manne später den Militärdienst nicht unwesentlich erleichtern. Dr. Schmidt ist der Ansicht, daß wir heute noch an den Überresten einer früheren Entwickelungsperiode zu leiden haben, an der Nachwirkung der Konfliktszeit, wo in weitesten Kreisen ein Gegensatz gegen das preußische Militär vorhanden war. Dieser bewußte Gegensatz habe einst die Ausbildung unserer turnerischen Formen und Befehle sehr beeinflußt. Heute, wo wir das allgemeine Volksheer haben und seine Wehrkraft auf alle Weise stützen müssen, könne man mit jenen Überresten ruhig aufräumen. Auch der Vorsitzende stimmt dem Schmidt'schen Vorschlage bei, der schließlich auf Anraten von Dr. Lorenz in folgender, mehr vermittelnder Fassung angenommen wird: „Die Frei- und Aufmarschübungen haben sich dem militärischen Exerzieren möglichst anzugleichen."

In den Leitsatz des Berichterstatters, der die „Übungen des Laufens und Springens" behandelt, rät Dr. Schmidt einzufügen die Forderung des Schnelligkeitslaufes über kurze Strecken, der sich vom Dauerlauf unterscheide und bei dem plötzlichen Sichhineinwerfen in Bewegung und der darauffolgenden Anspannung von Muskeln, Lunge und Herz eine der mächtigsten Übungen sei. Der betreffende Leitsatz erhält durch einstimmigen Beschluß eine dahin gehende Fassung.

Betreffs der Wichtigkeit von „Übungen im Freien" raten Dr. Schmidt und Dr. Koch, die Willensmeinung der Versammlung dahin auszudrücken, daß, soweit es irgend angängig ist, auch im Winter, nicht nur im Sommer, die Turnübungen im Freien abzuhalten seien. Die bezüglichen Worte des Berichterstatters werden daraufhin in folgender Form angenommen: „Die Turnübungen müssen schon mit Rücksicht auf Herz und Lunge zu allen Jahreszeiten möglichst im Freien abgehalten werden."

Bei Besprechung des die „Jugendspiele" behandelnden Abschnittes rät Dr. Schmidt, den Ausdruck „richtig gewählte und betriebene" einzufügen, um dadurch nutzlose, falsch gewählte Veranstaltungen unzweideutig auszuschließen. Auch Professor Raydt hält es für wünschenswert, daß ein solcher Zusatz gemacht werde, desgleichen Professor Koch: Jugendspiele müßten angewandtes Turnen sein; Scherz- und Unterhaltungsspiele entsprächen dieser Forderung nicht. Turnlehrer Schröder meint, daß die vorgeschlagenen Zusätze in ihrer ganz allgemeinen Fassung den Begriff „Jugendspiele" keineswegs klären würden; jeder würde sich etwas anderes dabei denken. Die Sache erledigt sich schließlich dahin, daß Dr. Schmidt seinen Antrag zurückzieht und der das Jugendspiel betreffende Abschnitt unveränderte Annahme findet, mit dem von Dr. Schmidt beantragten Zusatze, daß neben der Stärkung von Herz und Lunge noch die Kräftigung des Nervensystems das Ziel der Jugendspiele bilden müsse.

Betreffs der Notwendigkeit von Spielplätzen äußert der Vorsitzende: es sei dies einer der wesentlichsten Punkte; wenn nicht die entsprechenden Anlagen und Einrichtungen allgemeiner getroffen würden, so nützten alle unsere Bestrebungen nichts. Die Versammlung ist damit einverstanden und nimmt den Abschnitt einstimmig an. Dasselbe geschieht mit der Forderung, daß die Spielstunden obligatorisch werden müßten.

Im Anfang der Besprechung über die Turnmärsche weist Prof. Wickenhagen darauf hin, daß nach seiner Ansicht die geographischen und botanischen Exkursionen, die von der Dezemberkonferenz 1890 ausdrücklich empfohlen worden seien, immer mehr einschliefen. Dr. Lorenz rät davon ab, die Turnmärsche mit solchen dem wissenschaftlichen

Unterrichte dienenden Exkursionen zu verquicken; es ginge sonst zu leicht der Charakter der stählenden Leibesübung verloren. Turnmärsche mit einer einzelnen Klasse seien überhaupt viel weniger wirkungsvoll als das Zusammenfassen von mehreren Klassen, ja, wo es angeht, zuweilen auch der ganzen Schule. Wenn die Sache so organisiert sei, daß eine ganze Schar von 100—150 Schülern zu einer marschtüchtigen Compagnie zusammengefaßt werde, könne man Wehrkraft stählende Turnmärsche in der rechten, ergiebigen Weise erzielen. Turninspektor Hermann meint, daß er botanische, geologische u. dgl. Exkursionen nicht mit Turnmärschen verquickt sehen möchte; immerhin aber könne man den Lehrern, die von dem intensiveren Betriebe der Leibesübungen ein Zurückgehen der Freude an Naturbeobachtung befürchteten, entgegenkommen, wenn in den betreffenden Leitsätzen darauf hingewiesen würde, daß der Turnmarsch auch Gelegenheit zur Beobachtung der Natur geben soll. Dr. Schmidt glaubt, daß die durch den Berichterstatter bereits aufgestellte Forderung des „Orientierens im Gelände" schon genug besage. Schulrat Platen ist ebenfalls entschieden gegen eine Berührung von Gebieten, die mit den Leibesübungen in keinem Zusammenhang stehen; was hierher gehöre, sei in den vorgeschlagenen Leitsätzen alles enthalten. Die Forderung des Berichterstatters, daß alle 3—4 Wochen Nachmittagsmärsche zu unternehmen seien, werde besonders in Großstädten schwer zu erreichen sein, schon deshalb, weil die Turnlehrer nicht damit einverstanden und nicht in nötiger Anzahl vorhanden wären. Aber als ideale Forderung sei der betreffende Punkt sehr wohl annehmbar und werde mit der Zeit auch seine Früchte tragen. Dr. Lorenz weist darauf hin, daß die von Schulrat Platen befürchteten Mißstände kaum eintreten würden, wenn nicht bloß einzelne Klassen, sondern größere Scharen von Schülern geschlossen Turnmärsche unternähmen; nach den in Quedlinburg gemachten Erfahrungen beteiligten sich neben den Turnlehrern die anderen Lehrkräfte, insbesondere die Klassenlehrer, sehr gern; es werde auf derartigen Wanderungen zugleich auch das so wertvolle Band des Vertrauens zwischen Lehrern und Schülern noch enger geknüpft.

Dr. Schmidt zweifelt, ob die Forderung des „Trommlercorps" eine so wesentliche sei, daß man sie in die Leitsätze mit aufnehmen solle. Dr. Lorenz ist gegen die Streichung dieses Punktes: nach seinen Erfahrungen sei gerade das Trommlercorps für die Marschdisciplin sehr segensreich, besonders wenn durch Ortschaften marschiert werde oder Ermüdung einträte. Auch Professor Wickenhagen und Turninspektor Hermann äußern, daß in Rendsburg bezw. Braunschweig durchaus günstige Erfahrungen mit den Trommlern und Pfeifern gemacht worden seien. Turnlehrer Schröer sagt, daß ihm, soweit er von Berliner Verhältnissen aus urteilen könne, ein Trommlercorps für großstädtische Verhältnisse nicht brauchbar erscheine, aber gleichwohl sei er dafür, daß die betreffenden Worte beibehalten würden. Stadtschulrat Platen bemerkt, daß in Magdeburg bei allen städtischen Knabenschulen Trommlercorps ausgebildet würden. Dr. Lorenz weist darauf hin, daß sich neben dem Trommlercorps auch der Gesang von Volksliedern als ein sehr wichtiges Belebungsmittel bei Turnmärschen bewährt habe; unser Volkslied sei leider im Begriff, auszusterben. Da müsse die Schule für dasselbe eintreten und Text wie Melodie sorgfältig und wiederholt einprägen. Wie die früheren Feldzüge bewiesen haben, hat unser wehrhaftes Volks- und Marschlied nicht geringe Bedeutung für unser Heer als wichtiges Erfrischungs- und Belebungsmittel. Der Wehrausschuß habe deshalb die Pflicht, einen bezüglichen Leitsatz in seinen Arbeitsplan aufzunehmen.

Nach diesen Erörterungen werden die den Turnmarsch betreffenden Leitsätze des Berichterstatters unverändert angenommen, unter Hinzufügung der von Dr. Schmidt beantragten Forderung, daß bei Turnmärschen „weite Eisenbahnfahrten" möglichst zu vermeiden seien.

Die große Wichtigkeit der Ruderübungen wird besonders von Professor Wickenhagen am Beispiel des in Rendsburg bestehenden Gymnasiasten-Rudervereins aufs wärmste dargelegt; dieser Verein werde nächstens sein 20jähriges Stiftungsfest feiern und aus seinen Alten nachweisen, daß aus seinen Reihen eine nicht geringe Anzahl tüchtiger Männer hervorgegangen sei. Auch andere am Wasser gelegene Städte, Berlin voran, müßten die Ruderbestrebungen energisch pflegen. Die Aufbringung von Geldmitteln sei gar nicht so schwierig und werde sicherlich von seiten der Behörden erleichtert werden. Um diese für Land- und Seewehr sehr bedeutsamen Bestrebungen in die Wege zu leiten, dazu sei der Zentral-Ausschuß ganz besonders geeignet. Die Bildung einer dementsprechenden Unterkommission sei dringend wünschenswert.

Auch die übrigen Mitglieder des Ausschusses sind von der Wichtigkeit der Ruderbestrebungen überzeugt; nur empfiehlt der Vorsitzende, den diese Wichtigkeit hervorhebenden Satz dahin zu fassen: Es sind zu empfehlen die Ruderübungen, „sowie alle Übungen, durch welche die Wehrkraft zur See gestärkt wird". Dies wird nach längerem Meinungsaustausch angenommen.

Bei der Besprechung des Leitsatzes, der die für das Lehrlingsaller einzuführenden Leibesübungen behandelt, äußert Schulrat Platen (Vorsitzender des für diese Bestrebungen eingesetzten Unter-Ausschusses im Zentral-Ausschuß) sein volles Einverständnis mit dem Sinn und der Fassung jener Forderung. Die deutschen Handelsminister seien zu bitten, daß sie die für Kunstgewerbe- und Handwerkerschulen erlassenen Bestimmungen auch auf die Fortbildungsschulen ausdehnen. Auch Turnmärsche seien für die halbwüchsige Jugend sehr zu empfehlen. Der Leitsatz wird mit zwei redaktionellen Änderungen angenommen.

Über die vom Berichterstatter aufgestellte Forderung, daß möglichst alle Lehrer während ihrer seminaristischen bezw. akademischen Ausbildungszeit für die Leitung von Leibesübungen tüchtig gemacht und interessiert werden sollen, entspinnt sich eine längere Debatte. Während derselben weist der Vorsitzende wiederholt darauf hin, daß bei dem immer fühlbarer werdenden Mangel an geeigneten Turnlehrern die Leitung des Turnens und der Jugendspiele so weit als möglich auch in die Hände der Klassenlehrer zu legen sei. Auf den Universitäten seien dahinzielende Einrichtungen zu treffen.

Dr. Schmidt betont, daß die Kandidaten auf der Universität nicht nur im Jugendspiel, sondern auch im Turnen zu unterweisen seien. Die Erfahrungen, die man bis jetzt auf den Hochschulen gemacht habe, seien verschiedenartig und im allgemeinen nicht erfreulich: meistens sei es nur zum Aufflackern eines Strohfeuers gekommen. Die festen Säulen seien die akademischen Turnvereine und andere geschlossene Korporationen; was sich außerhalb derselben befinde, interessiere sich sehr wenig für Turnen und Spiel; es fehle da zur Zeit jedes feste Band. Nur auf zwei Wegen lasse sich etwas erreichen: erstens müßten die Kandidaten vor dem Examen einen Ausweis darüber bringen, daß sie während ihrer Universitätszeit regelmäßig geturnt und gespielt hätten; zweitens müßte seitens der Unterrichtsverwaltung bei Anrechnung der Fakultäten die Turnfakultas höher als bisher bewertet werden. In Preußen würden behördlich geleitete Turnkurse an 4 Universitäten abgehalten: zu Halle, Königsberg, Breslau, Bonn. In Bonn bestehe der ganze Kursus oft nur aus Volksschullehrern. Das käme wohl daher, daß die sich beteiligenden Studenten erst vom 6. Semester zugelassen würden, also zu einer Zeit, wo das Fachstudium alle Kräfte in Anspruch nehme. Das vorgeschlagene Abhilfemittel, daß sich der Kandidat über seine Teilnahme am Turnen und Spielen zum Examen auszuweisen habe, erscheine allein keineswegs durchgreifend, da es nicht nur auf den bloßen Nachweis ankomme, sondern vielmehr auf das Maß der Ausbildung. Immerhin müsse bei den jetzigen mißlichen Verhältnissen jede mögliche Abhilfe mit Freuden begrüßt werden.

Schulrat Platen sagt, in Magdeburg suche man eine ausreichende Anzahl von Turnleitern dadurch zu gewinnen, daß man die Turnstunden außerhalb der Pflichtstunden erteilen lasse und mit je 2 Mk. honoriere. Damit sei der Mißstand aus dem Wege geschafft, daß sich die Lehrer unter allerlei Einwänden der von ihnen als minderwertige Pflichtstunde hingestellten Turnstunde entziehen; die Honorierung veranlasse, daß sich mancher um der geregelten Einnahme willen zur Leitung des Turnens und besonders der Jugendspiele bereit finden lasse, der sonst allen Turnunterricht ablehne. Von anderer Seite wird dem entgegengehalten, daß man in Berlin die umgekehrte Erfahrung gemacht habe: als der Berliner Magistrat verfügte, daß die Turnstunden nicht mehr als Pflichtstunden gelten sollten, weigerten sich sämtliche Oberlehrer, fernerhin Turnunterricht zu übernehmen. Turninspektor Hermann ist ebenfalls dagegen, daß der Turnunterricht nebenbei, außerhalb der Pflichtstunden gegeben werde; dadurch werde er zum Nebenfach. Der ganze Passus über die Ausbildung von Turn- und Spielleitern gehöre weniger zu Hauptabschnitt II als zu Hauptabschnitt III. Letztere Ansicht äußern auch Schulrat Platen, Direktor Raydt und Professor Koch.

Direktor Dr. Lorenz sagte, er habe bei der Abfassung des vorliegenden Leitsatzes folgende Gedanken gehabt: Der systematische Turnunterricht im engeren Sinne, besonders das Gerätturnen, bedürfe dringend der Leitung von geprüften Fachturnlehrern, die ihr Examen in der jetzt vorgeschriebenen Weise gemacht hätten. Ob zu diesem streng methodischen Unterricht, der eine durch angeborene Gewandtheit und jahrelange Übung gestützte Tüchtigkeit verlange, der jedesmalige Klassenlehrer schlechthin tauglich sei, erscheine recht zweifelhaft. Unter Umständen könne ein solcher in der Methodik unerfahrene Lehrer durch schlaffen Betrieb schweren Nachteil verursachen. Das eigentliche Schulturnen dürfe, wenigstens in den oberen und mittleren Klassen höherer Schulen, nur wirklichen Fachmännern unterstellt werden. Der bedenkliche Mangel an solchen Fachturnlehrern, der sich immer mehr fühlbar mache, könne dadurch einigermaßen aufgehoben werden, daß man die Fachmänner entlaste durch Heranbildung spielfreudiger jüngerer Oberlehrer, die auf der Universität eine mehr allgemeine Ausbildung im Turnen und im Jugendspiel erhalten und sich für diese wichtigen Bestrebungen rechtzeitig erwärmen. Wenn auf den

Hochschulen derartige Einrichtungen getroffen, wenn von den Kandidaten vor dem Staatsexamen der angedeutete Nachweis verlangt werde, und wenn die Schulbehörden bei der Anstellung bezw. Beförderung solche Lehrkräfte bevorzugten, die sich als junge Oberlehrer mit Eifer dem Spiel- und Turnmarschbetriebe hingäben, -- dann werde nicht nur eine Entlastung der Fachturnlehrer, sondern überhaupt ein Aufblühen der Leibesübungen erreicht werden.

Der Vorsitzende äußert, daß mit dem bloßen „Interessieren" und „Erwärmen" der Kandidaten wohl kaum etwas Nachhaltiges erreicht werde; es müsse vielmehr eine geregelte Ausbildung behördlich vorgeschrieben werden. Mit der Turnleitung durch Klassenlehrer habe man an den Volksschulen in Görlitz gute Erfahrungen gemacht; es sei dort nur ein einziger ausgebildeter Fachturnlehrer für das Gymnasium und ein in der Zentral-Turnanstalt vorgebildeter Klassenlehrer an der Realschule vorhanden. Es erscheine dringend wünschenswert, eine diesen Punkt betreffende Forderung in die Leitsätze aufzunehmen. Turnlehrer Schröder und Professor Koch weisen daraufhin, daß die Forderung des Berichterstatters ausgehe von dem Mangel an Turnlehrern.

Professor Wickenhagen bemerkt hinsichtlich des Mangels an Turnlehrern, daß nach seiner Schätzung etwa 1400 Turnlehrer gebraucht würden, und daß davon nicht weniger als 700 zur Zeit fehlten. Die Direktorenversammlung von Ost- und Westpreußen 1890 habe sich deshalb in ihrer Mehrheit dahin schlüssig gemacht, daß die dritte Turnstunde in Wegfall kommen möge. Wenn der Turnlehrermangel zu diesem bedauerlichen Schlusse geführt habe, so hätte auch der Ausfall der zweiten Turnstunde angeraten werden müssen; denn auch sie sei mit dem heutigen Turnlehrerbestande noch nicht zu decken. Es würden die Maßnahmen wohl darauf hinauskommen müssen, daß man von der Zentral-Turnlehrerbildungsanstalt als alleinige Bildungsstätte absehe und die Ausbildung der Turnlehrer allgemeiner mit den Universitäten verbinde. Außerdem seien vielleicht sechswöchentliche Wiederholungskurse einzurichten. — Turnlehrer Schröder meint, daß Professor Wickenhagens Angaben richtig seien; bereits 1891/92 habe nach der vom Geheimrat Köpke in die Wege geleiteten Statistik etwa ein Drittel an der nötigen Turnlehrerzahl gefehlt. Die Zahl derjenigen, die das Turnlehrerexamen machen, ist lange nicht ausreichend, um den Abgang zu ersetzen.

Der Vorsitzende schlägt vor, einen den Turnlehrermangel betreffenden Satz in Hauptabschnitt III aufzunehmen, die Ausbildung von Lehrkräften aber im letzten Leitsatz vom Hauptabschnitt II zu behandeln. Die Debatten haben die Ansichten so weit geklärt, daß man den Hauptberichterstatter bitten könne, seinen bisherigen Leitsatz gemäß den verschiedenen Wünschen umzugestalten. Dr. Lorenz ist dazu bereit und schlägt nunmehr folgende Fassung vor: „Die Seminaristen und die Kandidaten des höheren Schulamts sind in den genannten Übungen zu unterweisen; insbesondere ist für die dem Lehrberuf sich widmenden Studenten hierfür ausreichende Gelegenheit zu schaffen und beim Staatsexamen ein dahin gehender Ausweis zu verlangen. Wünschenswert ist die größere Beteiligung der Klassenlehrer an der Leitung der Leibesübungen." In dieser Form wird der Leitsatz angenommen. Hauptabschnitt II ist somit erledigt.

Bei der Besprechung von Hauptabschnitt III (zunächst zu thuende Schritte) wird zuerst über die an das Kgl. preußische Unterrichtsministerium zu richtenden Bitten beraten.

Punkt a des Berichterstatters (Einrichtung der leiblichen Jugenderziehung nach den Gesichtspunkten der Wehrkraft, Durchführung der Beschlüsse der Dezemberkonferenz von 1890) wird unverändert angenommen. Desgleichen Punkt b (Ausbildung der Kandidaten des höheren Schulamts für die Leitung von Leibesübungen).

Turnlehrer Schröer rät, nach Punkt b folgenden Satz (als Punkt c) einzufügen: „Es soll dem an höheren Schulen bestehenden Mangel an Turnlehrern abgeholfen werden." Professor Koch stimmt diesem Vorschlage zu, weil er die Grundlage bilde für die allseitige Durchführung der dritten Turnstunde. Nach Annahme des Schröer'schen Satzes müsse dann Punkt d diese dritte Turnstunde behandeln. Es käme weniger darauf an, die von der Königsberger Direktorenversammlung vorgeschlagene Abschaffung der dritten Turnstunde als verhängnisvoll zu kennzeichnen, als darauf, daß man den Grund, der zu jenem bedauernswerten Direktorenbeschluß führte, beseitige. Es sei ganz klar: Wenn nicht praktische Schwierigkeiten vorlägen, so würden sich jene Herren nicht so exaltiert geäußert haben. Turnlehrer Schröer giebt dem Gedanken von Professor Koch folgende Fassung: „Es müssen die nötigen Schritte gethan werden, um die volle Durchführung der dritten Stunde zu ermöglichen." Der Vorsitzende weist darauf hin, daß der Turnlehrermangel auch darauf zurückzuführen sei, daß dem Turnen und Spiel noch lange nicht das ihm gebührende Ansehen zur Seite stehe. Man sehe es als ein untergeordnetes technisches Fach an. Unsere Wehrkraftbestrebungen werden auch hier Wandel schaffen und die turnerische Ausbildung für die Philologen anziehender machen. Die beiden Schröer'schen Sätze werden als Punkt c und Punkt d angenommen.

Als letzte der an das Kgl. Unterrichtsministerium zu richtenden Bitten wird die Einrichtung von Turninspektionen besprochen. Der Vorsitzende bezeichnet diesen Punkt aus jahrzehntelanger Beobachtung als einen ganz besonders wichtigen. Unser Schulwesen sei so gut bestellt wegen der von oben wirkenden Zucht und Aufsicht. Wenn diese Zucht an einer Stelle nicht vorhanden sei oder wegfalle, wenn die Entwickelung sich selbst überlassen werde, dann gehe leicht alles auseinander. So sei z. B. das preußische Fortbildungsschulwesen, das bislang einer Fachaufsicht nicht unterstellt sei, wie die amtlichen Berichte des preußischen Handelsministers über stattgehabte Revisionen beweisen, vielfach verkümmert. Erst jetzt werde es infolge besserer Aufsicht neu aufblühen. Ähnlich verhält es sich mit dem Turnen. Eine geordnete Fachaufsicht über den Turnunterricht fehlt seit längeren Jahren fast ganz; sie wäre für seine ganze weitere Entwickelung von allergrößter Bedeutung.

Professor Wickenhagen äußert, er sei schon früher einmal in der „Zeitschrift für Turnen und Jugendspiel" für die Turninspektion eingetreten. Doch höre man auch abratende Ansichten. So hätten z. B. die Direktoren in Danzig zu den Turninspektoren gesagt: „Machen Sie uns die Philologen nicht scheu; wenn Sie denen ein böses Wort sagen, haben wir bald überhaupt keinen Turnlehrer mehr." Man müsse mit der Durchführung dieses an sich sehr berechtigten Wunsches vorsichtig sein. Wenn diese Inspektionen vielleicht nicht von Berlin ausgingen, sondern in jeder Provinz ein Turninspektor als Berater des Provinzialschulkollegiums walte, sei eher eine gedeihliche Entwickelung zu erhoffen. Viele Provinzialschulräte würden diese Einrichtung mit Freuden begrüßen, weil sie wissen, daß heutzutage über das Kapitel „Turnen" nicht so leicht wegzukommen sei.

Direktor Dr. Lorenz weist darauf hin, daß erst kürzlich in Preußen für ein anderes wichtiges Gebiet des höheren Schulwesens Fachaufsicht eingeführt worden sei: behufs der Beaufsichtigung des Zeichnenunterrichts sei die Monarchie in 3—4 Bezirke eingeteilt. Jeder Inspektor habe in engster Fühlung mit dem betreffenden Provinzialkollegium vorzugehen. Ein solcher Herr käme doch nicht nur um zu kontrollieren, sondern vor allem, um gute, einheitliche Ratschläge zu erteilen. Dieselben müßten jedem Direktor um so willkommener sein, je mehr sich das betreffende Fach noch in der

Entwickelung befinde. Dies sei im besonderen Grade bei den Leibesübungen der Fall. Der die Turninspektionen betreffende Satz des Berichterstatters wird als Punkt e angenommen.

Die auf die Leibesübungen des Lehrlingsalters gerichtete Bitte erhält vom Vorsitzenden eine solche Form, daß sie den bezüglichen Behörden in allen deutschen Bundesstaaten unterbreitet werden kann, und findet Zustimmung. Gleichfalls gutgeheißen werden die zwei an die Militärbehörden zu richtenden Bitten und das Ersuchen an den Vorstand des Deutschen Kriegerbundes.

Turnlehrer Schröer schlägt vor, an die Behörden auch die Bitte zu richten, daß „die Berechtigung zum Einjährig-Freiwilligen-Militärdienst nicht allein von dem Nachweis bestimmter wissenschaftlicher Leistungen, sondern auch von dem Nachweis solcher moralischen und körperlichen Eigenschaften abhängig gemacht werde, welche für den Wehrdienst besonderen Wert haben". Eine solche Bestimmung werde einen außerordentlichen Einfluß auf den Eifer der Turnschüler gewinnen und ihren Willen noch ganz anders in Anspruch nehmen. Die diensttauglichen jungen Leute würden ein noch viel höheres Maß von wehrhaften Eigenschaften für den Militärdienst mitbringen und die Militärbehörde dann noch viel mehr bei der Truppenausbildung erreichen.

Trotz dieser durchaus richtigen Begründung mußte dieser wohlgemeinte Vorschlag abgelehnt werden in Rücksicht auf eine Reihe der Verwirklichung entgegenstehender Bedenken, deren Vorhandensein auch Herr Turnlehrer Schröer von vornherein nicht leugnete: es würden manchem genial veranlagten jungen Manne (Musiker, Maler, Bildhauer), der sein Examen vor der Kommission zu machen gezwungen sei, berufliche Nachteile aus jener Bestimmung erwachsen; auch sei die Zahl der trägen Turner nicht so erheblich, um eine so einschneidende Veränderung zu rechtfertigen (Dr. Schmidt); es stünden der Durchführung verfassungsgeschichtliche Schwierigkeiten (Zustimmung des Reichskanzlers, des Bundesrates, ja vielleicht des Reichstages) entgegen, auch sei im Gegensatz zu den wissenschaftlichen Fächern die Möglichkeit, daß sich träge Schüler vom Turnen ärztlich dispensieren lassen, nicht aus der Welt zu schaffen (Dr. Lorenz).

Dr. Lorenz fragt an, ob es nicht rätlich sei, eine auf die Förderung der Ruderübungen gerichtete Bitte schon jetzt den Behörden zu übermitteln. Der Vorsitzende meint unter Zustimmung der Mehrheit, daß dieser Punkt im Hauptabschnitt II für heute genügend betont sei. Die Sache sei im Zentral-Ausschuß erst gründlich zu beraten, und er werde bereit sein, eine dahin gegebene Anregung zur Verhandlung zu stellen.

Professor Wickenhagen spricht die dringende Bitte aus, daß bei der nächsten Beratung des Wehrausschusses diese so sehr wichtige Angelegenheit auf die Tagesordnung gesetzt werde, desgleichen sein von ihm vor einigen Wochen schriftlich eingereichter Vorschlag, daß zur Gewinnung wertvoller Erfahrungen kundigen Fachmännern Gelegenheit geboten werde, in anderen Städten und Staaten dem Turnunterricht beizuwohnen, unter der Bedingung, daß ausführliche Reiseberichte geliefert würden. Solche Reiseberichte könnten unter Umständen sehr wichtige Ergebnisse bieten.

Der Vorsitzende erkennt beide Anregungen als hochwichtige an, und sagt zu, später hierauf zurückzukommen.

Im ganzen wird die geschäftliche Behandlung unserer Aufgabe die sein, daß wir mit den höheren Lehranstalten beginnen, daß wir dann die Frage der übrigen Schulen behandeln und endlich die der schulentlassenen Jugend bis zum Eintritt in das Heer.

Zur Beratung der noch ausstehenden Punkte würden die künftigen Versammlungen Gelegenheit bieten. Für heute könne man mit den Verhandlungen zufrieden sein. Man dürfe wohl konstatieren, daß das Arbeitsprogramm einstimmig angenommen sei. (Allseitige Zustimmung.)

Der Vorsitzende: „Ich konstatiere die einstimmige Annahme. Meine Herren, wir stehen nun am Schlusse einer so eminent wichtigen Verhandlung und, wie wir hoffen, am Beginn weiterer Arbeiten. Richten wir noch einmal den Blick auf das große Ganze. Ich meine, wir haben gestern und heute eine so schöne, grundlegende Arbeit geleistet, daß wir um so mehr hoffen können, die Anregung für eine große Entwickelung der Leibesübungen in Deutschland gegeben zu haben, als wir dem Grundgedanken nach nur der kaiserlichen Mahnung in der Schulkonferenz 1890 gefolgt sind: ‚Bedenken Sie, welch ein Nachwuchs für die Landesverteidigung erwächst', und als sowohl das preußische Unterrichts- wie das Kriegsministerium in wohlwollendster Weise zu einer Förderung unserer Bestrebungen bereit sind. Unsere Arbeit wie die Förderung von dieser einflußreichsten Stelle lassen uns daher hoffnungsfreudig in die Zukunft sehen. Möchte unser Werk zum Wohle des Vaterlandes gelingen!"

Nachdem Direktor Raydt dem Vorsitzenden Herrn von Schenckendorff für die treffliche Leitung den Dank der Versammlung ausgesprochen hat, wird dieselbe 3¼ Uhr nachmittags geschlossen.

e. Die Leitsätze des Ausschusses zur Förderung der Wehrkraft durch Erziehung.

I. Grundlegende Aufgabe ist die Sammlung aller der Thatsachen, durch welche die Notwendigkeit einer auf Wehrkraft gerichteten Jugenderziehung bewiesen werden kann, behufs Überzeugung und Gewinnung der maßgebenden Kreise.

1. An der Hand der neuesten Kriegsgeschichte und der sonstigen militärischen Fachlitteratur sind zu betrachten:

a. die Anforderungen, die der Heeresdienst in den nationalen Kriegen des neunzehnten Jahrhunderts gestellt hat (die sittlichen und körperlichen Leistungen im Gefecht, die Marschmühsale und sonstigen Dauerleistungen),

b. alle die Momente, durch welche künftighin eine Steigerung jener Anforderungen bedingt wird (gefährlichere Gegner, gewaltigere Marschleistungen infolge der viel größeren Heeresmassen und der weitertragenden Schnellfeuerwaffen, die plötzliche Mobilmachung der an langjährige Friedenszeit Gewöhnten, die Überwindung der großen Volksheeren innewohnenden Mängel besonders bei Reserveregimentern und Landwehrbataillonen, die Entwöhnung von Fußmärschen infolge der Verkehrserleichterungen, die zweijährige Dienstzeit).

2. Genau ins Auge zu fassen sind alle Gefahren, die heutzutage unsere nationale Wehrkraft zu mindern drohen im allgemeinen bürgerlichen Leben (Raschlebigkeit, Genußsucht), im Schulwesen (Überbürdung), bei der halbwüchsigen Jugend (Verrohung und Verführung), durch das allmähliche Überwiegen der Stadtbevölkerung über die Landleute, insbesondere durch die Degeneration in den Großstädten.

3. Behufs Sammlung aller dieser Thatsachen hat der Wehrausschuß unausgesetzt Ausschau zu halten über die pädagogische Litteratur, die Schriften und Versammlungen der Nervenärzte, die Bevölkerungs- und Berufsstatistik, die militärische Fachlitteratur und — wenn es sein kann — über die Ergebnisse der Aushebungslisten. Die gesammelten Thatsachen sind von geeigneten Mitgliedern in Zusammenhang zu bringen und im Jahrbuch bezw. in Einzelschriften zu veröffentlichen.

II. Die zweite Hauptaufgabe des Wehrausschusses besteht in der Anratung geeigneter Maßnahmen auf dem Gebiete des Turnens im engeren Sinne, der Jugendspiele, der Turnmärsche, des Wassersports. — Schülerbataillone sind zu verwerfen. Doch ist ein fester Grund zu legen für alle wehrfähigen Eigenschaften, die der Rekrut zur Truppe mitbringen muß.

1. Es ergeben sich demnach aus dem inneren Wesen der Wehrkraft folgende vier Hauptgesichtspunkte: Es sind durch die Leibesübungen der Jugend auszubilden:

a. die sittlichen Eigenschaften der Selbstzucht, der willigen Unterordnung, des Mutes, der umsichtigen Entschlossenheit, des zähen Willens,
b. eine straffe Gesamtmuskulatur mit geschickter Koordination und geschmeidigen Bewegungen,
c. ein kräftiges Herz und widerstandsfähige Lungen,
d. scharfe Augen.

Es ist von vornherein mit allem Nachdruck zu betonen, daß für Gesichtspunkt d (Sehschärfe) eine planmäßige Ausbildung überhaupt noch nicht vorhanden ist, und daß die auf c (Herz — Lunge) gerichteten Bestrebungen erst in ihren Anfängen stehen. Wie jede Aushebungsliste beweist, sind gerade Herz und Lunge für militärische Dauerleistungen (Märsche) von allerhöchster Bedeutung. Ihre Berücksichtigung sollte beim turnerischen Erziehungswesen in vorderster Linie stehen.

2. Die verschiedenen Zweige des **Turnens im engeren Sinne** sind folgendermaßen zu beurteilen:

a. Das Gerätturnen ist unentbehrlich, weil es sehr wichtige sittliche Eigenschaften und eine harmonische Durchbildung der Gesamtmuskulatur erzeugt; doch hat es sich auf einen Kanon möglichst ungekünstelter Übungen zu beschränken und keine Gipfelturner, sondern möglichst gute Durchschnittsleistungen auszubilden. Um neben der geregelten, systematischen Muskelkoordination auch die plötzlich geforderte natürliche Koordination zu pflegen und so der Wirklichkeit möglichst nahe zu kommen, ist die Einführung der Hindernisbahn zu empfehlen.

b. Die Freiübungen und Ordnungsübungen haben sich dem militärischen Exerzieren möglichst anzugleichen und sind schon deshalb in straffster Ausführung und mit festem Tritt zu betreiben. Künstliche, kleinschrittige Reigen sind auszuschließen.

c. Für Herz und Lunge und deshalb für die Wehrkraft von höchster Wichtigkeit sind die volkstümlichen Übungen des Laufens und Springens, besonders wenn sie zu kürzeren Dauerübungen ausgestaltet werden und nicht auf den Turnplatz beschränkt bleiben. Der Lauf ist als Schnellauf über kurze Strecken sowohl wie als Dauerlauf zu üben.

d. Die Turnübungen müssen, schon in Rücksicht auf Herz und Lunge, möglichst in allen Jahreszeiten im Freien abgehalten werden.

3. Die **Jugendspiele** sind als „angewandtes Turnen" zu behandeln und zu betreiben, als solches entsprechen sie höchst segensvoll allen Anforderungen wehrhafter Erziehung: sie formen als Abbild des Kämpfens und Ringens die für den Kriegsdienst besonders notwendigen Charaktereigenschaften, sie stärken und üben Nervensystem und Gesamtmuskulatur durch plötzlich geforderte, freie und stets wechselvolle Koordination, schärfen den Blick, kräftigen außerordentlich den Herzschlag und die Lungenthätigkeit. Ihre für die Wehrhaftigkeit höchst förderliche Wirkung muß in Deutschland noch viel mehr Boden gewinnen dadurch, daß

a. noch viel mehr Spielplätze geschaffen werden, um besonders auch den Volksschülern den Segen der Jugendspiele zu bieten,

b. die Spielstunden — außerhalb der Turnstunden — ein dauernder, verbindlicher Teil des Lehrplans werden, schon um auch die trägen „Einlinge" heranzuziehen.

4. **Der Turnmarsch**, bisher leider das am meisten vernachlässigte Stiefkind unter den Leibesübungen, bietet für die wehrhafte Jugenderziehung ganz besonders große Vorteile: er läßt sich ausgestalten zu größeren Dauerübungen, die für die Widerstandsfähigkeit von Herz, Lunge und Gesamtmuskulatur von allerhöchstem Werte sind; — er bietet den Massen der Volksschüler, solange sie infolge des Spielplatzmangels des Jugendspieles entbehren, einen gewissen Ersatz; — er ermöglicht die Verwendung auch der Lehrkräfte, die für den eigentlichen Turnbetrieb nicht brauchbar sind; — er entspricht der jugendlichen Lust an kameradschaftlichen Wanderungen und ist die Leibesübung, welche bis in das späteste Mannesalter freudig getrieben werden kann; — er ermöglicht die wehrhafte Ausbildung der Sehschärfe, des Entfernungschätzens und des Geländegefühls. Diesen Gesichtspunkten entsprechend sind für den Turnmarsch folgende Maßnahmen anzuraten:

a. Die Knabenschulen — insbesondere die Volksschulen — haben den Turnmarsch in grundsätzliche und geordnete Pflege zu nehmen, sodaß im Sommerhalbjahr, verbindlich für alle turnfähigen Schüler, zwei Tageswanderungen und alle drei bis vier Wochen Nachmittagswanderungen unternommen werden.

b. Für die Turnmärsche sind allgemeingültige Verhaltungsmaßregeln (über Marschdisciplin, Trommlercorps, schlichteste Verpflegung, möglichste Vermeidung der Eisenbahnfahrten) aufzustellen; über Ort und Ziel der Wanderungen ist im Osterprogramm zu berichten.

c. Die Turnmärsche sind durch den Gesang deutscher Volkslieder zu beleben, deren Einprägung in Text und Melodie vorher im Unterricht sorgfältig erfolgen muß.

d. Mit den Wanderungen sind möglichst häufig zu verbinden Übungen im Fernsehen, im Entfernungschätzen und Zurechtfinden im Gelände, Kartenlesen.

5. Die Jugenderziehung hat darauf hinzuwirken, daß die Schüler fleißig **baden**, das **Schwimmen** lernen und im Winter **Schlittschuh laufen**. Nicht minder wichtig sind, wo sie sich ermöglichen lassen, **Ruderübungen** ebenso wie alle Übungen, durch welche die Wehrkraft zur See gestärkt wird.

6. Von ungemein hoher Bedeutung ist für die Wehrkraft die **Erstarkung des weiblichen Geschlechtes**: an den Mädchenschulen wird die leibliche Erziehung um so segensreicher wirken, je mehr sie unter Vermeidung des Übermaßes an Ordnungs- und Reigenübungen nach frischer, kräftiger Übung sowohl in turnerisch geregelten Formen als besonders in Laufspielen strebt.

7. Gegenüber der für die Wehrkraft äußerst schädlichen Verrohung und Verführung der aus der Schule entlassenen **halbwüchsigen Jugend** (Lehrlingsalter vom 14.—18. Lebensjahre) sind geregelte Leibesübungen ein wirksames Vorbeugungsmittel und für die Wehrkraft der Nation von höchster Bedeutung. Es ist Gelegenheit zu bieten, die Lehrlinge unter Leitung geeigneter Lehrkräfte an ihren freien Abenden zu Jugendspielen, an Sonntagnachmittagen auch zu geregelten Turnmärschen heranzuziehen.

8. **Wettkämpfe** und Wettspiele mit einfachen Ehrenpreisen sind zu fördern.

Der Sedantag oder ein anderer vaterländischer Erinnerungstag soll alljährlich als ein **nationaler Wettturn- und Wettspieltag** gefeiert werden.

9. **Die Seminaristen und die Kandidaten des höheren Schulamts** sind in den genannten Übungen praktisch und theoretisch zu unterweisen. Insbesondere ist für die sich dem Lehrerberuf widmenden Studenten ausreichende Gelegenheit zu schaffen, sich im Turnen und Jugendspiel auf den Hochschulen auszu-

bilden. Beim Staatsexamen ist dafür der nötige Ausweis zu verlangen. Wünschenswert ist eine größere Beteiligung der Klassenlehrer an der Leitung der Leibesübungen.

III. Behufs Durchführung der angeratenen Maßnahmen muß der Vorstand des Zentral-Ausschusses folgende Bitten richten:

1. **An die Unterrichtsbehörden.**

a. Daß die Lehrpläne der leiblichen Jugenderziehung an den Volksschulen wie an den höheren Schulen nach den Gesichtspunkten der nationalen Wehrkraft eingerichtet und daß insbesondere die bis jetzt noch nicht verwirklichten Leitsätze der Dezemberkonferenz von 1890 durchgeführt werden.

b. Daß an den Lehrerseminaren, ganz besonders aber an den Universitäten Einrichtungen getroffen werden, durch welche die zukünftigen Lehrer auf die hohe Wichtigkeit der leiblichen Jugenderziehung theoretisch hingewiesen und für dieselbe praktisch vorbereitet werden.

c. Daß den an den höheren Schulen bestehenden Mängeln an Turnlehrern abgeholfen werde.

d. Daß die nötigen Schritte gethan werden, um die volle Durchführung der dritten Turnstunde zu ermöglichen.

e. Daß die zur geregelten Durchführung der genannten Maßnahmen dringend notwendigen Turninspektionen eingerichtet werden.

2. An die **oberen Behörden**, denen das Fortbildungs- und Fachschulwesen unterstellt ist, die Bitte zu richten,

daß den Besuchern dieser Schulen Gelegenheit und Anregung zu geregelten Leibesübungen gegeben wird.

3. An die **militärischen Behörden:**

a. Daß dieselben den Bestrebungen des Wehrausschusses ihre wohlwollende Anteilnahme zuwenden und sie durch Entsendung von Vertretern des Offizierstandes zu den Veranstaltungen des Zentral-Ausschusses öffentlich bethätigen.

b. Daß dem Wehrausschuß das statistische Material der Aushebungslisten zur Verfügung gestellt wird, auf Grund dessen die Notwendigkeit einer allseitigen nationalen Jugenderziehung noch tiefer begründet werden kann. Aufklärung über die bei den Rekruten, insbesondere den Einjährig-Freiwilligen, hervortretenden Mängel (in ähnlicher Weise wie bei der Dezemberkonferenz 1890) sind sehr erwünscht.

4. An den Vorstand des **Deutschen Kriegerbundes** ist die Bitte zu richten, daß in den Versammlungen der Kriegervereine die Väter und Lehrherren hinsichtlich ihrer Söhne und Lehrlinge auf die hohe Wichtigkeit wehrhafter Leibesübungen hingewiesen werden.

4

Die Erziehung zum Mute und die geistige Seite der Leibesübungen.

Nach dem gleichnamigen Werke des Prof. Dr. Koch, dargestellt von Dr. E. Witte in Braunschweig.

Wenn sich die verschiedenen Richtungen im deutschen Turnen zuweilen lebhaft befehden, so kann das als ein erfreuliches Zeichen für das Kraftgefühl und die Lebensfähigkeit der ganzen Sache aufgefaßt werden. Aber dann und wann ist es gut, wenn sich die kämpfenden Parteien auch einmal an das Gemeinsame und Verbindende erinnern und daran denken, daß das Turnen doch noch gar nicht so gefestet und sicher dasteht, daß es nicht auch zu gemeinsamem Kampfe nach außen sich rüsten müßte. Der wunderliche Beschluß der letzten Direktorenversammlung von Ost- und Westpreußen („die dritte Turnstunde ist nicht notwendig; sie hat weder bei den Schülern noch bei den Eltern besonderen Anklang gefunden"), sowie die Verfügung des Berliner Stadtmagistrats, daß die Turnstunde den Lehrern nicht als Pflichtstunde angerechnet werden soll, können uns darüber belehren, wie wenig sympathisch manche Kreise dem Turnen gegenüberstehen. Und was die Stimmung einzelner Schulmänner betrifft, so erinnere man sich nur an das abfällige Urteil über das Schulturnen, das vor etwa zwei Jahren der berühmte Pädagoge Jäger in Köln gefällt hat. Beachtenswert ist es auch, daß ein Buch wie das so schnell bekannt und beliebt gewordene „Wie erziehen wir unseren Sohn Benjamin?" auf seinen 236 Seiten auch nicht ein Wort über Turnen, Schwimmen, Eislauf und körperliche Übungen überhaupt bringt! Daraus geht am besten hervor, daß weite Kreise von Schulmännern zu unserem Turnen nach seiner erziehlichen Seite hin wenig Zutrauen haben. Ja, die Pädagogik überhaupt, wenigstens soweit sie sich auf Herbart als Hauptautorität bezieht, richtet ihr Augenmerk wesentlich* auf den geistigen Unterricht und auf die Erziehung durch den Unterricht und zeigt dabei deutlich den Einfluß des Überwiegens des Intellektualismus, der das deutsche Geistesleben des vorigen Jahrhunderts überhaupt gekennzeichnet hat. Dieser moderne Intellektualismus hat überhaupt im Geistesleben der Gegenwart die höchste Stelle der Denkkraft angewiesen und ist so zur sokratisch-platonischen Auffassung zurückgekehrt, wonach die Tugend wesentlich ein Wissen ist. Daß aber in einem solchen System der Ausbildung den körperlichen Fähigkeiten nur eine bescheidene, ja untergeordnete Rolle zugewiesen werden kann, liegt auf der Hand.

Deswegen thut uns Turnlehrern gegenüber den Vertretern des einseitigen Intellektualismus nichts mehr not als eine tiefere Begründung des Wertes der Leibesübungen, eine Beziehung derselben auf das Ganze der Erziehung. Die Bedeutung der Leibesübungen für die sittliche Erziehung unserer Jugend ist ein Thema, mit dem sich jeder Turnlehrer beschäftigen sollte, der dem Laien, insbesondere aber dem wissenschaftlichen Kollegen gegenüber Rechenschaft zu geben genötigt ist über die Bedeutung des Turnens und der Leibesübungen überhaupt.

Dieses Thema hat sich nun Professor Dr. Konrad Koch in Braunschweig zum Vorwurf genommen in seinem soeben erschienenen Buche „Die Erziehung zum Mut durch Turnen, Spiel und Sport. — Die geistige Seite der Leibesübungen“*). Die Wichtigkeit des Themas hat Veranlassung gegeben, hier einen Auszug aus dem Buche folgen zu lassen, und ich bin gern der Aufforderung der Herausgeber dieses Jahrbuchs nachgekommen, diesen Auszug zu besorgen.

Koch geht von dem Nachweise aus, weswegen die obenerwähnte sokratisch-platonische Auffassung von der Tugend als einem „Wissen“ falsch ist, und dem Willen neben dem Wissen und dem Verstande mindestens die volle Gleichberechtigung eingeräumt werden muß. Das praktische Leben selbst belehrt uns eines Bessern. Bei der schwierigen Aufgabe, die jeder Mensch immer wieder zu lösen hat: seine Triebe durch den Willen zu unterdrücken, hilft ihm keine Belehrung, auch die beste nicht, wenn nicht sein Wille die nötige Kraft besitzt. Will die Schule nicht nur lehren, sondern wirklich erziehen, so liegt die schwierigste Aufgabe nicht auf dem Gebiete des Wissens und Könnens, sondern auf dem des Wollens und Handelns. Wenn auch sicher bei dem geistigen Unterricht die Energie, der Fleiß und die Aufmerksamkeit mächtig gefördert und gebildet werden, so giebt es doch Gebiete im menschlichen Willensleben, in die der rein intellektualistische

*) Die Erziehung zum Mute durch Turnen, Spiel und Sport, die geistige Seite der Leibesübungen von Dr. Konrad Koch, Professor am Herzoglichen Gymnasium Martino-Katharineum zu Braunschweig. Berlin 1900. R. Gärtner's Verlag. 224 S.

Unterricht einzugreifen gar nicht imstande ist. Das sieht man sofort, wenn man sich den Gedanken vorstellt, durch bloße Belehrung Soldaten bilden zu wollen. Mit Recht sagt Koch deshalb:

„Wie schwach der unmittelbare Einfluß des Erziehers auf die Charakterbildung seines Zöglings in vielen Stücken ist, tritt gerade hier, wo es sich um die Erziehung zum Mute handelt, deutlich zu Tage. Man verspricht sich ja vom Standpunkte des einseitigen Intellektualismus aus viel davon, daß der Schuljugend die Heldenthaten ihrer Väter und Ahnen und andere Großthaten der Geschichte in beredten Worten vorgeführt werden. Eine beredte Schilderung derselben, meint man, müsse mit zündender Kraft in den Herzen der Knaben eine edle Begeisterung entflammen und nähren, und damit würde sich der rechte Mut zum Kampf für das Vaterland schon von selbst einstellen. Doch wird eine nüchterne Kritik diese Wirkung eines solchen Geschichtsunterrichts einigermaßen in Zweifel ziehen müssen. Die Pflicht des Erziehers ist es allerdings unbedingt, den vaterländischen Sinn in der Jugend zu pflegen, und das kann er wie durch sonstige Veranstaltungen so durch diesen Unterricht. Aber die Begeisterung allein reicht nicht aus auf die Dauer; bei Mißgeschick wird sie allzu leicht in Mutlosigkeit umschlagen und schon bei andauernden Strapazen recht schnell versagen."

Koch untersucht nun diese Gebiete, auf die der nur belehrend wirkende Unterricht keinen Einfluß ausüben kann, und kommt zu einem Resultate, das zugleich geeignet ist, die Leibesübungen ihrem sittlichen Werte nach auf eine außerordentlich hohe Stufe zu heben. In jeder körperlichen Bewegung nämlich, die noch nicht durch die Gewohnheit zu einer mechanischen, automatischen geworden ist, können wir deutlich eine gewisse Energie, eine Kraft des Entschlusses wahrnehmen, können wir eine Mutleistung entdecken. Lange ehe eine sittliche Belehrung des Kindes angebracht und möglich ist, hat dieses bereits in dem allmählichen Erlernen der natürlichen Bewegungen die erste Erziehung zum Mut und zur Entschlossenheit durchgemacht. Schon die ersten Versuche des Kindes, die volle Herrschaft über seine Bewegungen zu gewinnen, schließen in roher Form alle höheren Leistungen der Willenskraft in sich: Ausdauer bei der Anstrengung, die der Versuch kostet, Festigkeit bei der Überwindung der Schwierigkeit und die nötige Überlegung bei der Auswahl der rechten Mittel. Dieses Wollen ist uns der Beweis des psychischen Lebens. In ihm kommt nach Kant das Ich in der ursprünglichsten Weise zum Ausdruck. Es treten mithin bei diesen ersten Leistungen des Kindes alle die Eigenschaften der

Willenskraft hervor. Wie in den ersten willkürlichen Bewegungen des Kindes der Wille hervortritt und die ersten Stufen der Entwickelung durchläuft, so soll der heranwachsende Knabe und der Jüngling durch die Leibesübungen vor allem eine Schulung seines Willensvermögens erfahren. Daß der Leib ein möglichst vollkommenes Werkzeug und brauchbarer Diener des geistigen Lebens werden soll, ist unbestreitbar das nächste Ziel. Aber die Hauptabsicht soll auch hier auf den Willen gerichtet sein. Demnach sind die Leibesübungen so zu veranstalten, daß durch ihre Pflege die Jugend kräftig und fest zu wollen lerne und, was notwendig hinzukommen muß, sich selbst zu beherrschen. Insofern sollen sie eine Vorschule sein für alles sittliche Handeln. Darin sehen wir die Wichtigkeit der physischen Erziehung begründet.

Diesen Gedanken führt der Verfasser dann weiter aus und kommt dadurch zu dem Grundsatz:

„Bei sämtlichen Leibesübungen, wie sie als Turnen, Spiel und Sport heute betrieben werden, muß ihrem Wesen nach das geistige Moment die entscheidende Rolle spielen; sie müssen den Willen zu stärken geeignet sein. Insofern wir als Kardinaltugend des Willens den Mut anerkennen und unter Mut den recht disciplinierten Willen verstehen, worüber im nächsten Abschnitte zu handeln sein wird, läßt sich diese Forderung in die Formel fassen:

Jede Leibesübung soll auch Mutübung sein."

Natürlich bringt Koch mit dieser Erklärung und dieser Forderung nicht etwas Neues, sondern er schließt sich damit durchaus an die Schöpfer der Leibesübungen an und entwickelt nur folgerecht ihre Grundsätze. In der griechischen Gymnastik, in der Renaissance wie auch auf den englischen Spielplätzen hat man stets gewußt, daß die geistigen Vorgänge das wichtigste sind in den Leibesübungen, und schärfer und klarer noch haben es unsere deutschen Turnmeister ausgesprochen, daß das Turnen erziehen soll, von Jahn und Guts-Muths bis auf Jäger und Fink. Die körperliche Tüchtigkeit ist es nicht, die den Sieg gewinnt, sondern die durch sie hervorgerufenen männlichen Charaktereigenschaften, deren Grundlage der Mut ist. Nicht der Gedanke, sondern die That bestimmt das Geschick der Völker.

Aber wenn dies auch keine neuen Entdeckungen sind und sein sollen, so ist doch neu und eigenartig die ganze Art, wie der Verfasser die Leibesübung mit dem Ganzen der Erziehung, sowie mit dem Ganzen des modernen Lebens in Beziehung bringt. Von Aristoteles und Plato über Locke, Kant, Schiller, Fichte und Herbart bis auf Schopenhauer und Nietzsche berücksichtigt er die philosophischen Theorien, die unser Gebiet betreffen; Carlyle, Kingsley und Raabe, Vierkandt und Paulsen und zahllose andere Namen beweisen, wie der Verfasser seinem Gegenstande von **allen Seiten** beizukommen **bemüht** gewesen ist.

Von besonderem Interesse sind überall seine Auseinandersetzungen mit seinen Vorgängern und Vorarbeitern oder auch mit führenden Geistern, wie Goethe und Bismarck, Fichte und Nietzsche. Einen hervorragenden Platz räumt er der Besprechung der Jägerschen Theorien ein; mit Recht, da ja O. H. Jäger (Stuttgart) unter den Turnern gewöhnlich als ihr erster Philosoph und Ethiker gilt.

Mit seinem Grundsatze: „Jede Leibesübung soll auch Mutübung sein", kommt er jener idealen Auffassung von dem Wesen der Leibesübung nahe, wie sie Fichte in seiner Sittenlehre vertritt, wo er die Forderung aufstellt: Ich soll meinen Leib erhalten und bilden lediglich zum Zweck des sittlichen Handelns, nicht aber zum Selbstzweck. Am meisten steht dieser schroffen Sittenstrenge Jäger nahe und mit ihm F. A. Lange. Koch erklärt, weswegen die Ansicht dieser beiden um die Turnkunst hochverdienten Männer im allgemeinen wenig Anklang gefunden hat und verhältnismäßig unfruchtbar geblieben ist; er versteht dies wesentlich daraus, daß beide in ihren Ausführungen etwas Mystisches haben und unserer Zeit für alles Mystische sehr wenig zugänglich ist. Als Aufgabe der Zukunft stellen sie das Ziel hin, den Leib durch Übung nicht nur in den Dienst des Geistes zu bringen, sondern ihn gleichsam ganz von geistigem Inhalt durchdringen zu lassen und ihn so zum Ausdruck der Persönlichkeit zu erheben. In Jägers späteren Schriften kehrt diese Forderung der geheimnisvollen Durchdringung des Leiblichen vom Geistigen immer wieder und verschuldet zum Teil die Unklarheit und Verworrenheit seiner sonst vielfach höchst vortrefflichen Lehren und Vorschriften. Wenn Jäger weiter die Gymnastik als Bedingung des großen Versöhnungsprozesses für das einzelne Menschenleben wie für die gesamte Menschheit entwickelt angesehen wissen will, so trägt er offenbar etwas in den Begriff hinein, was nicht hineingehört. Auch das erklärt sich daraus, daß ihm Leib und Seele vollständig zu einer Einheit verwachsen erscheinen und so der Unterschied zwischen körperlicher und geistiger Leistung nicht mehr klar hervortritt.

Im Gegensatz zu derartigen mystischen **Erklärungen stellt Koch** mit kurzen, einfachen Worten als den letzten **Zweck der Leibesübungen** den auf, daß sie Übungen der Willenskraft sein und den Menschen zum sittlichen Handeln tüchtig machen sollen.

* * *

Nachdem er so über die Erziehung des Willens im allgemeinen gesprochen hat, geht er über zu dem Kapitel „Der Mut und seine Erscheinungsformen". Er leitet dasselbe mit einer äußerst gelungenen Betrachtung über Friedrich Nietzsche ein, die unverkürzt hier folgen möge:

„Das neue Geschlecht fängt an, zum Verständnisse und zur Würdigung unserer Nationaltugend zu erwachen. Eine sonderbare Laune des Schicksals hat es gefügt, daß ein im übrigen recht undeutsch sich gebärdender Mann sie gleichsam dazu hat aufrufen müssen: Fr. Nietzsche. Die wilde Leidenschaftlichkeit, mit der er die Engherzigkeit in der hergebrachten Weltanschauung „der wahren Bildungsphilister" in Trümmer schlagen will, wirkt auf uns Ältere abschreckend; unser junges Deutschland läßt sich aber durch die berauschende Kühnheit seiner Gedanken in ihrem prunkvollen sprachlichen Gewande willig hinreißen, seine Verherrlichung der lebensfreudigen, machtvollen Persönlichkeit anzustaunen. Indem er Schopenhauers schwächliche Weltverneinung überwindet und an ihrer Stelle unermüdliche Lebensfreude und furchtlose Selbstbehauptung der Welt gegenüber lehrt, giebt er den noch nicht geklärten Empfindungen des neuen Geschlechts kräftigen Ausdruck. So scheint der laute Beifall verständlich, den er findet, wenn er das schlecht nennt, was dem Gefühl der Schwäche entstammt, und das gut, was das Gefühl der Macht, den Willen zur Macht und die Macht selbst im Menschen erhöht, wenn er das Glück des Mannes in der Willensbethätigung findet, in dem Gefühle davon, daß seine Macht wächst, daß ein Widerstand überwunden wird. Eine Jugend, die dem zustimmt, ist so undeutsch nicht; es ist die Anlage zum furor teutonicus, der sich in ihr äußert."

Nachdem er sodann ausführlich beleuchtet hat, wie die deutsche Militärpädagogik, in erster Linie Clausewitz in seinem allgemein als klassisch anerkannten Buche „Vom Kriege" sich zu den hier behandelten Fragen stellt, betrachtet er selbst die verschiedenen Erscheinungsformen, sowie dann die Übungen des Mutes. Er unterscheidet den Mut im engeren Sinne, der sich auf dem Gebiete der Gefahr abspielt, von einer anderen Art der Willensstärke, die man besser als Entschlossenheit bezeichnet, und von einer dritten Art, die er Geistesgegenwart genannt wissen will. Große Bedeutung für die Ausbildung des Mutes, insofern mehr die Ausdauer dabei in Betracht kommt, haben ferner die Beharrlichkeitsübungen. Die kräftigen Parteispiele sodann bieten besonders die beste Schule für den persönlichen oder den Kampfesmut. Endlich aber ist die wichtigste Unterscheidung zu machen zwischen dem physischen und dem moralischen Mute, und es bedarf besonderen Nachweises, wie die Übungen des ersteren auch den letzteren fördern und entwickeln.

Nunmehr kommt es darauf an, dem Mut und der Willenskraft die richtige Stellung in dem ethischen System anzuweisen. Koch thut dies und setzt sich auch hier scharf mit den modernen egoistischen Anschauungen auseinander. Zu dem Begriff des wahren Mutes steht die Rücksichtslosigkeit, namentlich insofern sie sich gegen andere Persönlichkeiten richtet, in vollem Widerspruch. Auf dem Turn- und Spielplatze wollen wir nicht jene blonde Bestie züchtigen, die dem Propheten des Übermenschentums des Preises würdig schien. Im Gegenteil, die Jugend soll dort von vornherein lernen, ihren Hang nach überkühnen Wagnissen zu zügeln, Selbstbeherrschung zu üben und sich den Geboten der sittlichen Gesellschaft zu fügen. Für die gesamte Volkserziehung wird entscheidend sein, in welchem Sinne und Geiste die Schule die Pflege der Leibesübungen leitet. Wir sind weit davon entfernt, aus einer thörichten Überschätzung der physischen Kraft das Moralische zu vernachlässigen. Seine tieferen Grundlagen erhält der Mut durch die gesamte Erziehung, die der Jugend die schönsten Eigenschaften unseres Volkes, das feste Gottvertrauen und eine unbedingte Pflichttreue, einpflanzen muß. Ohne diese beiden ist alle Kraft des Willens wertlos; sie kann, wenn sie falsch geleitet wird, leicht verhängnisvoll werden. Aus ihnen geht oft ein sittlicher Mut hervor, der sich bis zum wahren Heroismus steigern kann, wie er zu Tage tritt, wenn es gilt, unter den schwierigsten Umständen die Wahrheit und die Überzeugung nicht zu verleugnen. Auf alle Fälle wird die Erziehung diesen Grund im Charakter recht fest zu legen für ihre wichtigste Aufgabe ansehen müssen. Neben dem Pflichtgefühl kommt das Ehrgefühl als Quelle des Mutes in Betracht. Auch dieses wurzelt tiefer als nur in der Schulerziehung. Die Familie und das Haus sind ebenso dafür verantwortlich, wie denn überhaupt die Grundlage für alle wahre Erziehung dort zu legen ist.

* * *

Es würde zu weit führen, wenn im einzelnen auch nur angedeutet werden sollte, wie Koch die einzelnen Zweige der Leibesübungen (das Turnen, die Spiele, den Sport) nach ihrer Bedeutung für unsere Sache bespricht. Bemerkt mag nur werden, daß er mit einer fast peinlich durchgeführten Gerechtigkeit und Unparteilichkeit jedem dieser drei Gebiete gerecht zu werden sucht, wie er immer den Anschluß an die alten Turnmeister herzustellen weiß, und wie er unbarmherzig alle Schwächen, die er, besonders im Sport, wahrnimmt, geißelt und brandmarkt. Es erscheint hier vielleicht angemessener, wenn aus den letzten Kapiteln noch einige Abschnitte im Zusammenhange und wörtlich angeführt werden, die den Verfasser in seiner Stellungnahme zum heutigen Leben und den Hauptströmungen des Geisteslebens unserer Zeit kennzeichnen.

Der 6. Abschnitt des Buches hat die Überschrift: „Die Freude an den Leibesübungen". Der Verfasser will trotz des Ziels der ausgesprochen sittlichen Erziehung doch keineswegs die Freude aus dem Treiben der Jugend verbannen, sondern glaubt im Gegenteil, daß nur aus der Freude heraus eine wahre Erziehung möglich ist.

„Freude ist das am meisten charakteristische Moment am Mute. Es gehört zum Wesen des Mutes, daß wir die Gefahr freiwillig und freudig übernehmen, und daß die Bethätigung unserer Willenskraft das angenehme Empfinden der Lebensfreude zur Folge hat. Der Zwang kann auf unser Selbstgefühl und Selbstvertrauen nur hemmend wirken, durchaus aber nicht anregend. Mithin wird eine mutige Handlung, d. h. eine Bethätigung dieses Gefühls, zwangsweise nie erzielt werden können. Sklavenseelen sind feige. Jede freiwillige Bethätigung unseres Selbstgefühls aber ist unmittelbar verknüpft mit dem Gefühle der höchsten Freudigkeit."

Dabei ergiebt sich nun eine äußerst gelungene Betrachtung eines Begriffes, den die moderne Ästhetik in den Mittelpunkt ihrer Anschauungen stellt. Koch fährt fort:

„Vielleicht kommen wir von dieser Seite aus dem Verständnisse des Goethe'schen Wortes näher, das die Persönlichkeit als das höchste Glück auf Erden preist, näher wenigstens als die rein intellektualistische Erklärung, die den Begriff der Persönlichkeit ausschließlich von dem Besitze einer Lebensauffassung abhängig machen will. Die eigentümliche Frische und Freudigkeit der mutigen Stimmung, die kein anderer voller empfunden hat als unser großer Dichter und Lebenskämpfer, beruht eben darauf, daß wir uns der Kraft unserer Persönlichkeit im Kampfesmute am entschiedensten bewußt werden. Die ängstliche Sorge um Leben und Gesundheit schütteln wir ab, wir sind für die Gefahren des Kampfes, die unser Leben uns bringt, und für deren Größe keineswegs blind, aber wir ermessen auch unsere Kraft, und mit mutigem Selbstgefühl sehen wir in der Anspannung unserer Vollkraft den köstlichsten Genuß, den höchsten Wert des Lebens. Wir müssen uns selbst behaupten im Kampfe des Lebens. Daß wir Kraft und Mut haben, uns durchzusetzen, ist unser „höchstes Erdenglück". Es bleibt uns nun einmal das innere Glücksgefühl versagt, wenn wir nicht zur sittlichen Persönlichkeit werden."

Es möge sodann die Stelle folgen, wo Koch sich wieder mit der Jäger'schen Auffassung vom Wesen der Leibesübung nach dieser Richtung hin auseinandersetzt.

„Nach meiner Darstellung empfinden wir in den Fällen, wo wir uns bei den Leibesübungen und durch sie über das gewöhnliche Gleichmaß herausheben, eine Überlegenheit des Geistes über die Rücksicht auf alles Materielle. Indem unser Wille sich unumschränkt bethätigt und geltend macht, erwächst uns die freudige Stimmung, die dem Mute als solchem eigen ist. Für Jäger erscheint nicht die Bethätigung des Geistes die Hauptsache, sondern das Leiden des Fleisches. Sein Hauptaugenmerk ist ‚die gründliche, allseitige, umfassende Strapaze'. Er verlangt im Turnen und turnerischen Leben ‚jene Fleischeskreuzigung, die den Schöpfer ehrt, den Mann schafft und den Freien adelt'. Die Lust, die den Turner dabei erfüllen soll, tritt auf als ein Zusatz, den er fordert, der aber im Wesen der Sache selbst nicht begründet ist. Sowie er die innere Berechtigung dieser seiner Forderung hätte nachweisen wollen, hätte er auf die positive Leistung des Geistes eingehen müssen. Die Strapaze soll nach ihm ‚tapfer, mit Lust erfüllt' sein. Indes, wie das möglich ist, ergiebt sich allein aus meiner Auffassung vom Wesen des Mutes. Eben darum fehlt in Jägers Theorie für die Reize und den Wert des Spiels das rechte Verständnis, das in Württemberg erst, seitdem man sich dort von seiner Einseitigkeit frei gemacht hat, zum vollen Rechte gekommen ist."

Sehr beachtenswert scheint mir auch die Widerlegung des Bedenkens gegen den heutigen Betrieb der Schulspiele, als ob über dem Streben nach kräftigen, schneidigen Spielen die notwendige Rücksicht auf den Frohsinn und die Heiterkeit der Spielenden ganz außer acht gelassen werde.

„Die straffere Ausbildung der Spielregeln, der energischere Betrieb der Spiele und der regelmäßigen Wettspiele, die zur Erprobung der Spieltüchtigkeit veranstaltet werden, thut, wie die Gegner der heutigen Spielbewegung meinen, der Harmlosigkeit und Freude des

Spiels entschiedenen Abbruch. Dieser Einwand geht auf eine schon oben abgelehnte Auffassung des Begriffs Spiel zurück. Die Bewegungsspiele wollen keine harmlosen Spielereien sein, sondern zu ernstem Zwecke unternommene Leibesübungen. Beim Turnen steigert sich die Freude, je schwierigere Übungen gelingen. In demselben Maße wächst die Freude, die jede Selbstbethätigung der Willenskraft erweckt, im kräftigen Spiele, je höhere Ansprüche in ihm an Kraft und Gewandtheit gestellt werden. Beim einfachen Überschlagen über das Reck empfindet der Knabe auch seine ‚harmlose' Freude. Ein kühner Längssprung über das Pferd. läßt von dieser Harmlosigkeit nicht das geringste übrig. Ist deshalb die stolze Freude bei diesem Sprunge weniger wertvoll? Nein, nur geziemt jene dem Kinde, diese dem Jüngling."

* * *

Im 7. Abschnitt setzt der Verfasser auch die Ansprüche der ästhetischen Erziehung auseinander. Der Begriff der ästhetischen Erziehung steht nicht recht fest. Schon Schiller kennt die beiden Arten der Erziehung, die sich Förderung des Schönen zum Ziel setzen, hat sie aber nicht immer streng auseinandergehalten. Die eine Art stellt die ästhetische Erziehung auf eine Stufe mit der intellektuellen und der sittlichen, indem der Zögling für das Gefühl des Schönen möglichst empfänglich gemacht, zum Künstler oder zum Kunstkenner gemacht werden soll. In der anderen Art wird der Erziehende selbst zum Künstler, sein Objekt ist der ganze Mensch. Die Schönheit wird hier das letzte, höchste Ziel, neben dem die anderen Gebiete der Geistesthätigkeit ihren selbständigen Wert verlieren. Dieser zweiten Anschauung folgen gerade unsere Modernen gern, aber desto schärfer muß betont werden, daß diese Theorie für unseren Zweck nicht zu gebrauchen ist. Wenn auch die Rücksicht auf das Schöne nie außer acht gelassen werden soll, so darf sie doch nicht etwa das allein Entscheidende sein, und die Übergriffe der ästhetischen Erziehung sind deswegen abzuweisen. Von diesem Standpunkte aus beleuchtet auch Koch noch einmal den Widerspruch der Jäger'schen Schule gegen die ästhetisch-ethischen Einflüsse des Fußballspieles. Zunächst weist er ein Mißverständnis zurück, daß darin besteht, daß die Turnkunst, eben, weil sie eine Kunst sei, ihrem Wesen nach das Schöne unbedingt berücksichtigen müsse, indem er mit Recht darauf hinweist, daß der zweite Teil des Wortes hier nicht mehr ästhetische Forderungen enthalte als in den Worten „Arzneikunst", „Kochkunst", „Schachspielkunst". Ebenso ist auch die Behauptung Plank's hinfällig, daß, da der Spieltrieb im Menschen nach Schiller stets auf das Schöne gerichtet sei, der Betrieb unserer Spiele sich streng den Gesetzen der Schönheit unterwerfen müsse. Umgekehrt ist der Satz richtig. Nicht alles Spiel ist Kunst, wohl aber kann man alle Kunst ihrem Wesen nach als Spiel ansehen. „Das turnerische Spiel hat mit diesem Spieltrieb nichts zu thun. Insofern es Spiel ist, also unabhängig von einem Zwecke, scheint es die freie Bewegung, die sich selbst Zweck und Mittel ist, mit dem ästhetischen Spiele gemein zu haben. Aber das turnerische Spiel hat in der That einen bestimmten Zweck, ebenso wie die anderen Leibesübungen, von denen es nicht willkürlich getrennt werden sollte. Die Gegner des Fußballs berufen sich mit besserem Rechte auf Schiller, wenn sie das Spiel, weil es ästhetisch roh sei, auch vom ästhetischen Standpunkte aus verurteilt wissen wollen. Für Schiller ist bekanntlich in seinen späteren Schriften das ästhetische Ideal auch das ethische. Schön und gut sind ihm untrennbare Begriffe geworden. Danach würde es allerdings nicht als unbedenklich angesehen werden können, wenn ein Spiel, das so regelmäßig und eifrig von unserer Jugend gespielt wird, wirklich sie zu so viel unschönen Bewegungen veranlaßte und seinem Wesen nach für immer wieder veranlassen müßte. Aber einmal ist dieser einseitig ästhetische Standpunkt nicht berechtigt. Von einer Ersetzung der Moral durch die Ästhetik, wie sie jene Philosophen wollen, die den Menschen wie ein beliebiges Naturprodukt werten, sind wir zunächst noch recht weit entfernt. Andererseits kommen die als unschön getadelten Bewegungsformen im Spiele entweder nur selten und auf Augenblicke im Spiel vor, oder sie sind mit Unrecht als unschön verschrieen. Daß es zu den Aufgaben der Erziehung gehört, die Jugend für die Erkenntnis des Schönen vorzubereiten, soll nicht verkannt werden. Auch muß als Regel gelten, daß bei den Spielen wie bei allen Leibesübungen, wenn auch durch sie der Schönheitssinn nicht geweckt werden soll, doch möglichst alles Unschöne zu vermeiden ist. Aber schnell vorübergehende Übergangsformen sind, wie wir durch die Augenblicksaufnahmen der Photographen wissen, oft nichts weniger als schön, lassen sich aber trotzdem nicht vermeiden und stören den befriedigenden Gesamteindruck der Übung schließlich nicht im geringsten."

* * *

Auch der 8. Abschnitt, „Der Gemeinsinn im Spielleben", sowie die folgenden, „Das Fortfallen der Standesunterschiede" und „Die

Pflege des nationalen Sinnes", enthalten sehr viel Beachtenswertes und Neues. Ich muß mich aber darauf beschränken, auf die Titel hinzuweisen und möchte aus dem Schlußworte noch die eigenartige Stellung des Verfassers zu drei Männern unseres Volkes, die für viele Kreise die geistigen Führer geworden sind, kennzeichnen: es sind Goethe, Bismarck und Nietzsche.

Goethe in freier Luft, wie Hermann Grimm in seinen Fragmenten sagt, hat zur Natur in einem viel näheren Verhältnis gestanden, als man aus seinen naturwissenschaftlichen Arbeiten allein annehmen sollte. Wie sein Lieblingsheld Egmont, dem er so manchen Zug seines eigenen Wesens geliehen hat, empfindet er den Aufenthalt in geschlossenem Raume als seiner Natur zuwider. Auch die anderen Gestalten, die seiner Phantasie entsprangen, sind in der freien Natur einhergeschritten nach Grimms richtiger Bemerkung. Man fühlt ihnen ab, daß der Dichter in freier Luft gelebt und gedacht hat. So weisen denn auch seine Dichtungen sehr zahlreiche Spuren auf, daß ihm keine mannhafte Leibesübung fremd geblieben ist. Als tüchtiger Fußgänger hat er die Wälder seiner rheinischen Heimat und des schönen Elsaß und später Thüringens durchstreift, als Bergsteiger selbst im Winter den Brocken und die Höhen der Alpen erklommen; im wilden, rücksichtslosen Reiten hat er es mit seinem herzoglichen Freunde und allen Kavalieren an dessen Hofe aufgenommen und sie in die Künste des mutigen Schlittschuhlaufs eingeführt, auch die Jagd und die Fechtkunst mit Eifer und Erfolg betrieben. Den gesunden, kräftigen, wohlgeformten Körper, den er sich bis in sein hohes Alter erhalten hat, verdankt er dieser regelmäßigen kräftigen Bewegung. Und seiner geistigen Thätigkeit hat sie nicht im geringsten Eintrag gethan. Nein, auch sie hat mitgewirkt, ihn zu dem zu machen, als der er uns erscheint und auf uns wirkt. Unsere Jugend thut also sicher recht daran, wenn sie ihn zu ihrem Vorbilde wählt.

Ein noch Gewaltigerer ist neben Goethe zu stellen. Grimm nennt auch Bismarck einen Mann der frischen Luft. Wie Goethe habe er im Freien am besten nachdenken können, im Garten hinter dem Palais in Berlin, wie während des Krieges in dem zu Versailles; als Jüngling und Mann habe er mit Vorliebe zu Pferde gesessen, als Greis sich in der freien Luft des Sachsenwaldes am wohlsten gefühlt und dort auch die Abordnungen des Volkes empfangen und zu ihnen gesprochen. Und auch Bismarck war in allen Leibesübungen tüchtig; er war ein Jäger und ein Reiter, ein Fechter und ein Schwimmer, der es mit jedem aufnehmen konnte. Unter einer geradezu spartanischen

Einfachheit und straffen Zucht wuchs er heran; im Wald und auf der Heide unter den Dorfjungen sich tummelnd, lernte er schon früh auf der Plamannschen Anstalt das Turnen kennen, war auf dem Gymnasium bei allen wilden Streifereien dabei und betrieb alle männlichen, Leib und Seele kräftigenden Leibesübungen mit größtem Eifer. Auf der Jagd lernte er Ausdauer und Geduld im Ertragen von Strapazen und Entbehrungen, seine Schwimmkunst befähigte ihn, seinen Diener vom Ertrinken zu retten. Unter solchen Einflüssen entwickelte sich seine uns so wohl bekannte Hünengestalt, entwickelte sich mehr und mehr seine titanische Willensenergie, die den hervorstechenden Zug in seinem Charakter ausmacht.

Bismarck hat uns Deutsche wieder Wollen und Handeln gelehrt. Die Zeiten des „träumenden Vaterlands" sind vorbei. Er hat dem Volke der Denker und Dichter eine Heimat auf Erden wieder gegeben. Nichts an ihm war von des Gedankens Blässe angekränkelt; voll Abneigung gegen alles Abstrakte, gegen alle Illusionen, besaß er einen außerordentlichen Wirklichkeitssinn, der ihn die Ziele des deutschen Volkes klar und sicher erkennen ließ. Nur auf das Erreichbare richtete sich sein Wille. Wo er zu handeln entschlossen war, kannte sein Mut keine Gefahr und kein Hindernis: er setzte seine ganze Kraft und seine volle Person ein, und jede Schwierigkeit, die sich ihm in den Weg stellte, schien ihn nur zu größerer Thatkraft und Leistungsfähigkeit zu spornen.

Das Geheimnis der allgewaltigen Kraft, die von Bismarcks Persönlichkeit ausgegangen ist und noch immer ausgeht, beruht darauf, daß sie in ihrem tiefsten Grunde sittlich ist. Dieser geniale Übermensch hat seine ganze gewaltige Kraft für das Wohl seines Vaterlandes eingesetzt und den Stolz seines Lebens in der deutschen Treue gefunden, die er als Diener seinem Herrn gezollt hat. Es fehlt in seinem Charakterbilde nicht an Schattenseiten, aber für uns Deutsche schwinden sie in dem Strahlenglanze seiner Persönlichkeit. Je höher sich sein Kraftgefühl steigerte nach den wunderbaren Erfolgen, die er errang, um so kräftiger und bedeutender hob sich sein Pflichtgefühl, das ihn auch in der Bekämpfung der Gegner das rechte Maß finden ließ, vielleicht nicht immer in seinen persönlichen Angelegenheiten, jedenfalls aber stets da, wo es sich um das Wohl des Staates handelte, so im Kriege gegen Österreich 1866, wo er allein im Hauptquartiere den alle überwältigenden Folgen des stolzen Siegesrausches widerstand, wie später im französischen Kriege, wo das besiegte Frankreich sein Geschick von ihm erwartete.

Wie eine eigentümliche Ironie der Weltgeschichte erscheint es, daß, während sich uns Deutschen das herrlichste Vorbild wahrer Willensgröße in Bismarck verkörperte, der erste Philosoph des neuen Deutschen Reiches gleichzeitig eine ganz anders geartete Größe als letztes Ziel alles Strebens hinstellen konnte. Nietzsches Übermensch, der sich frei macht von den Banden der Sklavenmoral und nur dem Kultus der eigenen Persönlichkeit lebt, erscheint im Vergleiche mit Bismarcks Übermenschentum nur als das Produkt eines Schwächegefühls. In der Abkehr von allem geschichtlich Gewordenen sucht der Philosoph seine Stärke zu erweisen; es gilt ihm als Beweis des höchsten Mutes, wenn der Mensch alles, was ihm Christentum und Vaterland bieten, preiszugeben sich entschließt. Doch solche Verneinung ist nur in der Vorstellung kühn; die ganze Verherrlichung solcher Willenskraft, die sich absichtlich in Gegensatz zur Wirklichkeit setzt, beruht im letzten Grunde nur auf phantastischen Träumereien. Bismarck ist der Moses gewesen, der uns Deutsche aus dem traumhaften Intellektualismus herausgerissen und in das gelobte Land einer nüchternen Realpolitik mit kräftigem, zielsicherem Wollen hinübergeführt hat; Nietzsche bekämpft den Intellektualismus, bleibt aber unvermerkt in seinen Banden. Sein heißes Streben nach Wahrheit muß anerkannt werden. Aber seinen Übermenschen, der die Wirklichkeit voll erobern sollte, hat er lediglich als ein ästhetisches Ideal konstruiert, das in die Wirklichkeit gar nicht einmal hineinpaßt. Sein ästhetischer Trieb veranlaßte, daß er sich von der Wirklichkeit, die ihm zu roh war, ganz abwandte. Daher kann der von ihm konstruierte Übermensch den Vergleich mit dem wahren Willenshelden so wenig bestehen.

Ein Erzieher, der die Willenskraft recht ausbilden will, sieht es im schroffsten Gegensatze zu Nietzsches Auffassung als seine wichtigste Aufgabe an, ihr das Verständnis für alles, was unser deutsches Volk an religiöser und nationaler Entwickelung geleistet hat, zu vermitteln und sie darin einzuführen. Allebem abzusagen hält Nietzsche für Kühnheit, und vergessen zu können für ein Zeichen vollster Reife. Uns ist beides, diese Absage und das Vergessen, vielmehr ein Beweis der Schwäche und der Untreue. Wir suchen vor allem Christentum und Vaterlandsliebe tief in das jugendliche Gemüt einzupflanzen, denn in ihnen sehen wir die Wurzeln der wahren Willensstärke. Nicht in dem Losreißen von den Banden und dem Drucke der Außenwelt vollendet sich die Freiheit und bewährt sich die Kraft der Persönlichkeit, sondern in der Gebundenheit des Pflichtgefühls. Die Wurzel aller Sittlichkeit ist, wie Fichte lehrt, die Selbstbeherrschung, die

Unterordnung der selbstsüchtigen Triebe unter den Begriff des Ganzen. Das Aufbäumen wider die natürliche Gemeinschaft, das Abwenden vom Zusammenhange mit dem Volkstume entspringen dem Schwächegefühl des Eigenwillens, der daran verzagt, in dem größeren Ganzen sich durchsetzen zu können, und einer Unreife der Auffassung, die von Absonderung einen Zuwachs der Kraft erträumt. Die schönste und vollste Ergänzung vollzieht sich in der Demut. Die Vereinigung dieser beiden Tugenden giebt die Kraft, die Welt zu überwinden.

* * *

Das Kochsche Buch ist nicht nur als Begründung der Bedeutung der Leibesübungen wichtig, sondern wird auch jedem, der die Hauptströmungen unseres geistigen Lebens mit aufmerksamem Auge zu betrachten gewohnt ist, einen ganz besonderen Genuß bereiten.

5

Die historischen Grundlagen der öffentlichen Feste in Deutschland.

Von Oberlehrer A. Dunker, Hadersleben.

Im Jahre 1894 veröffentlichte der Zentral-Ausschuß (Z. A.) eine Preisaufgabe: „Wie sind die Feste des deutschen Volkes zeitgemäß zu reformieren und zu wahren Volksfesten zu gestalten?" Sie hat von 42 Bewerbern liebevolle Bearbeitung gefunden. Die Arbeiten haben viel Material geliefert, Anregungen und Vorschläge, die aber meist noch durch praktische Erfahrungen erprobt werden müssen. Im Anschluß an dieses Preisausschreiben wurde 1895 in Magdeburg auf der Versammlung des Z. A. ein Unterausschuß für Volksfeste gebildet, der eine regsame Thätigkeit entfaltet und es sich zur Aufgabe gesetzt hat, die gesamten Bestrebungen für die Verbesserung der Volksfeste in Deutschland zu zentralisieren. Als Grundlage dafür sucht er sich Material über die bestehenden Feste, sowie *Mitarbeiter* zu erwerben. In einer Versammlung dieses Unterausschusses wurde in Berlin im Januar 1898 beschlossen, daß im Jahrbuch regelmäßig ein Aufsatz erscheinen solle, der sich mit den Volksfesten in Deutschland beschäftige und mit der Frage, wie weit mit denselben *Leibesübungen* verbunden sind. Das Material werden außer dem Verfasser auch Dr. E. Witte-Braunschweig und Reallehrer Walther-München sammeln. Es wird hier die Bitte wiederholt, daß man einem der drei Genannten zusenden möge, was den Lesern für unsern Zweck irgendwie beachtenswert erscheint. In erster Linie ist erforderlich, daß der Z. A. selbst sich mit den Volksfesten im deutschen Vaterlande weiter bekannt macht, wie mühevoll das auch im ersten Augenblicke erscheinen mag.

Wenn die uns zugefallene Aufgabe, besonders im ersten Jahre, nicht ganz gelöst wird, so ist es nicht schwer, dafür Entschuldigungsgründe vorzubringen, hauptsächlich den, daß eine große Zahl von Berichterstattern erforderlich ist, von denen sich mit der Zeit erst immer mehr opferwillig in den Dienst dieser Sache stellen werden. Allen, die bisher Material eingesandt haben, sei hier unser verbindlichster Dank ausgesprochen.

Es giebt drei Arten von Volksfesten, die für uns in Betracht kommen:

a) die eigentlich rein turnerischen Feste, die durch ihre Abhaltung auf Bergen, durch ihren Anschluß an alte Bräuche u. s. w. volkstümlich sind;

b) die von anderer als turnerischer Seite neugegründeten Feste, die wesentlich mit Turnen und Spielen ausgeschmückt sind (Sedanfeier);

c) die eigentlichen alten Volksfeste (Schützenfeste, Marktfeste, landwirtschaftliche Feste u. s. w.).

Der Gedanke der Verbindung von Volksfest und turnerischer Erziehung ist alt (Jahn*), und deshalb könnten die Turner dies Gebiet für sich in Anspruch nehmen, wie sie ja thatsächlich schon viel auf diesem Gebiete geleistet haben. Aber wie in den volkstümlichen Übungen und besonders den Spielen war auch hier ein schwindendes Interesse zu bemerken; deswegen ist der Z. A. mit diesen alten Bestrebungen von neuem vorgetreten. Der Z. A. will damit natürlich keine Konkurrenz machen, sondern helfen und fördern. Ist die Sache in Fluß, so ist sein Ziel erreicht. Miteinander, nicht gegeneinander sei die Arbeit! Daß das Hervortreten des Z. A. auch nach dieser Richtung bereits fördernd gewesen ist, dafür sprechen die zahlreichen Neugründungen von Bergfesten in den letzten Jahren**).

---

*) und viele andere, vgl. Dunker, Die Pflege der Leibesübungen bei festlichen Gelegenheiten. Ztsch. f. T. u. J. VIII S. 7. Gasch tritt in der D. Turnztg. 1896 lebhaft für diese Idee ein.

**) Vgl. die Aufsätze von Gasch in der D. Turnztg. v. J. 1898 S. 682 und v. J. 1899 S. 1051.

Auf die Bergfeste der letzten Jahre ist der Z. A. jedenfalls von förderndem Einfluß gewesen: Durch die in der D. Turnztg. so lebhaft erörterte Frage des Nationalfestes und durch die Gefahr allzugroßer Ausbreitung von Spiel- und Sportvereinen ist die Deutsche Turnerschaft veranlaßt, auf die Förderung der volkstümlichen Übungen und Spiele in den eigenen Reihen bedacht zu sein. Andererseits ist hier zu betonen, daß die Turnerschaft bereits die schönsten Spielfeste, besonders im Jahre 1899, gezeitigt hat.

Der Z. A. will die Turnfeste volkstümlicher, aber auch die Volksfeste turnerischer gestalten, das eine durch das andere fördern und stützen.

I.

In einem der herrlichsten Teile der deutschen Lande wurde 1814 *) eine allgemeine Bergfeier veranstaltet, bei der es von Bonn bis in die Gegend von Straßburg auf den Bergen flammte, sobald am 18. Oktober abends 6 Uhr von dem Altkönig im Taunus mittels Raketen, Leuchtkugeln und bengalischen Flammen das Zeichen zum Anzünden der Bergfeuer in die Rheinebene gegeben war. E. M. Arndt war es, der zuerst die Aufforderung durch ganz Deutschland ergehen ließ, den Jahrestag der Schlacht bei Leipzig durch weithin leuchtende Feuer als Volksfest zu begehen. Arndt wurde in Frankfurt mit dem Justizrat Dr. Karl Hoffmann bekannt, der es übernahm, die Volks- und Bergfeier auf dem Feldberge, dem höchsten Punkte des Taunus, einzurichten; auf diesem Berge befand sich dabei auch Arndt. Eine genaue Beschreibung dieser Feier, wie auch der später folgenden Feldbergfeste, vom ersten im Jahre 1844 bis zum 41. im Jahre 1894, verdanken wir Fr. Wilh. Pfaehler **), dessen Mitteilungen ich hier zu Grunde lege. Im Jahre 1817 unternahmen die Turner des Gymnasiums zu Hanau a. M., meistens ältere Schüler, in ihren blau und weiß gestreiften Zwillich-Anzügen eine Turnfahrt nach dem Feldberg, 1820 auch die älteren Turner der Musterschule in Frankfurt. Nach Berichten von Adolf Spieß machte derselbe mit den Offenbacher Turnern, und zwar in Gemeinschaft mit den Hanauern, 1826 eine Turnfahrt nach diesem Berge mit. Vielfach wurden auf demselben von den umliegenden Taunusortschaften ihre kleinen Volksfeste gehalten; so feierte die Reichenberger Gemeinde hier seit undenklichen Zeiten ihr Maifest am

*) S. nachträgliche Bemerkung am Schluß des Jahrbuchs.

**) Fr. W. Pfaehler, Feldbergfest-Gedenkbuch, Frankfurt a. M. 1894, Mahlau u. Waldschmidt; und derselbe, Ein deutsches Volks- und Feldbergfest, D. Turnzeitung 1895 S. 661.

2. Pfingstfeiertage mit Musik, Gesang und Tanz, andere Gemeinden ihren Hahnenschlag u. s. w. Von den Frankfurter Turnvereinen, der Gemeinde wie von dem Gymnasiastenverein, wurde stets der Feldberg bestiegen; indessen finden sich keine bestimmten Aufzeichnungen darüber, da es nichts besonders Erwähnenswerthes war und sich zu oft wiederholte.

Die Ursache der späteren regelmäßigen Feldbergfeste war der Wunsch, auf dem Berge ein Haus zu bauen, das oben Schutz gewähren könnte; zu Gunsten eines solchen wurde 1844 das erste Feldberg-Volksfest gefeiert. Es beteiligten sich thätig Gesang- und Musikvereine, ferner die Turner von Hanau, Frankfurt, Mainz und Offenbach und auch die Jugend einzelner Gemeinden; die Zahl aller Festteilnehmer wurde auf 5—6000 geschätzt. Inzwischen hatten nach der Reaktionszeit das große I. deutsche Sängerfest zu Frankfurt, sowie die 400jährige Jubelfeier der Buchdruckerkunst wieder freiheitliche Bestrebungen gebracht, sodaß 1841 zu Frankfurt das I. mittelrheinische, 1842 das II. rheinische zu Mainz, 1843 das III. zu Hanau und 1844 das IV. zu Darmstadt hatte gefeiert werden können. In ähnlicher Weise wie das erste mit Gesang und Turnspielen, verliefen auch das 2.—4. Feldbergfest (1845—47). Beim fünften im Jahre 1848 kam Scheibenschießen hinzu; wohl 10000 Köpfe waren auf dem Feldberge versammelt, um das liebgewordene Volksfest zu begehen. Viele Turn-, Gesang- und Schützenvereine, auch Bürgerwehren mit Musik und Fahnen waren erschienen; dagegen stellte sich die „feine Welt“ nicht so zahlreich ein. 1849 wurde das Feldberg-Volksfest vom Landgraf von Hessen vertagt. Das deutsche Parlament hatte nämlich auf Antrag der liberalen Partei den Beschluß gefaßt, in allen deutschen Landen die Spielbanken aufzuheben, wodurch der Landgraf von Hessen sich in seinen Rechten verletzt fühlte. Trotzdem fand sich auf herzoglich nassauischem Boden eine Schar Turner aus Frankfurt, groß und klein, auf dem Berge zu den Wettübungen zusammen. Das siebente und achte Fest sollten indes nicht zu stande kommen. Es war von der bisherigen Festkommission beschlossen, daß statt der feststehenden Feldbergfeste wandernde Volksfeste für den Mittelrheinbezirk (Hessen-nassau und Frankfurt) veranstaltet würden. Wiesbaden bereitete 1850 alles vor, doch wurde das Fest von der herzoglichen Regierung verboten, selbst die Wettübungen, sodaß die Feier sich auf einen allgemeinen Ausflug nach dem Feldberge beschränkte, wobei ohne jede Festvorbereitung etwa 200 Menschen auf dem Berge anwesend waren. 1851 suchte Butzbach das achte Volksfest vorzubereiten; auch die Abhaltung dieses Festes wurde verboten. Aber auch 1851 und in den folgenden Jahren ließen einzelne Turner es sich nicht nehmen, stets am ersten Sonntag im Juli, dem üblichen Tage der letzten Feldbergfeste, den Berg zu besteigen. 1855 wurde wieder ein größerer Gebirgsausflug nach dem Feldberg ohne eigentliche Einladung ausgeführt. 1856 wurde auch ein kleines mittelrheinisches Kreisturnen dem mittelrheinischen Musikfest angeschlossen. Die Jahre 1853—56 bildeten wohl den Gipfelpunkt der Reaktion; mancher wackere deutsche Mann wurde in dieser Zeit durch die Verhältnisse in die Fremde getrieben. Das Jahr 1859 brachte eine ganz andere Strömung, die Reaktion wurde gestürzt, und als am 10. November 1859 das ganze deutsche Volk Schillers 100jährigen Geburtstag feierte, war der Bann gebrochen; da konnte Deutschlands Turnerschaft wieder auftreten und Georgii in Eßlingen und Kallenbach in Stuttgart riefen nicht umsonst zum Sammeln, und 1860 konnten das I. mittelrheinische Turnfest in Offenbach und das I. allgemeine deutsche Turn- und Jugendfest in Koburg, auch das neunte große Volks- und Turnfest auf dem Feldberge gefeiert werden. Von nun an wurden diese Bergfeste immer mehr turnerischer Art. Von ihrer Beschreibung soll hier abgesehen und auf das genannte Buch von Pfaehler sowie auf die einzelnen Jahrgänge der D. Turnztg. verwiesen werden. Desgleichen verzichte ich auf die Beschreibung der Entwickelung der allgemeinen deutschen Turnfeste, sie haben in der D. Turnztg. 1899 S. 477 ff. und 501 ff. eine sorgfältige Behandlung gefunden. Im Jahre 1862 wurde wegen des Schützenfestes kein Feldbergfest abgehalten, und im Kriegsjahre 1866 wurde das vierzehnte aus naheliegenden Gründen auf das nächste Jahr verlegt. Dann aber haben diese Feste sich ohne abermalige Unterbrechung weiter entwickelt, und manche Neuerungen auf dem Gebiete der volkstümlichen Übungen sind hier erprobt worden.

Nach dem Muster der Feldbergfeste sind dann viele andere, meist Bergfeste, eingerichtet: Gasch giebt in der D. Turnztg. 1899 S. 1051 u. f. eine Zusammenstellung der im Jahre 1898 gefeierten: 45. Feldbergfest, 29. Volkswettturnen auf dem Elm in Braunschweig, 17. Kaiserbergfest, verlegt auf den Kahlenberg bei Mühlheim an der Ruhr, 14. Krahnenbergfest bei Andernach, 13. Harkortbergfest auf dem „Alten Stamm“ bei Wetter an der Ruhr, 7. Wittekindbergfest auf dem Portaberge bei Minden, 7. Boxbergfest bei Gotha, 7. Hayerbergfest bei Güls an der Mosel, 5. Landskronfest bei Oppenheim in Rheinhessen, 5. Inselbergfest im Thüringer Walde, 4. volkstümliches Wettturnen im Strandwinkel in Jäschkenthal bei Danzig, 3. Porsbergfest bei

Pillnitz, 3. Knivsbergfest in Nordschleswig, 3. Siegesbergfest bei Arnstadt in Thüringen, 2. Bergturnfest des Thüringer Waldgaus, 1. Bergfest auf der Ehrenburg bei Forchheim in Bayern, 1. Taubenbergfest bei Holzkirchen in Oberbayern, Schulenbergfest bei Hattingen an der Ruhr, 1. Bergfest bei der Ruine Schwarzfels bei Zoll (Harzgau). Dazu sind genannt das Bergfest auf der Sofienalpe im Jahre 1894, das Engelbergfest bei Leonberg in Schwaben im Jahre 1896 und 1897, das Donnersbergfest in der Pfalz, das Feldbergfest im Schwarzwald, das Teutoburgerwaldfest am Hermannsdenkmal, das Meißner Bergfest.

Die allgemeinen deutschen Turnfeste können insofern als Nationalfeste aufgefaßt werden, weil alle deutschen Stämme sich daran beteiligen. Unter dem Eindruck standen auch alle Besucher des IX. deutschen Turnfestes in Hamburg im Jahre 1898. Die mittel- und süddeutschen Turner waren in einer außerordentlichen Zahl zu diesem Feste in der altberühmten Hafenstadt im Norden Deutschlands versammelt; auch aus dem Auslande: der Schweiz, Österreich, Amerika und anderen Ländern waren Vertreter der dort lebenden Deutschen in großer Anzahl erschienen. Zu bedauern bleibt aber, daß die wohlhabenderen Klassen nur in bescheidenem Umfange in der Deutschen Turnerschaft mitwirken.

II.

Die Erinnerungen an den Krieg 1870/71, durch den endgültig unser heutiges Deutsches Reich gegründet worden ist, sind nicht nur geeignet, zu festlichen Zusammenkünften aufzufordern, sondern die deutschen Stämme sollten sich hierzu in wahrer Dankbarkeit für das in blutigem Ringen Erworbene und Geschaffene sogar dauernd verpflichtet fühlen. Der 2. September ist wiederholt als Nationaltag vorgeschlagen und die Feier desselben hier und dort durchgeführt, aber nicht mit durchschlagendem Erfolge. Wenn ich jetzt einigen Städten den Vorzug gebe, daß sie besonders genannt werden, weil sie mir in hervorragender Weise für die Feier des 2. September als eines Nationaltages eingetreten zu sein scheinen, muß ich in erster Linie Braunschweig nennen.

Den Sedanfestübungen in Braunschweig, die seit Anfang der siebziger Jahre bestehen, und die ich als bekannt voraussetze, ist es zu danken, daß Witte aus eigener Anschauung heraus in seiner Preisschrift eingehend und ansprechend die Grundsätze entwickelt hat, welche zur Veredelung unserer Volksfeste führen werden. Ihre Entstehung und erste Geschichte ist von A. Hermann gegeben in einem Vortrage auf der 6. Jahresversammlung des Nordwestdeutschen Turnlehrervereins zu Oldenburg 1882, der in der D. Turnztg. veröffentlicht ist. Von demselben sind auch Festblätter bei Gelegenheit der 10., 20. und 25jährigen Sedanfeier herausgegeben, in denen die Entwickelung des Festes mitgeteilt ist, sowie von ebendemselben jüngst eine Flugschrift des Z. A. über dieses Fest.

In Leipzig ist das Sedanfest lange Jahre als Volksfest in des Wortes schönster Bedeutung mit turnerischen Vorführungen und Wettübungen begangen; an den Veranstaltungen beteiligten sich auch hier einmütig mit den Turnvereinen, den bürgerlichen und den akademischen, Zöglinge der höheren Schulen. Es ist sehr wichtig, daß sich keinerlei Kreise ausschließen, daß vielmehr in gemeinsamem Streben alle Schichten der Bevölkerung zur Veredelung der Feste mit ihren bedeutsamen Folgen für die Volksbildung sich vereinigen. Im Jahrgang 1865 (S. 213) der Jahrbücher der deutschen Turnkunst findet sich eine Beschreibung der Leipziger Sedanfeier. Neuere Mitteilungen über dieselbe, von Dr. Gasch, finden wir in der D. Turnztg. 1896 S. 759 und 1898 S. 683 *). Die Stadt Leipzig lehnte 1896 leider die weitere Bewilligung von Mitteln und die Wiederholung des Festzuges ab. Die Turner und Schüler höherer Lehranstalten haben, dem alten Brauche folgend, auch weitere Wettübungen am 2. September veranstaltet. Im Jahre 1897 deckte die Stadt den Fehlbetrag. Wenn ich hier und gelegentlich auch im folgenden die Festveranstaltungen einzelner Vereinigungen im Volke, besonders der Turnvereine, berücksichtige, so geschieht das, wenn solche die Reste allgemeiner Volksfeste bilden oder als Ursprung für neue dienen können. Die Veranstaltungen der Lehranstalten haben keine Berücksichtigung gefunden, weil das zu weit führen würde, obgleich auch sie oft eine beachtenswerte Grundlage für Veranstaltungen von Volksfesten bieten.

Über das Koburger Sedanfest habe ich wiederholt Berichte gelesen, in denen mit demselben verbundene Leibesübungen beschrieben sind (vgl. z. B. Monatsch. f. d. T. 1892 S. 314). Das Fest war dort dem Einschlafen nahe, als es 1888 auf Betreiben Leuthäußers wieder als Volksfest auf dem Anger gefeiert wurde, wobei mancherlei turnerische Übungen und Spiele, namentlich aber ein Fünfkampf älterer

*) Nachträglich ersehe ich aus einem Aufsatz von Gasch („Ein turnerisches Volksfest“, D. Turnztg. S. 141 1900), daß das Leipziger Sedanturnen 1898 und 1899 vom Wetter leider sehr wenig begünstigt gewesen ist. Trotzdem sei ein Erfolg errungen, der ermutige auszuhalten und weiter zu arbeiten.

Schüler das Publikum interessierte. Von den größeren Plänen, die L. einst in betreff der Feier des Sedantages gehabt hat, ist wenigstens das alljährliche Wetturnen der Schüler übrig geblieben. Zu bemerken ist hierbei, daß die Turnvereine am Geburtstage des Landesfürsten ein Schau- und Wetturnen zu veranstalten pflegen.

In Worms wird seit 1875 am 2. September ein Volksfest*), das sich als solches dort eingebürgert hat, unter allgemeiner Beteiligung der Bürgerschaft gefeiert. Am Abend des 1. September findet eine Gedenkfeier statt; am Vormittage des 2. September ist Festgottesdienst, am Nachmittage um 2½ Uhr Abmarsch des glänzenden Festzuges, an dem sich alle Innungen und Vereine beteiligen, durch die Hauptstraßen der Stadt nach dem eigentlichen Festplatze. In den Jahren 1891—96 erfolgte ein Rückgang in der Beteiligung der Schuljugend, weil die Schulferien verlegt waren, sodaß das Fest in die Ferien fiel. Darunter litt das Fest, das wesentlich auch ein Jugendfest sein sollte; daher wurde 1897 die frühere Ferienordnung wieder eingeführt. Mit diesem Jahre wurde auch ein Wetturnen der Jugend und der Erwachsenen in vier Altersstufen eingerichtet, während bis dahin nur die Turngemeinde ein Schauturnen auf dem Festplatze veranstaltet hatte. Die turnerischen Übungen haben das Fest in den letzten Jahren gehoben und sich als ein wesentlicher Bestandteil desselben bewährt.

In Stettin**) findet ein allgemeines Fest nicht statt, eine öffentliche Feier veranstaltet nur der Turnverein. Diese bestand 1873—76 in Konzert, Feuerwerk, lebenden Bildern u. s. w. 1875 betrug der Überschuß 1440 Mk. und wurde für das Nationaldenkmal auf dem Niederwalde bestimmt. 1877 wurde eine Turnfahrt veranstaltet, verbunden mit einem Freudenfeuer auf einer benachbarten Höhe; 1878 bis 1884 wurde ein Kommers abgehalten, während die Kriegervereine mehr in den Vordergrund der Öffentlichkeit traten. Von 1885 bis jetzt ist das Volksfest des Turnvereins auf dem Platze mit Festrede, Turnübungen, volkstümlichem Wetturnen u. s. w. und am Abend mit Kommers der Turner gefeiert worden. Die Beteiligung ist auch von seiten der Bürgerschaft recht lebhaft. Berichte über das Fest finden sich in der Turnzeitung. Die Kriegervereine feiern ganz für sich. Nur im Jahre 1890 fand eine gemeinsame Feier der Krieger, Turner, Gewerke mit Auszug und Feldgottesdienst statt. Nach der

*) Berichterstatter: Gymnasiallehrer Dr. Briegleb.

**) Berichterstatter: Prof. Dr. Rühl.

Zeitsch. f. T. u. J. (VIII S. 223) hat die Sedanveranstaltung des Stettiner Turnvereins 1899 (am Sonntage nach dem 3. September) dadurch einen allgemeineren Charakter als früher erhalten, daß unter die Übungen auch das Radwettfahren gegen Läufer aufgenommen wurde.

Wettübungen und Turnspiele zur Feier des Sedanfestes werden seitens der Turnerschaft schon seit vielen Jahren auch von den vier Turngauen in Berlin auf dem Tempelhofer Felde veranstaltet, und zwar am Sonntage vor oder nach dem 2. September.

Die Entstehung des jetzigen Sedan-Volkswetturnens in Chemnitz*) haben wir schon im Jahre 1869 zu suchen (Zeitsch. f. T. u. J. III S. 123). Damals forderte der dortige Turnverein eine große Zahl sächsischer Vereine auf, bei einem Volksturnfest mitzuwirken, das z. T. den Zweck haben solle, zur Hebung der leider so sehr verkommenen Volksfeste beizutragen. Der Erfolg des Anschreibens war, daß von 1869—1876 alljährlich ein solches Volksturnen abgehalten wurde, das jederzeit sehr erfreuliche Beteiligung seitens der Wettkämpfer und der Zuschauer erfuhr. Erstere fanden sich in der Regel aus den verschiedensten Teilen Sachsens ein, letztere zählten meist nach vielen Tausenden. Von 1877 an wurden diese Wettkämpfe mit der festlichen Begehung des Nationalfestes am 2. September verbunden. Vorübergehend haben sich auch Schüler daran beteiligt. Wegen der damaligen Choleragefahr fiel das Fest 1892 aus. Dem großen Turnvereine, der 1000 Mitglieder zählt, wird seitens der städtischen Behörden die Leitung des turnerischen Teils des Festes übertragen. An der Spitze des Festzuges der Turner, der zunächst zum Siegesdenkmal von 1870, dann auf den etwa eine halbe Stunde entfernten Festplatz von 30000 qm sich wendet, marschiert das städtische Musikcorps. Auch jetzt noch beteiligen sich Auswärtige am Turnen. Es findet zur Belustigung des Volkes, das an solchen Festtagen in einer Zahl von gegen 10000 den Platz zu beleben pflegt, ein Stangenklettern statt. Weiterhin sind auch Reitschulen, Schank- und andere Zelte aufgestellt. Ein schönes Feuerwerk am Abend beschließt das Programm des Tages. Alle Kosten trägt die Stadt. Der Festtag wird am Abend vorher mit allen Glocken eingeläutet. Am Tage selbst ist vormittags in der Hauptkirche Festgottesdienst, an dem sich die städtischen Behörden beteiligen, in den Schulen sind Festakte. Mittags ist auf dem Marktplatze Konzert, von den Kriegervereinen werden die Gräber der dort

*) Berichterstatter: W. Zeller in Chemnitz.

begrabenen Krieger und das Siegesdenkmal unter Gesang und Ansprache geschmückt.

Die Sedanfeier in Hadersleben in Nordschleswig, die jetzt — von der Beteiligung am Ausmarsche seitens des Magistrats und einer Abordnung des Kriegervereins und vor allem von der patriotischen Rede abgesehen, zu der fast alle deutschen Bewohner der Stadt sich auf dem eine halbe Stunde von dieser entfernten Festplatze einfinden — zum Jugendfeste geworden ist, wurde gleich nach dem Kriege eingerichtet und steht am Orte in hohem Ansehen. Die Bürger- und die Seminarübungsschule stellen je ein Trommler- und Pfeifercorps, das Gymnasium eine Schülerkapelle, außerdem spielen das städtische und das Musikcorps des Bataillons im Zuge. Die Kosten, auch für Gewinne beim Scheibenschießen der männlichen Jugend, beim Topfschlagen der Mädchen und bei den Kleinkinderspielen, sowie für die Ausbildung der Trommler und Pfeifer trägt die Stadt. Auf die Jugend übt der Tag einen hohen Reiz aus, auch die meisten Kinder dänischgesinnter Eltern machen den Auszug mit; wo das Herz der Kinder ist, da ist auch das der Eltern, daher glaubt man, daß diese Sedanfeier zu Gunsten des Deutschtums wirkt. Den turnerischen Sedan-Veranstaltungen in Braunschweig nachgebildet wurde das seit 1892 bestehende jährliche Wetturn- und Spielfest in Hadersleben, das 1895 bis 1897 mit dem Sedanfest verbunden war, seitdem bisher am Tage nach demselben veranstaltet ist. Die Verbindung der turnerischen Übungen mit der eigentlichen Sedanfeier war gelegentlich der 25jährigen Jubelfeier leicht dadurch ermöglicht, daß die Feier sich damals auf zwei Tage erstreckte. In den zwei folgenden Jahren konnte diese Verbindung noch durchgesetzt werden; dieselbe wurde aber 1898 vom Festausschuß abgelehnt, weil dadurch der Verlauf des Festes zu hastig und während der Spiele eine Teilung der Festbesucher verursacht werde.

Vom deutschen Verein für das nördliche Schleswig wurde 1892 ein jährliches deutsches Volksfest auf dem Knivsberge für die Nordmark eingerichtet, das seit 1896 mit Leibesübungen verbunden ist, zuerst in sehr bescheidenem, dann in immer fortschreitendem Umfange; dadurch wird das deutsche Turnen im Norden gefördert werden. Von einer weiteren Beschreibung des Festes will ich hier absehen, weil es auch an anderem Orte in diesem Buche berücksichtigt („Die Spielfeste in Schleswig-Holstein im Jahre 1899") und kürzlich eine Schrift über dasselbe veröffentlicht ist*). Gelegentlich des Festes im Jahre 1900

*) Von Oberlehrer R. A. Schröder, Voigtländer in Leipzig. Flugschrift des Z. A.

soll der auf dem Knivsberge für reichlich 100000 Mk. errichtete Bismarckturm eingeweiht werden. Erwähnenswert erscheint mir hier ein Aufruf von Winter in Lüdenscheid (D. Turnztg. 1899 S. 944) im Anschluß an die allgemeine Bewegung zu Gunsten der überall zu errichtenden Bismarcksäulen: **„Macht ganze Sache und legt bei den Bismarcksäulen Volksspielplätze an!"** Dieser Aufruf ist für uns von besonderem Interesse, nachdem wir unter großen Anstrengungen einen Spielplatz von 7500 qm am Fuße des Bismarckturmes auf dem Knivsberge geebnet haben. Die Klingaer Höhe bei Grimma hat Rittergutsbesitzer Wießner, jetzt Kulturtechniker in Dresden, jüngst (vgl. D. Turnztg. 1896 S. 551) mit einem Turnplatz, einer Sängerhöhe und einer Schützenhütte versehen und sie volkstümlichen Zwecken übergeben; die neugeschaffene deutsche Turnstätte wurde dem Turnverein in Nauenhof geschenkt. Die Höhe bietet einen Überblick über das Leipziger Schlachtfeld. W. schreibt mir, daß sie im nächsten Jahre einen Bismarckturm mit deutscher Warte erhalten soll, ferner eine burgähnliche Halle zum sicheren Aufenthalt der Vereine — sie sei namentlich im Sommer durch Sänger und Turner, die dort Gesänge und Turnspiele veranstalten, gut besucht — damit der Nationalgeist verstärkt werde. Auch eine Ruhmeshalle solle dort eingerichtet werden für die großen Männer, die an der Einigung Deutschlands mitgearbeitet haben. Ein anderes Unternehmen, das ebenfalls in der D. Turnztg. von 1896, und zwar S. 853, in Aussicht gestellt war, ist gescheitert: In Buckow hatten mehrere Besitzer Grundstücke für ein deutsches Olymp der Mark Brandenburg hergegeben. Mühlenbesitzer Kindermann wollte den Bau eines Amphitheaters für 5000 bis 10000 Zuschauer aus eigenen Mitteln ausführen. Es ist dazu nicht gekommen. Auf den Galtgarben, einer Höhe bei Königsberg, wurde gelegentlich des Kongresses des Z. A. im Jahre 1899 ein Ausflug von Studenten unternommen, wobei auf einem abgesteckten Wiesenplatze Spiele betrieben wurden*). Jeder, sagt W., der diesem Galtgarbenfeste vom 20. Juni 1899 beiwohnte, hat das Gefühl mit nach Hause genommen, daß ein glücklicher Anfang zur Erneuerung alter Feste gemacht ist. Zu einer besonderen Weihe wurde diese Stätte, die mit einem Kreuze zur Erinnerung an die Freiheitskriege versehen ist, einst durch den Frühlingshauch jener Zeit, der die akademische Jugend nach dem Wartburgfeste umwehte. Nach dem damaligen Beschlusse der Jenaer Burschenschaft, der für

*) Wickenhagen, Ztsch. f. T. u. J. VIII S. 207.

jede deutsche Hochschule ein Fest auf einem Berge der Umgegend vorschrieb, wurde das Kreuz errichtet. An Gedenktagen der Schlachten sollte ein Feuerzeichen vor ihm emporlodern. Professoren und Studierende zogen in ihrem schwarzen deutschen Rock, das Sammetbarett mit silbernem Eichenlaub, zur Berghöhe. Voll Begeisterung sang und redete man auf das deutsche Vaterland. Diese Verbrüderung von alt und jung erhielt sich und bildete drei Jahrzehnte unter den studentischen Festen den Höhepunkt. Allmählich lösten sich die gemeinsamen Feste in Gruppenfeste und weiter in das Nichts auf. Auch das Denkmal schien schließlich dem Verfall entgegenzugehen, bis die Stätte 1888 der Obhut und Pflege der Provinz anvertraut wurde.

Im Juni 1895, als man in allen Gauen Deutschlands eifrig rüstete, die 25. Erinnerungsfeier des großen Krieges gegen Frankreich, besonders den Sedantag, würdig zu begehen, erließ der Z. A. einen Aufruf, daß der 2. September in jedem Dorfe, in jeder Stadt als wahres Volksfest gefeiert werden, daß dabei entsprechend den Mahnungen des Turnvaters Jahn die Vorführung von Jugend- und Volksspielen und im Anschlusse daran einfache turnerische Wettübungen den Mittel- und Glanzpunkt bilden möchten. Der Aufruf blieb nicht ohne Erfolg. Von vielen Seiten wurde von Veranstaltungen im Sinne des Z. A. berichtet (vgl. dieses Jahrbuch 1896). Die Wirkung, wenn auch im allgemeinen vorübergehend, ist doch hier und dort, z. B. in Quedlinburg, nachhaltig gewesen. Realschuldirektor Lorenz dort schlägt in seinem trefflichen Buche „Wehrkraft und Jugenderziehung" (herausgeg. vom Z. A., Leipzig 1899, Voigtländer) einen Festverlauf für den Sedantag vor, indem er seine seit 1895 in Quedlinburg gemachten Erfahrungen mit den Ratschlägen Wittes vereinigt. Er denkt sich dabei das Fest als reines Jugendfest ohne Berücksichtigung der Turnvereine, nach einer brieflichen Mitteilung, weil es sonst nur an einem Sonntage gefeiert werden könnte. Über regelmäßige Spielfeste seit 1895 berichtet die Stadt Hamm; sie werden vom Ortsausschusse zur Förderung der Leibesübungen im Freien veranstaltet und als Volksfest in schönster Bedeutung des Wortes gefeiert, obgleich sie nicht mehr mit dem Sedantage in Zusammenhang gebracht werden. Der Ortsausschuß ist im Einverständnis mit den dortigen Turnvereinen vorgegangen und hat die Vereine des VIII. Turnkreises zum Feste stets eingeladen. Die Einladungen und Berichte finden sich in den Blättern für den hellweg-märkischen Turngau. Das letzte Spielfest fand am 24. Mai 1899 statt. Die städtischen Spielfeste haben sich von Jahr zu Jahr vermehrt und finden meist an einem Sonntage im

September statt (vgl. für 1899 u. a. dieses Jahrbuch: „Die Spielfeste für Schleswig-Holstein im Jahre 1899", den Bericht von Landsberg in der Zeitsch. VIII S. 238 und ebendaselbst den Bericht über das Spielfest in Halle a. S., das vom Verein für Volkswohl veranstaltet ist, und von Bielefeld, daselbst S. 268). Das Jahr 1899 hat die schönsten vaterländischen Festspiele zum erstenmal in den Städten Köln und Dresden mit sich geführt; beide Veranstaltungen sind in diesem Buche in besonderen Aufsätzen beschrieben. Die Dresdener und Kölner Festspiele sind eine direkte Folge der Bestrebungen für ein allgemeines deutsches Nationalfest. In Konstanz wurde am Sonntag, 1. Oktober 1899, zur Nachfeier des Geburtstages S. K. H. des Großherzogs ein als Volksfest bezeichnetes Turn- und Spielfest veranstaltet*); dieses Fest wurde 1896 zum erstenmal eingerichtet. Besondere Förderung werden die neuerdings beliebten Festspiele auch durch die jetzt innerhalb der Turnerschaft gegründeten Spielverbände erfahren, den rheinischen, der sein erstes Spielfest 1899 in München-Gladbach veranstaltete (Zeitsch. f. T. u. J. VIII S. 74), den nordischen, der es sich auch zur Aufgabe macht, die Knivsbergfeste zu unterstützen, und den mittelrheinischen.

III.

Es würde zu weit führen, wollte ich alle eigentlichen Volksfeste, die sich meist als Schützen- und landwirtschaftliche oder als Marktfeste in größerem Umfange gehalten haben, in ihrer geschichtlichen Entwickelung beschreiben. Giebt es über dieselben doch ganze Bücher. Als solche sollen hier in erster Linie zwei empfohlen werden, eins aus der ersten und eins aus der zweiten Hälfte des 19. Jahrhunderts**). Ersteres habe ich in der Königlichen Bibliothek in Berlin angetroffen. Ich will hier nur einige Feste berücksichtigen, deren Beschreibung ich bisher in Büchern nicht gefunden habe, und andere, über die eine Beschreibung zwar bereits veröffentlicht, bei denen aber eine Ergänzung durch turnerische Veranstaltungen zu erwähnen ist.

Ich will mit einem Feste in der Nähe meiner Heimat, dem Lübecker Volksfeste, beginnen. Ein zweitägiges Volks- und Erinne-

*) Berichterstatter: Reallehrer Faißt in Konstanz. Vgl. auch Jahrbuch 1897 S. 51.

**) 1) Fr. A. Reimann, Deutsche Volksfeste im 19. Jahrh., Geschichte ihrer Entstehung und Beschreibung ihrer Feier. Weimar 1839, im Verlage des Landes-Industrie-Comptoirs. 2) von Reinsberg-Düringsfeld, Das festl. Jahr der german. Völker. Leipzig 1898, 2. Aufl., Barsdorf. Vgl. meine Anzeige dieses Buches von V. R.-D. in der Zeitsch. f. T. u. J. VII S. 268.

rungsfest im wahren Sinne des Wortes, zugleich ein Schützenfest, feiert seit 1848 jährlich im Juli die freie und Hansastadt Lübeck. Als die Unruhen dieser Zeit auch nach Lübeck gedrungen waren, gelang es dem Senat, das Volk zu besänftigen, und zum Zeichen der Aussöhnung vereinigte sich reich und arm zu einem gemeinsamen Auszuge, der jährlich wiederholt werden sollte. Dieser änderte aber bald seinen patriarchalischen Charakter. Jetzt bieten die verschiedenen Innungen, andere Berufsgenossenschaften und Vereine einen immer wieder von jedermann angestaunten Festzug. Jeder Bürger Lübecks, vom Bürgermeister abwärts, ist wenigstens einmal auf dem Festplatze, dem Burgfelde, zugegen. Dieses hat eine Fläche von mindestens 100 000 qm und ist dann mit reichlich 100 Buden jeglicher Art besetzt. Es handelt sich um einen Jahrmarktstrubel, der kaum größer gedacht werden kann. Die Festhalle ist glänzend, wird nach jedem Feste wieder abgebrochen und oft in anderem Stile erneuert. Das Komitee steht unter der Leitung von Männern aus der „Lübecker Bürgerschaft“. Die Kosten werden durch Karten für die Schießliste, durch Platzmieten der Budenbesitzer und durch eine Verlosung gedeckt, deren Gewinne wie die des großen Scheibenschießens während des Festes in der Festhalle ausgestellt sind. Wie unter den beim Schießen Beteiligten viele von auswärts sind, so setzt sich auch die wogende Volksmenge auf dem Festplatze zum großen Teile aus Leuten zusammen, die aus der näheren oder weiteren Umgebung der Stadt herbeigekommen sind. Extrazüge fahren auf den verschiedenen Bahnstrecken, dazu erleichtern zahlreiche Dampfschiffe ununterbrochen den Verkehr zum und vom Festplatze. Volksbelustigungen wie Mastklettern, Sacklaufen, Wurst- und Kringelbeißen und ähnliche sind auch hier mit dem Feste verbunden, dagegen beteiligen sich die Turner bisher nur am Auszuge. Das Fest schließt mit einem großen Feuerwerke ab.

Weiter soll hier als Erinnerungs- das Bassewitzfest der Stadt Kyritz in der Priegnitz erwähnt werden*), dessen Stiftung bis 1381 zurückgeht, wo der mecklenburgische Ritter von Bassewitz die Stadt hart bedrängte. Im Augenblick der äußersten Not erschien, so lautet die Erzählung, Freund und Feind ein streitbarer Engel mit flammendem Schwert, der die Kampflust der Feinde lähmte und zugleich den gesunkenen Mut der Belagerten so sehr hob, daß die Belagerung aufgehoben werden mußte. Zum ewigen Gedächtnis dieser Gottesthat sollte alljährlich am Montag nach Invocavit ein Lob- und Dankfest

*) Berichterstatter: Lehrer Gutschmidt in Kyritz.

gefeiert werden. Die Armen der Stadt erhalten noch jetzt Brote und die Schuljugend kleine Geldgeschenke. Die Kosten trägt die Stadt. Das Fest wird noch heute allgemein gefeiert; fast in allen Wirtschaften wird Kuchen gebacken und der Haushalt festlich eingerichtet. Der Handwerkerverein hat ein Vergnügen, für alle Wirte ist Tanzerlaubnis.

Landgerichtsrat Bruns in Torgau hat mich auf den Auszug der Torgauer Geharnischten, der alle zwei Jahre gleich nach Pfingsten stattfindet, und auf das Margaretenfest in Schmiedeberg in der Provinz Sachsen aufmerksam gemacht. Zu ersterem ist 1891 im Verlag der Jacob'schen Buchhandlung in Torgau ein Schriftchen erschienen; übrigens giebt v. R.-D. eine ausführliche und zuverlässige Beschreibung des Festes, das nach einer alten und allgemein verbreiteten Überlieferung die Tapferkeit der Torgauer Bürger verewigen soll, mit welcher sie am Palmsonntage 1542 auf Geheiß des Kurfürsten Johann Friedrich des Großmütigen die Stadt Wurzen eroberten, die sich der Steuerverweigerung schuldig gemacht hatte. Der Kurfürst überließ den Bürgern seiner Residenz als Belohnung aus seiner Harnischkammer eine Anzahl Harnische und erlaubte ihnen, alljährlich am Gedächtnistage einen Auszug zu halten und außerhalb der Stadt ein Lager zu beziehen, in welchem sie einige Tage lang Kriegsübungen halten könnten. Noch jetzt dauert die Festlichkeit auf dem Anger einige Tage, sodaß Turnübungen und Spiele in unserem Sinne sehr gut sich mit dem Feste verbinden ließen. Vom Margaretenfest in Schmiedeberg eine Beschreibung zu erhalten, ist mir bisher nicht gelungen.

Das Münchener Oktoberfest, das am 12. Oktober 1810 in Anlaß der Vermählung Ludwigs I. mit der Prinzessin Therese von Sachsen-Hildburghausen eingesetzt wurde, ist seit 1805 mit turnerischen Übungen verbunden. Die Bezeichnung „Theresienwiese" für den Festplatz entstand zugleich mit dem Feste, das sich mit der Zeit zu einem landwirtschaftlichen Zentralfest des Landes und zu einem allgemeinen Schützenfest für alle Gaue Bayerns gestaltet hat. Der Magistrat der Stadt München hat selbst beim Münchner Turngau die Anregung gegeben, alljährlich beim Feste mit Wettübungen und Vorführungen vertreten zu sein. In der Münchener Allgem. Ztg. ist es als ein glücklicher Gedanke bezeichnet worden (vgl. D. Turnztg. 1899 S. 877), das Turnen in das Oktoberfestprogramm mit aufzunehmen, da es entschieden zu den schönsten amtlichen Veranstaltungen des Festes zähle.

Auch bei einem anderen althergebrachten Feste, dem Volksfeste zu Cannstatt, scheint es zu gelingen, Leibesübungen gelegentlich desselben zu veranstalten. Wenigstens waren solche 1899 mit im Festprogramm.

Leider wurde die Ausführung durch ungünstiges Wetter wesentlich beeinträchtigt*). Das Anerbieten der Turnerschaft von Stuttgart, Cannstatt und den benachbarten Städten, mit dem dortigen althergebrachten Landesvolksfeste turnerische Vorführungen, wie dies früher schon gewesen sei**), zu verknüpfen, war im Herbst 1898 von der Festleitung abgelehnt, dagegen im Jahre 1899 gewünscht worden. Das Fest ist vom verstorbenen König von Württemberg gestiftet und wird an seinem Geburtstage, dem 28. September, gefeiert. Es ist eines der bekanntesten, volkstümlichsten, besuchtesten Feste in Deutschland.

Schließlich kann ich noch vom Heimbacher Brunnenfest***) zu Meisenheim am Glan melden, daß es in den letzten Jahren statt der Volksbelustigungen mit Spielen verbunden worden ist. Die alten Maibrunnenfeste mit ihren Liedern sind nach V. D.-R. im Oberbergischen noch in Erinnerung geblieben, obwohl sie von Jahr zu Jahr in Abnahme geraten, im Rheinthale fast gänzlich vergessen sind. Wir finden bei ihm keins derselben beschrieben. Das Meisenheimer Fest besteht seit 1835 und hat von Jahr zu Jahr an Bedeutung zugenommen†).

Man könnte meinen, die Bewegung, unsere Volksfeste zu reformieren und zu veredeln, hätte seit 1895 schon weitere Fortschritte gemacht haben müssen; man muß aber bedenken, wie schwer es einerseits ist, Neues zu schaffen, wie zähe andererseits am Hergebrachten festgehalten wird. Daher scheuen sich viele vor dem ersten Versuche, und wo er gemacht wird, gelingt er auch nicht immer gleich. Ein erfolgreicher Anfang ist entschieden vorhanden, die Spielbewegung dadurch

*) Berichterstatter: Professor Kehler in Stuttgart.

**) Jedenfalls 1865, vgl. Turnztg. 1896 S. 61; das folgende Kriegsjahr vereitelte eine Wiederholung dieser Verbindung.

***) Berichterstatter: Lehrer Hill in Meisenheim; seine Mitteilungen finden sich ausführlich in der Zeitsch. f. T. u. J. VIII S. 79.

†) Nach Berichten vom Prof. Lauer in Geislingen und K. Held in Reutlingen, die mir Reallehrer Walther-München noch nach der Drucklegung übersandt hat, ist in Württemberg ein günstiger Boden für unsere Bestrebungen vorhanden. Nicht nur in Geislingen und Reutlingen, sondern auch in Tübingen, Nürtingen, Ludwigsburg, Göppingen und Balingen werden städtische „Maienfeste“, in erster Linie der Jugend wegen, veranstaltet, an denen aber auch die Erwachsenen, meist die ganze Bevölkerung, sich beteiligen, sodaß sie wahre Volksfeste sind. Die Städte pflegen zur Deckung der Unkosten und für Gewinne Geld zu bewilligen. Lauer berichtet von turnerischen Übungen und Spielen, die an einem Orte gelegentlich des Kinderfestes seitens der Lyceumsschüler und des Turnvereins sowie der Volks- und Mittelschule ausgeführt werden. Reimann erwähnt schon in dem genannten Buche vom Jahre 1839 (S. 367), daß jede Stadt in Württemberg eine kleine Stiftung für das jährliche „Maien-Kinderfest“ habe.

volkstümlicher zu machen, daß man sie mit Volksfesten verbindet und zugleich diese dadurch inhaltreicher und wertvoller zu gestalten. Das in Deutschland sich steigernde Interesse an den Veranstaltungen öffentlicher Volksfeste ist gewiß als ein Zeichen des wachsenden Nationalbewußtseins aufzufassen. Es haben auch an vielen Orten, in den Städten und auf dem Lande, die Schützenfeste wieder Interesse und Pflege gefunden. Um so wichtiger ist es, darauf bedacht zu sein, daß die verschiedenen Arten *von Leibesübungen*, die unser deutsches Volk gesund und elastisch erhalten sollen, einen wesentlichen Teil unserer Volksfeste bilden.

6

Über den Einfluß der Bewegungsspiele auf die Erstarkung des weiblichen Geschlechts.

Von Turninspektor A. Hermann, Braunschweig*).

Hochansehnliche Versammlung! Sehr geehrte Damen und Herren! Welch ganz besonders hohe Bedeutung der Zentral-Ausschuß für Volks- und Jugendspiele den Bewegungsspielen des weiblichen Geschlechts zumißt, springt deutlich aus folgenden Thatsachen hervor. Schon gleich auf dem I. Kongreß, im Februar 1894 zu Berlin, war mir die hohe Aufgabe gestellt: „Über die Notwendigkeit und die Pflege der Jugendspiele für Mädchen" einen Vortrag zu halten. Einige Jahre vorher schon hatte ich im Auftrage unseres Zentral-Ausschusses in der Generalversammlung des „Deutschen Vereins für öffentliche Gesundheitspflege" zu Leipzig, am 19. September 1891, über die Frage der Schulspiele der deutschen Jugend zu sprechen, und ich konnte dort auf Grund langjähriger Erfahrungen, die ich auf dem Turn- und Spielplatze inmitten einer nach Hunderten zählenden Schar von Mädchen, sowie Frauen und erwachsener Jungfrauen gewonnen hatte, hervorheben, wie die Bewegungsspiele im Freien ganz besonders für die weibliche Jugend nach ihren gesundheitlichen und ethischen Wirkungen hin von einer Bedeutung sind, die lange noch nicht genugsam erkannt ist. Und auf dem letzten Kongreß, im Juli v. J. zu Bonn, hat die Frage über die Spiele der Mädchen eine neue Beleuchtung

*) Vortrag, gehalten auf dem IV. Deutschen Kongreß für Volks- und Jugendspiele zu Königsberg i. Pr. am 26. Juni 1899. Nach der stenographischen Aufnahme.

durch eine auf diesem Gebiete erfahrene Turnlehrerin, Fräulein Martha Thurm, erhalten, indem dieselbe uns über die segensreichen Wirkungen der Ferienspiele von Mädchen, besonders aus den ärmeren Volksklassen, berichtete. Wir konnten der Vortragenden da nur aus vollster Überzeugung beistimmen.

Heute, auf dem IV. Kongreß, den wir hier in der schönen Stadt Königsberg, im Osten unseres deutschen Vaterlandes, abhalten, soll ich reden „über die Erstarkung des weiblichen Geschlechts durch Bewegungsspiele". Wohlan denn!

Da darf ich nun wohl zuerst die Frage beantworten: Hat unsere weibliche Jugend eine Erstarkung so nötig, daß wir als eines der Hilfsmittel dazu die Bewegungsspiele erkennen müssen?

Ich kann diese Frage kurz so beantworten: Ja, sie hat es sehr nötig! Eine große Anzahl von Ärzten, die sich ganz besonders eingehend untersuchend um unsere weibliche Jugend während ihres Schulbesuches und auch noch über die Schuljahre hinaus bemüht hat, hat festgestellt, in welch hohen Prozentsätzen Schiefwuchs, Kurzsichtigkeit, Entwickelungsbleichsucht, Appetitlosigkeit, unregelmäßige Verdauung, Schwindel, allgemeine Schwäche, Hinfälligkeit, empfindsames, aufgeregtes Wesen, kurz Leiden zahlreicher Art bei unserer weiblichen Jugend auftreten.

Dr. Kluge, Arzt in Kiel, hat in einem Vortrage, welcher im Jahresbericht des Vereins zur Förderung der Volks- und Jugendspiele für das Jahr 1897/98 veröffentlicht ist, durch eine große Reihe von Zahlen, die aus gewissenhaften Untersuchungen sich ergeben haben, mitgeteilt, wie traurig es durch jene hervorgehobenen Leiden im ganzen um die Gesundheit der weiblichen Schuljugend steht. Welch eine Plage für die Eltern, Ärzte, Lehrer, Lehrerinnen und andere dabei Beteiligte!

Da liegt denn doch die Frage nahe: Wo haben wir die Ursachen für diese traurigen Thatsachen zu suchen? Antwort: In der Schule mit ihrer Arbeit, aber auch in der Arbeit im Hause, welche einmal die Schule fordert, und welche ferner das Haus als solches verlangt.

Die Schule mit ihrer unverhältnismäßig langen Sitzarbeit greift gerade in denjenigen Lebensjahren schädigend in das Leben des Kindes ein, wo die entscheidende Grundlage für die gesamte Lebenskraft und Leistungsfähigkeit des Erwachsenen gelegt werden muß. Mit dem Eintritt in die Schule, vom 7. Lebensjahre an, beginnt beim Kinde schon der Kampf ums Dasein; denn es muß Tag für Tag bei den stetig gesteigerten Anforderungen sich mühen, um mit den anderen mitzukommen und ja kein Jahr unnütz auszusetzen. Dieser Sitzzwang in der Schule und bei den häuslichen Arbeiten nimmt nun außerdem die besten Tagesstunden des Kindes in Beschlag. Dazu kommen noch erstens die ungenügende Ventilation der meist zu sehr gefüllten Klassenräume und zweitens der vergiftend wirkende Schulstaub, ferner die Sitzhaltung in der Schulbank, durch welche gerade diejenigen Lebensorgane, die der Blutbildung und dem Blutumlauf dienen, als Herz und Lunge, am meisten in ihrer Thätigkeit gehemmt werden. Denn es ist durch die wissenschaftlichen Untersuchungen eines Axel Key und anderer nachgewiesen, wie sehr die Atmung beim Sitzen in der Schulbank eine oberflächliche und ungenügende ist und dadurch der Blutumlauf ein erschwerter wird.

Das sind die Ursachen, die dann die Blutarmut und Bleichsucht, sowie alle sogenannten Schulkrankheiten erzeugen, die in erschreckendem Maße um sich greifen, sodaß nach dem ersten Schuljahr jedes 13. Kind, nach dem zweiten Schuljahre bereits jedes 6.—7., am Ende des dritten Schuljahres schon jedes 5. Kind blutarm ist.

Aber ganz besonders zu einem Leiden, welches die schöne, herrliche Menschengestalt knickt und verunstaltet, legt hauptsächlich die Schule mit ihrem Sitzzwang, aber auch nicht minder das Haus durch überanstrengendes Sitzen am Piano, dem Stickrahmen, hinter der Nähmaschine, bei Handarbeiten aller Art u. s. w. den Grund. Ich meine die seitliche Rückgratsverkrümmung aus gewohnheitsmäßiger fehlerhafter Haltung, die vorwiegend im schulpflichtigen Alter, vom 7. bis 12. Lebensjahre, entsteht. Wie alle die schon vorhin von mir beregten Leiden bei Mädchen weit mehr als bei Knaben in der Schulzeit entstehen, so ist dies ganz besonders mit dem Schiefwuchs der Fall. Dr. Schmidt-Bonn führt in seinem Werke „Unser Körper“ folgende Belege hierfür an: „Die Rückgratsverkrümmung ist bei Mädchen 5—6mal häufiger als bei Knaben. Diese Häufigkeit ist eine erschreckend hohe. Unter 336 Mädchen wurden nur 147 fehlerfrei gefunden. Im 7. Lebensjahre betrug die Zahl der Abweichungen vom regelrechten Bau der Wirbelsäule 43,65 %, und sie stieg im 13. Lebensjahre bis zu 70,9 %. Unter 350 Knaben fand man 18 %, unter 381 Mädchen 41 % Rückgratsverkrümmungen.“

Nicht nur den untersuchenden Ärzten, nicht nur den Turnlehrern mit ihren auf eine schiefe und gerade Haltung geübten Augen fallen die vielen jungen Mädchen, wenn sie vor uns gehen oder stehen, mit krummen oder schiefen Rücken und den meist zu hohen rechten und zu tiefen linken Schultern auf, sondern auch Sie, meine Damen und

Herren, werden diese Mängel der Formenschönheit schon in Menge bei unserer weiblichen Jugend bemerkt haben.

Unsere männliche Jugend ist allen diesen Gefahren weit weniger ausgesetzt; denn die Knaben treiben sich auf Höfen und Straßen bei allerhand Spiel umher, oder sie prügeln sich und ringen miteinander. Dabei gleichen sie zumeist die Nachteile des Sitzzwanges der Schulzeit wieder aus und recken ihre Wirbelsäule und ihre Gliedmaßen möglichst wieder in die richtigen Formen zurecht. Das nennt man naturgemäß und echt jungenhaft. Aber den Mädchen verbietet man fast durchweg dieses natürliche Sichausleben aus Anstandsrücksichten, zumal in den Städten. „Anständig" nennen es viele Mütter, wenn ihre jungen Töchterchen sich wie kleine Dämchen hübsch still und ruhig verhalten, „graziös", wenn sie, im modernen Kleidergerüst eingebaut, wie Zierpüppchen stehen und gehen. Doch ach, wie wird die Bewegungslust und die Bewegungsbedürftigkeit, die den schulpflichtigen Mädchen von Natur aus in gleichem Maße innewohnt wie den Knaben, auf diese Weise so grausam unterdrückt! Wenn etwas den Bewegungsdrang, der ganz besonders in der weiblichen Jugend von Natur steckt, in das hellste Licht stellt, so ist es die Freude am Tanzen. Mädchen können davon selten genug bekommen; sie tanzen unter sich miteinander ebenso leidenschaftlich, wie die Matrosen auf dem Schiffe ohne Damen tanzen, weil bei ihnen die einseitige Anstrengung der Arme den Drang nach Schnelligkeitsübungen ihrer Beine hervorruft.

Nun weiß man aber — denn es ist durch wissenschaftliche Untersuchungen genau festgestellt —, daß bei den Mädchen das Maximum der Längenzunahme drei Jahre früher eintritt als bei den Knaben, und daß dieses Wachstum der Wirbelsäule besonders von der Lendenwirbelgegend ausgeht. Die schwach entwickelten Rückenmuskeln genügen aber meist nicht, um die Geradhaltung der Wirbelsäule zu bewirken. Die gleichfalls bei Mädchen früher eintretende und mehr Kräfte verbrauchende Entwickelung stellt zudem noch außergewöhnliche Anforderungen an die untere Rumpfhälfte und ihren Inhalt. Auch ist die Gewichtszunahme der Mädchen am stärksten im 14. Jahre. Es steht also die Thatsache fest, daß Mädchen am Ende ihrer Schulzeit viel entwickelter sind als gleichaltrige Knaben.

Alle diese Erfahrungssätze stellen nun ganz naturgemäß die Forderung, daß in der Zeit dieser lebhaften, ja ich möchte sagen, hastigen Entwickelung alle Schädigungen der in der Entwickelung begriffenen Organe, welche den Unterschied der Geschlechter ausprägt, mit größter Sorgfalt vermieden werden, daß dagegen alles aufgeboten wird, um das Wachstum zu fördern, um die Atmung und den Kreislauf auf das stärkste anzuregen durch recht ausgiebige, aber passende Übung neben richtiger Ernährung; denn das ist auch ein Erfahrungssatz: Organe, welche nicht genügend gebraucht und geübt und nicht richtig ernährt werden, verkümmern.

Eine Erstarkung thut also unserer weiblichen Jugend, ja unserem ganzen weiblichen Geschlechte not; denn was in der Jugendzeit versäumt wird durch rücksichtslose Behandlung des in der Entwickelung begriffenen jungen Mädchens, das hat dauernde, nachhaltige Schäden im Gefolge. Nichts aber ist im stande, besser und wirksamer die Lebensorgane zu üben und zu ernähren, als Bewegungsspiele in freier Luft. Diese meine Behauptung fordert einen Beweis, und denselben muß ich heute vor dieser hochansehnlichen Versammlung liefern.

Der Mensch, ob masculinum oder femininum, hat seine anatomisch-physische Eigenart allen anderen Geschöpfen gegenüber, die auch ein Knochengerüst, dessen Grundstamm die Wirbelsäule bildet, besitzen, in der Gestalt der Wirbelsäule. Diese eigenartige Gestalt des Menschen; die dreifache (S-förmige) Krümmung der Wirbelsäule, die feste Verbindung des Kreuzbeines mit dem Becken, die gestreckten Hüft- und Kniegelenke, die scharf gewinkelten Fußgelenke und das dadurch begründete Auftreten mit ganzer Fußsohle, sowie überhaupt das Stehen und Gehen auf den unteren Gliedmaßen, den Beinen allein, weist schon darauf hin, daß der Mensch die systematischen Leibesübungen, welche wir seit Jahn Turnen nennen, hauptsächlich darauf zu richten hat, diese seine regelrechte eigenartige Gestalt zu einer kräftigen und dauernden und auch schönen Erscheinung herauszuarbeiten. Diese allen anderen Wirbeltieren gegenüber ausnehmend bevorzugte Gestalt giebt wieder den Armen und dem ganzen Schultergürtel die außerordentliche und besondere Beweglichkeit. Dadurch wird unsere Hand, die allein 27 Knochen zählt, die durch 40 Muskel bewegt werden, welche wiederum mit den feinsten Muskelnerven, den Tastnerven, versehen sind, zu einem Arbeitsinstrument und zugleich zum Sinnesorgan, kurz, zum vollkommensten aller Werkzeuge in der Natur. Die Hand macht erst den Arm und der Fuß erst das Bein zu demjenigen, was sie in Bezug auf Leistungsfähigkeit für unseren Körper wirklich sind. Unsere ortsbewegenden Gliedmaßen, die Beine, müssen fest mit der Wirbelsäule und dem ganzen Knochengerüst verbunden sein, um dadurch ihre Bewegungen unmittelbar auf letzteres übertragen zu können; unsere greifenden Gliedmaßen, die Arme, müssen dagegen eine möglichst freie und doch gesicherte Verbindung mit dem ganzen Knochengerüste zeigen.

Aus dem allem folgt, daß das Hauptgewicht bei den Leibesübungen auf solche Übungen zu legen ist, welche auf den Beinen stehend und gehend ausgeführt werden können. Eine solche Gymnastik allein hatte einstmals das Griechenvolk, in Sparta bekanntlich auch die weibliche Jugend, mit dem höchsten Erfolge.

Für das weibliche Geschlecht wird diese Forderung aber noch bindender als für das männliche, weil jenes im Brustkasten- und Schultergürtelbau zarter und schmäler, im Beckengürtelbau dagegen breiter ist. Alles das weist auf die eigentliche Bestimmung des weiblichen Geschlechtes hin und verlangt nach physiologischen Grundsätzen bei den Leibesübungen die Bevorzugung der unteren Gliedmaßen zur Entwickelung und Kräftigung des Beckenringes, sowie der Lendenwirbel mit ihren mächtigen Muskellagern.

Bei den systematischen Turnübungen treten deshalb die Freiübungen im Stehen, Gehen, Hüpfen, Springen, Drehen und Laufen als Stemmübungen der Beine, sowie zur Kräftigung der inneren Organe der unteren Rumpfshälfte in den Vordergrund. Und diese Übungen sollen und brauchen bei aller Rücksichtnahme auf Anmut und Schönheit nicht kraft- und saftlos zu sein. Nur tritt beim Mädchen- und Frauenturnen an die Stelle der Schneidigkeit die Anmut, an die Stelle der Strammheit die Schönheit in der Bewegung. Dem überaus reichen Formenschatze der Freiübungen fügen wir die Übungen mit Handgeräten, den Stäben, Hanteln, Springreifen und vor allen den Bällen, hinzu. Alle diese Handgerätübungen verbinden wir wiederum mit den mannigfaltigsten Stellungswechseln und mit den Gang-, Hüpf- und Dreharten. Damit eröffnet sich ein weites Gebiet der Turnübungen für die weibliche Jugend.

Aber auch dem Turnen an Geräten werden wir gerecht; denn wir wissen, daß jene Übungen einer Ergänzung bedürfen, wenn die körperliche Ausbildung nicht auf halbem Wege stehen bleiben soll. So wollen wir mit den Übungen an Geräten — aber nur an solchen, welche alle Übungen ausschließen, die der Würde, dem Schicklichkeitsgefühl, der Sitte und Schamhaftigkeit unseres weiblichen Geschlechts widerstreben — die notwendige Kräftigung des Muskelsystems, die Weckung des Mutes und der Willenskraft, die Raschheit im Handeln erzielen.

Ich kann mich mit meinen Grundsätzen und Anschauungen hierüber wie über die Turnübungen des weiblichen Geschlechts im ganzen dem freudig anschließen, was von Professor Dr. Zander hier in

Königsberg in einem Aufsatze unseres Jahrbuches von 1899 unter der Überschrift „Die Bedeutung der Leibesübungen für das weibliche Geschlecht" im allgemeinen gesagt worden ist.

Aber, meine Damen und Herren, aber — ich muß dies betonen — die sogenannten Turnübungen werden mit der weiblichen Jugend weitaus mehr als mit der männlichen in Hallenräumen, ja vielfach nur in sehr beschränkten Turnsälen betrieben, wo frische, reine Luft und Sonnenschein und „blauer Himmel obenhin, der so vergnügt macht unsern Sinn", fehlen, und wo alle die für die weibliche Jugend so wichtigen Übungen, welche das Wachstum anregen, die Atmung und den Kreislauf aufs stärkste beteiligen, also Lungen und ganz besonders das Herz kräftigen, — kurz Übungen, die allen Teilen des Körpers zu gute kommen, alle solche Übungen, die von Dr. F. A. Schmidt so charakteristisch mit dem Namen „Schnelligkeitsübungen" bezeichnet sind, nicht vorgenommen werden **können**, weil die Räume dafür zu eng sind, und auch nicht vorgenommen werden **dürfen**, weil sie nur in der freien Natur gesundheitsfördernd, sonst aber nachteilig wirken.

Und diese für die in der Entwickelung stehende weibliche Jugend allen Leibesübungen voranstehenden Schnelligkeitsübungen sind in keiner naturgemäßeren und besseren Form uns dargeboten als in den Bewegungsspielen; sie bieten die so sehr notwendigen Übungen für die unteren Gliedmaßen und für alle Muskelgebiete des jugendlichen Körpers; sie regen das Wachstum, die Organe des Kreislaufs und damit den Stoffwechsel in hervorragender Weise an, und dadurch fördern sie auch eine richtige Ernährung aller Organe. Somit bieten die Spiele eine Leibesübung, welche der Hygieine des jugendlichen Alters am besten entspricht und von den Vorwürfen nicht getroffen werden kann, die man vielen Gerätübungen machen muß. Es werden beim Spiel auf freien Plätzen **alle** Glieder bewegt und freigemacht. Da weiten sich die Lungen, da klopft das Herz in oft hörbar lauten Schlägen, da röten sich die Wangen, da wird den Augen der frische, kindliche Glanz verliehen, dabei wird durch die Poren der Haut eine Menge überflüssiger, verbrauchter Stoffe im Blute, die sogenannten Ermüdungsstoffe, ausgeschieden, und ein gesunder Hunger wird erzeugt.

Das alles liegt so klar da, daß es keine Theorie und keine ärztliche Wissenschaft erst zu beweisen und zu begründen hat.

Wir haben aber auch für alle Altersstufen unserer weiblichen Jugend nicht nur, sondern auch für unsere deutschen Jungfrauen und Frauen eine Fülle von passenden und anziehenden Bewegungsspielen. Die reinen Laufspiele, wie z. B. die Haschspiele, Katze und Maus,

Foppen und Fangen, Diebschlagen, die Dritte abschlagen, Komm mit, Fangschon, die verschiedenen Wettlaufarten u. s. w. u. s. w., bieten für die unteren Altersstufen eine unvergleichliche Bewegungsschule, der wir die reiche Fülle der Ballübungen, die Schule des Ballwerfens und -Fangens, sowie die einfachen Ballspiele hinzufügen, wie Wanderball, Balljagd, Kreisball, Stehball u. dergl.

Für die Mittel- und Oberstufe nehmen wir zu den reinen Laufspielen, als dem Barlauf und dem Stafettenlauf, solche Ballspiele wie Grenzball, Rollball, Korbball, Burgball. Hier geben wir auch den Mädchen ein Schlagholz in die Hand, und dadurch erweitern wir die Ballspiele für die Mädchen um ganz wesentliche Momente für die Körperbewegung; denn bei unseren Schlagballspielen, wie deutscher Schlagball, Schlagball mit Freistätten und Rundum kommt zu den Übungen im Werfen und Fangen mit dem Balle und zu dem dabei unausgesetzten Drehen und Bücken des Körpers auch noch die kräftigende Armbewegung, das Schlagen mit dem Schlagholze, und vor allem der höchst wichtige Lauf hinzu. Rasch erobern sich diese Spiele daher das Recht auf dem Spielplatze unserer weiblichen Jugend; denn es hat auch für Mädchen einen großen Reiz, und es ist ihnen eine besondere Freude, sich im Schlagholze eines Werkzeuges bedienen zu können, um damit dem Balle eine weitere Flugbahn zu geben, als dies die bloße Hand vermag. So hat sich auch das Tamburinball-Spiel sehr schnell und weit verbreitet, ein Spiel, das wir, wie auch Lawn Tennis, wohl zu den Schlagballspielen rechnen können. Es fehlt diesen beiden Spielen allerdings etwas, was ich für das Wichtigste bei allen Bewegungsspielen ansehe: der Lauf. Gestalten wir alle diese Bewegungsspiele zu Wett- und Kampfspielen, so wird dadurch nicht nur eine größere Lebendigkeit beim Spiel erzeugt, sondern auch ein festeres, innigeres Zusammenhalten der Spielgenossenschaften angeregt.

Auf einen Punkt, den gesundheitlich wichtigsten mit, muß ich noch aufmerksam machen. Das ist dieser: Die Bewegungsspiele in freier Luft, unterm blauen Himmelszelte, im hellen, warmen Sonnenschein sowohl als auch bei weniger freundlichem Wetter, stählen den Körper und härten ihn ab wie nichts anderes besser. Sie machen den Körper unserer weiblichen Jugend wetterfest. Diese Erstarkung ist von höchster Bedeutung. Man fürchte doch kein Verbraten der Haut, wenn die Sonnenstrahlen stundenlang die äußere Hülle des Körpers treffen; im Gegenteil, mich hat die Erfahrung gelehrt, daß die Mädchen die Sonnenstrahlen ohne Hut auf dem Kopfe nicht nur ebenso ertragen lernen wie die Knaben, sondern daß sich ihre Bewegungslust in den natürlichen Verhältnissen, die ihnen das Frühlings-, Sommer- und Herbstwetter bieten, nur steigert. Wie gerade das Licht der Sonne, und zumal bei der Bewegung im Sonnenlicht, die Bildung der roten Blutkörperchen und des roten Blutfarbstoffes anregt, also den Körper um Blut bereichert und so den Verbrennungsprozeß im Körper und damit den Stoffwechsel anfacht, wie ja ferner auch die krankheiterregenden Keimpilze im Sonnenlicht absterben oder doch geschwächt werden, das haben die Untersuchungen namhafter Forscher auf diesem Gebiete festgestellt. Nicht nur das Licht der Wissenschaft, sondern auch das Licht der Sonne ist ein Feind jener uns so gefährlichen kleinen Lebewesen!

Also nur hinein mit unserer weiblichen Jugend beim Bewegungsspiel in den Sonnenschein ohne Furcht und Zittern! Das rötet die Haut, frischt sie auf und bräunt sie auch; das schadet nichts. Diese Thatsache ist so gewiß wie diejenige, daß die Äpfel und auch noch viele andere Früchte nur an der Seite, die sie der Sonne und dem Lichte zuwenden, ihre herrlichen roten Bäckchen haben, und daß die so ausgereiften Früchte haltbar und wohlschmeckend sind. „Sonnenlicht und Gesundheit", das wäre eine passende Inschrift über dem Eingangsthor jedes Spielplatzes.

Aber noch ein höchst wichtiger Vorgang, der für die Gesundung und Erstarkung unseres weiblichen Geschlechts von allergrößter Bedeutung ist, wird durch solch kräftige Körperübung, wie sie die Bewegungsspiele bieten, hervorgerufen. Alle, eine freie, ungezwungene und uneingeengte Bewegung hemmenden Fesseln, wie sie eine falsche, naturwidrige Mädchen- und Frauenkleidung dem Körper anlegt, werden gelöst.

Ich habe meinen Kursistinnen, die zum Spiel-Lehrgange zu mir kommen, ein paar Verse immer ans Herz gelegt, die so lauten:

Wer das Turnspiel will verstehen,
Muß in Luft und Sonnenschein
Oft hinaus zum Spielplatz gehen
Und kein Zimperlieschen sein.
  Mägdlein, willst du spielen fein,
  Präge dir die Regel ein:
  „Immer frisch, fromm, fröhlich, frei,
  Wirf und fang und lauf dabei!"

Trage keine hohen Hacken,
Leg bequeme Kleider an,
Weil ein steifer Rumpf und Nacken
Sich nicht drehn und bücken kann.
  Mägdlein u. s. w.

(Heiterkeit und Bravo!)

Das schon so viel bekämpfte Korsett, diese Maschine, durch welche selbst Völker, die an der Spitze der Kultur stehen, willkürliche Veränderungen an ihren Körperteilen vornehmen, kann seine Herrschaft bei unseren Mädchen da nicht mehr weiter behaupten, wo sie zum Turnen und Bewegungsspiel geführt werden. Ich will nicht näher alle die schädlichen Einflüsse auf die Lymph- und Blutgefäße, auf die Lungen und Verdauungsorgane dieser Druckmaschine, dem häßlichsten und ungesundesten Erzeugnisse unserer Frauenmoden, hier berühren, denn sie sind allen, die ein Verständnis für eine gesunde und naturgemäße Bekleidung haben, gewiß zur Genüge bekannt. So viel scheint mir aber festzustehen, daß überall da, wo die Mädchen im Turn- und Spielbetriebe anfangen, sich natürlich auszuleben, und auch da, wo ihnen durch die Kunstgeschichte — und höhere Mädchenschulen ohne diese giebt's ja nicht — zum wirklichen Verständnis gebracht wird, daß der unveränderte Körper der mediceischen Venus für ein höheres Ideal weiblicher Schönheit gilt als die Wespengestalt einer korsettumpanzerten Modedame, daß es da mit dem von Stahlstangen strotzenden Korsett zum Hausfriedensbruche kommt.

Meine Damen und Herren, es ist mir eine große Freude, gerade hier auf dem Königsberger Kongreß Ihnen mitteilen zu können, daß in Braunschweig von einer auf diesem Gebiete sehr erfahrenen Frau ein Korsetterfatz geschaffen ist, der, so glaube ich, wohl allen Anforderungen in dieser Beziehung genügt und daraufhin von ärztlichen Autoritäten begutachtet und bescheinigt ist. Dieser Korsetterfatz liegt hier in drei Exemplaren vor, und ich bitte die Damen freundlichst, sich nachher hier herausbemühen zu wollen und ein Urteil darüber abzugeben. Es sollte mich freuen, wenn auch dieser Kongreß zu einer gesünderen und naturgemäßeren Bekleidung beiträgt.

(Bravo!)

Meine Damen und Herren! Holt man sich oft Beispiele und Beweismittel für manche Verhältnisse der Gegenwart aus dem Altertum, dann weist auch die Gestaltung der Leibesübungen für Mädchen so recht auf das Volk der Griechen und zwar auf die Spartaner hin, welche durch gesetzliche Bestimmungen das Mädchenturnen eingeführt hatten, weil sie in der Familie dem weiblichen Geschlechte eine weit freiere und würdigere Stellung gaben als die anderen Griechen und deshalb auf das Turnen des weiblichen Geschlechts ein großes Gewicht legten. Die Spartanerinnen mußten, streng nach den Gesetzen des Lykurg, einen Teil eines jeden Tages auf besonders hergerichteten Übungsplätzen Gymnastik treiben und zwar im Laufen, Hüpfen, Springen und bei allerlei Ballbewegungsspielen.

In Schönheit, Kraft und Dauer wuchsen so die lakonischen Mädchen zu Hausfrauen auf, die zur Zeit der Blüte Spartas bekanntlich sich nicht nur durch Größe, Kraft und Schönheit ihres Körpers hervorthaten, sondern sich auch durch ihre Unerschrockenheit und Entschlossenheit in ganz Griechenland auszeichneten und als Weiber im edelsten Sinne des Wortes den Spartiaten eine Männerschar von Helden gebaren.

Wie würde doch der größte Teil unseres heutigen weiblichen Geschlechts so unendlich weit zurückstehen müssen in einem Vergleiche nicht allein nur mit jenen Griechinnen, sondern auch schon mit den Frauengestalten unserer alten germanischen Zeit! Die moderne Kultur und die heutige Mode bringen Störungen und Unordnungen bei unseren Mädchen und Frauen hervor, die unsere Urgroßmütter nicht kannten. Diese hatten statt der dünnen Taille, der mageren Form und der flachen Brust einen wohlentwickelten Körper und eine kräftige Leibesbeschaffenheit, anstatt der modernen Fertigkeiten Eigenschaften, die zur Erfüllung ihrer häuslichen Pflichten genügten. Unsere heutige vielgerühmte Bildung der Frauen befähigt sie zwar für das Studierzimmer und das Lyceum, aber zumeist nicht für die Küche und die Kinderstube.

Wir wollen den Bestrebungen der Frauen, sich auf wissenschaftlichen und vielen anderen Gebieten neben den Männern eine achtunggebietende Stellung zu erringen, gewiß nicht die Wege versperren, aber wir sind der Ansicht, daß die heutigen Frauen nicht immer die Körperkraft und -Ausdauer haben, die dieses neue Feld ihrer Berufserweiterung von ihnen fordert.

Unser Kaiser hat, wie schon gestern hervorgehoben wurde, einmal gesagt: „Ich suche nach Soldaten," und wir waren gestern überzeugt, daß wir auf unseren Turn- und Spielplätzen dafür sorgen sollen, daß sie auch da sind im Deutschen Reiche; aber er hat auch gesagt: „Wir wollen eine kräftige Generation haben." Um dieses Wollen aber vollbringen zu können, wird es grundlegend notwendig, daß wir kräftige deutsche Frauen erziehen helfen. Die allgemeine Schlaffheit, die wir heute am weiblichen Geschlechte, besonders an unserer weiblichen Jugend in den Städten wahrnehmen, hat ein Ende, sobald wir die Mädchen in solche Verhältnisse bringen, die ihnen die Möglichkeit bieten, ihrem von der Natur eingepflanzten Bedürfnis nach ausgiebiger Bewegung Genüge zu leisten, wenn wir ihnen Tag für Tag die Zeit und den Raum zur Verfügung stellen, damit sie sich **im Bewegungsspiel nach Lust und Liebe austummeln können.**

Habe ich versucht, darzulegen, wie die Bewegungsspiele eine Erstarkung unserer weiblichen Jugend nach gesundheitlicher oder sage ich nach körperlicher Seite hin fördern, so darf dabei nicht übersehen werden, wie die Spiele auch nach ethischer Seite hin höchst wertvoll wirken, wie sie einen Einfluß auf Charakter und Gemüt haben, wie also durch sie auch der Geist erstarkt. Jahn sagt einmal: „In jedem echten Turnspiel regt sich eine Welt. So machen die Turnspiele den Übergang zum großen Volksleben und führen den Reigen der Jugend. In ihnen lebt ein geselliger, freudiger, lebensfrischer Wettkampf. Hier paart sich Arbeit mit Lust und Ernst mit Jubel. Da lernt von klein auf die Jugend auf gleiches Gesetz und Recht mit anderen halten. Da hat sie Brauch, Sitte, Ziem und Schick im lebendigen Anschauen vor Augen." Welch goldene Worte! Ja, Aufmerksamkeit, Geschick, Entschlossenheit, Geistesgegenwart, Thatkraft, Schlagfertigkeit erlernt und übt die Jugend beim Spiel. Rechtssinn, Ehrlichkeit, Gemeingeist, Verträglichkeit, diese Tugenden echter Geselligkeit, erwachsen auf dem Spielplatze; denn wer sich den Regeln der Spiele und den Spielleitern nicht freiwillig unterordnen kann, wird als Spielverderber von den anderen Spielgenossen verachtet.

Die Spiele verlangen auch Ausdauer und Geduld, und wenn die Spielerinnen die Gewißheit haben, daß sich damit vieles erreichen läßt, so trägt das mit dazu bei, daß die Festigkeit des Charakters auf dem Spielplatz wächst.

Welche Wirkung **das systematisch betriebene Spiel auch auf den** Nationalcharakter hat, **das ist unter allen Nationen am deutlichsten** am Engländer ersichtlich.

Nun, meine Damen und Herren, alles in allem: Die Spiele bereiten unserer Jugend, der männlichen wie der weiblichen, eine wohlthuende Jubellust und Freude, und „die Freude ist das beste Mittel der Nervenstärkung", sagt schon Herbert Spencer. Das Gemüt des Kindes hat ein Anrecht auf Freude und Lebenssonnenschein, wenn nicht seine besten seelischen Triebe verkümmern sollen. Wir wollen aber der gesamten weiblichen Jugend eine Erstarkung an Seele und Leib durch systematisch betriebene Bewegungsspiele zu teil werden lassen. Nicht nur die Mädchen der oberen Zehntausend, sondern auch die der unteren Volkskreise haben diese Erstarkung nötig, und letztere wohl noch mehr als jene. Ich erinnere hier nur daran, was auf dem vorjährigen Kongreß in Bonn über die Ferienspiele der Mädchen aus den Arbeiterkreisen so Vortreffliches mitgeteilt ist.

Und wenn — das ist meine feste Überzeugung — die Spiele erst einmal für die weibliche Jugend, solange sie der Schule angehört, zur Volkssitte geworden sind, dann werden auch die deutschen Jungfrauen und Frauen sich die Segnungen der Spiele zu verschaffen und zu erhalten suchen. Sie werden und können dadurch dasjenige für sich ersetzen, was unsere erwachsene männliche Jugend, die zukünftigen Männer des Vaterlandes, durch ihre militärische Dienstzeit, diese große nationale Volkserziehungs- und Volksgesundungssache, für sich erringen.

Meine Damen und Herren, wenn es mir gelungen sein sollte, den Beweis geliefert zu haben, daß die Bewegungsspiele einen unleugbaren Einfluß auf die Erstarkung unserer weiblichen Jugend haben, ja daß sie für diese in erster Reihe die zweckmäßigsten Körperübungen sind, dann wird ihre allgemein verbindliche Einführung in die Mädchenschulen zu einer unabweisbaren Pflicht, um diese Quelle der Gesundheit und Schönheit sowie der herzerfrischenden Freuden dem weiblichen Geschlechte nutzbringend zu machen.

In dem ewig denkwürdigen Erlasse des früheren Kultusministers Excellenz v. Goßler vom 27. Oktober 1882, der nächst der berühmten Kabinettsordre Friedrich Wilhelms IV. vom 6. Juni 1842, wodurch das Turnen als notwendiger, unentbehrlicher Bestandteil in den Kreis der Volkserziehungsmittel aufgenommen wurde, meiner Ansicht nach wohl der bedeutendste auf turnerischem Gebiete ist, heißt eine Stelle:

> „Die Schule muß das Spiel als eine für Körper und Geist, für Herz und Gemüt gleich heilsame Lebensäußerung der Jugend mit dem Zuwachs an leiblicher Kraft und Gewandtheit und mit den ethischen Wirkungen, die es in seinem Gefolge hat, in ihre Pflege nehmen, und zwar nicht bloß gelegentlich, sondern grundsätzlich und in geordneter Weise."

Und der Schlußsatz jenes Erlasses heißt:

> „Leider ist die Einsicht noch nicht allgemein geworden, daß mit der leiblichen Ertüchtigung und Erfrischung auch die Kraft und Freudigkeit zu geistiger Arbeit wächst. Manche Klage wegen Überbürdung und Überanstrengung der Jugend würde nicht laut werden, wenn diese Wahrheit mehr erlebt und erfahren würde. Darum müssen Schule und Haus, und wer immer an der Jugendbildung mitzuarbeiten Beruf und Pflicht hat, Raum schaffen und Raum lassen für jene Übungen, in welchen Körper und Geist

Kräftigung und Erholung finden. Der Gewinn davon kommt nicht der Jugend allein zu gute, sondern unserm ganzen Volke und Vaterlande."

Meine Damen und Herren, ich bitte, helfen Sie alle mit dieses Ziel erreichen, das wir im Zentral-Ausschuß für Volks- und Jugendspiele uns gesteckt haben.

(Lebhafter, sich wiederholender Beifall.)

7

Wie kann das weibliche Geschlecht noch mehr für die Bewegungsspiele gewonnen werden?

Von Martha Thurm, Krefeld.

Wenn wir das in aufsteigender Bewegung befindliche Spielleben unseres Volkes betrachten, so fällt es auf, daß auch hier, wie in vielen Dingen, der einen, der sogenannten starken Hälfte der Menschheit Gewinn und Vorzüge, welche das geregelte und regelmäßig betriebene Spiel mit sich bringt, lange Zeit fast ganz allein und bis heute noch in erster Linie zugeflossen sind. Wollte man nun logisch zu Werke gehen, so hätte eine solche, auf eine alle Klassen durchsetzende Kräftigung hinausgehende Sache zuerst der Erstarkung des sogenannten schwächeren Teiles gelten müssen. Nun machen es aber unsere gesellschaftliche Ordnung, die eigentümliche politische Stellung der Erdbewohner zu einander u. a. erklärlich, warum man immer wieder an erster Stelle in allen Landen eine körperliche und geistige Hochziehung des Knaben, des Mannes anstrebt. Begreifen wir dieses, so bleibt es doch unverständlich, daß eine frühere Welt bis in unsere Tage hinein nie oder doch nur ganz vereinzelt auch an eine Hebung, eine Auffrischung der Kräfte des Weibes gedacht hat. Mag nun Unwissenheit, Sitte, falsche Rücksichtnahme u. s. w. der Grund zu dieser jahrhundertelangen Vernachlässigung sein, Thatsache ist, – daß sie sich in der Folgezeit bitter gerächt hat, und daß die schwache, nervöse Frau von heute, die zudem, dank der ihr durch das einstmalige seltsame Leben aufgezwungenen geistigen Unfreiheit, auch noch unter einer Last von Modethorheiten seufzt, sozusagen das Resultat dieser Vernachlässigung ist. Es ist tausendfach dargethan worden, daß der tiefe Stand der körperlichen Verhältnisse unseres gesamten Volkes, besonders unserer

Jugend, in erster Linie auf die vielfach traurige Körperbeschaffenheit des weiblichen Menschen zurückzuführen ist.

Mit der Einsicht kommt in der Regel die Hilfe, und auch in dem Punkt der Gesundschaffung der Frau ist sie nicht ausgeblieben. Da und dort erwuchsen dem kränkelnden Geschlecht Warner, Helfer und Führer; die Frauen selbst erkannten die Gefahr und folgten dankbar und mutig den Lehren und Fingerzeigen dieser Helfer, und heute schon steht die Bewegung in einer gewissen Blüte. Nicht mehr nur da und dort, sondern überall rütteln die Vaterlands-, die Volksfreunde, allen voran aber die Ärzte unsere Frauen zu einem gesunden Leben empor. Wie jede Neuerung, so hat auch diese echt menschenfreundliche Bewegung ihre Feinde und Widersacher, und einer der beliebtesten Gründe, den sie ins Treffen führen, ist, daß das Weib wenig zu einem gesundheitlichen Leben in unserem Sinne neige, ja, sich nicht dazu eigne. Eine solche Annahme verrät nicht nur eine bemerkenswerte Unkenntnis des an und für sich lebhaften und beweglichen weiblichen Naturells, sondern bekundet meiner Ansicht nach eine gewisse Härte und Unbarmherzigkeit einem großen Teil der Menschheit gegenüber. Die Folgezeit hat gelehrt, wie gern und geschickt das Weib diesen so verspotteten „Bewegungskünsten" obliegt, wie gewandt und ausdauernd es turnt, schwimmt, radelt, Schlittschuh läuft, wandert und — in höheren Regionen — reitet. Und wenn wir nun das Facit ziehen, so hat das weibliche Geschlecht bei dieser Lebensweise nicht nur einen direkten Gewinn an Körperkraft zu verzeichnen, sondern es erzielt vor allen Dingen damit eine seelische Gesundung, die wiederum eine ganz wunderbar günstige Wirkung auf das körperliche Wohlbefinden ausübt. Alles Dahinvegetieren wandelt sich in ein kräftiges „Lebenwollen", alle ungesunde Sentimentalität weicht einer köstlichen Lebensfrische und Lebensfröhlichkeit.

Wenn wir uns nun fragen: „Was ist gethan, um dem Mädchen, der Frau dieses junge, gesunde Bewegungsleben zu erhalten und es ihr durch alle Schichten zugänglich zu machen? so kommt uns zum Bewußtsein, daß es bisher nicht gar viel gewesen ist. Gewiß, es giebt Tausende von Radlerinnen, Tausende, die dem Eislauf huldigen, es wird ein halbes Hunderttausend Turnerinnen geben und manche Schwimmerin und Touristin, — aber was bedeutet das im Hinblick auf die ca. 24 Millionen Vertreterinnen des weiblichen Geschlechtes unseres Volkes? Hunderttausende leben noch das alte Leben, gehen dahin, ohne nur an den Gedanken zu rühren, sich und in sich dem Zukunftsmenschen größere Widerstandsfähigkeit und Kraft, kurz, feste Gesundheit zu verschaffen. Was die Behörde bisher für die weibliche Gesundheit gethan, ist kaum zu rechnen; die zwei Stündchen in der Woche, die dem Turnen, und auch fast nur in den höheren Schulen, gewidmet sind und dazu oft noch in ungeeigneter Art erteilt werden, sind lange nicht genügend, um den jungen Mädchen einen wirklichen Zuschuß an Kraft zu gewähren; es ist, wenn wir hoch greifen, eine Entlastung, mehr kaum. Zudem trifft diese immerhin schätzenswerte Einrichtung nicht oder doch nur in einzelnen Fällen die Töchter unseres Bürger- und Arbeiterstandes, die Volksschülerinnen. Es ist ein unberechenbarer Schaden, der dem Weib durch die heutige Erziehungsmethode, die ein freies Bewegen fast ausschließt, in der frühen Jugend schon angethan wird.

In der Neuzeit haben wir als ein ganz neues Wesen die deutsche Turnerin kennen gelernt, und ihr hilft im guten Streben mächtig die „Deutsche Turnerschaft" vorwärts; ein ähnliches, wenn auch nicht so ausgeprägtes Verhältnis herrscht zwischen Radlerin und Radfahrvereinigungen. Nun ist als jüngste Errungenschaft der Bewegungslust unserer Frauen das Spiel, dieses frische, fröhliche Schwesterlein unserer edlen Turnkunst, in die Erscheinung getreten, und nichts giebt es, das so berechtigt und befähigt wäre, dem weiblichen Geschlecht volle körperliche und geistige Gesundheit zu verschaffen, wie gerade das Spiel, besonders wenn es, wie es sein ganzes Wesen bestimmt, in freier Luft betrieben wird. Ich kann mir ersparen, den von den Vorzügen des Spiels überzeugten Lesern dieser Schriften die besonderen und noch tiefer als bei den Knaben gehenden Wirkungen des Spiels auf die Weibesnatur aufzuzählen, — es liegt auf der Hand, wie mächtig dieses ausgiebigste und freieste Spiel der Glieder gerade die eingeengte, furchtsame Frauennatur, das unnatürliche, unselbständige Gehaben derselben auslöst. Wem diese Thatsache nie zu Sinn gekommen ist, der schaue einmal draußen auf dem grünen Spielplatz einer spielenden Mädchen- oder Frauenabteilung zu und vergleiche das Wesen dieser Spielerinnen daheim mit ihrem früheren.

Wenn wir nun aber erkannt haben, daß gerade das richtig und fleißig betriebene Spiel der Frau eine große körperliche und gemütliche Kräftigung geben kann, so soll man alle Mittel in Bewegung setzen, um möglichst dem ganzen weiblichen Geschlecht die Wohlthat dieses freien, schönen Thuns zugänglich zu machen, es dazu heranzuziehen. In erster Linie sollte der Ausschuß wie jeder einzelne Freund unserer Bestrebungen darauf hinarbeiten, daß die Regierungen sich entschließen, für die Dauer der guten Jahreszeit in jeder Schule — schon als Ersatz für den fehlenden weiblichen Turnunterricht — das Spiel fest einzuführen. Die notwendigen Lehrkräfte können durch unsere Spiellehrkurse leicht herangebildet werden; steckt in ihnen das rechte Zeug, haben sie Freude an dem Aufblühen ihrer Zöglinge, so wird es ihnen zudem ein Vergnügen sein, auch einmal eine Freistunde zu opfern, um mit denselben zu spielen, zu wandern oder Schlittschuh zu laufen. Auch die Direktoren und Turnlehrerinnen an höheren Schulen sollten es nie an Anregung fehlen lassen, daß die Schülerinnen auch außerhalb der Schulzeit zum Spiel zusammentreffen. Die Versuche, die in Beziehung auf das freiwillige Spiel gemacht wurden, sind stets von Erfolg gekrönt gewesen.

Hat das Mädchen so in der rechten Weise spielen gelernt, so wird es diese fröhliche Arbeit auch nach der Schulzeit nicht gern wieder fallen lassen; weil es nun aber nur wenige Glückliche sind, die sich dann in froher Gemeinschaft auf dem Spielplatz eines Privatbesitztums ausleben können, so dürfte hier am besten die Vereinsthätigkeit helfend einsetzen, indem sie die spielbegeisterten, menschenfreundlichen Lehrerinnen zu gewinnen sucht. Diese könnten die Schülerinnen bei deren Abgang von der Schule auffordern, auch ferner an einem freien Nachmittag oder, wenn es nicht anders geht, an einer Sonntagsstunde in alter Freundschaft unter ihrer Leitung und Fürsorge zu spielen. Welch eminente Bedeutung eine solche Verbindung gerade für Mädchen, welche die Woche durch in Arbeit stehen und Sonntags oft ihnen wenig tauglichen Unterhaltungen nachgehen, auch in ethischer Beziehung hat, braucht nicht besonders betont zu werden. Eine fröhliche gemeinsame Wanderung oder ein Spielfest können dann wohl als wirksames Anziehungsmittel die Regelmäßigkeit des Spielbesuches heben und sichern. Aus diesen freien Vereinigungen ganz jugendlicher Spielerinnen heraus, die ja immer in den schulentlassenen Mädchen eine Verjüngung erfahren, könnten wiederum Spielvereine Erwachsener gebildet werden, oder aber, was im Hinblick auf die langen Wintermonate mir noch besser erscheint, die erwachsenen Spielerinnen sind den bestehenden oder noch zu gründenden Frauenturnvereinen, die ja auch das Spiel wacker betreiben, zuzuführen. Auch hier wird die große Öffentlichkeit durch gut durchgeführte Spielfeste sicherlich zu gewinnen sein.

Wollen wir also wirklich das Spiel zu einem gesundheitlich wichtigen Faktor für das Weib gestalten, so müssen wir sorgen, daß es dasselbe von Kindheit an lieb gewinnt und es in keinem spielfähigen Alter missen mag; es darf darum nicht Drill, sondern immer nur Erholung und Freiheit sein, — so will's das Wesen des Spiels, und so nur schafft es gesunde, frohe und regsame Frauen und macht sie zu Trägerinnen eines gesunden, kernigen Geschlechts.

Meine Ausführungen fasse ich wie folgt zusammen:

a) Dauernde Einführung des Spiels in Volks- und höheren Mädchenschulen;

b) Bildung von Jugendabteilungen für das Mädchenspiel;

c) Bildung von Spielvereinen erwachsener Mädchen bezw. Frauen, oder Einführung der letzteren in die Frauenturnvereine;

d) Vornahme von Spielfesten beider Altersklassen zur Hebung der Sache und zur Gewinnung der öffentlichen Anteilnahme und Meinung.

8

Die deutsche Gesellschaft für Volksbäder und ihre Ziele.

Von P. Petzold, Berlin.

Wie die Volks- und Jugendspiele bei den Alten sich einer Entwickelung und Verbreitung erfreuten, die bis in die Gegenwart kein Kulturvolk je wieder erreicht hat, so müssen wir auch bezüglich des öffentlichen und Volksbadewesens auf die Griechen und Römer zurückgehen, um an diesen Beispielen zu sehen, wie schlecht wir bei all unserer hochgepriesenen Kultur in dieser Beziehung noch bestellt sind. Zwar hat uns Deutschen das Mittelalter eine vorübergehende Blüte des öffentlichen Badewesens wiedergebracht. Der Dreißigjährige Krieg hat indes mit dieser Kulturerrungenschaft, wie mit vielen anderen, in einer Weise aufgeräumt, daß die Gegenwart hieran nicht mehr anknüpfen kann.

Erst mit der Ausbreitung hygieinischer Anschauungen und Einrichtungen in der zweiten Hälfte des jetzt zu Ende gegangenen Jahrhunderts kam die Angelegenheit der öffentlichen und Volksbäder wieder in Fluß. In einer Anzahl von Großstädten wurden öffentliche Badeanstalten bedeutenden Umfanges und mit teilweise großartigen Einrichtungen erbaut und in Betrieb gesetzt. Ihre großen künstlich erwärmten Schwimmbassins bieten die Möglichkeit, die so gesunde Leibesübung des Schwimmens verbunden mit dem abhärtenden kalten Bad das ganze Jahr hindurch genießen zu können. Und von dieser Möglichkeit wird im größten Umfange Gebrauch gemacht.

In der großartigen Anstalt der Stuttgarter Schwimmbad-Aktiengesellschaft wurden z. B. 1898 343384 Schwimmbäder in den Bassins genommen. Eine ebenso rege Benutzung wird aus anderen Städten gemeldet. In den Großstädten ist das Verständnis für den gesundheitlichen Wert und die Annehmlichkeiten des Badens jetzt so weit geweckt, daß neue Anstalten bei mäßigen Preisen eines starken Besuches sicher sind. Hierdurch ergiebt sich für die Badeanstalten eine leidliche Rentabilität, sodaß die Verwendung von Gemeindemitteln zur Neugründung solcher Anstalten in den Großstädten wenigstens nicht mehr auf Bedenken stößt. Großangelegte städtische Badeanstalten bestehen schon zu Berlin, Frankfurt a. M., Köln, Krefeld u. s. w.

Man sollte meinen, daß diese städtischen wie privaten Badeanstalten das Badebedürfnis der Bevölkerung, wenigstens der einheimischen, zu befriedigen im stande wären. Dies gilt indes im wesentlichen nur von deren besser situiertem Teil.

Der einfache Mann, besonders der Arbeiter, bedarf einer ganz billigen Badegelegenheit. Für ihn sind die Wannenbäderpreise vieler dieser Anstalten noch unerschwinglich, und so verzichtet er ganz auf das warme Bad, diese wirksamste und angenehmste Form der Körperreinigung.

Einsichtige Männer haben daher lange schon die Notwendigkeit eingesehen, dem Volke unter Vermeidung des in den großen Badeanstalten unentbehrlichen Luxus ganz billige Bäder zu errichten und zur Verfügung zu stellen.

Als eine besonders geeignete Badeform für diesen Zweck erwies sich das von Professor Lassar eingeführte Volksbrausebad. Nachdem schon vorher ein Versuch der preußischen Militärverwaltung mit einem solchen probeweise errichteten Bad glänzend gelungen, entstanden durch private Initiative in verschiedenen größeren und Großstädten Volksbadeanstalten, bei welchen das warme Brausebad (Douche) den Kern der Einrichtung bildet, während eine Abteilung für Wannenbäder auch diese beim Volk anfangs immer noch mehr beliebte Badeform zu billigem Preise darbietet. Ein warmes Brausebad mit Handtuch und Seife wird in diesen Anstalten schon für 10 Pfennige, ein Wannenbad für 25 Pfennige verabreicht!

Die Frequenz dieser Volksbadeanstalten weist überall hocherfreuliche und steigende Ziffern auf, und es hat sich gezeigt, daß die Unterhaltung derselben trotz der billigen Preise nicht einmal beträchtliche Opfer erfordert. Die beiden Anstalten des Berliner Vereins für Volksbäder decken aus den Einnahmen nicht nur die Betriebskosten, sondern verzinsen das aufgewendete Kapital noch angemessen. In den 10 Jahren 1888—1898 haben sie fast $2^1/_4$ Millionen Bäder abgegeben.

Das Lassar'sche Volksbrausebad hat einen Siegeszug über die ganze civilisierte Welt angetreten; in Dänemark, Norwegen, Frankreich und den Vereinigten Staaten sind Badeanstalten nach diesem System eingerichtet.

Es hat seinen Einzug gehalten in Fabriken, Bergwerksbetrieben und Schulen, dem Arbeiter die erwünschte Gelegenheit und Wohlthat der körperlichen Reinigung nach beendeter Arbeit, dem Schüler zugleich eine Erfrischung während des Unterrichts bietend.

Aber das alles sind doch erst Anfänge.

Es ist wie bei den Volks- und Jugendspielen. An bewährten Fürsprechern fehlt es nicht, auch nicht an glänzenden und wohlgelungenen Beispielen.

Aber die große Mehrzahl des Volks steht immer noch indifferent beiseite. Die Bewegung muß hinausgetragen werden aufs platte Land, in die kleinen Städte; kein halbwegs ansehnlicher Ort soll des Segens dieser Einrichtung auf die Dauer entbehren. Die vielen Millionen Deutscher, die mit der Körperreinigung bis jetzt noch lediglich auf die Waschschüssel, in den Sommermonaten allenfalls auf einen Teich oder Fluß angewiesen sind, für sie alle soll und muß bequeme und billige Badegelegenheit geschaffen, die von Professor Lassar schon 1889 ausgegebene Parole: „Jedem Deutschen wöchentlich ein Bad!" in die Wirklichkeit übergeführt werden. Die Stadtverwaltungen und Gemeinden, die vielfach aus Scheu vor den vermeintlich hohen Kosten der Schaffung von Volksbädern noch gleichgültig, ja abweisend gegenüberstehen, sie müssen für die Idee gewonnen, mit der Überzeugung von der sozialen und hygieinischen Bedeutung der Volksbäder erfüllt werden. — Fabrikbesitzer, welche ja meist die beiden notwendigsten Requisiten für den Betrieb von Volksbädern, Wasser und Dampf, zur Verfügung haben, werden, über Wesen und Bedeutung der Arbeiterbäder aufgeklärt, mit Freuden diese Einrichtung treffen, welche so außerordentlich zum Wohlbefinden der Arbeiter beiträgt.

Sollte diese ganze Ideenpropaganda, die hier unabweisliche beständige Agitation lediglich einzelnen sich dafür interessierenden Privatleuten oder Vereinen überlassen bleiben?

Bei der Größe der zu bewältigenden Aufgabe konnte hier nur das Zusammenfassen aller Kräfte in eine große, über das ganze Reich verbreitete Gesellschaft helfen, welche das Werk systematisch in Angriff nimmt und für alle lokalen Bestrebungen den notwendigen Rückhalt, den Träger der Gesamtidee bildet.

Diese Überzeugung hatte sich in den führenden Männern vom Berliner Verein für Volksbäder, die ein Jahrzehnt und länger im Volksbadewesen stehen, gebildet; sie gab den Anstoß zur Gründung der deutschen Gesellschaft für Volksbäder.

Es war im Herbst 1898, als Vorstand und Aufsichtsrat des Berliner Vereins sich mit einem Rundschreiben an zahlreiche und hervorragende Männer in allen Teilen des Reiches wendeten, um dieselben zum Eintritt in ein Komitee zur Gründung einer deutschen Gesellschaft für Volksbäder zu veranlassen.

Diese Anregung fiel auf fruchtbaren Boden. Gegen 300 Männer aus den ersten Kreisen der Nation leisteten der Aufforderung Folge.

Das Komitee trat nun mit einem Aufrufe an alle diejenigen heran, bei denen ein Interesse für die zu begründende Gesellschaft und ihre Ziele vorausgesetzt werden konnte.

„Die ‚Deutsche Gesellschaft für Volksbäder‘,“ sagt der Aufruf, „will in erster Linie anregend und auffordernd wirken, durch Schriften, Vorträge und volkstümliche Mitteilungen auf die Bedeutung der Reinlichkeitspflege immer wieder von neuem hinweisen und den Sinn für das Baden gegenüber der meist noch herrschenden Gleichgültigkeit und Abneigung in der Bevölkerung wecken; sie soll dafür Sorge tragen, daß eine wachsende Zahl neuer Badeanstalten errichtet und ihre Benutzung zur allgemeinen Gewohnheit werde; namentlich wird die Gesellschaft in vielen Orten Zweigvereine gründen und aus ihren eigenen größeren Erfahrungen und Mitteln denselben mit Rat und materieller Unterstützung zur Seite stehen.“

Der Aufruf hatte den Erfolg, daß etwa 1300 Anmeldungen zum Eintritt in die Gesellschaft einliefen und über 6000 Mk. Jahresbeiträge dieser gleich für den Anfang gesichert waren.

Bei solcher Beteiligung durfte das vorbereitende Komitee guten Mutes an die Gründung der Gesellschaft herantreten.

Von einem arbeitsfreudigen Komiteemitglied wurde ein Entwurf der Satzungen ausgearbeitet, und so konnten im April v. J. die Einladungen zur konstituierenden Versammlung der Gesellschaft ergehen.

Das Kaiserliche Gesundheitsamt hatte in Anerkennung des gemeinnützigen und seinem eignen Arbeitsgebiet nahe verwandten Zweckes einen Sitzungssaal in seinem prächtigen Amtsgebäude auf der Klopstockstraße, an der Grenze zwischen Berlin und Charlottenburg, zur Verfügung gestellt.

Hier versammelten sich am 24. April abends die zahlreichen Teilnehmer, welche aus der Reichshauptstadt, aber vielfach auch aus weiter Ferne, herbeigeeilt waren, um die Gesellschaft aus der Taufe zu heben. Das Kaiserliche Gesundheitsamt war durch seinen Direktor, Wirkl. Geh. Oberregierungsrat Dr. Köhler vertreten; das Kolonialamt, die preußischen Minister des Kultus, des Kriegs und der öffentlichen Arbeiten hatten ebenfalls Vertreter entsandt.

Mit einer Eröffnungsansprache des Vorsitzenden des Berliner Vereins für Volksbäder, Professor Dr. Lassar, wurden die Verhandlungen eingeleitet. Ein lichtvoller Vortrag des bekannten Hygienikers, Geh. Rat Professor Rubner, über die gesundheitliche und soziale Bedeutung des Badens und der Volksbäder gab dem Unternehmen die wissenschaftliche Weihe.

Schulrat Dr. Bertram legte der Gesellschaft die Förderung der Schulbäder warm ans Herz.

Aus den Mitteilungen des Major Hoffmann vom Kriegsministerium und Admiral Hollmann, einem der Mitbegründer der Gesellschaft, konnte man ersehen, daß das Bad als Reinigungsmittel in Form des warmen Brausebades in Armee und Marine schon in einem Umfang Eingang gefunden hat, der für die Civilbevölkerung recht beschämend ist.

Ein hervorragender Praktiker kam zu Wort in Baurat Herzberg, Berlin, welchem die Entwürfe für die gesamte Wasser- und Heizinstallation der ersten Berliner Volksbäder zu danken sind. Auf Grund seiner Erfahrungen konnte er der Gesellschaft gute Ratschläge auf den Lebensweg mitgeben.

Der anregende und erhebende Verlauf der Eröffnungssitzung der Gesellschaft, an welche sich dann alsbald die Vorstandswahl anschloß, bildet ein gutes Omen für deren Blühen, Wachsen und Gedeihen. Es zeigte sich, daß das Arbeitsgebiet der Gesellschaft vielseitiger und interessanter ist, als der scheinbar enge Begriff „Volksbäder“ manchen vermuten läßt.

Interesse für die Bestrebungen der Gesellschaft zeigt sich bis hinauf in die höchsten Kreise. Se. Majestät der Kaiser hat diesem seinem Interesse mündlich Ausdruck gegeben.

Eine Anzahl regierender Fürsten der Bundesstaaten des Deutschen Reiches hat die Gesellschaft die Ehre, zu ihren Mitgliedern zählen zu dürfen.

Die große Reihe der Staatsbeamten unter den letzteren wird durch den Reichskanzler, Se. Durchlaucht den Fürsten Hohenlohe, eröffnet, und viele Minister und andere hohe Würdenträger schließen sich an.

Die Gelehrtenwelt ist ebenfalls zahlreich vertreten, unter ihnen stehen viele Vorkämpfer der Hygieine, auch hervorragende Ärzte in erster Reihe.

Aber die deutsche Gesellschaft für Volksbäder findet ihre Mitglieder in allen Kreisen der Bevölkerung und darf mit Genugthuung feststellen, daß eine ganze Anzahl lokaler Vereine mit ähnlichen Tendenzen sich ihr angeschlossen und ihr dadurch einen Stamm von im Volksbadewesen schon mit Erfolg thätigen Männern zugeführt haben. Die Gründung weiterer lokaler Zweigvereine wird eine der wichtigsten Aufgaben der Gesellschaft sein.

Den geistigen Mittelpunkt der Bestrebungen der Gesellschaft und ein wesentliches Agitationsmittel für ihren Zweck werden die „Veröffentlichungen" der Gesellschaft bilden, welche periodisch herausgegeben werden, sämtlichen Mitgliedern umsonst und frei zugehen und auch im Buchhandel erhältlich sind.

Erfahrungen und Mitteilungen aus der Praxis der Einrichtung und des Betriebes der Volksbäder, Bauskizzen, Pläne und Kostenanschläge für solche Bäder sollen in diesen Heften veröffentlicht werden und dürften vielfache Anregung und Belehrung bieten.

Das erste Heft dieser Veröffentlichungen (Verlag August Hirschwald, Berlin) liegt bereits vor.

Um von vornherein eine Reihe von Entwürfen für Musteranlagen zu gewinnen, hat der geschäftsführende Ausschuß der Gesellschaft ein Preisausschreiben erlassen, das eine große Anzahl hervorragender Kräfte zur Beteiligung an der Lösung dieser Aufgabe veranlaßt und damit die Sache ganz wesentlich gefördert. Es sind eine Reihe sehr praktischer und brauchbarer Entwürfe für Volksbadeanstalten eingegangen. Unter der Mitwirkung einsichtiger Stadtverwaltungen und opferfreudiger Privatleute werden hoffentlich manche davon bald zum Leben erstehen und diese neuen Musteranstalten wieder andere zur Nacheiferung anspornen. —

Viele Wege führen zur Hebung der Volksgesundheit. Die Freunde der Volks- und Jugendspiele verfolgen einen anderen, während der unsrige „durchs Wasser" geht. Aber mit aufrichtiger Teilnahme und Sympathie wird jeder der Wanderer die Fortschritte und Leistungen des andern begleiten. Wir marschieren getrennt, unser Ziel aber ist das gleiche!

9

Welche Vorteile und Nachteile sind mit den Wettspielen der Spiel-Vereinigungen verbunden?

Nach dem in Königsberg beim IV. Kongreß für Volks- und Jugendspiele geh. Vortrag von Dr. F. A. Schmidt.

Es ist nicht das erste Mal, daß sich unser Zentral-Ausschuß mit der Frage der Wettspiele beschäftigt. Schon als wir vor zwei Jahren in Altona zusammen waren, faßten wir unsere Ansichten über die Wettspiele in eine Reihe von Leitsätzen kurz und klar zusammen, und der erste dieser Leitsätze lautete:

„Wettspiele sind zu empfehlen, weil sie bei richtiger Durchführung den Betrieb der Spiele fördern. Doch sollen sie niemals Selbstzweck werden."

Es ist mir heute die Aufgabe gestellt, diese Frage in einem engeren Rahmen zu behandeln, nämlich lediglich insoweit, als es sich um Wettspiele der Spielvereinigungen handelt.

Es liegt im Wesen einer jeden Leibesübung begründet, daß der eine seine Fähigkeiten an denen des anderen mißt. Ohne solches Vergleichen, ohne Ringen um den Preis der besseren Leistungsfähigkeit gäbe es eben keinen Fortschritt in den Leibesübungen. Für eine frische, bewegungsfrohe Jugend, welche zur kraftvollen, freien Männlichkeit heranreifen soll, besteht auf dem Gebiete der Leibesübungen als Richtschnur stets das homerische:

,Αἰὲν ἀριστεύειν, καὶ ὑπείροχον ἔμμεναι ἄλλων':

Immer der Erste zu sein, und hervorzuragen vor andern! Das ist kein rechter Bub, der nicht sein Bestes daran setzt, um mindestens ebenso schnell zu laufen, ebenso hoch zu springen und ebenso geschickt zu klettern, wie es seine Kameraden zu thun vermögen. Schon bei der Jugend, die ganz unter sich draußen ihre Kräfte regt, stellt der Wettkampf darum, wer's am besten kann, ganz von selbst sich ein. Noch niemals hat es bei irgend einem Volke volkstümliche Übungen gegeben, ohne daß gelegentlich in Wettkämpfen dargethan wurde, wer die Besten und Tüchtigsten des Volkes seien. Stets und zu allen Zeiten galt die Freude an Kampf und Sieg als der mächtigste Anreiz zu straffer Leibeszucht und schweißtreibender Übung, und solange es volkstümliche Leibesübungen giebt, wird dies auch stets so bleiben.

Mag die regelmäßige Arbeit, zu welcher unsere Jugend auf ihren Übungsplätzen angehalten wird, noch so sehr und mit Recht anstreben, auch den Schwächeren und den weniger Geschickten eine möglichst gleichartige Ausbildung mit den anderen zu verschaffen, — stets werden diejenigen, welche mehr leisten können und über das Mittelmaß hinausragen, verlangen, daß sie ihre erlangte Tüchtigkeit wo möglich auch einmal mit den Besten von anderen Übungsplätzen im Wettkampfe messen. Der Einzelwettkampf ist für den Fortgang in der Pflege der Leibesübungen unentbehrlich und selbstverständlich. Keiner Art von Vereinigung, welche Leibesübungen betreibt, mag es nun eine turnerische oder eine sportliche sein, kann der Einzelkämpfe entraten; sie sind bei allen solchen Vereinigungen ein Lebensnerv.

Nun wird aber auch der Kampf miteinander und das Messen aneinander übertragen auf die gemeinsamen Leistungen ganzer Abteilungen, ganzer Mannschaften. Er tritt hier die durchschnittliche Leistungshöhe und die gleichartige Ausbildung bei verschiedenen Mannschaften miteinander in Wettbewerb. Dabei ist es im Grunde ganz gleich, ob dies etwa eine Rudermannschaft ist, welche im Vierer- oder Achterbot durch ihre Zusammenarbeit, wie sie im gleichen, kraftvollen Ruderschlag zu Tage tritt, die möglichst beste Ausbildung erweist und dadurch die möglichst beste Fahrgeschwindigkeit über eine bestimmte Strecke erreicht, oder ob es sich um eine turnerische Musterriege handelt, welche eine bestimmte Übungsgruppe turnt und in ihrer Arbeit das größtmögliche Maß gleichartiger, tadelloser Durchbildung darzuthun hat. In manchem Betracht stellen solche Wettkämpfe ganzer Mannschaften gegeneinander eine höhere Stufe dar als die Einzelwettkämpfe. Mag der Knabe nur schwärmen für die Thaten von Heroen, wie Ajax, Odysseus und Achilles, oder von Lichtgestalten wie Held Siegfried, Volker und Dankwart: der reifere Jüngling begeistert sich auch für die macedonischen Phalangen eines Alexander, für die Legionen eines Cäsar, welche durch vollendete Ausbildung und kriegerische Zucht alles vor sich niederwerfen und eine ganze Welt erobern! —

Nun giebt es aber noch eine Art von Wettkämpfen, welche gewissermaßen eine Vereinigung darstellen von Mannschafts- und Einzelwettkampf, nämlich die Wettspiele. Denn eine Spielmannschaft hat beim Wettspiel einmal darzuthun den Stand ihrer gemeinsamen Ausbildung im Laufen, Werfen, Fangen u. s. w.; sie hat ferner darzuthun den Stand ihrer Spielzucht und jenes Gemeingeistes, der die Kräfte eines jeden Spielers nur den Zwecken der Partei dienstbar macht und so zum vollendeten Zusammenspiel führt. Auf der anderen Seite aber giebt das Wettspiel dem einzelnen, bald diesem, bald jenem, wie es gerade der Gang des Spiels mit sich bringt, Gelegenheit, sein

Höchstes und Bestes zu entfalten, sei es in Bezug auf Schnelligkeit oder Geschicklichkeit, sei es in Bezug auf besonders rasche Auffassung, blitzschnelles, entschlossenes und mutiges Zugreifen und stets bereite Schlagfertigkeit.

Gerade hier tritt glänzend zu Tage, was den Spielen — ich rede hier nur von den wirklichen, feiner ausgebildeten Kampfspielen — eine so hohe und wichtige Stellung im ganzen der Leibesübungen zuweist: das ist, daß die Spiele in glücklicher Mischung einerseits strenge Unterordnung des einzelnen unter die Zwecke des Ganzen verlangen, anderseits aber auch der Geltendmachung der Individualität gewissen Spielraum gewähren und die persönliche Leistungsfähigkeit des einzelnen hervortreten lassen. Eben darum nehmen die Wettspiele eine besondere Rangstufe ein gegenüber den anderen Mannschafts- und den Einzelwettkämpfen.

Wenn ich nun die Vorteile und Nachteile solcher Wettspiele bei Spielvereinigungen besprechen soll, so will ich vorausschicken, daß es sich dabei um Spielvereinigungen in Turnvereinen, an höheren Schulen oder um selbständige Spielvereine handelt. Ich will auch hinzufügen, daß ich hierbei auf die persönlichen Erfahrungen einer längeren Reihe von Jahren zurückblicken kann. Sowohl die äußerst rührige Spielabteilung unseres Turnvereins, dem vorzustehen ich seit vielen Jahren die Ehre habe, als auch die Spielvereinigungen der beiden Gymnasien unserer Stadt fechten alljährlich eine nicht geringe Zahl von Wettspielen durch.

Fragen wir uns nun zunächst, welche Spiele sich vorzugsweise zu Wettspielen eignen, so sind dies in erster Linie doch nur diejenigen, welche auch thatsächlich zu feineren Kampfspielen ausgebaut sind. Die Art, wie z. B. meistens im Schleuderball gekämpft wird, stempelt solchen Wettkampf mehr zu einer Kraft- und Geschicklichkeitsprobe einzelner wie zu einem Wettspiel im besten Sinne des Wortes.

Unsere beliebtesten Wettspiele in Deutschland sind heute in einzelnen Gegenden der Fußball ohne Aufnehmen, in anderen der deutsche Schlagball, letzterer namentlich nach den Regeln, welche Dr. Schnell für dies Spiel ausgebildet hat. In der Reichshauptstadt wird außerdem Barlauf als Wettspiel mit großem Erfolg betrieben. Neben diesen Spielen kommen Faust- und Tamburinball doch erst in zweiter Linie; sie nähern sich mehr dem Schleuderball. Was das Tennis betrifft, so sind die Kosten zur Beschaffung des Spielplatzes und die Kosten der Geräte hier derart, daß dies Spiel weder für die Schulen noch für weitere Kreise im Volke jemals größere Bedeutung gewinnen kann, — es wird immer das Spiel bevorzugterer Gesellschaftsklassen bleiben. Dies Spiel kann daher, obschon Wettkämpfe im Tennis eine hohe Entwickelung erlangt haben, füglich aus der gegenwärtigen Betrachtung ausscheiden.

Der erste Vorteil, welcher einer Spielabteilung dadurch erwächst, daß sie mit Spielabteilungen von anderen Spielplätzen gelegentliche Wettspiele ausficht, ist der, daß sie nur so andere Spielweisen kennen lernt, und dadurch die eigene Spielweise wesentlich zu verbessern und vielseitiger zu gestalten in die Lage kommt. Man verwechsele Spielweisen nicht mit Spielregeln. Die Spielregeln müssen allenthalben gleiche und feststehende sein, sonst ist ein Wettspiel überhaupt unmöglich. Ohne die allgemein schon verbreiteten Musterregeln des Zentral-Ausschusses wären z. B. die zahlreichen Wettspiele auf dem deutschen Turnfest in Hamburg, welche einen hervorragenden Teil des Festganzen bildeten, gar nicht durchführbar gewesen. Um so merkwürdiger ist es, daß gerade von turnerischer Seite der Ausspruch fallen konnte, die Musterregeln des Zentral-Ausschusses führten zu einer „Vergletscherung" der Spiele. Solche Geistesblitze kann sich doch nur einer leisten, wenn ihm die Erkenntnis davon, daß Spielregel und Spielweise zwei sehr verschiedene Dinge sind, noch nicht aufgegangen ist.

Thatsächlich sind die Regeln eines Spiels nur das feste, aber tote Gerippe, welches erst durch die Spielweise mit lebendigem Fleisch und Blut umhüllt wird. Wenn einer ein ganzes Heftchen Fußballregeln von vorn bis hinten auswendig weiß, so ist er darum noch lange kein Fußballspieler.

Es geht damit gerade wie mit dem Schachspiel, welches in aller Welt nach genau denselben Regeln gespielt wird. Und doch, wie unendlich verschieden kann dies edle Spiel gespielt werden! So ist es auch mit dem Fußball, um bei diesem Spiel als Beispiel zu bleiben. Wer häufig Fußballwettkämpfe der verschiedensten Spielmannschaften gesehen hat, wird wissen, wie außerordentlich verschieden die Spielweisen derselben sind. Die eine Mannschaft zeichnet sich durch stürmisches, kühnes Drauflosgehen aus, die anderen durch vorsichtiges, feines, berechnendes, selbst zages Spiel; die einen ragen durch die Wucht des Angriffs, die anderen durch geschickte Verteidigung hervor; diese wissen das Thor des Gegners am ehesten durch scharfes, direktes Losgehen aufs Ziel zu nehmen, jene durch geschickte Überraschungen u. s. w. Kurz, je nach Erziehung, besonderer Unterweisung, körperlicher Ausbildung und Temperament sind die Spielgepflogenheiten bei verschiedenen Mannschaften oft außerordentlich abweichend voneinander. Spielt eine Spielabteilung, z. B. an einer höheren Schule, immer nur unter sich, so wird auch beim regsten Bemühen die Spielweise stets eine gleichartige und etwas einseitige werden. Einer kennt genau die Besonderheiten des anderen, seine Stärke wie seine Schwäche, und weiß sich ein für allemal danach einzurichten. Die größere Summe einfacher körperlicher Leistungsfähigkeit, welche der einen oder anderen Spielpartei zu eigen ist, wird meist auch den Sieg entscheiden. Anders, wenn eine Mannschaft sich einer fremden Mannschaft von einem anderen Spielplatz gegenüber sieht, welche eine andere Spielweise, eine andere Art des Angriffs und der Verteidigung und andere geistige Fähigkeiten ins Feld führt. Einem solchen fremden, bisher unbekannten Gegner gegenüber werden erst alle diejenigen herrlichen Eigenschaften offenbar, welche ein echtes und schönes Kampfspiel zu entfalten gestattet: hier erst kann eine Mannschaft voll und ganz zeigen, ein wie großes Kapital von Leistungstüchtigkeit, von Mut, Entschlossenheit, Umsicht, Geistesgegenwart und Schlagfertigkeit in ihr liegt. Die im Wettkampf gemachten Erfahrungen wirken aber befruchtend auf den gewohnten heimischen Spielbetrieb zurück und heben denselben auf eine höhere Stufe.

Namentlich wird solche höhere Stufe erreichbar, wenn die Spieler einer Vereinigung in verschiedene Mannschaften geteilt werden, deren erste, nur die besten Spieler umfassend, den Stolz der Abteilung bildet. In diese Mannschaft dereinst aufgenommen zu werden, ist das ersehnte Ziel der Anfänger im Spiel. Eine solche erste Mannschaft kann aber nur dann auf der Höhe ihrer Spieltüchtigkeit bleiben, wenn sie mit dem rechten, ebenbürtigen Gegner um den Sieg ringen muß. Und dieser Gegner kann nur außerhalb der Gemeinschaft, außerhalb der Schule oder des Vereins in der ersten Spielmannschaft einer anderen Spielvereinigung gesucht werden.

Ein weiterer Erfolg der Wettspiele ist der, daß das Gefühl der Zusammengehörigkeit bei den einzelnen Spielmannschaften ein besonders starkes wird. Nicht um den Ruhm der eigenen Fertigkeit und Tüchtigkeit kämpft der einzelne, kämpft die ganze Schar, nein, es gilt nur die Ehre der Schule, oder des Vereins, oder der Stadt, welcher die Mannschaft angehört. Die farbigen Abzeichen, durch welche die verschiedenen Mannschaften sich unterscheiden, mahnen einen jeden, der sie trägt, daß er sein Bestes daran setzen muß, um seinen Farben zum Sieg zu verhelfen. Ein jeder Spieler fühlt sich auf seinem Posten dafür gleich verantwortlich.

Ein rein idealer Wettkampf ist es, der hier ausgefochten wird, denn fast stets geht es ganz allein nur um die Ehre des Sieges. Nichts weiter wird den Siegern zu teil als das Bewußtsein, die Gegner übertroffen zu haben. Die Besiegten aber mögen sich sagen: Sind wir auch diesmal unterlegen, nun so haben wir doch gelernt, wo es uns fehlt; das nächste Mal machen wir's sicherlich besser! Ganz vereinzelt sind allerdings auch Wanderpreise bei Wettspielen eingeführt worden. Wer denkt hier nicht an den Bismarckschild, um welchen alljährlich eine Anzahl von Spielmannschaften der höheren Schulen Berlins, und zwar im Barlauf wettkämpft. Die siegende Mannschaft erkämpft das Recht, diesen Schild für ein Jahr in der Aula oder der Turnhalle ihrer Schule aufgehängt zu sehen. Jeden unbefangen Denkenden frage ich, ob dies ein weniger idealer Preis ist als ein künstlicher Eichenkranz mit seidener Schleife und dazu noch ein buntgedrucktes Diplom unter Glas und Rahmen? Und doch hat dieser Schild, welchen vor einigen Jahren ein warmer Freund unserer Jugend stiftete, schon wiederholt zu mehr oder weniger liebenswürdigen Angriffen auf den Zentral-Ausschuß Anlaß gegeben. Sah man doch schon nach diesem harmlosen Wettspiel im Barlauf die ganze Jugend der Berliner Schulen dem sportmäßigen Jagen um „Wertgewinne“ verfallen und das Vaterland in äußerster Gefahr! Nun, ich meine, darüber, daß es gänzlich gleichgiltig ist, ob ein Wanderpreis für Wettspiele aus einem Diplom nebst Kranz, oder aus einem Banner, oder aus einem Schild besteht, kann man bei ruhiger Überlegung überhaupt nicht streiten. Was aber die Gefahr betrifft, als würden solche Spiele „sportmäßig“, so muß ich hier doch sagen: Schon sehr viele Wettspiele habe ich in meinem Leben mit angesehen, auch solche, woran sogenannte Sportvereine beteiligt waren. Ich kann aber nicht sagen, daß ich zwischen der Spielweise gutgeschulter Mannschaften eines Turnvereins oder einer Schule einerseits oder der eines sportlichen Spielvereins, z. B. eines Fußballklubs, anderseits irgend einen nennenswerten Unterschied gefunden hätte — es sei denn, daß die Mitglieder der sportlichen Klubs bunter und auffallender gekleidet waren. Das ist aber eine bloß äußerliche Sache, die von mehr oder weniger erheblichem Mangel an Geschmack zeugt, mit dem Kern der Sache aber durchaus nichts zu thun hat.

Fassen wir alles zusammen, was wir meines Erachtens als Vorteile der Wettspiele betrachten müssen, so ist dies folgendes: Das Spiel wird durch Wettspiele feiner ausgebildet; seine Vorzüge können sich dort erst voll und ganz offenbaren; das ganze Zusammenspiel wie die Ausbildung des einzelnen wird durch Beispiel und Erfahrung gehoben; es wächst das Gefühl der Zusammengehörigkeit, der Gemeinsinn der Spielabteilungen; der gesunde Ehrgeiz findet seine Befriedigung.

Indes ist auch nicht zu verkennen, daß häufige Wettspiele unter Umständen Nachteile mit sich bringen, — Nachteile, denen wir ins Auge sehen müssen, um sie vermeiden zu können.

Zunächst führen häufigere Wettkämpfe in nur einem Spiel, etwa im Fußball oder im Schlagball, eine Abteilung allzuleicht dazu, daß sie ihren ganzen Spielbetrieb nur auf das eine Spiel zuschneidet und in der Pflege nur dieses einzigen Spiels sozusagen versimpelt. Dieser Gefahr müssen wir unbedingt entgegentreten. Das ist aber auch nicht allzu schwierig. Wenigstens habe ich stets gefunden, daß junge Leute mit gesunden Neigungen es selbst bald satt haben, Woche für Woche und jahraus jahrein immer nur ein und dasselbe Spiel zu treiben. Thatsächlich haben selbst diejenigen Vereine, welche nur ein einziges Spiel auf ihre Fahne geschrieben haben, die Fußballvereine, schon seit längerem auch den Betrieb bestimmter Übungen eingeführt und veranstalten Wettkämpfe im Werfen, im Laufen über verschiedene Strecken, im Springen u. s. w., — ein Beweis, daß sie selbst der vollendeten Einseitigkeit überdrüssig sind. Jedenfalls haben wir stets darauf zu sehen, daß unsere Spielabteilungen ihren Spielbetrieb mannigfaltig gestalten und neben ihrem Lieblingsspiele auch die anderen guten Spiele in entsprechender Auswahl betreiben. Namentlich neben dem Fußball ist der Betrieb von Spielen, welche Hand, Arm und Auge mehr bethätigen, wie Schlagball, Schleuderball, Faustball u. dergl., unbedingt notwendig, soll die körperliche Ausbildung keine einseitige werden.

Es liegt weiterhin die Gefahr nahe, daß eine treffliche erste Mannschaft, welche gewohnt ist, in Wettspielen gut zu bestehen, und durch ihre Siege der gesamten Abteilung besondere Ehre macht, auf dem Spielplatz eine allzu überwiegende Rolle spielt; daß die Bemühungen des Spielleiters vor allem nur darauf gerichtet sind, diese bevorzugte Mannschaft stets auf der Höhe ihrer Leistungsfähigkeit zu erhalten, während diejenigen Spieler, welche nicht das Glück haben, zu den Auserlesenen zu zählen, in ihrem Thun und Treiben vernachlässigt werden. Nicht genug kann es den Spielleitern nahegelegt werden, wie wichtig die Sorge für den Nachwuchs ist, und daß es doch immer ihre Hauptaufgabe ist und bleibt, die gesamte Jugend auf dem Spielplatz zu rechtem Spiel heranzuziehen.

Endlich kann auch der Nachteil eintreten, daß eine Abteilung, welche ihr Bestes thut und ehrlich arbeitet, aber in einer Reihe von Wettspielen mit anderen Abteilungen sich ungeschickt zeigt und stetig unterliegt, der Mutlosigkeit anheimfällt. Es kann dies daran liegen, daß sie stets mit weit überlegenen Gegnern zu thun hatte, oder auch daran, daß ihr Leiter noch nicht genügende Erfahrung besaß in den Spielweisen und es nicht verstand, seine Leute so zu erziehen, daß sie jeder Art des Angriffs und der Verteidigung einigermaßen gewachsen waren. Kein Wunder also, daß eine solche Abteilung das Vertrauen zu sich und zu ihrem Führer verliert. Ich habe einen solchen Fall bei der Mannschaft eines Turnvereins erlebt. Es waren das junge Leute, die außerordentlich guten Willen hatten, ungemein übten, vielleicht sich gar überanstrengten. Sie hatten aber das Pech, jedesmal geschlagen zu werden. Das hatte zur Folge, daß ihr Führer mißmutig wurde, austrat und nun außerhalb des Vereins sich eine neue Mannschaft suchte. Er wollte gern die Freude genießen, auch einmal an der Spitze einer siegreichen Fußballmannschaft zu stehen. Mit solchem, oft übertriebenem Ehrgeiz muß man aber im Vereinsleben rechnen.

Im allgemeinen liegt die Sache doch so, daß eine verlorene Schlacht für eine Spielmannschaft oft außerordentlich heilsam ist. Wir hatten einmal eine Mannschaft, die in einem Jahre das Glück hatte, jedesmal zu siegen, und daher etwas üppig wurde. Ich habe mich außerordentlich gefreut, als sie dann auch einmal gründlich hineinfielen.

Nun setzen Wettspiele vor allen Dingen nur gut durchgearbeitete und aufeinander eingespielte Mannschaften voraus. Unvollkommene Spieler brauchen sich noch nicht mit anderen zu messen, sondern sollen erst gründlich hinzulernen. Wettspiele dürfen auch nicht zu häufig stattfinden und sollten nicht zu auffällig veranstaltet werden. Wenn die Abteilungen von verschiedenen Schulen sich im Wettspiel messen, so soll dies einfach und ohne daß sonderliches Aufhebens davon gemacht wird, auf dem Spielplatz vor sich gehen. Es ist gar nicht nötig, daß das in die öffentlichen Blätter kommt; es ist auch gar nicht nötig, daß man viele Zuschauer lädt. Das macht nur Eitelkeit und falsche Ehrsucht. Es genügt vollkommen, daß die gegnerischen Spielmannschaften sich treffen und sich miteinander im friedlichen Wettkampf messen. Wenn solche Bescheidenheit in der äußeren Anordnung der Sache gewahrt ist, so kann sich um so reiner die innere Befriedigung geltend machen, welche der einzelne, wenn er sich tüchtig hält, wohl empfinden darf. Anderseits wird auch dadurch am ehesten vermieden, daß die Spieler, von der Sucht nach äußerem Erfolg übermannt, die Pflichten eines maßvollen und anständigen Spiels dem Gegner gegenüber verletzen und gar in eine rohe Spielweise verfallen.

Um die Wettspiele zwischen den einzelnen Vereinigungen mehr zu regeln, und um zu verhüten, daß die Zahl der Wettspiele, welche eine Spielabteilung im Jahre veranstaltet, das gesunde Maß übersteigt, haben sich an verschiedenen Stellen unseres Vaterlandes zahlreiche Spielvereinigungen zu einem Spielverband zusammengethan. So der „Nordische Spielverband“, welcher Spielabteilungen von Turnvereinen aus Schleswig-Holstein und Hamburg umfaßt; ferner der „Rheinische Spielverband“, welcher aus Spielvereinigungen der Rheinprovinz besteht. Der letztere Verband hat die Eigentümlichkeit, daß ihm nicht nur Spielvereinigungen von Turnvereinen angehören, sondern auch selbständige Spielvereine, und daß — ein erfreuliches Zeichen — bei dem ersten Spielfest dieses Verbandes auch einige Spielabteilungen von Damen beteiligt waren, welche dort im Wettspiel gegeneinander auftraten und sich außerordentlich wacker hielten*).

Ich möchte Ihnen nun — und damit komme ich auf den gestrigen vortrefflichen Vortrag des Herrn Direktors Dr. Lorenz zurück — an einem Beispiele zeigen, wie eine gutgeführte Spielmannschaft sich bei einem Wettspiele verhält.

Vor etwa drei Wochen fuhr ich mit der Spielabteilung unseres Turnvereins nach München-Gladbach zum ersten Spielfest des Rheinischen Spielverbandes. Unsere Leute waren — das will ich vorausschicken — gut vorgeübt; zwar nicht sportlich träniert — das giebt's bei uns nicht —, aber es hatten doch alle die jungen Leute freiwillig in den letzten Wochen vor dem Wettkampf sich des Rauchens enthalten und ebenso des Genusses alkoholischer Getränke. Wenigstens tranken sie bei den Vereinszusammenkünften nur Selterswasser. Also wir fuhren in der Frühe 3½ Stunden auf der Bahn. In München-Gladbach angekommen, ging's sofort hinaus zu dem entlegenen Festplatz. Hier arbeitete unsere Abteilung zunächst im Dreikampf mit, der aus einem Hürdenlauf, Weitspringen — sogen. amerikanischem Dreisprung im Hupf, Tritt und Sprung — und Schleuderballweitwurf bestand. Sodann legten dieselben Leute im Stafettenlauf zweimal je 500 Meter zurück. Hierauf bestand die Abteilung einen sehr anstrengenden Fußballwettkampf (zwei Zeiten von jedesmal ¾ Stunde)

*) Ein weiterer Verband, der „Mittelrheinische Spielverband“, ist soeben noch vor Schluß des Jahres 1899 ins Leben getreten. Schmidt.

mit einem Fußballklub aus Solingen, wobei sie sechs Thore gewann, und spielte endlich noch ein einstündiges Wettspiel im Schlagball. Wer von Ihnen einigermaßen weiß, welche Summe von körperlichen Leistungen und Anstrengungen das alles bedeutet, und wer dabei hört, daß weder bei der Reise noch bei den bis zum Spätnachmittag eines heißen, staubigen Tages währenden Wettspielen irgend einer der jungen Leute einen Tropfen Bier oder sonst ein alkoholisches Getränke genoß, daß vielmehr die ganze Nahrung nur aus drei hartgesottenen Eiern und aus einer Apfelsine während der Fußballpause bestand, der wird mir zugeben, daß die Vereinigung eine bewundernswerte Leistungsfähigkeit an den Tag legte. Nun sind nicht nur diese Übungen des Wettspiels und der Wettkämpfe gerade solche, welche für wichtige Anforderungen des Heeresdienstes in hervorragendem Maße vorbereiten, sondern es treten in dem eben geschilderten Verhalten besonders auch diejenigen Tugenden hervor, deren Pflege Herr Lorenz gestern der deutschen Jugend vor allem empfahl. Wenn in unseren Spielvereinigungen sich eine solche Zucht erzielen läßt, und wenn Wettspiele für den Bestand solcher Vereinigungen, für die Erzielung einer möglichst vollkommenen Ausbildung und für die Erhaltung eines rechten Spieleifers notwendig sind, so ergiebt sich auch daraus, wie bedeutungsvoll die Wettspiele für die hehren Ziele einer vaterländischen, auf Erhöhung der Wehrkraft gerichteten Jugenderziehung werden können.

So möchte ich allen jungen Leuten zurufen: Geht in die Turnvereine! Den Turnvereinen aber rufe ich zu: Geht hin und bildet aus euren jüngsten Leuten möglichst feste Spielvereinigungen und vergeßt nicht, diese auch gelegentlich zu Wettspielen hinauszuführen! Den älteren Turnern aber möchte ich vor allem das zu bedenken geben, daß der Spielbetrieb heute ein ganz anderer geworden ist, als er in unseren jungen Jahren war. Damals begnügten wir uns mit gelegentlichen Scherzspielen, wie Drittenabschlagen, pflegten auch hie und da Schleuderball und Barlauf und fanden darin Befriedigung. Unsere heutigen Spiele sind aber zumeist andere geworden, sind feiner ausgebildet, kampfmäßiger ausgestaltet und verlangen ein Aufgebot körperlicher und geistiger Kräfte in einem Grade, wie wir es früher nicht geahnt haben. Möchte dies in den Kreisen der älteren Turner mehr als bisher anerkannt werden, und möchte man hier auch aufhören, der neuzeitlichen Entwickelung unserer Kampfspiele Hindernisse in den Weg legen zu wollen, denn solch Widerstreben könnte sich bitter rächen. Der Siegeszug der Spielbewegung ist noch erst in seinem Anfange. Zuversichtlich dürfen wir hoffen, daß die Spielverbände im

Norden und Westen unseres Vaterlandes bald weiterhin Nachfolge finden werden. Die damit geschaffene rechte Pflege wird aber sicherlich dazu beitragen, das edle Kampfspiel in seiner schönsten Ausbildung und Vollendung zu fördern und zu stetigem, gedeihlichem Wachstum zu bringen!

10

Die Spielplätze in den deutschen Orten über 5000 Einwohner i. d. Jahren 1890—1900.

Im Auftrage des Zentral-Ausschusses bearbeitet von R. A. Graf zu Leiningen, Berlin.

Eine der wertvollsten nationalen Errungenschaften auf dem Gebiete der öffentlichen Wohlfahrtspflege in Deutschland zu Ende des 19. Jahrhunderts ist zweifellos die Erkenntnis der hohen ethischen wie vaterländischen Bedeutung, welche der Pflege körperlicher Kraft und Gewandtheit innewohnt. Allzulange schon war die Ausbildung des Körpers, auf welche unsere germanischen Altvorderen mit Recht so hohen Wert legten, im Vergleiche mit der Schulung der geistigen Fähigkeiten unzureichend geblieben, und es war hohe Zeit, daß der Weckruf einsichtsvoller Männer auf die Gefahren hinwies, welche durch diese einseitige Bevorzugung des Geistes auf Kosten des Körpers unausbleiblich heraufbeschworen werden mußten.

Die geschichtliche Entwickelung der Bewegung zu Gunsten der Pflege der Leibesübungen kann als bekannt vorausgesetzt werden; wir dürfen uns darauf beschränken, auf die zahlreichen einschlägigen Veröffentlichungen aus berufener Feder, insbesondere auf die Arbeit des Herrn Dr. B. von Woikowsky-Biedau: „Das Bewegungsspiel in der deutschen Volkshygiene und Volkserziehung"*), welche zugleich eine ausführliche Quellenangabe bietet, hinzuweisen.

Dem Anfang 1891 unter dem Vorsitze des Herrn von Schenckendorff-Görlitz ins Leben gerufenen „Zentral-Ausschuß zur Förderung der Volks- und Jugendspiele in Deutschland", der hervorragende Männer aus allen einschlägigen Wissenszweigen zu seinen Mitgliedern zählt, gebührt in erster Linie das Verdienst, das Interesse für die körperliche Schulung der Jugend wie auch der Erwachsenen durch das Bewegungsspiel in freier Luft in weite Kreise des deutschen

*) Zeitschrift des königl. preuß. statistischen Bureaus 1896 I.

Volkes getragen und dessen Einführung und Ausbreitung unermüdlich durch Wort und Schrift gefördert zu haben. Nachdem der Zentral-Ausschuß nun in den letzten Jahren verschiedentlich Erhebungen über die Entwickelung des Spielbetriebes veranstaltet und deren Ergebnisse in seinem Jahrbuche veröffentlicht hatte, legte der bevorstehende Abschluß einer zehnjährigen Wirksamkeit des Zentral-Ausschusses den Gedanken nahe, durch eine erneute Umfrage Zahl und Flächengehalt der zum Bewegungsspiele benutzten Plätze festzustellen und dadurch die in den Vorjahren gegebene Darstellung der Entwickelung weiter zu ergänzen.

Nachdem über diese Frage auf dem am 25./26. Juni 1899 zu Königsberg i. Pr. abgehaltenen IV. deutschen Kongreß für Volks- und Jugendspiele eingehende Vorberatungen gepflogen waren, wurde an die deutschen Orte (Städte und Landgemeinden) mit mehr als 5000 Einwohnern am 10. November 1899 der nachstehend abgedruckte Fragebogen versandt.

Ort: . . .
Land: . . .
Provinz oder nähere
Bezeichnung: .

Frage-Bogen
für eine Spielplatz-Aufnahme.

---

1. Sind am dortigen Orte Plätze vorhanden, die von der Schuljugend oder von Erwachsenen (beiderlei Geschlechts) zum Spiel, das heißt also zum ordnungsmäßigen, nach bestimmten Spielregeln ausgeführten Jugend-, Volks-, Bewegungs-, Turn- oder Sportspiel, benutzt werden?

   Wie viel Plätze sind es, und wie groß ist jeder derselben? (nach ungefährer Berechnung in Quadratmetern)

   a) im städtischen Besitz:

   b) im staatlichen oder militärischen Besitz:

   c) im Besitz von Vereinen oder Klubs:

   Hier sind auch solche Plätze anzugeben, die ihrer Bestimmung nach für andere Zwecke angelegt sind, aber für die Spiele mitbenutzt werden, wie Turnplätze, Schulhöfe, Exerzierplätze ꝛc. Alle für vorschulpflichtige und kleinere Kinder angelegten sogenannten Kinderspielplätze, auf denen nicht ordnungsmäßig gespielt wird, fallen hier fort, ebenso alle im Privatbesitz befindlichen Spielplätze.

2. Wie viele dieser Plätze — und wie groß war deren ungefährer Flächenraum nach Quadratmetern — sind von den vorstehend unter 1 aufgeführten Plätzen schon im Jahre 1890 zu dem gleichen Zwecke benutzt worden?

   a) in städtischem Besitz:

   b) in staatlichem oder militärischem Besitz:

   c) im Besitz von Vereinen oder Klubs:

   Diese Daten sollen uns die Grundlage dafür geben, nachzuweisen, um welches Vielfache die Spielplätze im Jahrzehnt 1890—1900, das die Wirkungszeit des Zentral-Ausschusses umfaßt, eventuell zugenommen haben.

3. Ist die Benutzung der Spielplätze (alle zusammengenommen)

   a) zufriedenstellend?

   b) gering?

   c) oder sind die Spielplätze meist überfüllt?

   Die Zahl der Spieler ist bei dieser Beantwortung nicht ziffermäßig anzugeben. Es genügt ein einfaches „Ja" bei der zutreffenden Frage.

4. Ist eine Neuanlage von Plätzen, die für Spiele benutzt werden sollen, oder eine Erweiterung bestehender schon in bestimmte Aussicht genommen? und in welcher ungefähren Größe? (nach qm)

   a) auf städtischem Besitz:

   b) auf staatlichem oder militärischem Besitz:

   c) auf Besitz von Vereinen oder Klubs:

   Diese Angaben würden die unmittelbar bevorstehende Entwickelung andeuten.

Sonstiges, nicht zu dieser Statistik Gehöriges.

Sehr willkommen, und zwar für die gleichzeitige Bearbeitung dieser Statistik für das Jahrbuch 1900, würden uns bei eigens für Spiele bestimmten Plätzen sein:

a) Angaben über deren Zahl, über ihre Bodenbeschaffenheit, über Baulichkeiten auf den Plätzen, über die Verwaltung der Plätze und, wenn es ohne erheblichen Zeitverlust thunlich wäre, auch die Beifügung einer kleinen Handskizze in einfachster Ausführung ꝛc.

b) Mitteilungen über am Orte vorhandene Vereine für Volks- und Jugendspiele, über bestehende Spiel- und Sportklubs ꝛc., über die Abhaltung von Spielfesten, Ferienspielen ꝛc. und

c) was sonst aus diesem Gebiet etwa mitzuteilen wäre?

Vorhandene bezügliche Drucksachen, wie Jahresberichte, Zeitungsberichte, Beschreibungen rc., bitten wir als Anlage für a—c freundlichst beizufügen.

Die Bearbeitung dieser Statistik hatte anfänglich Herr Dr. V. von Woikowsky-Biedau, Mitglied des königl. preuß. statistischen Bureaus sowie des genannten Zentral-Ausschusses (welchem auch der Direktor des königl. preuß. statist. Bureaus, Geheimer Oberregierungsrat Blenck, angehört), übernommen. Leider konnte er aber, da anderweitig in Anspruch genommen, sich dieser Aufgabe nicht widmen, die dann auf seinen Antrag durch den Vorsitzenden Herrn von Schenckendorff mir übertragen wurde.

Ich hatte mich in die vorliegende Frage erst einzuarbeiten und darf daher wohl, auch im Hinblick auf die mir zur Fertigstellung der Arbeit gegebene verhältnismäßig kurze und durch den zum Teil sehr verzögerten Eingang der Antworten noch beschränkte Frist, auf die Nachsicht kritischer Beurteiler rechnen, wenn nicht alle vielleicht möglichen und interessanten Gesichtspunkte überhaupt oder doch erschöpfend berücksichtigt werden konnten. Es hätte hierzu eines erheblich größeren Zeitaufwandes, sowie einer der Bearbeitung vorangegangenen genauen kritischen Prüfung und Berichtigung *der Unterlagen* bedurft, die innerhalb des gegebenen Rahmens unausführbar war. So mußte u. a. auf die ursprünglich vorgesehene tabellarische Behandlung der Hauptbestimmung der Spielplätze, d. h. der Frage, ob sie ausschließlich, hauptsächlich oder nur nebenher zum Spiel benutzt wurden, verzichtet werden, da die Unterlagen hierfür vielfach keine zuverlässigen Anhaltspunkte boten; auch eine Zusammenstellung der eigens für das Spiel hergerichteten, besonders günstig gelegenen und mit Bauten versehenen Spielplätze ließ sich nicht mehr ermöglichen. Immerhin aber darf ich mich der Hoffnung hingeben, daß die bei dieser Erhebung von dem Zentral-Ausschuß verfolgten *praktischen Ziele* durch diese Statistik wesentliche Förderung erfahren werden und sich aus ihr wertvolles Material gewinnen lassen wird für die Erkenntnis der in dem letzten Jahrzehnt zu verzeichnenden Fortschritte in der Entwickelung der Jugendspielbewegung einer- und derjenigen Punkte anderseits, wo die fördernde und belehrende Thätigkeit des Zentral-Ausschusses etwa zunächst einzusetzen haben dürfte. Kam es doch für diese ausschließlich praktischen Ziele keineswegs auf eine, schon durch die mannigfachen Mängel der Unterlagen ausgeschlossene wissenschaftliche Statistik, sondern lediglich auf eine möglichst charakteristische Hervorhebung derjenigen Gesichtspunkte an, welche geeignet sind, von dem zeitweiligen Stande der Frage ein klares, anschauliches Bild zu geben. —

Als äußerster Termin für die Rücksendung der ausgefüllten Fragebogen war in dem Begleitschreiben der 15. Dezember vorigen Jahres bezeichnet worden. Leider wurde hierauf vielfach keine Rücksicht genommen, und so kam es, daß Mitte Januar dieses Jahres noch von 228 Orten die Antwort ausstand, darunter von zahlreichen größeren Stadt- und Landgemeinden sowie mehreren Großstädten, auf deren Angaben nicht wohl verzichtet werden konnte. Es wurde daher am 20. Januar an 81 der hervorragendsten Orte das nochmalige Ersuchen um Beantwortung der Fragen gerichtet, demzufolge bis Anfang Februar weitere 39 Antworten eingingen, die in der tabellarischen Bearbeitung noch berücksichtigt werden konnten. Somit hatten von sämtlichen in die Umfrage einbezogenen 804 Orten 615 d. i. 74,6 vom Hundert geantwortet, gegenüber 86 v. H. bei der 1892/93 stattgehabten Erhebung. Hiervon entfallen auf Preußen 413, auf die anderen Bundesstaaten 202 Orte oder 82,8 v. H. aller preußischen und 66,2 v. H. aller außerpreußischen mit Anfragen bedachten Orte. Diese Prozentsätze müssen trotzdem insoweit als befriedigend angesehen werden, als die Annahme berechtigt erscheint, daß von den Orten, welche nicht geantwortet haben, weitaus die Mehrzahl keinen Spielbetrieb aufweist, allermindestens aber derselbe Prozentsatz wie bei denjenigen, von welchen Antworten vorliegen, d. i. 21,8 v. H. oder 41 Orte; bei den im höchsten Falle noch zweifelhaften, fast durchweg kleinen 148 Orten dürften Zahl und Fläche der — wenn überhaupt — vorhandenen Spielplätze jedenfalls nicht bedeutend und deshalb für die Endergebnisse der vorliegenden Statistik belanglos sein.

Bevor wir zur Besprechung des Zahlenmateriales übergehen, mögen hier noch einige Bemerkungen über die eingegangenen Antworten Platz finden, welche für die Beurteilung der Resultate nicht unwesentlich sind; sowie ferner einige Erläuterungen zu der Bearbeitung selbst. Zunächst muß, um einen allgemeinen Eindruck vorwegzunehmen, anerkannt werden, daß sich, einige verschwindende Ausnahmen abgerechnet, stets und überall in der Beantwortung der Fragebogen ein reges Interesse für die Sache bekundet und eine große Zahl von Ortsbehörden bestrebt gewesen ist, durch Beifügung von erläuternden Notizen, Drucksachen und Plänen zur Förderung des Werkes mitzuwirken.

Anderseits aber war die Verwendbarkeit der Angaben ohne vorausgegangene Prüfung in vielen Fällen durch mangelnde Beachtung und mißverständliche Auffassung der durch die Umfrage verfolgten Zwecke oder der gestellten Fragen erheblich beeinträchtigt. So fanden sich öfters Angaben an verkehrter Stelle oder in zweifelhafter Fassung, ebenso Kinderspiel- und in Privatbesitz befindliche Plätze trotz der bezüglichen Anmerkung zu Frage 1 mit aufgeführt, fehlende Flächenangaben u. dgl. m. Am mißlichsten ist die Angabe der gesamten Fläche ausgedehnter Exerzierplätze, Parks u. dgl., von welcher nur ein Teil wirklich zu Spielzwecken Verwendung findet oder aber ihre nur andeutungsweise Erwähnung, wie beispielsweise die des Tempelhofer Feldes bei Berlin; eine Berichtigung war natürlich ausgeschlossen, und die betreffenden Zahlen verloren dadurch an Wert für die Vergleichung. Durch alle diese Umstände war die sachgemäße Bearbeitung sehr erschwert und die Möglichkeit, daß kleine Versehen mit unterliefen, wesentlich erhöht.

Die Reihenfolge der Staaten, von welchen Hohenzollern und Waldeck ausschieden, da sie keine Orte über 5000 Einwohner haben, sowie die Schreibweise der Namen lehnt sich an die amtliche Reichsstatistik an. Die Erklärung der angewandten Zeichen findet sich bei ihrem erstmaligen Gebrauche in einer Fußnote, doch sei allgemein bemerkt, daß im Tabellenteil ein Strich (—) stets das Fehlen einschlägiger Größen andeutet, ein Punkt (·) dagegen besagt, daß solche zwar sicher, wahrscheinlich oder vielleicht vorhanden sind, mangels Kenntnis jedoch nicht angegeben werden können.

Wir gehen nun zur Besprechung der Tabellen über und betrachten zuerst die Verteilung bzw. Ausbreitung des Spielbetriebes in den verschiedenen Staaten (Tab. 1 u. 2). Von sämtlichen 1899 in die Umfrage einbezogenen 804 deutschen Orten wurde in 457 gespielt, was einem Prozentsatze von 56,8 gleichkommt; 1890 pflegten nur 324 = 40,3 v. H. dieser Orte das Spiel, sodaß eine absolute Zunahme von 41,0 v. H. zu verzeichnen ist, das Gleichgewicht der Prozentzahlen aber + 16,5 zeigt. Hierbei nimmt Preußen die erste Stelle ein, indem die Zahl der Orte mit Spielbetrieb seit 1890 von 209 auf 304, mithin absolut um 45 v. H. gestiegen ist, während die übrigen Staaten mit 115 bzw. 153 Orten oder + 33,0 v. H. beteiligt sind. Wir geben nachstehend, insoweit die Zunahme der Orte mit Spielbetrieb zur Besprechung gelangt, für die Provinzen bzw. Staaten nur die Differenzen der absoluten Zahlen, werden aber bei Besprechung der einzelnen Ortsgruppen (kleine Orte unter 20 000, mittlere von

20—100 000, Großstädte mit über 100 000 Einwohnern) auf das Anwachsen vom Hundert zurückkommen; wenn zu dessen Erläuterung an Stelle des prozentualen Verhältnisses der absoluten Zahlen das Gleichgewicht der Prozentzahlen als Maßstab gewählt wurde, so gründet sich dies darauf, daß in dieser Form der Einfluß der kleinen absoluten Zahlen auf die Vergleichsfähigkeit sich weniger störend geltend macht und der Fortschritt um so deutlicher erkennbar wird.

Von den preußischen Provinzen steht Rheinland mit einem Zugange von 21 Orten an der Spitze; es folgen Westfalen mit 17, Schlesien mit 12, Sachsen mit 10, Brandenburg und Posen mit je 8, Schleswig-Holstein mit 6 u. s. f. bis Hessen-Nassau, wo nur 1 Ort neu hinzugetreten ist. Von den anderen Staaten sind in Sachsen 10, Bayern 7, Anhalt 4, Württemberg und Hessen je 3, Elsaß-Lothringen 2 Orte seit 1890 für das Spiel gewonnen, während die anderen Staaten durch die kleine Zahl der in Frage kommenden Orte keine charakteristische Unterscheidung mehr bieten.

Weit interessanter gestaltet sich das Verhältnis, wenn wir die drei Größengruppen der Orte auseinanderhalten, und zwar naturgemäß am lehrreichsten bei den kleinen Orten, in welchen das Interesse für Bewegungsspiele sich großenteils erst in neuerer Zeit Geltung verschaffte, indes es bei den größeren und großen schon früher Eingang gefunden hatte. Der preußische Staat steht hier der Gesamtheit der übrigen deutschen Staaten mit + 15,8 gegen + 12,0 im Vergleiche der Prozentzahlen gegenüber. In Schleswig-Holstein beträgt der Zuwachs 40,1, in Posen 37,5, in Westfalen 19,5, in Schlesien 18,9, in Hannover 17,4, in Rheinland 16,0 v. H., für Sachsen und Westpreußen 12,1 und 11,7, für Brandenburg, Pommern und Ostpreußen 8,1, 7,2 und 6,7 v. H. Hessen-Nassau ist auf dem Stande von 1890 stehen geblieben. — Vollständig neu hinzugetreten sind Bremen mit 100,0 sowie Mecklenburg-Strelitz und Oldenburg mit je 33 v. H. ihrer Orte unter 20 000 Einwohner. Die bedeutendste Zunahme zeigt Anhalt mit + 60,0 v. H.; hieran schließen sich Schwarzburg-Rudolstadt und Lippe mit je 50,0, Braunschweig mit 20,0, Sachsen mit 14,7, Mecklenburg-Schwerin mit 12,5 und Bayern mit 11,7 v. H., Elsaß-Lothringen und Baden folgen mit 8,7 bzw. 7,2 v. H. Den geringsten Satz hat Württemberg mit 3,9 v. H., indes in Hessen, Sachsen-Weimar, -Meiningen, -Altenburg, -Koburg-Gotha kein Ort hinzugekommen ist. In Schwarzburg-Sondershausen und Reuß ä. L. spielten sämtliche in Betracht kommende Orte schon 1890.

Die Orte mit einer mittleren Einwohnerzahl weisen für Preußen eine Gesamtzunahme von 28,2 v. H. auf. Westfalen mit seinen zahlreichen Industriecentren behauptet mit 58,3 vom Hundert relativer Steigerung den ersten Rang; hieran schließen sich Posen (50,0), Sachsen (45,5), Ostpreußen und Hessen-Nassau (je 33,3), Brandenburg und Pommern (je 25,0), Rheinland (22,8), Schlesien (16,7). Westpreußen, Schleswig-Holstein und Hannover sind auf dem Stande von 1890 stehen geblieben. — An der Spitze der übrigen Bundesstaaten mit insgesamt 14,8 Prozent Zugang finden wir Hessen, wo 1890 der Spielbetrieb gänzlich fehlte, mit 60,0 v. H., worauf Sachsen-Weimar und Anhalt mit je 33,3, Württemberg mit 25,0 und Bayern mit 14,8 v. H. folgen. Sachsen und Elsaß-Lothringen zeigen keinen Fortschritt; in Baden, Sachsen-Altenburg und -Koburg, den beiden Reuß und Lübeck wurde schon 1890 überall gespielt. Für Mecklenburg-Schwerin und Oldenburg fehlen die Nachrichten.

Die Zahl der das Spiel pflegenden Großstädte hat sich in Preußen um 38,0, in den anderen Staaten zusammen um 10,0 v. H. im Sinne des Fortschrittes verschoben. Für ersteres kommen nur Westpreußen (Danzig), Brandenburg (Charlottenburg), Westfalen (Dortmund), wo der Spielbetrieb neu eingerichtet wurde, sowie Sachsen und Rheinland, wo Magdeburg bzw. Krefeld, Aachen und Köln hinzugekommen sind, mit 100,0 bzw. 50,0 v. H. in Betracht. In den übrigen Großstädten Preußens war der Spielbetrieb bereits 1890 eingerichtet, desgleichen in denjenigen der anderen Staaten, ausgenommen Stuttgart, welches neu zu verzeichnen ist.

Von den insgesamt 134 (d. i. 16,7 Prozent sämtlicher in die Umfrage einbezogenen) Orten ohne Spielbetrieb, welche sich ausschließlich auf die kleinen und mittleren Orte verteilen, entfallen 92 auf Preußen, 42 auf die anderen deutschen Staaten; es entspricht dies unter Ausscheidung der Großstädte einem Satze von 19,1 v. H. der preußischen und 14,2 v. H. der außerpreußischen Orte über 5000 Einwohner. Hieran sind von den kleinen Orten 80 bzw. 34, von den mittleren 12 bzw. 8 beteiligt. Bei ersteren sind hauptsächlich Rheinland mit 34,6, Posen mit 25,0, Schlesien mit 24,5, Hannover und Westfalen mit je 21,7, Königreich Sachsen mit 27,9 und Baden mit 21,4 v. H. ihrer Orte zu erwähnen, bei letzteren Ostpreußen mit 33,3, Brandenburg mit 25,0, Rheinland mit 22,7, Elsaß-Lothringen mit 33,3, Württemberg mit 25,0, Königr. Sachsen mit 22,2, Bayern mit 21,4 und Hessen mit 20,0 v. H.

Nicht geantwortet hatten im ganzen 189 Orte d. i. 23,5 v. H., davon 103 preußische und 110 außerpreußische, also ein Prozentsatz von 21,4 bzw. 37,3, unter Ausscheidung der auch hier nicht beteiligten Großstädte.

Von 24 Orten war die Auskunft ungenügend oder gab zu Zweifeln Veranlassung.

Die Gesamtzahl der Spielplätze im Deutschen Reiche betrug 1890 1160, 1899 2092, ist somit um 926 oder 79,4 v. H. gewachsen. Hieran haben Preußen mit 589 Plätzen oder 63,6, die anderen Staaten zusammen mit 337 Plätzen oder 36,4 v. H. des Gesamtzuwachses teil. Bei den kleinen Orten ist die Zahl der Plätze in Preußen um 244 oder 62,4, in den anderen Staaten um 139 oder 83,7 v. H. gestiegen. Neugeschaffen sind beispielsweise in Rheinland 48 Plätze in 29 Orten, Brandenburg und Westfalen je 28 in 35 bzw. 18, Schlesien und Hannover je 27 in 32 bzw. 14, Sachsen 20 in 21, im Königreich Sachsen 50 in 31 und in Bayern 29 Plätze in 22 Orten. Die Orte von mittlerer Größe weisen einen Zugang von 245 oder 91,8 bzw. 85 Plätzen oder 88,5 v. H. auf, wovon z. B. in Rheinland 49 Plätze auf 17 Orte, Westfalen 36 auf 10, Sachsen 32 auf 11, Schleswig-Holstein 29 auf 3, Posen und Schlesien 23 bzw. 21 auf 4 bzw. 10, Königreich Sachsen und Bayern 20 bzw. 13 auf je 7, Baden und Württemberg 11 bzw. 10 Plätze auf 5 bzw. 9 Orte kommen. Die Großstädte haben bei einem Gesamtzugang von 100 = 73,5 bzw. 113 = 102,7 v. H. neuer Plätze in Rheinland 42 in 6, Hannover 11 in 1, Pommern und Sachsen je 9 in 1 bzw. 2, Schlesien 8 in 1, Brandenburg, Westfalen und Hessen-Nassau je 5 in je 1, in Bayern und Sachsen sogar 55 und 38 Neuanlagen in 2 bzw. 3 Städten zu verzeichnen.

Die für das Bewegungsspiel verfügbare Fläche (Tab. 1 u. 3) ist seit dem Jahre 1890 in Deutschland von 9 531 280 auf 18 092 942 d. i. um 9 161 662 qm, also um 96,1 v. H. oder fast auf das Doppelte gestiegen, wovon auf Preußen 4 791 528 qm = 52,3 v. H., auf die übrigen Staaten 4 370 134 qm = 47,7 v. H. entfallen. In der Gruppe der Orte unter 20 000 Einwohner beträgt der Zugang 1 604 281 = 56,6 bzw. 653 111 qm = 43,4 v. H. Von der 1899 verfügbaren Fläche treffen durchschnittlich in Preußen 1827,8, in den übrigen Staaten zusammen 1402,1 qm auf 1000 Einwohner. Die höchste Steigerung unter den preußischen Provinzen erreicht Posen mit 254 850 qm oder 8495,2 v. H., zugleich aber auch mit 3225,1 qm auf 1000 Einwohner i. J. 1899. Es reihen sich hieran Westfalen mit 180 698 qm = 321,4 v. H., Schleswig-Holstein mit 104 181 = 217,4, Hannover mit 204 563 qm = 209,2 v. H. Der Prozentsatz fällt dann bei Pommern auf 141,1, Hessen-Nassau 90,1, Schlesien 67,2, Ostpreußen 55,0 v. H.; Sachsen, Westpreußen und Brandenburg haben nur um 36,5, 27,0 und 25,0 v. H. zugenommen, und Rheinland steht mit 13,0 v. H. an letzter Stelle. In dem Verhältnis der 1890er Spielfläche zum Tausend der Einwohnerzahl folgt jedoch letztere Provinz mit 3184,5 qm unmittelbar auf Posen, dann Ostpreußen mit 2648,5, Hannover mit 1860,5, Brandenburg mit 1738,6 qm; wir finden ferner bei Schlesien 1669,1, Westfalen 1507,9, Schleswig-Holstein 1417,6, Hessen-Nassau 1349,2, Sachsen 1336,3, Pommern 1221,4 und zuletzt bei Westpreußen 775,6 qm auf 1000 Einwohner. Von den anderen Staaten haben Lippe um 935,3, Braunschweig 445,0, Schwarzburg-Rudolstadt 373,0, Sachsen-Weimar 212,2, Hessen 187,5, Bayern 138,4, Schwarzburg-Sondershausen 104,5 v. H. der Spielfläche zugenommen. Bei den meisten übrigen Staaten schwankt der Prozentsatz des Zuganges zwischen 66,7 (Koburg) und 24,5 (Sachsen); Baden hat nur 2,4 v. H. an Spielfläche gewonnen, Reuß ä. L. gar nichts. Für Reuß j. L., Schaumburg-Lippe und Hamburg fehlen die Angaben. Wie Baden hier die letzte, so nimmt es bei dem Anteil der Fläche auf 1000 Einwohner mit der hohen Zahl von 6529,7 qm die erste Stelle ein. Sachsen und Schwarzburg-Sondershausen stehen mit 2889,5 bzw. 2452,3 qm auf gleicher Stufe, desgleichen Lippe und Bremen mit 1877,8 und 1818,6 qm. Es folgen Braunschweig mit 1620,4, Bayern, Weimar und Koburg mit 1388,4 — 1351,6 — 1337,8, Mecklenburg-Schwerin und Württemberg mit 1260,1 bzw. 1176,3 qm; bei den übrigen sinkt der Satz pro 1000 von 955,1 (Elsaß) bis auf 47,7 (Oldenburg).

In der zweiten Gruppe der Orte stehen Preußen und die anderen Staaten sich in einem Verhältnis von 127,9 zu 131,8 v. H. des Flächenzuganges und 1592,2 zu 3419,0 qm der Spielfläche auf 1000 Einwohner gegenüber. Auch hier geht Posen mit + 7207,4 v. H. der Spielfläche voran. In Brandenburg sind 504,0, in Westfalen 405,5 v. H. der Fläche seit 1890 hinzugekommen, in Sachsen, Rheinland, Pommern und Schlesien 180,8 — 140,3 — 113,9 und 109,3. In Hannover, Schleswig-Holstein und Ostpreußen fallen die Prozentsätze von 90,2 auf 80,1 und 68,8, indes Hessen-Nassau und Westpreußen mit 9,6 bzw. 5,4 v. H. an letzter Stelle stehen. — Hinsichtlich der auf 1000 Einwohner fallenden Fläche sind Hessen-Nassau und Westpreußen mit 3792,6 und 3622,4 qm zuerst zu nennen, hierauf Schleswig-Holstein und Brandenburg (2508,6 und 2006,2), Pommern (1758,3), Westfalen, Schlesien, Hannover (993,6 — 986,8 — 920,5),

Sachsen und Rheinland (829,4 und 802,7); Ostpreußen und Posen haben nur 480,0 bzw. 315,6 qm pro 1000 Einwohner aufzuweisen. — Von den anderen Staaten überragt Bayern alle mit + 4295,2 v. H. der Spielfläche; Weimar und Elsaß stiegen um 573,9 bzw. 499,4, Reuß j. L. um 312,5, Reuß ä. L., Altenburg und Württemberg um 266,7 — 236,6 und 220,0, Anhalt um 181,3 v. H. Lübeck, Baden und Sachsen beenden die Reihe durch 53,1 — 23,1 und 6,2 v. H. — Auf 1000 Einwohner fielen in Elsaß-Lothringen 20 848,5, Bayern und Sachsen 10 667,6 und 6804,5, Baden 1736,6 qm. Erheblich tiefer stehen schon Anhalt mit 819,9, Weimar und Württemberg mit 557,6 und 506,0, Reuß ä. L., Lübeck und Altenburg mit 493,4 — 462,2 — 412,9 qm. Bei Reuß j. L., Koburg und Hessen fallen die Zahlen von 378,9 auf 365,4 und 315,0 qm.

Bei den Großstädten drückt sich der Fortschritt für Preußen durch + 116,8, für die Gesamtheit der übrigen Staaten durch + 168,1 v. H. der Platzfläche aus; hier entfallen auf 1000 Einwohner durchschnittlich 623,9, dort 615,9 qm. Den größten prozentualen Zugang hat Ostpreußen — 4004,5 v. H. der Fläche; dann folgen Provinz Sachsen — 879,7, Schlesien und Hessen-Nassau — 260,9 und 215,7. Es sind hiernach nur noch Pommern (+ 59,5), Hannover (+ 27,7) und Schleswig-Holstein (+ 22,5 v. H.) zu erwähnen. In Westpreußen, Brandenburg und Westfalen sind erst nach 1890 28 000 bzw. 26 214 bzw. 13 550 qm zu Spielzwecken eingerichtet worden; Berlin hat den Stand von 1890 scheinbar nicht erhöht, obwohl hier nur eine im Vergleich zu den anderen Großstädten Preußens verschwindend kleine Fläche, nämlich 57,8 qm, auf 1000 Einwohner entfällt. Doch erklärt sich dies leicht daraus, daß einesteils die zu Spielzwecken verwandte Fläche des Tempelhofer Feldes (und wohl auch anderer Exerzierplätze, Bauterrains u. dgl.) nicht nachgewiesen ist, anderenteils das wachsende Bedürfnis in der Hauptsache durch private Anlagen gedeckt wird, die in dieser Statistik nicht berücksichtigt sind, die Spieltätigkeit sich überdies vorwiegend nach den hier großenteils nicht berücksichtigten Vororten (Halensee, Wilmersdorf-Friedenau, Groß-Lichterfelde u. s. w.) zieht. Außer Preußen kommen nur Bayern mit einem Flächenzugang von 1534,2, Hamburg mit 467,8, Königreich Sachsen mit 60,5, Braunschweig und Elsaß mit 31,7 bzw. 27,7 v. H. in Betracht. In Württemberg sind erst nach 1890 130 044 qm für den Spielbetrieb zur Verfügung gestellt worden; der Flächenbestand in Bremen hat sich nicht vergrößert. — Den höchsten Satz in dem Verhältnis von Fläche zu Einwohnerzahl erreicht von den preußischen Provinzen Hannover mit

1627,9 qm; Schleswig-Holstein und Sachsen kommen ihm mit 1673,8 bzw. 1325,7 qm ziemlich nahe. Bei den übrigen ist das Verhältnis wesentlich ungünstiger; so haben Hessen-Nassau nur 511,2, Ostpreußen nur 436,9, Rheinland, Pommern und Schlesien nur 375,2, 335,5 und 305,0 qm für 1000 Einwohner zur Verfügung. In Westpreußen, Brandenburg und Westfalen sinken die Flächen gar auf 222,9 — 196,0 und 121,8 qm herab. Berlin wurde bereits erwähnt. — In Braunschweig beträgt die Spielfläche 1005,1 qm auf 1000 Einwohner, in Bayern und Württemberg 953,8 und 821,4, im Königreich Sachsen 785,6 qm. Bremen und Elsaß-Lothringen mit 420,5 bzw. 343,6, sowie endlich Hamburg mit nur 37,2 qm auf das Tausend der Einwohnerzahl bilden den Schluß. —

Was die Spielplatzflächen in den einzelnen Orten und deren Verhältnis zur Einwohnerzahl anlangt, so mußte von Veröffentlichung der sehr umfangreichen Tabelle im Jahrbuche wegen Raummangel abgesehen werden. Da der Satz jedoch bereits stand, sind Separatabzüge dieser Tabelle angefertigt worden, welche auf Wunsch abgegeben werden können. Wir müssen es uns daher versagen, an dieser Stelle näher darauf einzugehen, können aber nicht umhin, auf die dort nach Provinzen bzw. Staaten zusammengestellten durchschnittlichen Spielflächen pro 1000 Einwohner sowie auf das gegenseitige Verhältnis dieser Durchschnittszahlen hinzuweisen, die einen wertvollen Gesamtüberblick gewähren. Es ergiebt sich daraus für Preußen ein Durchschnitt von 1052,3 qm, für die übrigen Bundesstaaten von 927,0 qm und endlich für das Deutsche Reich ein solcher von 972,2 qm auf 1000 Einwohner.

Wir geben nachstehend eine Übersicht sämtlicher Großstädte in der Reihenfolge ihrer Einwohnerzahl, aus welcher das Verhältnis der Spielplatzfläche zu je 1000 Einwohnern zu ersehen ist; doch lassen sich vergleichende Schlüsse hieraus nicht mit Sicherheit ziehen, da die Angaben wie gesagt zum Teil unvollständig oder ungenau sind. Insbesondere sind Berlin und Charlottenburg nicht vergleichsfähig.

In den nachgenannten Großstädten

	mit Einwohnern	qm Spielplatzfläche	entfielen auf 1000 Einw.
1. Berlin	1 677 304	97 006	57,8
2. Hamburg	625 552	23 230	37,2
3. München	407 307	688 763	1 691,1
4. Leipzig	399 963	408 166	1 020,6

	Einwohnern	qm Spielplatzfläche	entfielen auf 1000 Einw.
5. Breslau	373 169	113 820	305,0
6. Dresden	336 440	374 360	1 112,7
7. Köln a. Rh.	321 564	32 866	102,2
8. Frankfurt a. M.	229 279	117 210	511,2
9. Magdeburg	214 424	347 300	1 619,7
10. Hannover	209 535	383 013	1 827,9
11. Düsseldorf	175 985	83 500	474,5
12. Königsberg	172 796	75 500	436,9
13. Nürnberg	162 386	35 227	218,6
14. Chemnitz	161 017	36 000	223,6
15. Stuttgart	158 321	130 044	821,4
16. Altona	148 944	249 300	1 673,8
17. Bremen	141 894	59 670	420,5
18. Stettin	140 724	47 212	335,5
19. Elberfeld	139 337	85 900	616,5
20. Straßburg i. E.	135 608	46 600	343,6
21. Charlottenburg	132 377	26 214	198,0
22. Barmen	126 992	68 900	542,6
23. Danzig	125 605	28 000	222,9
24. Halle a. S.	116 304	120 000	1 031,8
25. Braunschweig	115 138	115 720	1 005,1
26. Dortmund	111 232	13 550	121,8
27. Aachen	110 551	23 820	215,5
28. Krefeld	107 245	32 150	299,8
Zusammen:	7 276 993	3 863 099	530,9

Im Durchschnitte der einzelnen Städte aber stellt sich die Fläche auf 624,5 qm. Bei vergleichender Betrachtung dieser Durchschnittszahlen ist zunächst festzuhalten, daß wohl in allen Großstädten die Privatspielplätze mehr oder weniger überwiegen, besonders insoweit Klubs in Frage kommen. Wie wir aber dieserhalb Berlin und Charlottenburg als nicht vergleichsfähig bezeichneten, so wird auch Hamburg ausscheiden müssen, dessen niedriger Durchschnitt auf ein Vorwiegen des Wassersports einer- und die Verlegung der Spieltätigkeit nach Altona anderseits zurückzuführen sein dürfte. Von den anderen Großstädten stehen Hannover, München, Altona, Magdeburg, Dresden, Halle, Leipzig und Braunschweig weit voran; die Durchschnittsflächen pro 1000 Einwohner schwanken dort von 1827,9 bis 1005,1, also um 822,8 qm. Es folgen Stuttgart (821,4), Elberfeld (616,5), Barmen und Frankfurt a. M. (542,6 und 511,2 qm); bei den übrigen sinken die Flächen von 474,5 qm (Düsseldorf) bis zum Mindestbetrage von 102,2 qm (Köln), sodaß bei den hierher gehörigen

18 Städten im Durchschnitt 280,0 qm auf je 1000 Einwohner entfallen. —

Betrachten wir nun die Besitzverhältnisse der Spielplätze und der zugehörigen Flächen i. J. 1899, welche in Tab. 4 zahlenmäßig dargestellt sind. Von den gesamten 2092 Plätzen des Deutschen Reiches befanden sich im Besitz

	der Gemeinden	des Staates	von Vereinen
	1630	212	249
in Prozenten	77,9	10,1	11,9

Von einem Platze sind Besitzer und Fläche unbekannt. — Von den Flächen waren Besitz

	der Gemeinde	des Staates	von Vereinen
	8 424 010 qm	8 613 443 qm	1 655 489 qm
in Prozenten	45,1	46,1	8,8

In Preußen gehörten von 1383 Plätzen

	der Gemeinde	dem Staate	Vereinen
	1151	121	111
in Prozenten	83,2	8,8	8,0,

in den anderen Staaten zusammengenommen von 709 Plätzen

	der Gemeinde	dem Staate	Vereinen
	479	91	138
in Prozenten	67,6	12,8	19,5

und 1 Platz = 0,1 v. H. einem unbekannten Besitzer.

Von den zugehörigen Flächen waren Eigentum

	der Gemeinden	des Staates	von Vereinen
A. in Preußen	5 573 814 qm	3 908 725 qm (zusammen 10 194 527 qm)	711 988 qm
B. in den übrigen Staaten . .	2 850 196 qm	4 704 718 qm (zusammen 8 498 415 qm)	943 501 qm
oder in Prozenten			
A.	54.7	38,3	7,0
B.	33.5	55,4	11,1

Aus Vorstehendem ergiebt sich, wie besonders durch Betrachtung der Prozentzahlen für Plätze und Fläche deutlich erkennbar wird, für Preußen ein Überwiegen der Gemeindeplätze und -Flächen in ungefähr demselben Verhältnis, in welchem bei den übrigen Bundesstaaten der staatliche Besitz den Vorrang einnimmt, sowie ferner, daß hinsichtlich des Besitzes von Vereinen und somit ihres Spielbetriebes Preußen hinter den anderen Staaten zurücksteht.

In der Gruppe der kleinen Orte macht in Preußen der staatliche Besitz 11,5, der Vereinsbesitz 10,9, in den anderen Staaten der erstere 13,4, der letztere 22,0 v. H. aller Plätze aus. Die dem Staate bzw. den Vereinen gehörigen Flächen verhalten sich zu denjenigen der Gemeinden wie 3,0 und 1 zu 7 bzw. wie 3,5 und 1 zu 6,5.

Hinsichtlich der Plätze ist hier der preußische Staat relativ am meisten in Posen beteiligt, wo er von insgesamt 11 Plätzen 5 besitzt; in Ost- und Westpreußen sowie in Hessen-Nassau partizipiert er mit je ¼ aller Plätze, in Schlesien mit ⅕. In Braunschweig, Schwarzburg-Sondershausen, Lippe und Bremen besitzt der Staat die Hälfte, in Baden ⅓, in Anhalt ¼ aller Plätze. Die staatliche Fläche verhält sich zur Gemeindefläche in Rheinland wie 1 129 300 : 173 513, in Posen wie 196 900 : 60 950, in Pommern wie 120 400 : 81 709, in Baden wie 417 869 : 50 832 qm. Die Vereine sind in Hannover mit dem fünften, in Westpreußen mit dem sechsten, in Sachsen und Westfalen je mit dem siebenten, in Brandenburg, Schleswig-Holstein und Hessen-Nassau je mit dem achten Teil aller Spielplätze beteiligt; in Posen haben sie keinen Besitz. In Mecklenburg-Strelitz haben sie die Hälfte, in Weimar, Meiningen, Rudolstadt je ⅓, in Bayern, Königr. Sachsen, Altenburg und Anhalt je ¼ der Plätze inne; in Reuß ä. L. existiert überhaupt nur ein einziger, in Vereinsbesitz befindlicher Platz, wogegen wiederum in Hessen, Oldenburg, Braunschweig, Koburg, den beiden Lippe, Lübeck und Bremen keine Vereinsplätze bestehen. In Schlesien werden 245 015 qm, in Ostpreußen 60 000, Westfalen 49 164, Brandenburg 40 520, Rheinland und Hannover 38 878 bzw. 33 535, im Königr. Sachsen 50 320, in Bayern 44 660 qm von Vereinen besessen. —

Bei den Orten mit 20—100 000 Einw. finden wir in Preußen bzw. den anderen Staaten 7,6 bzw. 16,8 v. H. der Plätze in staatlichem, 7,0 bzw. 14,4 v. H. in Vereinsbesitz, indes die Flächen von Gemeinde, Staat und Vereinen sich in Preußen wie 10 : 8,5 : 1, im übrigen Deutschland wie 6 : 37 : 1 verhalten. Der Besitz des Staates an Spielplätzen tritt hauptsächlich in Ostpreußen, Brandenburg und Hessen-Nassau mit je ⅓, in Westpreußen mit ¼ hervor; in Altenburg, Anhalt und in den Reichslanden drückt sich das Verhältnis der staatlichen Plätze zu der Gesamtzahl durch 1 : 2, in Weimar und Koburg durch 1 : 3, in Baden durch 1 : 4 und in Hessen durch 1 : 5 aus. Ein Überwiegen der staatlichen gegenüber den Gemeindeflächen zeigen z. B. Brandenburg mit 855 900 gegen 105 832, Hessen-Nassau mit 370 250 gegen 152 663, Westpreußen mit 152 900 gegen 24 563 qm, Bayern und Königr. Sachsen mit 1 521 430 bzw. 1 003 200 gegen 48 690 bzw.

179 397, Baden mit 519 000 gegen 92 970, die Reichslande mit 571 460 gegen 119 590 und Weimar mit 24 200 gegen 4958 qm Spielfläche. — Die Vereine sind an den Plätzen in Westpreußen mit 1 : 3, in Pommern mit 1 : 4,5, in Ostpreußen mit 1 : 6 nennenswert beteiligt; in Reuß ä. L. sind sie auch in dieser Gruppe die einzigen Pfleger des Spieles mit 4 Plätzen, während sich Lübeck mit 1 : 2,5, Hessen mit 1 : 3 und Königr. Sachsen mit 1 : 4 besonders hervorheben. Die größten Flächen besitzen sie für Preußen in Rheinland (74 792), Westfalen (26 000), Schleswig-Holstein (23 321), Pommern (14 524 qm); von den übrigen Staaten stehen Baden und Bayern mit 52 000 und 22 500 qm obenan; Hessen und Königr. Sachsen mit 18 900 und 14 080 qm schließen sich an. —

In den Großstädten ist, soweit Preußen in Frage kommt, die Beteiligung des Staates und der Vereine am Besitze der Spielplätze auf 3,8 bzw. 2,5 gesunken, beträgt dagegen für die anderen Staaten 7,2 bzw. 20,2. Die staatlichen Plätze treten im Verhältnis zur Gesamtzahl nur in Westpreußen mit 1 : 2, in Brandenburg mit 1 : 2,5, in Hamburg und den Reichslanden mit 1 : 1,1 und 1 : 2 hervor; Flächen in Staatsbesitz, welche gegenüber den Gemeindeflächen überwiegen, finden sich für Preußen in Provinz Sachsen — 300 000 gegen 167 300, Westpreußen 20 000 gegen 8000 qm. In den übrigen Staaten herrscht die staatliche Fläche mit Ausnahme von Braunschweig, das gar keinen Staatsbesitz hat, überall vor, nimmt sogar in Hamburg, wo städtische Plätze nicht vorhanden, die erste Stelle ein. Außerdem sind mit namhaften Flächen nur noch Königr. Sachsen — 232 800 gegenüber 539 918, Bayern — 93 200 gegenüber 108 795 und die Reichslande — 10 000 gegen 36 500 qm erwähnenswert. — Die Vereinstätigkeit verschwindet in Preußen fast völlig, und nur der Vollständigkeit wegen sei Rheinland mit 3 von 123 Plätzen und 32 850 qm, d. i. etwa dem fünften Teil der Gesamtfläche, genannt. In Bremen wird nur auf 5 in Vereinsbesitz befindlichen Plätzen von insgesamt 59 670 qm gespielt, in Bayern gehört den Vereinen fast 1/4 der Plätze und fast 3/4 der Fläche (21 Plätze und 522 000 qm), im Königr. Sachsen etwa 1/4 der Plätze (17) und 1/18 der Fläche (45 808 qm). —

Was nun die in bestimmte Aussicht genommenen Neuanlagen (s. Tab. 4) anlangt, so ist hier das Material, wie schon früher erwähnt, unvollständig, da die bezügliche Frage häufig mißverstanden, vielfach auch wohl deshalb nicht beantwortet wurde, weil die bezüglichen Pläne noch keine feste Gestalt angenommen hatten. Insgesamt sind 108 Plätze mit 671 571 qm Fläche bestimmt vorgesehen, wovon

4 mit 3850 qm bzw. 14 mit 63 159 qm auf den Staat bzw. die Vereine entfallen, der Rest — 90 Plätze mit 604 562 qm — auf die Gemeinden. Preußen allein ist hieran mit 72 Plätzen und 431 354 qm beteiligt und zwar mit sämtlichen Provinzen außer Berlin; die restlichen 36 Plätze = 240 217 qm verteilen sich auf Bayern, Königr. Sachsen, Württemberg, Baden, Hessen, Braunschweig, Meiningen, Koburg, Rudolstadt und die Reichslande. —

Die Nachrichten über den Besuch der Spielplätze (s. Tab. 5) lauten äußerst günstig, denn von insgesamt 2092 Plätzen sind nur 231 = 11,0 v. H. als gering, dagegen 1798, d. h. 86,0 v. H. als zufriedenstellend besucht, 63 = 3,0 v. H. als überfüllt zu verzeichnen. Von ersteren finden sich die meisten in Rheinland, nämlich 52; es folgen Schlesien und Provinz Sachsen mit je 23, die Reichslande mit 21, Brandenburg und Westpreußen mit 19 bzw. 18, Königr. Sachsen mit 15 und Westfalen mit 12 Plätzen. Unzureichend sind vor allem 18 Plätze in Rheinland, 15 in Bayern, 7 in Pommern und 6 in den Reichslanden. —

Fassen wir die Ergebnisse dieser Statistik kurz zusammen, so darf getrost gesagt werden, daß sie in hohem Grade erfreulich sind und der Zentral-Ausschuß für Volks- und Jugendspiele mit voller Befriedigung auf seine zehnjährige Thätigkeit zurückblicken kann. In allen deutschen Gauen ist das Interesse für das Bewegungsspiel, das Verständnis für seine hohe kulturelle wie auch volkswirtschaftliche Bedeutung stetig gewachsen und wird schon in der nächsten Zukunft Früchte tragen, insofern es dem heranwachsenden Geschlechte den Weg gezeigt hat, sich die Frische des Geistes zugleich mit der Spannkraft des Körpers zu bewahren. Bleibt auch noch mancherlei zu wünschen und mancherorts das Begonnene weiter zu entwickeln, so darf doch in nicht allzu weiter Ferne dem Zeitpunkt entgegengesehen werden, wo überall im Deutschen Reiche das Bewegungsspiel bei jung und alt die ihm gebührende Wertschätzung und Pflege finden wird.

Tabelle 1a. **Die Spielplätze in den Jahren 1890 und Zahl der beteiligten Orte**

Staaten. — Provinzen.	Zahl der Spielplätze			Fläche der Spielplätze in qm	
	1890	1899	1899 ±	1890	1899
1	2	3	4	5	6
A. Preußen	**391**	**635**	**+244**	**2 8[illegible] 211**	**4 437 402**
I. Ostpreußen	22	34	+ 12	133 485	205 329
II. Westpreußen . . .	13	19	+ 6	45 000	57 140
III. Stadtkreis Berlin.	—	—	—	—	—
IV. Brandenburg . . .	69	97	+ 28	574 924	718 565
V. Pommern	30	39	+ 9	84 216	203 089
VI. Posen	1	11	+ 10	8 000	257 850
VII. Schlesien	55	82	+ 27	352 214	598 838
VIII. Sachsen	35	55	+ 20	196 788	968 565
IX. Schleswig-Holstein	10	26	+ 16	47 930	152 101
X. Hannover	31	58	+ 27	97 766	302 929
XI. Westfalen	34	62	+ 28	56 229	236 925
XII. Hessen-Nassau . .	18	31	+ 13	55 277	105 089
XIII. Rheinland	73	121	+ 48	1 187 392	1 341 697
B. Die andern Bundesstaaten	**166**	**305**	**+139**	**1 [illegible] 245**	**2 158 [illegible]**
1. Bayern	28	57	+ 29	149 257	355 847
2. Königreich Sachsen .	41	91	+ 50	623 471	776 287
3. Württemberg	20	28	+ 8	85 900	131 480
4. Baden	15	20	+ 5	468 969	474 987
5. Hessen	2	4	+ 2	800	2 300
6. Mecklenb.-Schwerin .	11	15	+ 4	27 170	40 900
7. Sachsen-Weimar . .	3	4	+ 1	12 250	38 250
8. Mecklenb.-Strelitz . .	—	4	+ 4	—	7 235
9. Oldenburg	—	2	+ 2	—	600
10. Braunschweig	3	7	+ 4	8 900	48 500
11. Sachsen-Meiningen .	5	10	+ 5	9 212	14 987
12. Sachsen-Altenburg. .	7	9	+ 2	6 920	9 720
13. Sachsen-Kobg.-Gotha.	1	2	+ 1	15 000	25 000
14. Anhalt	4	11	+ 7	27 950	43 190
15. Schwarzb.-Sondersh.	4	7	+ 3	29 920	48 920
16. Schwarzb.-Rudolstadt	2	6	+ 4	675	8 193
17. Reuß ä. L.	1	1	—	1 000	1 000
18. Reuß j. L.	.	.	.	.	.
19. Schaumburg-Lippe .	.	.	.	.	.
20. Lippe	2	6	+ 4	8 328	34 435
21. Lübeck	—	—	—	—	—
22. Bremen	—	2	+ 2	—	33 400
23. Hamburg.	.	.	.	.	.
24. Elsaß-Lothringen . .	17	19	+ 2	46 225	68 225
Deutsches Reich (A + B) . .	**557**	**940**	**+[illegible]**	**4 [illegible] 456**	**6 [illegible] 848**

*) Anfrage gar nicht oder ungenügend beantwortet; die Zahl der letzteren

1899 nach Zahl und Fläche, sowie nach der
von unter 20 000 Einwohnern.

Flächenzugang		Zahl der in die Erhebung einbezogenen Orte 1899				Von 100 Orten pflegten das Spiel		
überhaupt qm	vom Hundert	überhaupt	mit Spiel	ohne Spiel	zweifelhaft*)	1890	1899	1899 ±
7	8	9	10	11	12	13	14	15
1 604 241	56,6	383	206	80	(15) 97	38,2	54,0	+ 15,8
72 644	55,0	15	10	2	3	60,0	66,7	+ 6,7
12 140	27,0	17	9	2	(1) 6	41,2	52,9	+ 11,7
—	—	—	—	—	—	—	—	—
143 641	25,0	49	35	7	(2) 7	63,3	71,4	+ 8,1
118 853	141,1	28	15	3	(1) 10	46,4	53,6	+ 7,2
254 850	8495,2	16	7	4	5	6,3	43,8	+ 37,5
236 819	67,2	53	32	13	(9) 8	41,5	60,4	+ 18,9
71 777	36,5	33	21	5	7	51,5	63,6	+ 12,1
104 181	217,4	13	11	.	(1) 2	38,5	84,6	+ 46,1
204 563	209,2	23	14	5	4	43,5	60,9	+ 17,4
160 696	321,4	46	18	10	(8) 18	19,6	39,1	+ 19,5
49 812	90,1	11	7	1	(1) 3	63,6	63,6	—
154 305	13,0	81	29	28	(3) 24	19,8	35,8	+ 16,0
653 111	43,4	241	107	34	(5) 100	32,4	44,4	+ 12,0
206 590	138,4	43	22	2	(1) 19	39,5	51,2	+ 11,7
152 766	24,5	68	31	19	18	30,9	45,6	+ 14,7
46 196	54,1	26	12	1	13	42,3	46,2	+ 3,9
11 118	2,4	14	6	3	5	35,7	42,9	+ 7,2
1 600	187,5	11	1	1	9	90,9	90,9	—
13 730	50,5	8	3	1	(1) 4	25,0	37,5	+ 12,5
96 000	212,2	4	2	1	1	50,0	50,0	—
7 235	∞	3	1	.	(1) 2	—	33,3	+ 33,3
690	∞	3	1	1	1	—	33,3	+ 33,3
89 600	445,0	5	2	.	3	20,0	40,0	+ 20,0
5 775	62,6	6	4	1	1	66,7	66,7	—
2 800	40,5	5	2	1	2	40,0	40,0	—
10 000	66,7	4	1	.	3	25,0	25,0	—
15 240	54,5	5	4	.	1	20,0	80,0	+ 60,0
25 000	104,5	2	2	—	—	100,0	100,0	—
2 518	373,0	2	2	—	—	50,0	100,0	+ 50,0
—	—	1	1	—	—	100,0	100,0	—
.	.	1	.	.	1	.	.	.
.	.	2	.	1	(1) 1	.	.	.
31 108	935,3	2	2	—	—	50,0	100,0	+ 50,0
—	—	—	—	—	—	—	—	—
33 400	∞	1	1	—	—	—	100,0	+ 100,0
.	.	2	.	1	1	.	.	.
22 000	47,6	23	7	1	(1) 15	21,7	30,4	+ 8,7
2 257 802	52,0	626	315	114	(20) 197	35,9	50,3	+ 14,4

ist in () beigesetzt.

Tabelle 1 b. **Die Spielplätze in den Jahren 1890 und**
Zahl der beteiligten Orte

Staaten. Provinzen.	Zahl der Spielplätze 1890	Zahl der Spielplätze 1899	Zahl der Spielplätze 1899 ±	Fläche der Spielplätze in qm 1890	Fläche der Spielplätze in qm 1899
1	2	3	4	5	6
A. Preußen	**267**	**512**	+ 245	**1 672 660**	3 811 771
I. Ostpreußen	4	6	+ 2	12 500	21 100
II. Westpreußen . . .	9	24	+ 15	168 448	177 468
III. Stadtkreis Berlin.	—	—	—	—	—
IV. Brandenburg . . .	13	27	+ 14	159 816	965 992
V. Pommern	8	18	+ 10	61 400	133 824
VI. Posen	2	25	+ 23	900	66 574
VII. Schlesien.	27	48	+ 21	150 216	314 380
VIII. Sachsen	30	62	+ 32	86 428	242 668
IX. Schleswig-Holstein	ca. 27 [2])	56	+ 29	167 825	302 289
X. Hannover	14	23	+ 9	78 700	156 750
XI. Westfalen	25	61	+ 36	64 514	320 132
XII. Hessen-Nassau . .	14	19	+ 5	479 840	528 078
XIII. Rheinland	94	143	+ 49	242 073	561 738
B. Die anderen Bundesstaaten	**96**	**181**	+ 85	1 907 612	**4 422 224**
1. Bayern	18	31	+ 13	36 285	1 592 620
2. Königreich Sachsen .	26	46	+ 20	1 126 808	1 196 677
3. Württemberg	4	14	+ 10	14 600	46 800
4. Baden	8	19	+ 11	539 500	663 970
5. Hessen	—	6	+ 6	—	43 850
6. Meckl.-Schwerin .	.	.	.	.	.
7. Sachsen-Weimar. . .	3	5	+ 2	4 327	29 158
8. Mecklenb.-Strelitz . .	—	—	—	—	—
9. Oldenburg	.	.	.	.	.
10. Braunschweig	—	—	—	—	—
11. Sachsen-Meiningen .	—	—	—	—	—
12. Sachsen-Altenburg. .	6	9	+ 3	4 100	13 800
13. Sachsen-Kobg.-Gotha.	8	8	—	11 572	11 572
14. Anhalt	6	12	+ 6	25 925	72 939
15. Schwarzb.-Sondersh.	—	—	—	—	—
16. Schwarzb.-Rudolstadt	—	—	—	—	—
17. Reuß ä. L.	1	4	+ 3	3 000	11 000
18. Reuß j. L.	1	3	+ 2	4 000	16 500
19. Schaumburg-Lippe .	—	—	—	—	—
20. Lippe	—	—	—	—	—
21. Lübeck	2	5	+ 3	21 100	32 294
22. Bremen	—	—	—	—	—
23. Hamburg	—	—	—	—	—
24. Elsaß-Lothringen . .	18	24	+ 6	116 450	691 050
Deutsches Reich (A + B) . .	**363**	**693**	+ 330	3 580 272	8 233 995

[1]) Anfrage gar nicht oder ungenügend beantwortet; die Zahl der letzteren
[2]) Zahl der Plätze in Kiel 1890 nicht angegeben, daher nur annähernd

1899 nach Zahl und Fläche, sowie nach der
von 20000—100000 Einwohnern.

Flächenzugang		Zahl der in die Erhebung einbezogenen Orte 1899				Von 100 Orten pflegten das Spiel		
überhaupt qm	vom Hundert	überhaupt	mit Spiel	ohne Spiel	zweifelhaft [1])	1890	1899	1899 ±
7	8	9	10	11	12	13	14	15
2 180 111	127,9	96	78	12	(2) 6	53,1	81,3	+ 28,2
8 600	68,8	3	2	1	—	33,3	66,6	+ 33,3
9 015	5,4	3	2	.	1	66,6	66,6	—
—	—	—	—	—	—	—	—	—
805 516	504,0	12	9	3	—	50,0	75,0	+ 25,0
69 924	113,9	4	3	.	1	50,0	75,0	+ 25,0
65 674	7297,4	4	4	—	—	50,0	100,0	+ 50,0
164 164	109,3	12	10	1	(1) 1	66,6	83,3	+ 16,7
156 240	180,8	11	11	—	—	54,5	100,0	+ 45,5
134 414	80,1	4	3	1	—	75,0	75,0	—
78 050	99,2	6	5	1	—	83,3	83,3	—
201 618	405,5	12	10	.	2	25,0	83,3	+ 58,3
46 283	9,6	3	2	.	(1) 1	33,3	66,6	+ 33,3
339 668	140,3	22	17	5	—	54,5	77,3	+ 22,8
2 514 612	131,8	54	36	8	(2) 10	51,9	66,7	+ 14,8
1 556 385	4295,2	14	7	3	(1) 4	35,7	50,0	+ 14,3
69 874	6,2	9	7	2	—	77,8	77,8	—
83 200	220,6	4	3	1	—	50,0	75,0	+ 25,0
124 470	29,1	5	5	—	—	100,0	100,0	—
43 850	∞	5	3	1	1	—	60,0	+ 60,0
.	.	2	.	.	2	.	.	.
24 931	573,9	3	2	.	1	33,3	66,6	+ 33,3
—	—	—	—	—	—	—	—	—
.	.	1	.	.	1	.	.	.
—	—	—	—	—	—	—	—	—
—	—	—	—	—	—	—	—	—
9 700	236,6	1	1	—	—	100,0	100,0	—
—	—	1	1	—	—	100,0	100,0	—
47 008	161,3	3	3	—	—	66,7	100,0	+ 33,3
—	—	—	—	—	—	—	—	—
—	—	—	—	—	—	—	—	—
8 000	266,7	1	1	—	—	100,0	100,0	—
12 500	812,5	1	1	—	—	100,0	100,0	—
—	—	—	—	—	—	—	—	—
—	—	—	—	—	—	—	—	—
11 194	53,1	1	1	—	—	100,0	100,0	—
—	—	—	—	—	—	—	—	—
—	—	—	—	—	—	—	—	—
574 600	498,4	3	1	1	(1) 1	33,3	33,3	—
4 658 723	130,0	159	114	29	(4) 16	52,7	76,6	+ 23,9

ist in ( ) beigesetzt.
berechnet durch Vergleich der Flächen 90 und 99.

Tabelle 1c. **Die Spielplätze in den Jahren 1890 und Zahl der beteiligten Orte**

Staaten. Provinzen.	Zahl der Spielplätze			Fläche der Spielplätze in qm	
	1890	1899	1899 ±	1890	1899
1	2	3	4	5	6
A. Preußen	136	236	+100	907 124	1 043 264
I. Ostpreußen.	1	3	+ 2	1 600	75 500
II. Westpreußen	—	2	+ 2	—	28 000
III. Stadtkreis Berlin. .	5	5	—	97 006	97 006
IV. Brandenburg. . . .	—	5	+ 5	—	26 214
V. Pommern	13	22	+ 9	29 600	47 212
VI. Posen	—	—	—	—	—
VII. Schlesien.	13	21	+ 8	31 537	113 623
VIII. Sachsen	11	20	+ 9	47 700	467 300
IX. Schleswig-Holstein .	2	4	+ 2	208 500	249 300
X. Hannover	8	19	+ 11	299 990	383 013
XI. Westfalen	—	5	+ 5	—	13 550
XII. Hessen-Nassau . . .	2	7	+ 5	37 125	117 210
XIII. Rheinland	81	123	+ 42	148 870	327 138
B. Die andern Bundesstaaten	110	228	+118	715 424	1 917 983
1. Bayern	25	80	+ 55	44 300	723 995
2. Königreich Sachsen .	76	114	+ 38	482 984	818 528
3. Württemberg	—	4	+ 4	—	130 044
4. Baden	—	—	—	—	—
5. Hessen	—	—	—	—	—
6. Mecklenb.-Schwerin .	—	—	—	—	—
7. Sachsen-Weimar. . .	—	—	—	—	—
8. Mecklenb.-Strelitz . .	—	—	—	—	—
9. Oldenburg	—	—	—	—	—
10. Braunschweig	2	8	+ 6	87 870	115 720
11. Sachsen-Meiningen .	—	—	—	—	—
12. Sachsen-Altenburg. .	—	—	—	—	—
13. Sachsen-Koburg-Gotha	—	—	—	—	—
14. Anhalt.	—	—	—	—	—
15. Schwarzb.-Sondersh..	—	—	—	—	—
16. Schwarzb.-Rudolstadt	—	—	—	—	—
17. Reuß ä. L..	—	—	—	—	—
18. Reuß j. L..	—	—	—	—	—
19. Schaumburg-Lippe .	—	—	—	—	—
20. Lippe	—	—	—	—	—
21. Lübeck	—	—	—	—	—
22. Bremen	5	5	—	59 670	59 670
23. Hamburg	1	8	+ 7	4 100	23 280
24. Elsaß-Lothringen . .	1	4	+ 3	38 500	46 600
Deutsches Reich (A + B) . .	246	459	+218	1 612 552	[illegible]
Gesamtsumme aller Orte (Tabelle Ia—c).	1166	2092	+926	9 581 290	16 602 042

*) Anfrage gar nicht oder ungenügend beantwortet; die Zahl der letzteren

1899 nach Zahl und Fläche, sowie nach der
von über 100 000 Einwohnern.

Flächenzugang		Zahl der in die Erhebung einbezogenen Orte 1899				Von 100 Orten pflegten das Spiel		
überhaupt qm	vom Hundert	überhaupt	mit Spiel	ohne Spiel	zweifelhaft*)	1890	1899	1899 ±
7	8	9	10	11	12	13	14	15
1 048 136	**110,8**	**18**	**18**	—		**61,1**	**100,0**	**+ 38,9**
73 700	4094,5	1	1	—	—	100,0	100,0	—
28 000	∞	1	1	—	—	—	100,0	+ 100,0
—	—	1	1	—	—	100,0	100,0	—
20 214	∞	1	1	—	—	—	100,0	+ 100,0
17 612	59,5	1	1	—	—	100,0	100,0	—
—	—	—	—	—	—	—	—	—
82 286	260,9	1	1	—	—	100,0	100,0	—
419 600	679,7	2	2	—	—	50,0	100,0	+ 50,0
45 800	22,5	1	1	—	—	100,0	100,0	—
83 023	27,7	1	1	—	—	100,0	100,0	—
13 550	∞	1	1	—	—	—	100,0	+ 100,0
80 085	215,7	1	1	—	—	100,0	100,0	—
178 266	119,7	6	6	—	—	50,0	100,0	+ 50,0
1 202 411	**108,1**	**10**	**10**	—	—	**90,0**	**100,0**	**+ 10,0**
679 695	1534,2	2	2	—	—	100,0	100,0	—
835 542	69,5	3	3	—	—	100,0	100,0	—
130 044	∞	1	1	—	—	—	100,0	+ 100,0
—	—	—	—	—	—	—	—	—
—	—	—	—	—	—	—	—	—
—	—	—	—	—	—	—	—	—
—	—	—	—	—	—	—	—	—
—	—	—	—	—	—	—	—	—
—	—	—	—	—	—	—	—	—
27 850	91,7	1	1	—	—	100,0	100,0	—
—	—	—	—	—	—	—	—	—
—	—	—	—	—	—	—	—	—
—	—	—	—	—	—	—	—	—
—	—	—	—	—	—	—	—	—
—	—	—	—	—	—	—	—	—
—	—	—	—	—	—	—	—	—
—	—	—	—	—	—	—	—	—
—	—	—	—	—	—	—	—	—
—	—	—	—	—	—	—	—	—
—	—	—	—	—	—	—	—	—
—	—	—	—	—	—	—	—	—
—	—	1	1	—	—	100,0	100,0	—
19 150	467,8	1	1	—	—	100,0	100,0	—
10 100	21,7	1	1	—	—	100,0	100,0	—
2 836 847	**130,8**	**28**	**28**	—	—	**71,4**	**100,0**	**+ 28,6**
9 161 662	**96,1**	**804**	**457**	**134**	**(94) 213**	**40,3**	**56,8**	**+ 16,5**

ist in ( ) beigesetzt.

Tabelle 2. **Orte mit Spielbetrieb 1890 und 1899.**

Staaten. — Provinzen.	Die Zahl der das Spiel pflegenden Orte unter 20 000 Einw.		von 20–100 000 Einw.		über 100 000 Einw.		Zusammen	
	betrug							
	1890	1899	1890	1899	1890	1899	1890	1899
A. Preußen	147	208	41	78	11	18	200	294
I. Ostpreußen	9	10	1	2	1	1	11	13
II. Westpreußen	7	9	2	2	—	1	9	12
III. Stadtkreis Berlin . .	—	—	—	—	1	1	1	1
IV. Brandenburg	31	35	6	9	—	1	37	45
V. Pommern	13	15	2	3	1	1	16	19
VI. Posen	1	7	2	4	—	—	3	11
VII. Schlesien	22	32	8	10	1	1	31	43
VIII. Sachsen	17	21	6	11	1	2	24	34
IX. Schleswig-Holstein. .	5	11	3	3	1	1	9	15
X. Hannover	10	14	5	5	1	1	16	20
XI. Westfalen.	9	18	3	10	—	1	12	29
XII. Hessen-Nassau	7	7	1	2	1	1	9	10
XIII. Rheinland	16	29	12	17	3	6	31	52
B. Die anderen Bundesstaaten	78	107	28	36	9	10	115	158
1. Bayern.	17	22	5	7	2	2	24	31
2. Königreich Sachsen. . .	21	31	7	7	3	3	31	41
3. Württemberg	11	12	2	3	—	1	13	16
4. Baden	5	6	5	5	—	—	10	11
5. Hessen	1	1	—	3	—	—	1	4
6. Mecklenburg-Schwerin .	2	3	.	—	—	—	2	3
7. Sachsen-Weimar	2	2	1	2	—	—	3	4
8. Mecklenburg-Strelitz . .	—	1	.	—	—	—	.	1
9. Oldenburg	—	1	.	—	—	—	.	1
10. Braunschweig	1	2	—	—	1	1	2	3
11. Sachsen-Meiningen . . .	4	4	—	—	—	—	4	4
12. Sachsen-Altenburg . . .	2	2	1	1	—	—	3	3
13. Sachsen-Koburg-Gotha .	1	1	1	1	—	—	2	2
14. Anhalt	1	4	2	3	—	—	3	7
15. Schwarzburg-Sondersh. .	2	2	—	—	—	—	2	2
16. Schwarzburg-Rudolstadt.	1	2	—	—	—	—	1	2
17. Reuß ä. L.	1	1	1	1	—	—	2	2
18. Reuß j. L.	.	—	1	1	—	—	1	1
19. Schaumburg-Lippe . . .	.	—	—	—	—	—	.	—
20. Lippe.	1	2	—	—	—	—	1	2
21. Lübeck	—	—	1	1	—	—	1	1
22. Bremen.	—	1	—	—	1	1	1	2
23. Hamburg	—	—	—	—	1	1	1	1
24. Elsaß-Lothringen . . .	5	7	1	1	1	1	7	9
Deutsches Reich (A + B). . .	225	315	70	114	20	28	324	457
							d. i. + 133 = 41,0 v. H.	

Tabelle 3. **Die Verteilung der Spielplatzfläche auf je 1000 Einwohner der das Spiel überhaupt pflegenden kleinen*), mittleren und Groß-Städte des Deutschen Reiches im Jahre 1899.**

Staaten. Provinzen.	Es entfielen durchschnittlich auf 1000 Einwohner in den Orten mit einer Einwohnerzahl von unter 20 000	20 000–100 000	über 100 000
	qm		
A. Preußen (Staatsdurchschnitt)	1 827,8	1 592,2	615,9
I. Ostpreußen	2 648,5	480,0	436,9
II. Westpreußen	775,6	3 622,4	222,9
III. Stadtkreis Berlin	—	—	57,8
IV. Brandenburg	1 738,6	2 069,2	198,0
V. Pommern	1 221,4	1 758,3	335,5
VI. Posen	3 225,1	315,6	—
VII. Schlesien	1 669,1	996,8	305,0
VIII. Sachsen	1 336,3	829,4	1 325,7
IX. Schleswig-Holstein	1 417,6	2 506,6	1 673,8
X. Hannover	1 860,5	920,5	1 827,9
XI. Westfalen	1 507,9	993,6	121,8
XII. Hessen-Nassau	1 349,2	3 792,6	511,2
XIII. Rheinland	3 164,5	802,7	375,2
B. Die anderen Bundesstaaten (Staatsdurchschnitt)	1 462,1	3 418,0	628,9
1. Bayern	1 288,4	10 667,6	933,8
2. Königreich Sachsen	2 889,5	6 804,5	785,6
3. Württemberg	1 176,8	306,0	821,4
4. Baden	6 529,7	1 736,6	—
5. Hessen	345,1	315,0	—
6. Mecklenburg-Schwerin	1 289,1	.	—
7. Sachsen-Weimar	1 331,6	357,6	—
8. Mecklenburg-Strelitz	744,4	—	—
9. Oldenburg	47,7	.	—
10. Braunschweig	1 629,4	—	1 005,1
11. Sachsen-Meiningen	315,5	—	—
12. Sachsen-Altenburg	681,6	412,9	—
13. Sachsen-Koburg-Gotha	1 397,8	365,4	—
14. Anhalt	937,6	619,9	—
15. Schwarzburg-Sondersh.	2 452,3	—	—
16. Schwarzburg-Rudolstadt	163,5	—	—
17. Reuß ä. L.	111,8	493,4	—
18. Reuß j. L.	.	378,9	—
19. Schaumburg-Lippe	.	—	—
20. Lippe	1 677,8	—	—
21. Lübeck	—	462,2	—
22. Bremen	1 816,8	—	420,5
23. Hamburg	.	—	37,2
24. Elsaß-Lothringen	955,1	20 648,5	343,6
Deutsches Reich (A + B). Durchschn.	[illegible]	[illegible]	[illegible]

*) Über 5000 Einwohner.

Tabelle 4a. **Besitzverhältnisse der 1899 bestehenden Spielplätze sowie voraussichtliche Neuanlagen bezw. Erweiterungen von solchen in den Orten von unter 20000 Einwohnern.**

Staaten. — Provinzen.	Von den Spielplätzen befanden sich im Besitz								Zur Neuanlage bezw. Erweiterung waren in bestimmte Aussicht genommen							
	der Ortsgemeinden		des Staates oder des Militärfiskus		von Vereinen oder Klubs		unbekannter Besitzer		in Ortsgemeinde-Besitz		in staatlich. od. militär-fiskalischem Besitz		im Besitz von Vereinen od. Klubs		in unbekanntem Besitz	
	Plätze	qm	Plätze	qm	Plätze	qm	Plätze	qm	Plätze	qm	Plätze	qm	Plätze	qm	Plätze	qm
1	2	3	4	5	6	7	8	9	10	11	12	13	14	15	16	17
A. Preußen	493	2 109 105	73	1 807 356	69	520 971	—	—	27	104 532	1	1000	1	500	—	—
I. Ostpreußen	25	82 629	8	62 700	1	60 000	—	—	2	5 000	—	—	1	.	—	—
II. Westpreußen	12	30 640	4	12 300	3	14 200	—	—	1	1 500	—	—	—	—	—	—
III. Stadtkreis Berlin	—	—	—	—	—	—	—	—	—	—	—	—	—	—	—	—
IV. Brandenburg	80	663 045	5	15 000	12	40 520	—	—	3	7 710	—	—	—	—	—	—
V. Pommern	33	81 769	5	120 400	1	900	—	—	2	1 200	—	—	—	—	—	—
VI. Posen	6	60 950	5	196 900	—	—	—	—	—	—	—	—	—	—	—	—
VII. Schlesien	61	314 488	16	29 330	5	245 015	—	—	4	[1](1000)	1	1000	—	—	—	—
VIII. Sachsen	44	193 068	3	50 000	8	25 499	—	—	3	12 600	—	—	—	—	—	—
IX. Schleswig-Holstein	22	112 101	1	40 000	3	.	—	—	2	27 630	—	—	—	—	—	—
X. Hannover	40	169 134	6	99 660	12	39 535	—	—	1	.	—	—	—	—	—	—
XI. Westfalen	51	173 061	2	14 700	9	48 164	—	—	1	1 200	—	—	—	—	—	—
XII. Hessen-Nassau	20	54 769	7	37 060	4	13 260	—	—	4	4 700	—	—	—	—	—	—
XIII. Rheinland	99	173 513	11	1 129 306	11	38 878	—	—	4	41 992	—	—	—	500	—	—

B. Die anderen Bundesstaaten	196	1 314 207	41	662 056	67	[illegible]	1	.	18	159 011	2	2850	2	3375	.	.
1. Bayern	37	188 087	6	122 250	14	44 680	—	—	5	29 061	1	.	—	—	—	—
2. Königreich Sachsen	56	712 237	10	13 380	25	50 320	—	—	2	110 450	1	2850	1	3000	—	—
3. Württemberg	21	119 430	3	5 000	4	7 000	—	—	1	.	—	—	—	—	—	—
4. Baden	11	50 832	6	417 569	3	6 286	—	—	2	6 500	—	—	—	—	—	—
5. Hessen	4	2 300	—	—	—	—	—	—	—	—	—	—	—	—	—	—
6. Mecklenburg-Schwerin	12	39 670	—	—	3	1 230	—	—	.	.	—	—	—	—	—	—
7. Sachsen-Weimar	1	10 000	—	—	3	28 250	—	—	—	—	—	—	—	—	—	—
8. Mecklenburg-Strelitz	2	6 425	—	—	2	810	—	—	—	—	—	—	—	—	—	—
9. Oldenburg	1	600	.	.	—	—	1	.[2]	.	.	—	—	—	—	—	—
10. Braunschweig	4	32 800	3	15 700	—	—	—	—	—	—	—	—	—	—	—	—
11. Sachsen-Meiningen	6	11 587	1	900	8	2 500	—	—	1	.	—	—	1	375	—	—
12. Sachsen-Altenburg	7	4 720	—	—	2	5 000	—	—	.	.	—	—	—	—	—	—
13. Sachsen-Koburg-Gotha	2	25 000	—	—	—	—	—	—	—	—	—	—	—	—	—	—
14. Anhalt	5	12 358	3	5 450	3	25 382	—	—	—	—	—	—	—	—	—	—
15. Schwarzburg-Sondersh.	3	18 920	3	24 000	1	6 000	—	—	—	—	—	—	—	—	—	—
16. Schwarzburg-Rudolstadt	4	2 628	—	—	2	565	—	—	1	10 000	—	—	—	—	—	—
17. Reuß ä. L.	—	—	—	—	1	1 000	—	—	—	—	—	—	—	—	—	—
18. Reuß j. L.	.	.	.	.	.	.	.	.	.	.	.	.	.	.	.	.
19. Schaumburg-Lippe	.	.	.	.	—	—	—	—	—	—	—	—	—	—	—	—
20. Lippe	3	38 928	3	10 507	—	—	—	—	—	—	—	—	—	—	—	—
21. Lübeck	—	—	—	—	—	—	—	—	—	—	—	—	—	—	—	—
22. Bremen	1	3 400	1	30 000	—	—	—	—	—	—	—	—	—	—	—	—
23. Hamburg	.	.	.	.	.	.	.	.	.	.	.	.	.	.	.	.
24. Elsaß-Lothringen	16	48 225	2	17 000	1	8 000	—	—	1	3 000	—	—	—	—	—	—
Deutsches Reich (A + B)	[illegible]	3 428 462	114	2 469 412	136	702 974	1	.	40	[illegible]	8	[illegible]	6	[illegible]	.	.

[1]) Angabe unvollständig. [2]) Heide.

...verhältnisse der 1899 bestehenden Spielplätze sowie voraussichtliche ... Erweiterungen von solchen in den Orten von 20 000—100 000 Einwohnern.

	Von den Spielplätzen befanden sich im Besitz								Zur Neuanlage bezw. Erweiterung waren in bestimmte Aussicht genommen							
	der Ortsgemeinden		des Staates oder des Militärfiskus		von Vereinen oder Klubs		unbekannter Besitzer		im Ortsgemeinde-Besitz		im staatlich. od. militär-fiskalischem Besitz		im Besitz von Vereinen oder Klubs		in unbekanntem Besitz	
	Plätze	qm	Plätze	qm	Plätze	qm	Plätze	qm	Plätze	qm	Plätze	qm	Plätze	qm	Plätze	qm
1	2	3	4	5	6	7	8	9	10	11	12	13	14	15	16	17
A. Preußen	437	1 961 847	39	1 709 557	38	156 367	—	—	31	144 182	1	.	4	60 000	—	—
I. Ostpreußen	4	12 500	1	7 000	1	1 000	—	—	—	—	—	—	—	—	—	—
II. Westpreußen	13	24 563	9	152 000	8	(inkl. Sp. 8)	.	—	—	—	—	—	—	—	—	—
III. Stadtkreis Berlin	—	—	—	—	—	—	—	—	—	—	—	—	—	—	—	—
IV. Brandenburg	22	165 852	4	853 900	1	3 600	—	—	2	26 300	—	.	1	.	—	—
V. Pommern	12	101 400	2	15 400	4	14 524	—	—	1	10 000	—	—	—	—	—	—
VI. Posen	22	45 574	2	20 000	1	1 000	—	—	2	.	1	.	—	—	—	—
VII. Schlesien	44	256 080	4	36 300	—	—		—	14	[illegible]	—	—	.	—	—	—
VIII. Sachsen	52	198 643	5	35 665	5	8 170	—	—	1	9 500	—	—	1	8 000	—	—
IX. Schleswig-Holstein	49	259 101	4	90 817	3	23 121	—	—	—	—	—	—	—	—	—	—
X. Hannover	20	156 750	3	6 005	—	—	—	—	2	6 000	—	—	1	.	—	—
XI. Westfalen	55	292 182	3	3 365	3	20 000	—	—	5	52 500	—	—	—	—	—	—
XII. Hessen-Nassau	15	152 063	3	270 250	1	3 160	—	—	—	—	—	—	—	—	—	—
XIII. Rheinland	129	352 809	5	154 335	8	74 792	—	—	4	15 450	—	—	1	45 000	—	—

B. Die anderen Bundesstaaten	121	604 932	34	3 484 382	26	132 920	.	.	11	51 697	.	.	2	6 284	.	.
1. Bayern	27	48 690	2	1 521 490	2	22 500	—	—	1	1 600	—	—	—	—	—	—
2. Königreich Sachsen	31	179 397	3	1 003 200	12	14 080	—	—	4	31 347	—	—	1	1 200	—	—
3. Württemberg	12	42 600	—	—	2	4 200	—	—	—	—	—	—	—	—	—	—
4. Baden	12	92 970	5	519 000	2	52 000	—	—	2	13 050	—	—	—	—	—	—
5. Hessen	3	14 950	1	10 000	2	18 900	—	—	3	.	—	—	—	—	—	—
6. Mecklenburg-Schwerin	.	.	.	.	.	.	.	.	.	.	.	.	.	.	.	.
7. Sachsen-Weimar	3	4 958	2	24 200	—	—	—	—	—	—	—	—	—	—	—	—
8. Mecklenburg-Strelitz	—	—	—	—	—	—	—	—	—	—	—	—	—	—	—	—
9. Oldenburg	.	.	.	.	.	.	.	.	.	.	.	.	.	.	.	.
10. Braunschweig	—	—	—	—	—	—	—	—	—	—	—	—	—	—	—	—
11. Sachsen-Meiningen	—	—	—	—	—	—	—	—	—	—	—	—	—	—	—	—
12. Sachsen-Altenburg	5	4 200	4	9 600	—	—	—	—	—	—	—	—	—	—	—	—
13. Sachsen-Koburg-Gotha	2	5 890	1	5 692	—	—	—	—	1	5 700	—	—	1	5 084	—	—
14. Anhalt	6	53 133	6	19 800	—	—	—	—	—	—	—	—	—	—	—	—
15. Schwarzburg-Sondershausen	—	—	—	—	—	—	—	—	—	—	—	—	—	—	—	—
16. Schwarzburg-Rudolstadt	—	—	—	—	—	—	—	—	—	—	—	—	—	—	—	—
17. Reuß ä. L.	—	—	—	—	4	11 000	—	—	—	—	—	—	—	—	—	—
18. Reuß j. L.	8	16 500	—	—	—	—	—	—	—	—	—	—	—	—	—	—
19. Schaumburg-Lippe	—	—	—	—	—	—	—	—	—	—	—	—	—	—	—	—
20. Lippe	—	—	—	—	—	—	—	—	—	—	—	—	—	—	—	—
21. Lübeck	3	22 054	—	—	2	10 240	—	—	—	—	—	—	—	—	—	—
22. Bremen	—	—	—	—	—	—	—	—	—	—	—	—	—	—	—	—
23. Hamburg	—	—	—	—	—	—	—	—	—	—	—	—	—	—	—	—
24. Elsaß-Lothringen	14	119 590	10	371 400	—	—	—	—	—	—	—	—	—	—	—	—
Deutsches Reich (A + B)	[illegible]	2 556 760	78	[illegible]	62	[illegible]	.	.	43	[illegible]	1	.	6	[illegible]	.	.

[1]) Konnte aus dem Gemeindebesitz nicht ausgeschieden werden, da Umfang nicht angegeben.
[2]) Angaben unvollständig.

Tabelle 4b. **Besitzverhältnisse der 1899 bestehenden Spielplätze sowie voraussichtliche Neuanlagen bezw. Erweiterungen von solchen in den Orten von 20000—100000 Einwohnern.**

Staaten. — Provinzen.	Von den Spielplätzen befanden sich im Besitz								Zur Neuanlage bezw. Erweiterung waren in bestimmte Aussicht genommen							
	der Ortsgemeinden		des Staates oder des Militärfiskus		von Vereinen oder Klubs		unbekannter Besitzer		in Ortsgemeinde-Besitz		in staatlich. od. militär-fiskalischem Besitz		im Besitz von Vereinen oder Klubs		in unbekanntem Besitz	
	Plätze	qm	Plätze	qm	Plätze	qm	Plätze	qm	Plätze	qm	Plätze	qm	Plätze	qm	Plätze	qm
1	2	3	4	5	6	7	8	9	10	11	12	13	14	15	16	17
A. Preußen	437	1 651 847	[illegible]	1 708 557	36	156 267	—	—	61	144 182	1	.	4	53 000	—	—
I. Ostpreußen	4	12 500	1	7 000	1	1 000	—	—	—	—	—	—	—	—	—	—
II. Westpreußen	13	24 563	8	152 900	8	[1])(i. A. Bg.)	—	—	—	—	—	—	—	—	—	—
III. Stadtkreis Berlin	—	—	—	—	—	—	—	—	—	—	—	—	—	—	—	—
IV. Brandenburg	22	105 832	4	855 900	1	9 600	—	—	2	28 300	—	—	1	.	—	—
V. Pommern	12	101 400	2	15 400	4	14 524	—	—	1	10 000	—	—	—	—	—	—
VI. Posen	22	45 574	2	20 000	1	1 000	—	—	2	.	1	.	—	—	—	—
VII. Schlesien	44	276 080	4	38 300	—	—	—	—	14	[2])(31432)	—	—	—	—	—	—
VIII. Sachsen	52	198 643	5	85 655	5	8 370	—	—	1	2 500	—	—	1	8 000	—	—
IX. Schleswig-Holstein	49	239 101	4	39 817	3	23 321	—	—	—	—	—	—	—	—	—	—
X. Hannover	20	150 750	3	6 000	—	—	—	—	2	6 000	—	—	1	.	—	—
XI. Westfalen	55	292 132	3	8 000	3	28 000	—	—	5	52 500	—	—	—	—	—	—
XII. Hessen-Nassau	15	152 688	3	370 250	1	3 160	—	—	—	—	—	—	—	—	—	—
XIII. Rheinland	129	352 609	5	154 335	9	74 792	—	—	4	15 450	—	—	1	45 000	—	—

B. Die anderen Bundesstaaten	121	604 922	34	3 684 362	33	132 900	.	.	11	51 697	.	.	2	6 284	.	.
1. Bayern	27	48 690	2	1 521 470	9	22 500	—	—	1	1 600	—	—	—	—	—	—
2. Königreich Sachsen	31	179 397	3	1 003 900	12	14 060	—	—	4	31 347	—	—	1	1 200	—	—
3. Württemberg	12	42 600	—	—	2	4 200	—	—	—	—	—	—	—	—	—	—
4. Baden	12	92 970	5	519 000	2	52 000	—	—	2	13 050	—	—	—	—	—	—
5. Hessen	3	14 950	1	18 000	2	18 900	—	—	3	.	—	—	—	—	—	—
6. Mecklenburg-Schwerin	.	.	.	.	.	.	.	.	.	.	.	.	.	.	.	.
7. Sachsen-Weimar	3	4 958	2	84 900	—	—	—	—	—	—	—	—	—	—	—	—
8. Mecklenburg-Strelitz	—	—	—	—	—	—	—	—	—	—	—	—	—	—	—	—
9. Oldenburg	.	.	.	.	.	.	.	.	.	.	.	.	.	.	.	.
10. Braunschweig	—	—	—	—	—	—	—	—	—	—	—	—	—	—	—	—
11. Sachsen-Meiningen	—	—	—	—	—	—	—	—	—	—	—	—	—	—	—	—
12. Sachsen-Altenburg	5	4 200	4	9 600	—	—	—	—	—	—	—	—	—	—	—	—
13. Sachsen-Koburg-Gotha	2	5 880	1	5 092	—	—	—	—	1	5 700	—	—	1	5 084	—	—
14. Anhalt	6	53 133	6	19 800	—	—	—	—	—	—	—	—	—	—	—	—
15. Schwarzburg-Sondersh.	—	—	—	—	—	—	—	—	—	—	—	—	—	—	—	—
16. Schwarzburg-Rudolstadt	—	—	—	—	—	—	—	—	—	—	—	—	—	—	—	—
17. Reuß ä. L.	—	—	—	—	4	11 000	—	—	—	—	—	—	—	—	—	—
18. Reuß j. L.	3	16 500	—	—	—	—	—	—	—	—	—	—	—	—	—	—
19. Schaumburg-Lippe	—	—	—	—	—	—	—	—	—	—	—	—	—	—	—	—
20. Lippe	—	—	—	—	—	—	—	—	—	—	—	—	—	—	—	—
21. Lübeck	3	22 054	—	—	2	10 240	—	—	—	—	—	—	—	—	—	—
22. Bremen	—	—	—	—	—	—	—	—	—	—	—	—	—	—	—	—
23. Hamburg	—	—	—	—	—	—	—	—	—	—	—	—	—	—	—	—
24. Elsaß-Lothringen	14	119 590	10	571 400	—	—	—	—	—	—	—	—	—	—	—	—
Deutsches Reich (A + B)	558	2 566 269	78	5 287 960	62	249 287	.	.	42	185 679	1	.	6	50 284	.	.

¹) Konnte aus dem Gemeindebesitz nicht ausgeschieden werden, da Umfang nicht angegeben.
²) Angaben unvollständig.

Tabelle 4c. **Besitzverhältnisse der 1899 bestehenden Spielplätze sowie voraussichtliche Neuanlagen bezw. Erweiterungen von solchen in den Orten von über 100 000 Einwohnern.**

Staaten. — Provinzen.	Von den Spielplätzen befanden sich im Besitz								Zur Neuanlage bezw. Erweiterung waren in bestimmte Aussicht genommen							
	der Ortsgemeinden		des Staates oder des Militärfiskus		von Vereinen oder Klubs		unbekannter Besitzer		im Ortsgemeinde-Besitz		in staatlich. od. militärfiskalischem Besitz		im Besitz von Vereinen oder Klubs		in unbekanntem Besitz	
	Plätze	qm	Plätze	qm	Plätze	qm	Plätze	qm	Plätze	qm	Plätze	qm	Plätze	qm	Plätze	qm
1	2	3	4	5	6	7	8	9	10	11	12	13	14	15	16	17
A. **Preußen**	221	1 512 802	9	392 812	6	84 650		—	5	128 140		.	2	.	—	—
I. Ostpreußen	2	73 700		—	1	1 800	—	—	—	—	—	—	—	—	—	—
II. Westpreußen	1	8 000	1	20 000	—	—	—	—	1	20 000	—	—	—	—	—	—
III. Stadtkreis Berlin	5	97 006	.			.	—	—		—	.	.		.	—	—
IV. Brandenburg	3	26 214	2	.	—	—	—	—	1	7 140	—	—	—	—	—	—
V. Pommern	20	40 156	2	7 062	—	.	—	—	—	—	—	—	1	.	—	—
VI. Posen	—	—	—	—	—	—	—	—	—	—	—	—	—	—	—	—
VII. Schlesien	21	113 629	—	—	—	—		—		.	—	—	—	—	—	—
VIII. Sachsen	19	167 300	1	300 000	—	—	—	—	—	—	—	—	—	—	—	—
IX. Schleswig-Holstein	4	249 306	—	—	—	—	—	—	—	—	—	—	—	—	—	—
X. Hannover	18	321 264	1	61 750	—	—	—	—	—	—	.	—	—	—	—	—
XI. Westfalen	5	13 550	—	—	—	—	—	—	.	.	—	—	—	—	—	—
XII. Hessen-Nassau	5	117 240	—	—	2	.	—	—	1	80 000	—	—	—	—	—	—
XIII. Rheinland	118	285 280	2	4 000	3	82 850	—	—	2	21 000	—	—	1	.	—	—

B. Die andern Bundesstaaten	162	930 977	16	858 299	45	628 578	—	—	3	17 000	—	—	3	.	—	—
1. Bayern	56	108 795	3	93 900	21	582 000	—	—	—	—	—	—	—	—	—	—
2. Königreich Sachsen	93	539 918	4	239 800	17	45 305	—	—	2	7 000	—	—	3	.	—	—
3. Württemberg	4	130 044	—	—	—	—	—	—	—	—	—	—	—	—	—	—
4. Baden	—	—	—	—	—	—	—	—	—	—	—	—	—	—	—	—
5. Hessen	—	—	—	—	—	—	—	—	—	—	—	—	—	—	—	—
6. Mecklenburg-Schwerin	—	—	—	—	—	—	—	—	—	—	—	—	—	—	—	—
7. Sachsen-Weimar	—	—	—	—	—	—	—	—	—	—	—	—	—	—	—	—
8. Mecklenburg-Strelitz	—	—	—	—	—	—	—	—	—	—	—	—	—	—	—	—
9. Oldenburg	—	—	—	—	—	—	—	—	—	—	—	—	—	—	—	—
10. Braunschweig	8	115 720	—	—	—	—	—	—	1	10 000	—	—	—	—	—	—
11. Sachsen-Meiningen	—	—	—	—	—	—	—	—	—	—	—	—	—	—	—	—
12. Sachsen-Altenburg	—	—	—	—	—	—	—	—	—	—	—	—	—	—	—	—
13. Sachsen-Koburg-Gotha	—	—	—	—	—	—	—	—	—	—	—	—	—	—	—	—
14. Anhalt	—	—	—	—	—	—	—	—	—	—	—	—	—	—	—	—
15. Schwarzburg-Sondersh.	—	—	—	—	—	—	—	—	—	—	—	—	—	—	—	—
16. Schwarzburg-Rudolstadt	—	—	—	—	—	—	—	—	—	—	—	—	—	—	—	—
17. Reuß ä. L.	—	—	—	—	—	—	—	—	—	—	—	—	—	—	—	—
18. Reuß j. L.	—	—	—	—	—	—	—	—	—	—	—	—	—	—	—	—
19. Schaumburg-Lippe	—	—	—	—	—	—	—	—	—	—	—	—	—	—	—	—
20. Lippe	—	—	—	—	—	—	—	—	—	—	—	—	—	—	—	—
21. Lübeck	—	—	—	—	—	—	—	—	—	—	—	—	—	—	—	—
22. Bremen	—	—	—	—	5	59 670	—	—	—	—	—	—	—	—	—	—
23. Hamburg	—	—	7	22 180	1	1 100	—	—	—	—	—	—	—	—	—	—
24. Elsaß-Lothringen	1	36 500	2	10 100	1		—	—	—	—	—	—	—	—	—	—
Deutsches Reich (A + B)	388	2 448 779	25	756 002	51	663 228	—	—	8	145 140	.	.	6		—	—
Gesamtsumme aller Orte (Tabelle 4a—c)	1080	8 424 010	212	8 613 448	249	1 044 460	1	.	96	604 502	4	9850	14	68 159		

Zusammen: 108 Plätze = 671 571 qm

Tabelle 5. **Der Besuch der Spielplätze.**

Staaten. — Provinzen.	Von den Spielplätzen waren		
	gering besucht	zufriedenstellend besucht	meist überfüllt
A. Preußen	**174**	**1 169**	**40**
I. Ostpreußen	8	37	—
II. Westpreußen	18	27	—
III. Stadtkreis Berlin	—	5	—
IV. Brandenburg	19	107	3
V. Pommern	8	66	7
VI. Posen	4	82	—
VII. Schlesien	23	123	5
VIII. Sachsen	23	110	4
IX. Schleswig-Holstein	5	81	—
X. Hannover	8	92	2
XI. Westfalen	12	118	—
XII. Hessen-Nassau	—	56	1
XIII. Rheinland	52	317	18
B. Die anderen Bundesstaaten . . .	**57**	**[illegible]**	**23**
1. Bayern	7	161	—
2. Königreich Sachsen	15	221	15
3. Württemberg	6	69	1
4. Baden	—	38	1
5. Hessen	—	10	—
6. Mecklenburg-Schwerin	1	14	—
7. Sachsen-Weimar	—	9	—
8. Mecklenburg-Strelitz	—	4	—
9. Oldenburg	1	1	—
10. Braunschweig	1	14	—
11. Sachsen-Meiningen	—	10	—
12. Sachsen-Altenburg	—	18	—
13. Sachsen-Koburg-Gotha	—	5	—
14. Anhalt	1	22	—
15. Schwarzburg-Sondershausen .	—	7	—
16. Schwarzburg-Rudolstadt . . .	2	4	—
17. Reuß ä. L.	—	5	—
18. Reuß j. L.	—	8	—
19. Schaumburg-Lippe	.	.	.
20. Lippe	1	5	—
21. Lübeck	—	5	—
22. Bremen	1	8	—
23. Hamburg	—	8	—
24. Elsaß-Lothringen	21	20	6
Deutsches Reich (A + B)	**231**	**1 79[illegible]**	**63**

B. Abhandlungen besonderen Inhalts.

1

Wie kann die Spielbewegung an den deutschen Hochschulen gefördert werden?

Von Oberlehrer Dr. C. Knörk, Gr.-Lichterfelde bei Berlin.

Seit Jahren wendet der Zentral-Ausschuß den Universitäten und sonstigen deutschen Hochschulen seine ungeteilte Aufmerksamkeit zu, um auch diese in den Kreis seiner das Volkswohl fördernden Bestrebungen zu ziehen. Schon im Jahre 1895 sandte er an die Ministerien, die Rektoren der Hochschulen sowie an die gesamte Studentenschaft Rundschreiben, um sie mit seinen Zielen bekannt zu machen. Er ging in denselben von dem Gedanken aus, daß bei dem entnervenden Einfluß des modernen Kulturlebens gerade die deutsche Studentenschaft, den hellenischen Jünglingen nacheifernd, dazu berufen sei, den Körper zum starken Träger einer gesunden Seele zu gestalten. Die Studierenden, als die dereinstigen Führer der Nation, sollten in erster Linie in geistiger und leiblicher Frische der gesamten erwachsenen Jugend wieder vorangehen und in schaffensfreudigem Streben ein festes Bollwerk gegen äußere und innere Feinde des Vaterlandes bilden helfen.

Aber nicht vaterländische Ziele allein waren es, welche den Zentral-Ausschuß veranlaßten, sich an die deutsche Studentenschaft zu wenden, er wollte nicht nur der Allgemeinheit, sondern auch dem Einzelnen nützen. Gerade dem Akademiker thut der beständige Wechsel zwischen geistiger Überanstrengung im Studierzimmer und körperlicher Erholung in freier Luft not. Welche gewaltigen Anforderungen werden besonders in der Militär- und Examenszeit an seine körperlichen Kräfte gestellt. Nur wer über einen festen und gestählten Körper verfügt, wird diesen Zeiten mit großer Ruhe entgegensehen und sie ohne Schädigung für seine geistige und körperliche Gesundheit durchmachen können. Diesen Gedanken ist von hoher und höchster Stelle wiederholt Ausdruck gegeben worden. So sagte der begeisterte Förderer der deutschen Turnsache, der frühere Kultusminister von Goßler, am 26. Februar 1883 im Abgeordnetenhause: „Ich bin entschieden der Meinung, daß ein junger Mensch seine körperlichen Kräfte üben muß; er hat die Pflicht gegen sich selbst und auch dem Vaterlande gegenüber. Dies ist der Grund, weshalb ich mich der Aufgabe unterzogen habe, die Mittel zu schaffen, welche der studierenden Jugend den Betrieb des Turnens ermöglichen sollen. Denn ich will versuchen, die Gelegenheit zu schaffen, wo der Student seine körperlichen Kräfte üben kann, ohne daß er genötigt ist, immer zum Schläger zu greifen." In einer Rede vom 1. Februar 1884 sprach er sein tiefstes Bedauern darüber aus, wenn Studierende in der dazu günstigsten Zeit ihres Lebens nicht diejenige Fülle von Kraft gesammelt hätten, die sie nachher im bürgerlichen Leben durchaus brauchen. Ähnlich sagte der Minister am 25. Februar 1885: „Wenn diese glänzendsten Jahre aus dem Leben eines jungen Mannes ausgeschieden werden und in diesen glänzendsten Jahren der Körper nicht mehr geübt wird, so ist er für die körperliche Übung verloren, er kann machen, was er will." Auch Se. Majestät der Kaiser hat den Entschluß des Zentral-Ausschusses, die deutsche Studentenschaft zur Mitarbeit an der Verbreitung der Volks- und Jugendspiele in Deutschland heranzuziehen, mit lebhafter Freude begrüßt und den Bemühungen desselben in dieser Hinsicht die regste Aufmerksamkeit zugewendet.

Wie sieht es nun gegenüber diesem mannigfachen Interesse, das von allen Seiten dem Turnen der Studentenschaft entgegengebracht wird, mit den thatsächlichen Verhältnissen auf den deutschen Hochschulen aus? — Darüber giebt eine statistische Übersicht Auskunft, welche auf Anregung des Herrn v. Schenckendorff mit vieler Mühe Herr Dr. Rissom für das Sommersemester 1898 veranstaltet hat, nachdem bereits im 5. Bande des Jahrbuchs Herr Prof. Wickenhagen die Universitätsspielkurse des Jahres 1895 einer Besprechung unterzogen hatte. Wenn auch diese Statistik wegen der Schwierigkeiten, die sich derartigen Erhebungen naturgemäß entgegenstellen, keinen Anspruch auf absolute Genauigkeit macht, so läßt sie doch gewisse Rückschlüsse auf die wirklichen Verhältnisse zu. Danach ergiebt sich zunächst ein überaus trauriges Resultat hinsichtlich der Beteiligung der Studentenschaft an turnerischen Übungen jeglicher Art. Aus der Gesamtzahl der Studierenden einer Universität und derjenigen, welche turnerischen Übungen obliegt, läßt sich die Beteiligung prozentweise feststellen, wobei man die letztere Zahl etwas erhöhen muß, da gewiß manche Studierende nicht aufgeführt sind, welche in bürgerlichen Vereinen oder privatim turnen. Das bei weitem ungünstigste Resultat von sämtlichen Hochschulen liefert Gießen. Dort wird dem Anscheine nach überhaupt weder geturnt noch gespielt. Doch soll daselbst einiges Interesse für Rudern vorhanden sein. Die nächstdem ungünstigsten Verhältnisse zeigen Würzburg, Leipzig und Heidelberg mit 2 % (!), dann

Straßburg mit 2½ %, Rostock und Freiburg mit 3 %, Kiel mit 4 %, Münster, Breslau und Berlin mit 5 %, Marburg, Erlangen und Bonn mit 6 %, München und Tübingen mit 7 %. Die relativ besten Zahlen weisen Halle mit 8½ % und Göttingen mit 12 % auf. Für die Universität Greifswald sowie für die technischen und sonstigen Hochschulen ließ das Fehlen gewisser Angaben bestimmte Schlüsse nicht zu. Wenn obige Zahlen auch kleine Ungenauigkeiten aufweisen mögen, so wird doch ihr Durchschnitt ein Gesamtresultat ergeben, das von dem thatsächlichen Verhältnis nur sehr wenig verschieden sein kann. Danach halten es im allgemeinen von hundert deutschen Studierenden nur fünf für nötig, ihren Körper der gründlichen Zucht des Turnens oder der Turnspiele zu unterwerfen. Das ist ein geradezu bedenkliches Resultat, welches nur dadurch in etwas gemildert wird, daß die schlagenden studentischen Korporationen wenigstens das Fechten betreiben. Vielleicht werden hierfür noch 10—20 % sämtlicher Studenten in Betracht kommen. Doch kann das Fechten, namentlich so wie es heute betrieben wird, gegenüber der Mannigfaltigkeit der turnerischen Bewegungen nur als durchaus einseitige Körperübung betrachtet werden. Es wird fast nirgends um seiner selbst willen oder zu dem Zwecke der Stählung des Körpers geübt, sondern dient im allgemeinen nur als Vorübung für die studentischen Mensuren. Die meisten fechten nur mit dem rechten Arm, wenige befleißigen sich während der Studentenzeit des beiderseitigen Fechtens, die steile Auslage des Armes beim Schlägerfechten ist unnatürlich. Auch die steife und unbewegliche Stellung der Beine ist nicht geeignet, der Ausbildung des Körpers irgendwie zu nützen. Dem beweglicheren Säbelfechten kann in dieser Hinsicht mehr Wert beigemessen werden, obgleich es auch einseitig bleibt. Meist wird überdies das Fechten in gedeckten Räumen betrieben, wobei reichlicher Staub und Cigarrenrauch das ihrige thun. So rollt sich einem ein höchst betrübendes Bild von der Pflege der Leibesübungen auf den deutschen Hochschulen auf, kaum kann man überhaupt von solchen sprechen. Immer noch liebt es der deutsche Student, in qualmerfüllten Räumen beim Früh- und Abendschoppen geistige Anregung und körperliche Erholung zu suchen oder das nüchterne Dasein des weltentfremdeten Stubengelehrten zu führen. Wie anders sieht es demgegenüber mit der englischen Jugend aus. Luft und Licht ziehen die Studierenden hinaus auf die herrlichen Spielplätze der Universitäten, hier werden, wenn auch mit etwas weniger Gelehrsamkeit als bei uns, Männer mit klarem Blick und kraftvollem Wesen fürs Leben erzogen. Es wäre undenkbar, daß ein englischer Jugendlehrer nicht auch in den Spielen Meister wäre, wie dem Verfasser wiederholt auf den dortigen Schulen versichert wurde. Ohne ein tiefgehendes Interesse für diese Dinge würde er auf seine Zöglinge nur geringen Einfluß ausüben können.

Wie kommt es nun, daß sich gerade auf den deutschen Hochschulen das Verständnis für eine geregelte Pflege der Körperübungen so wenig ausgebildet hat? — Man wird diese Frage nicht beantworten können, ohne einen Blick auf die Entwickelung der Leibesübungen in Deutschland überhaupt zu werfen. Als mit der Begeisterung der Freiheitskriege überall sich das Bestreben kundgab, die körperlichen und sittlichen Kräfte des Volkes zu schöner Blüte zu entfalten, da zündeten die völkischen Ideen Jahns auch auf den Universitäten; von Berlin und Jena ging eine mächtige Bewegung aus, welche die auf Turnplatz und Anger getriebenen Leibesübungen in den Dienst des Vaterlandes gestellt wissen wollte. Als jedoch unklarer Freiheitsdrang den Tod Kotzebues veranlaßte, als die „Turnsperre" mit der Zeit des Niedergangs auch die weitere Entwickelung der Körperübungen lahmlegte, da erlosch allmählich auf den Universitäten und Schulen diese mit so vieler Begeisterung ins Leben gerufene Bewegung. Erst mit der politischen Erstarkung des Volkes, mit der Aufrichtung des geeinten Deutschen Reiches wurde sich ein Teil der Studierenden wieder bewußt, daß nur ein körperlich gesundes Volk große nationale Erfolge zu erzielen vermöchte. In diese Zeit fällt die Begründung der meisten akademischen Turnvereine, welche heute dem Vertreter-Convent (V.-C.) oder dem Akademischen Turnbunde (A. T. B.) angehören. Ist somit das Universitätsturnen eigentlich erst ein Ergebnis der letzten 30 Jahre, können wir seit 10 Jahren überhaupt erst von einer Spielbewegung sprechen, so haben auf der anderen Seite jahrhundertelang auf den Universitäten eingewurzelte Gebräuche und Vorurteile der Pflege dieser Dinge den Boden abgegraben. Nichts hat hemmender auf den akademischen Gemeingeist gewirkt als die Zersplitterung der deutschen Studentenschaft seit der Zeit der alten Bursen und Kollegien. In jenen den ältesten Zeiten der Universitäten angehörenden Gemeinwesen, in welchen die Studenten Kost, Wohnung und Unterricht empfingen, wäre es möglich gewesen, geregelte Körperübungen zu treiben, wenn nicht mönchisch-asketischer Geist, der auf die Abtötung des Fleisches abzielte, derartige Dinge unmöglich gemacht hätte. Oxford und Cambridge weisen noch heute jene Collegegemeinschaften auf, und diese bilden die wesentliche Grundlage für die dort so hochentwickelten Körperübungen. Die deutsche Studentenschaft hat sich nun seit Jahrhunderten in eine unglaubliche Zahl aller möglichen Vereinigungen zersplittert. Von den Kränzchen, Orden und Geheimbünden führt der Weg über die alten Landsmannschaften zu den heutigen Korps, Burschenschaften, L.-C.-Vereinigungen, wissenschaftlichen, politischen und konfessionellen, sangesfreudigen, gymnastischen und anderen Vereinigungen. Während sich die akademische Gemeinde dem übrigen Volke gegenüber stets als Staat im Staate fühlte, was Studierende vielfach vom Eintritt in die bürgerlichen Vereine der deutschen Turnerschaft abhielt, hat sie sich stets untereinander aufs grimmigste befehdet. Zu dem alten Haß zwischen Korps und Burschenschaften kam der neue zwischen nationalen und antinationalen Vereinigungen, zwischen christlichen und jüdischen, zwischen evangelischen und katholischen Verbindungen. Dazu that der gegenseitige Verruf. d. h. die studentische Aberkennung der Ehrenrechte, das Seinige. Neben dieser inkorporierten Studentenschaft steht nun ein großer Teil, vielleicht sogar die Hälfte aller Studierenden, in Berlin sicher ³/₄, jedem Gemeinschaftsgefühl völlig gleichgültig gegenüber. Solche Studenten, vielfach der ärmeren Klasse angehörend, suchen durch eifriges Brotstudium möglichst schnell unter Dach und Fach zu kommen, oder sie gehen wohl auch als Einlinge oder mit wenigen Kumpanen, die sich weder um nationale noch akademische Dinge kümmern, in ödem Kneipenleben zu Grunde. Auf diesen Teil der Studentenschaft braucht der Zentral-Ausschuß in seinen weitgehenden Bestrebungen überhaupt nicht zu rechnen, nur bei den inkorporierten Studenten wird er für seine Ideen Verständnis finden. Aber auch bei diesen lassen alteingewurzelte Vorurteile einen freudigen Turn- und Spielbetrieb nicht aufkommen. Gerade der angesehenere, wenn auch kleinere Teil der Studentenschaft, die farbentragenden Verbindungen und insbesondere die Korps und Burschenschaften, haben für derartige Bestrebungen so gut wie nichts übrig. Hier gilt noch immer die Mensur, ein schwacher Abglanz des alten kraftvollen Rencontre, als das allein Seligmachende. Hier ist der noch immer ein Held, welcher seine 20—30 Mensuren hinter sich hat. Ohne daß man den erziehlichen Wert der Mensur als solcher zu bezweifeln braucht, wird jeder denkende Mensch gegen derartige Übertreibungen aufs entschiedenste Front machen müssen. Wenn bei einem Heidelberger Korps, wie Prof. Moldenhauer in seiner Schrift über das Korpsstudententum berichtet, sogar schon die Füchse 6 und mehr Mensuren schlagen, dann geht mit Einpauken, Mensurtagen und Ausheilen der Schmisse so viel Zeit und Kraft verloren, daß für irgendwelche Freilichtübungen kein Platz mehr ist. So ist denn auch in den Rissom'schen Erhebungen nur der S.-C. in Bonn, Erlangen und Karlsruhe mit Tennis verzeichnet, während die Burschenschaften, zurückschauend auf ihre eigene Vergangenheit, wieder anfangen, turnerische Übungen in ihr Programm aufzunehmen. Bei vielen dieser farbentragenden Korporationen gilt es nicht für vornehm, Dinge zu treiben, an denen der gemeine Mann ebenfalls Gefallen findet, es würde dort für unerhört gehalten werden, in Mütze und Band auf den Spielplatz hinauszuziehen, diese mit etwa beengender Oberkleidung abzulegen und vor den Augen der erstaunten Mitwelt ein fröhliches Zusammenspiel zu veranstalten. Diese Herren, meist den besseren Gesellschaftsklassen angehörend, ahnen nicht, wie fördernd und anregend sie damit auf die gesamte übrige Studentenschaft wirken würden. Die Spiele würden sogar mit der Zeit ein wesentliches Schutzmittel gegen übertriebene Mensursimpelei werden. Der englische Student kennt überhaupt keine Duelle, und niemand wird ihm deswegen vorhalten können, er habe ein minder entwickeltes Ehrgefühl als der deutsche Student.

Stehen somit gerade auf den Hochschulen dem Wirken des Zentral-Ausschusses ungeahnte Schwierigkeiten entgegen, so fragt es sich, ob nicht doch mit der Zeit in dieser Hinsicht Wandel geschaffen werden kann. Schon mit der Thatsache, daß der Turn- und Spielbetrieb an den höheren Lehranstalten allmählich ein intensiverer wird, besonders wenn er in der Hand akademisch vorgebildeter Lehrer liegt, wird sich unter der Studentenschaft ein größeres Interesse für Körperübungen entwickeln. Der Student wird die ihm auf der Schule lieb gewordenen Dinge auf der Universität nicht missen wollen; er wird dieselben mit einer geläuterten Auffassung der gesundheitlichen und ethischen Wirkungen fortsetzen. Von drei Seiten her wird die Spielbewegung im allgemeinen gefördert werden können, der Zentral-Ausschuß muß nach wie vor mit Wort und That auch auf die Hochschulen das Ziel seiner Thätigkeit richten; die leitenden Staats- und Universitätsbehörden müssen für die Angelegenheit interessiert werden, und schließlich muß vor allem der Studentenschaft selber immerwährende Anregung geboten werden. Der Zentral-Ausschuß hat im Jahre 1895 an 12 Universitäten Spielkurse abhalten lassen und sich sowohl an die einschlägigen Behörden wie an die Studentenschaft selber gewandt. Er wird auch weiterhin derartige Schritte ergreifen, doch erscheint es ratsam, die Bewegung zunächst auf solche Universitäten auszudehnen, welche bereits relativ günstige Verhältnisse zeigen, wie z. B. Göttingen, Greifswald, Tübingen und Halle. Hier müßten gewissermaßen Musterverhältnisse geschaffen werden, welche für die übrigen Hochschulen vorbildlich wären. Es würde sich vielleicht empfehlen, 2—3 örtlich einander naheliegende Universitäten zu einem Spielkursus zu vereinigen. Besonders thätige Studierende würden seitens des Zentral-Ausschusses mit entsprechenden Mitteln unterstützt werden können. Allmählich wird sich auch die Einführung von Wettpreisen für die einzelnen spielenden Vereinigungen empfehlen, natürlich in der Form von Ehrenkränzen, Diplomen und dergl. Alljährlich müßte über diese Wettkämpfe sowie den Fortgang der Bewegung an die betr. Ministerien, Hochschulbehörden, Provinzial-Schulkollegien, Direktoren, Gemeinwesen u. s. w. durch den Zentral-Ausschuß Bericht erstattet werden, worauf diese noch ihrerseits entsprechende Vergünstigungen erteilen könnten.

Überhaupt werden in Zukunft an die leitenden Staats- und Universitätsbehörden in dieser Hinsicht erhöhte Anforderungen gestellt werden müssen. Die unerläßliche Grundlage für einen gedeihlichen Turn- und Spielbetrieb ist die Anlegung von Universitätsturnhallen und Spielplätzen. Sind aber solche vorhanden, so dürfen nicht, wie es bisher zuweilen geschehen ist, von den Studierenden Beiträge für die Benutzung erhoben werden. Das schreckt manchen, der nicht abgeneigt wäre, diese Einrichtungen zu benutzen, davon ab. Bis jetzt erfreuen sich in Preußen nur Bonn, Halle und Königsberg einer eigenen Universitätsturnhalle; letztere, die Palaestra Albertina, kann als das Ideal einer Pflegestätte für körperliche Übungen angesehen werden. Außerdem besitzen in Süddeutschland Freiburg, Tübingen und Würzburg eigene Turnhallen für akademische Zwecke, desgleichen Stuttgart. Einen eigenen Universitätsspielplatz benutzen nur die Studierenden in Erlangen, Leipzig, Marburg, Tübingen und Würzburg. Das preußische Kultusministerium steht zwar der Einrichtung derartiger Anstalten äußerst wohlwollend gegenüber, die turnenden und spielenden akademischen Korporationen erhalten sämtlich namhafte Unterstützungen zur Bestreitung der Unkosten in Privatturnhallen, immerhin bleibt aber auf diesem Gebiete fast noch alles zu thun. Zwar wurden 1896/97 in den Etat des preußischen Abgeordnetenhauses 15000 Mk. eingestellt für die Hebung der Leibesübungen an den Hochschulen, was von Kennern der Verhältnisse mit lebhaftem Dank begrüßt worden ist, das kommt aber dem empfundenen Bedürfnis nur in geringstem Maße entgegen. In jedem Jahr müßten die Mittel wenigstens zum Bau einer einzigen Universitätsturnhalle und zur Anstellung eines Universitätsturnlehrers bewilligt werden, denn es giebt leider noch immer 16 deutsche Hochschulen, an denen ein festangestellter Turnlehrer fehlt. Universitätsfecht-, Tanz- und Reitlehrer werden wohl überall zu finden sein. Nachdem z. B. die Universitätsturnhalle in Bonn eröffnet worden war, nahm eine ganze Reihe von Korporationen das Turnen und Spielen auf, sodaß man dort heute deren bereits mehr als ein Dutzend zählt. Alle Freunde des Universitätsturnens setzen in dieser Hinsicht ihre ganze Hoffnung auf den neuen preußischen Kultusminister, Se. Excellenz Herrn Dr. Studt. Diesem Staatsmann geht der Ruf voraus, daß er nicht nur ein Gönner und Förderer des gesamten Turnwesens sowie ein genauer Kenner des Schul- und Vereinsturnens, sondern noch heute selber ein eifriger Turner ist. Nicht nur hat er in jüngeren Jahren in Königsberg verschiedenen sportlichen Vereinigungen angehört, noch als Oberpräsident nahm er als Mitglied an allen größeren Veranstaltungen des Turnvereins in Münster teil. Somit steht zu erwarten, daß Excellenz Studt seine volle Aufmerksamkeit auch dem Hochschulturnen zuwenden wird, das noch immer als ein Stiefkind der deutschen Turnerei betrachtet werden muß. Der Dank von Generationen ist ihm gewiß.

Soll das Hochschulturnen nun einer weiteren gedeihlichen Entwickelung entgegengehen, so muß die Studentenschaft selber immer wieder und wieder an die Verpflichtung erinnert werden, neben der Pflege des Geistes die des Körpers nicht zu vernachlässigen. Hat der Zentral-Ausschuß sich bisher an die Allgemeinheit der Studierenden gewandt, so fragt es sich, ob es nicht zweckmäßig wäre, zunächst mit denjenigen Elementen der Studentenschaft in engere Fühlung zu treten, bei denen die Pflege des Turnens und der Turnspiele bereits eine grundsätzliche ist. Es sind in erster Linie die akademischen Turnvereinigungen. Die große Masse der Nichtinkorporierten wird, selbst wenn sie an Spielkursen teilnimmt, einen nachhaltigen Einfluß auf die Einführung der Spiele an der Universitäten nicht haben. Bald sind sie auseinander gegangen, das, was sie selbst erlernt haben, werden sie einer Gemeinschaft, der sie angehören, nicht mitteilen können. Ja, sie werden selber wieder aufhören zu spielen, da es ihnen an Mitspielern fehlt. Anders liegt es mit geschlossenen Korporationen, und hier sind die farbentragenden Turnerschaften sowie die nicht farbentragenden akademischen Turnvereine die natürlichen Helfer des Zentral-Ausschußes. Seit 30 Jahren bemüht sich der V.-C., der Verband der Turnerschaften*), mit Erfolg, die traditionellen Formen des deutschen

*) Vergl. des Verfassers Schrift: „Die Turnerschaften auf deutschen Hochschulen (V.-C.), ihre studentische und nationale Bedeutung.“ Leipzig, 1896. Verlag von R. Hoffmann.

Studentenlebens mit der allseitigen Pflege der Körperübungen zu vereinigen und damit namentlich reformierend unter den Farbenverbänden zu wirken, deren heut zum Teil in Erfüllung gegangene Ideen durch die Aufnahme der Leibesübungen neue nationale Kraft gewinnen würden. Auf der andern Seite suchen die akademischen Turnvereine des A. T. B. das Turnen hinauszutragen in die Kreise der loser organisierten Finkenschaft, indem sie jedem Studenten Gelegenheit geben, sich ihnen auf dem Turnboden und Spielplatz anzuschließen. Auch noch im Philisterium suchen Mitglieder dieser Vereinigungen weiteren und namentlich den gebildeten Kreisen turnerische Anregungen zu geben. So haben in den Turnerschaften des V.-C. fast sämtliche Philologen das Turnlehrerexamen bestanden, eine Berliner Turnerschaft zählt deren allein 25 unter ihren Inaktiven und Alten Herren. Im Akademischen Turnbunde sind rund 33 % sämtlicher Alten Herren in Schulen und Vereinen noch turnerisch thätig. Welchen nationalen Faktor, namentlich in Bezug auf die Wehrtüchtigkeit, diese Vereinigungen darstellen, das zeigen beifolgende Zahlen. So haben in den Turnerschaften des V.-C. 79 % sämtlicher Mitglieder bei der Waffe gedient, von diesen haben z. B. bei der Turnerschaft Borussia in Berlin 82 % die Qualifikation zum Reserve-Offizier erworben; diese Vereinigung, die erst seit dem Jahre 1882 besteht, sendet im Ernstfalle allein etwa 80 Offiziere ins Feld. Man wird nicht fehlgehen in der Annahme, daß die Disziplin des Turnbodens, verbunden mit der Kraft und Gewandtheit schaffenden Gymnastik zu diesen Zahlen ihr übriges beigetragen hat. So sagte der frühere Kultusminister, Se. Excellenz Herr Dr. v. Goßler, in seinem Erlaß vom 31. Januar 1883 anläßlich des ersten akademischen Turnfestes zu Sangerhausen, bei welchem beide akademischen Turnrichtungen noch vereinigt waren: „Bei aller studentischen Fröhlichkeit hat sich ein Geist der Zucht und Sitte kund gegeben, welcher, wie ich anzunehmen geneigt bin, nicht außer Zusammenhang mit der disziplinierenden Kraft wohlgeordneter Leibesübungen steht. Und wenn bei dieser Gelegenheit zahlreich versammelte Zuschauer den turnerischen Leistungen, namentlich den volkstümlichen Übungen, dem Wetturnen und den Turnspielen, mit der freudigsten Teilnahme gefolgt sind, so erscheint auch nach dieser Seite hin die Pflege der Leibesübungen auf den Hochschulen von allgemeiner idealer Bedeutung." Derartige Vereinigungen verdienen demnach in erster Linie die thatkräftige Unterstützung des Zentral-Ausschusses und der leitenden Behörden, damit sie ihrerseits mit dem gebührenden Nachdruck in den Kreisen der übrigen Studentenschaft thätig sein können.

Und hierzu eignen sich mehr die verhältnismäßig leicht zu erlernenden Spiele in freier Luft als der komplizierte Mechanismus des Gerätturnens oder die starre Gleichförmigkeit der Freiübungen. Diese akademischen Turnverbindungen müssen versuchen, befreundete Korporationen zur Teilnahme an den Spielen zu bewegen und sich die Mühe nicht verdrießen lassen, trotz mancher Absage ihre Lehrer zu werden. Haben sie sie erst in gemeinschaftlicher Arbeit in den Spielbetrieb eingeweiht, so wird es nicht zu lange währen, bis man ein Wettspiel gegen einander wagen kann. Das erste derartige Wettspiel fand übrigens im vergangenen Jahre in Heidelberg statt. So wird bald in diesen befreundeten Korporationen die Pflege der Spiele eine grundsätzliche, nicht mehr zu entbehrende werden, und sie werden ihrerseits wieder andere dazu anregen. So wird von innen heraus die Spielbewegung an den Hochschulen, wenn auch langsame, aber desto sicherere Fortschritte machen. Von farbentragenden Verbindungen kommen hierfür in erster Linie die Burschenschaften und Wingolfsverbindungen in Betracht, von den übrigen die Vereine deutscher Studenten, die christlichen, wissenschaftlichen und Gesangvereine. So soll noch in diesem Jahre seitens des Unterausschusses für die Hochschulen versucht werden, in Berlin eine Anzahl Alter Herren dieser Vereinigungen zusammenzuberufen, um mit ihnen in eine Beratung über die Einführung der Spiele in denselben einzutreten. Haben diese erst die Leibesübungen in ihr Programm aufgenommen, so wird auch die nichtinkorporierte Studentenschaft dafür Verständnis gewinnen, womit in Berlin schon der Anfang gemacht worden ist. Daß dieses schöne Ziel möglichst bald in Erfüllung gehen möge, dazu erbittet der Verfasser die opferfreudige Mitarbeit aller beteiligten Kreise.

2

Vaterländische Festspiele zu Köln.

Von Professor Dr. Moldenhauer, Köln.

Der großartige, wahrhaft deutsche und vaterländische Gedanke des Herrn v. Schenckendorff, das deutsche Volk in öffentlicher Bethätigung seiner besten geistigen und körperlichen Kräfte von Zeit zu Zeit auf einem gemeinsamen, großen, durch historische Erinnerungen geweihten Festplatz zusammenzuführen, hatte freudige Aufnahme am Rhein und besonders in Köln gefunden. Als dann die Verhältnisse, die sich der baldigen Ausführung dieses Gedankens hindernd entgegenstellten, zu einem andern Vorgehen nötigten, beschloß man in Köln, auf dem Boden einer Stadt, einer Gemeinde den praktischen Versuch eines solchen vaterländischen Festspieles zu machen. Nach langen Verhandlungen mit den einzelnen Vereinen, die besonders durch den Beigeordneten Piecq und Professor Moldenhauer geführt wurden, nach sehr eingehenden Vorberatungen und Vorbereitungen, bei denen sich in der erfreulichsten Weise die bereitwilligste Teilnahme dieser zahlreichen Vereine kundgab, gelang es, den schwierigen Plan zu einer so glänzenden Ausführung zu bringen, wie man sie nicht erwartet hatte.

Am 30. Juli, begünstigt vom schönsten Sommerwetter, sammelten sich um die Mittagszeit 110 Vereine auf dem in der Stadt gelegenen geräumigen Neumarkte. Genau zur festgesetzten Zeit, 3 Uhr nachmittags — ein gutes Vorzeichen für das Gelingen des Festes — setzte sich auf das Zeichen eines Trompetenstoßes dieser gewaltige Zug in Bewegung, voran 22 Radfahrvereine, dann folgten 11 Turn- und Fechtvereine, 7 Athletenvereine, 2 Spielvereine, 35 Gesangvereine, 2 Rudervereine, 20 Kriegervereine, 3 Wandervereine. 1 Trommlerhäuflein (Schüler) und 5 Musikvereine waren zwischen den einzelnen Gruppen verteilt und begleiteten mit ihren Musikvorträgen den strammen Marschschritt, mit welchem dieser imposante Festzug von 2500 Teilnehmern, verschönert durch die kleidsamen Trachten, Wahrzeichen und Fahnen der einzelnen Vereine, nach dem ³/₄ Stunde von der Stadt entfernten Stadtwald sich begab.

Waren schon die Straßen, durch welche der Festzug hindurchkam, mit einer dichtgedrängten Menschenmenge angefüllt gewesen, welche die einzelnen Vereine jubelnd begrüßte, so übertraf der Besuch des Stadtwaldes alle Erwartungen. Man hat die Zahl der dort anwesenden Zuschauer auf rund 50 000 geschätzt; sie kann eher größer als kleiner gewesen sein. Der Stadtwald selbst erwies sich nicht nur fähig, solche große Menge bequem aufzunehmen, sondern zeigte sich auch durch seine weit ausgedehnten Wiesenflächen vorzüglich geeignet zur Abhaltung eines solchen Festes. Ein herrlicheres und fesselnderes Bild läßt sich kaum denken, als beim Beginn des Festes die in einem weiten Halbkreis aufmarschierten Vereine die obere Wiese anfüllten, auf der Böschung und an den Seiten die zahllose, festtäglich gekleidete Zuschauermenge sie umgab, in der Mitte die Gesangvereine, geleitet von dem verdienstvollen Kgl. Musikdirektor des Kölner Männergesangvereins, Prof. Schwartz, in sechshundertfacher Stärke das „Deutsche Lied“ Kalliwodas und Silchers „Wohin mit der Freud'“ erklingen ließen. Leider drangen die herrlichen Töne dieses Männerchors doch nicht über den ganzen Platz hinweg; auch der vom Beigeordneten Piecq ausgebrachte Kaiserspruch wurde nicht allzu weit gehört. In dieser Beziehung werden künftig andere Anordnungen getroffen werden müssen, wie man denn überhaupt erst mit solchen großen Festen gute Erfahrungen sammeln muß.

Das zeigte sich auch beim Beginn der Festspiele. Trotz aller Mühe war das tausendköpfige Kölner Publikum, das im übrigen sich während des ganzen Festes musterhaft benahm, nicht von den zuvor bestimmten und gekennzeichneten Spielräumen fernzuhalten gewesen; es mußte erst durch Kettenschluß der Turner allmählich der Platz geräumt werden. Während nun die Turnvereine zu Freiübungen antraten, zogen die Ruderer, begleitet vom Mandolinenklub, zum Reigenfahren an den etwa 4 Morgen großen See; die Radfahrer und einige Spielgruppen nahmen die untere große Wiese zu ihren Übungen und Spielen ein. Für rasche Hilfe bei etwaigen Unglücksfällen — die, abgesehen von kleinen Verletzungen, dem Feste erspart geblieben sind — war durch die Samaritervereine in ausreichender Weise gesorgt worden.

Die Freiübungen der Turnvereine (300 Mann: Ausfälle, Rumpfbeugen, Armthätigkeiten) wurden nach Befehl und im Takt ausgeführt und gelangen durchweg gut. Das Riegenturnen, bei dem unter großem Beifall des Publikums, das nun überall hinzuströmte, sich auch der Vorturnerverein des Kgl. Friedrich-Wilhelms-Gymnasiums besonders hervorthat, das Fechten, die gleichzeitigen Übungen der Athletenvereine boten des Anziehenden in reicher Fülle. An dieses Turnen schlossen sich dann die Spiele und Läufe an: Fußball, Faustball, Tamburinball, Kriegsball, Schleuderball, Kreisball, Jagdball, Grenzball, Barlauf, Stafettenlauf u. a. m., die sich über das ganze große Spielfeld ausdehnten. Das Publikum folgte überall mit dem größten Interesse diesen Spielen, besonders dem Fußball; die Spieler selbst spielten, wie es ja nicht anders sein konnte, mit dem größten Eifer, ihnen war das Spiel Selbstzweck, nicht der etwaige Beifallsruf der Zuschauer. Inzwischen konzertierten die Musikvereine, der Mandolinenklub hatte sich auf einer Insel des Sees gelagert, die Gesangvereine ließen bald hier, bald dort ihre volkstümlichen und vaterländischen Weisen ertönen, die Zuschauer lagerten sich im Grase, erfrischten sich an den mitgebrachten Speisen und an den einfachen, ihnen von den geschickt aufgestellten Speise- und Trinkbuden verabreichten Getränken. Es war eben alles vermieden worden, was sonst solche Feste so leicht ausarten läßt. Ein Eintrittsgeld wurde nicht erhoben, alle Schaubuden, Karussells, alle sonstigen Reiz- und Genußmittel der Kirmessen und Schützenfeste waren streng zurückgewiesen worden. Es sollte ein volkstümliches, auf gesunder Grundlage aufgebautes, auch zur wahren Volksgesundung beitragendes Fest sein, und die Kölner dürfen mit gerechtem Stolz von sich sagen, daß dies gelungen ist, mag ja manches bei künftigen Festen noch besser angeordnet und ausgeführt werden. Der beste Beweis, daß das Richtige mit dieser Gestaltung des Festes getroffen war, ist der, daß das tausendköpfige, aus allen Ständen und Kreisen sich zusammensetzende Publikum bis zum Schlusse desselben in demselben eifrigen Interesse ausharrte.

Nach ungefähr 2½ Stunden wurde das Zeichen zur Beendigung der Spiele und zum Sammeln der Vereine auf der oberen Wiese gegeben. Mächtig erbrauste das Lied sämtlicher Gesangvereine, das Gebet aus den altniederländischen Volksliedern von Kremser, über den weiten Raum, dann sprach Professor Moldenhauer, von seinem nun besser gewählten höheren Standpunkte und bei seiner lauten Stimme über den ganzen Platz vernehmbar, das Schlußwort. Er feierte den Tag als einen neuen Ruhmestag in der Geschichte Kölns, das mit diesen vaterländischen Festspielen den Weg weise zu einer Neugestaltung des deutschen Festlebens und zur Weiterverbreitung der Volksspiele, der Leibesübungen und des volkstümlichen Gesanges; er erinnerte an den Todestag Bismarcks und mahnte die Tausende mit begeisterten Worten, festzuhalten an den großen Errungenschaften des deutschen Heeres und in den vaterländischen Gedanken Kaiser Wilhelms und seines Paladins, den Ruhm und die Größe des deutschen Vaterlandes immer weiter in friedlichem Wettkampfe unter den deutschen Stämmen und mit den Völkern der Welt auszudehnen. Sein Hoch galt dem deutschen Vaterlande, in welches die gewaltige Menschenmasse begeistert einstimmte und unter der Begleitung aller Musikchöre das ergreifende Vaterlandslied: „Deutschland, Deutschland über alles“ sang. Darauf erfolgte der Rückmarsch nach der Stadt; auf dem Neumarkte lösten die Vereine sich auf.

„Vaterländische Festspiele“ hat die Kölner Festleitung diese Feier am 30. Juli im Stadtwalde genannt; sie hat mit dieser Bezeichnung den richtigen Namen gewählt. Wohl waren es nur Spiele, aber in diesen Spielen zeigte sich doch der ganze Ernst tüchtiger und angestrengter Übungen, in den helleren Weisen der Gesang- und Musikchöre die treffliche geistige Durcharbeitung, in dem Mitwirken der Kriegervereine, endlich in dem Ganzen des Festes, der so überaus großartigen Teilnahme des Publikums, dem einmütigen Zusammengehen der so vielgestaltigen und so verschiedenartige Ziele verfolgenden Vereine der alle zusammenschließende Gedanke des Vaterlandes. Möge aus einem solchen Feste einer einzelnen Stadt, der sich bald andere anschließen werden und schon angeschlossen haben, im Laufe des neuen Jahrhunderts das große, allgemeine Vaterlandsfest aller Deutschen hervorwachsen; auf solcher festen und sicheren Grundlage wird es sich dann zu einem herrlichen, in alle Welt erglänzenden Bau wahren deutschen Volkslebens gestalten.

3

Vaterländische Festspiele zu Dresden.

Von Professor Dr. Weidenbach, Dresden.

Nachdem schon im Herbst 1898 die vorbereitenden Schritte gethan worden waren, wurde im Jahre 1899 durch den Oberbürgermeister von Dresden, Herrn Geh. Finanzrat a. D. Beutler, der

„Verein für vaterländische Festspiele in Dresden"

gegründet. Als Zweck dieses Vereins ist in seinen Satzungen angegeben: „die Stärkung der leiblichen Gesundheit des Volkes durch Turnen, Sport und Spiel, die Hebung des deutschen Nationalgefühles und gleichzeitig die Förderung der beabsichtigten Nationalfeste". Zur Erreichung dieses Zweckes sollen „alljährlich in Dresden zur Erhaltung und Erweiterung der Sedanfeste thunlichst an einem Sonntage vaterländische Festspiele öffentlich gefeiert werden. Die Vorführungen bei diesen Festen tragen im allgemeinen den Charakter von Wettkämpfen; als Preise für die Sieger dürfen jedoch niemals Wertgegenstände, sondern nur Eichenkränze nebst Urkunden verliehen werden". Nach sorgfältigen, vielfach mühevollen Vorbereitungen — galt es doch zum erstenmal in Dresden alles zusammenzufassen, was unter die Begriffe „Turnen, Sport und Spiel" fällt — versammelten sich am 3. September ½2 Uhr die Teilnehmer an den Kampfspielen im Herzen der Stadt, auf dem Altmarkt vor dem schön geschmückten Siegesdenkmal, zum Festauszug. Die von dem Berichterstatter gehaltene kurze Ansprache lautete:

„Aus dem Herzen unserer geliebten Vaterstadt wollen wir jetzt hinausziehen, um draußen auf den Wiesen unseres heimatlichen Stromes vaterländische Festspiele zum erstenmal zu feiern! Wir thun dies nicht in der Absicht, den überreich bestehenden Festen ein neues hinzuzufügen, wir wollen vielmehr im Dienste des Vaterlandes unserem Volke leibliche und geistige Gesundheit erringen und erhalten durch die Gesamtheit der täglichen Leibesübungen, die für unsere Festspiele die Voraussetzung und Vorbedingung bilden, wir wollen unseren volkstümlichen Festen einen edleren Inhalt geben und allezeit in uns das Bewußtsein lebendig erhalten, daß wir Deutsche sind! Aus diesem Geiste heraus sind unsere Festspiele geboren, und in diesem Geiste sollen sie von nun an alljährlich gefeiert werden — das geloben wir angesichts dieses Siegesdenkmals, das wir der todesmutigen Vaterlandsliebe, der selbstverleugnenden Tapferkeit, der geistigen und leiblichen Gesundheit unserer Väter verdanken! Was wir aber ererbt haben von unseren Vätern an geistigen und materiellen Gütern des Lebens, das wollen wir nicht nur erwerben, um es zu besitzen, das wollen wir auch wahren und mehren, so viel an uns liegt! In trinitate robur, „in der göttlichen Dreifaltigkeit liegt meine Kraft" — so lautet der Wappenspruch unseres Fürsten Bismarck, — auch wir stellen unsere gute deutsche Sache unter den besonderen Schutz und Segen des Allmächtigen, aber wir beginnen sie, indem wir zugleich auch unsere Augen emporheben zur irdischen Dreifaltigkeit des deutschen Volkes, zu Kaiser, König und Vaterland, zu dem Dreigestirn, das alles bedeutet und alles umfaßt, was deutschen Männern hoch und herrlich, hehr und heilig ist! In dieser weltlichen Dreifaltigkeit liegt auch unseres Volkes Kraft! — Darum weihen wir unsere vaterländischen Festspiele ein, indem wir dreimal einstimmen in den Jubelruf: Unseres deutschen Kaisers, unseres Sachsenkönigs Majestät, unseres geliebten Vaterlandes Herrlichkeit und Zukunft Gut Heil!"

Begeistert hallten die Rufe „Gut Heil!" über den weiten Markt, dann sang die große Festversammlung mit Musikbegleitung das Lied: „Deutschland, Deutschland über alles". Unmittelbar darauf erfolgte der Abmarsch; der Zug wurde durch Zurufe, Blumengrüße und Tücherschwenken sympathisch begrüßt; er machte in seiner bunten Reihenfolge und musterhaften Ordnung einen gewinnenden Eindruck.

Der Festplatz selbst liegt unmittelbar vor der Stadt auf den Elbwiesen zwischen dem Strom und dem Birkenwäldchen; das villen- und schlössergeschmückte Gelände von Loschwitz und in bläulicher Ferne die Sandsteinfelsen der Sächsischen Schweiz begrenzen die Scenerie, die man sich für solche veredelte Volksfeste nicht idealer denken oder wünschen kann.

Mehr und mehr klärte sich auch das Wetter auf, das anfangs zu wünschen übrig ließ, sodaß gegen 20000, ja in den späteren Abendstunden gegen 30000 Menschen auf dem Festplatze anwesend waren.

Sofort nach Eintreffen des Festzuges begann auf den eingefriedigten Plätzen das regste turnerische und sportliche Leben. Hier sammelte sich die Menge, um den Freiübungen der Turner zuzuschauen. Schlicht war ihre Tracht, schlicht und ernst waren auch ihre Übungen, aber exakt und gewandt. Wenn Hunderte von Armen sich kraftvoll beugten und streckten und unter der Wucht des Gleichtritts beim Ausfall der Boden zu zittern schien, so schaute man auf ein Bild wahrhaft deutschen Thuns und Treibens. Mit Befriedigung sah man alle Altersklassen, alle Stände vertreten: neben den Herren akademischer Bildung junge Kaufleute und Beamte, Handwerker und Ingenieure. Bald rief von diesem anziehenden Bild der Jubel und das Gelächter den Beschauer zu den Spielern. Da gab es immer Neues zu schauen: von Pirna her kamen in 2 Stunden und 7 Minuten die Fernläufer in tadelloser Verfassung, des Siegeskranzes begierig. Über 100 und über 1000 m begann dann der Wettlauf, und laut erscholl der ermunternde Zuruf. An einer anderen Stelle wieder umdrängten die Menschen das Podium der Kunst- und Reigenfahrer, und überall konnte man „sachkundige" Urteile über diesen beliebtesten Sport vernehmen. Dicht umlagert waren auch die Ufer der Elbe. Hier schossen die Bote der Ruderer heran, hier durchschnitten die Schwimmer die Flut, und erregt nahm man Partei. Dann forderte das Klirren der Waffen, der Säbel und Floretts, der Anblick der geschmeidigen, ganz in Schwarz gekleideten Fechter zum Verweilen bei dieser Gruppe, die stets mit am dichtesten umlagert war. Manch „Alter Herr" verweilte hier besonders lange, denn wacker wurde gefochten. Honor armis! — Drüben wieder hörte man Beifallsklatschen, wenn ein Springer an der Stange sich hoch emporschnellte; oder man bewunderte den Mut und die Kraft der Stabweitspringer. Dort gab es Fußballspiel, dort Steinstoßen, dort Hantelstemmen, dort Hindernislaufen. So vergingen die Stunden, und während die Kampfrichter ihres schweren Amtes walteten, gesellte sich zu den ritterlichen Übungen die Kunst des Männergesanges. Das deutsche Lied verschönte das Fest. Ein Massenchor des sächsischen Elbgausängerbundes trug wundervoll in die allmählich aufsteigende Abenddämmerung hinaustönende Volkslieder vor, die zu der Preisverteilung überleiteten, welche Herr Oberbürgermeister Beutler selbst vornahm, nachdem er noch in markigen Worten Zweck und Bedeutung der Festspiele gefeiert hatte. Es war schon dunkel geworden. Eine Schar Fackelträger hatte Aufstellung vor dem Podium genommen, und mit freudig leuchtenden Augen traten die jugendlichen Sieger heran, den Eichenkranz aus der Hand des Oberbürgermeisters zu empfangen. Ein Hoch auf König und Vaterland bildete den Schluß. Ein einziger starker Strom patriotischer Begeisterung beseelte das schöne, einzige Fest.

Es würde zu weit führen, die Einzelleistungen der Sieger in den 6 Gruppen der Turner, Fechter, Radfahrer, Ruderer, Schwimmer und Spieler aufzuführen oder die Wertung der Gruppenleistungen vom turnerischen und sportlichen Standpunkte zu geben; besonderes Interesse erregten die zahlreichen volkstümlichen Wettkämpfe bei der Turnergruppe, vor allem der Dreikampf im Stabhochspringen, Weitspringen und Hantelstemmen.

Am Abend fand in der großen neuen Halle des Allgemeinen Turnvereins eine „zwanglose Siegerehrung" statt, an der zu allgemeiner Freude neben anderen Herren vom Reichsverein für vaterländische Festspiele auch Herr von Schenckendorff teilnahm. Wie von dem Schlußkommers, so werden diese Herren, die den ganzen Tag als Gäste in Dresden weilten, auch von dem Verlaufe dieses ersten Versuches, Turnen, Sport und Spiel gemeinsam in den Dienst einer guten vaterländischen Sache zu stellen, einen günstigen Eindruck mit hinweggenommen haben. Die Turner und Sportleute, die bisher kühl und argwöhnisch, vielleicht manchmal feindlich sich gegenübergestanden hatten, haben in gemeinsamer Thätigkeit und durch gemeinsame Arbeit für ein edles Ziel sich einander achten gelernt, sind sich persönlich näher gekommen. Auch Förderung haben sie wohl gegenseitig empfangen: für die Turner bedeutet der Sport eine gesunde Anregung und naturgemäße Erweiterung, die Sportleute dagegen verzichten unter Anlehnung an die bescheidneren Formen der Turner auf gewisse kostspielige Eigentümlichkeiten, — wenigstens haben jetzt schon einige Zweige des Sports in Dresden die Wertgegenstände als Preise aufgegeben und sich künftighin mit dem schlichten Siegeskranze begnügen zu wollen erklärt.

Die mannigfachen Erfahrungen, die bei diesem ersten vaterländischen Festspiele in Dresden gemacht worden sind, werden natürlich für die folgenden „erweiterten Sedanfeste" gründlich ausgenutzt werden: der Erfolg aber dieses ersten Versuches hat gezeigt, daß die Grundlagen des Festes und die Formen seiner Ausführung in allen wesentlichen Punkten die richtigen gewesen sind.

Die gesamten Kosten des Festes belaufen sich immerhin auf etwas über 6000 Mk; aus den Mitteln des Vereins (er besteht zur Zeit aus ungefähr 800 Einzelpersonen und 4000 körperschaftlichen Mitgliedern) konnte diese Summe — der Mindestbeitrag beläuft sich auf 1 Mk. jährlich für die Person — nicht gedeckt werden; darum ist es mit größter Freude zu begrüßen, daß, abgesehen von den Spenden einiger begüterter Freunde der vaterländischen Festspiele, der Rat der Stadt Dresden auf Ansuchen des Vereins beschlossen hat, den diesmaligen Fehlbetrag zu decken und für die Zukunft dem Verein eine jährliche Unterstützung von 5000 Mk. zu gewähren. Auch das Stadtverordnetenkollegium ist diesem Ratsbeschlusse inzwischen einstimmig beigetreten in Rücksicht auf die hohe Gemeinnützigkeit des Vereins; wir hoffen darum, daß auch in anderen Städten unseres deutschen Vaterlandes ähnliche Ortsvereine sich gründen werden, die unter der gleichen Förderung und Unterstützung von seiten der städtischen Behörden dieselben Ziele verfolgen, nämlich im Dienste des Vaterlandes unserem Volke leibliche und geistige Gesundheit zu erringen und zu erhalten durch die Gesamtheit der täglichen Leibesübungen, unseren volkstümlichen Festen ferner einen edleren Inhalt zu geben und endlich in uns das Bewußtsein allezeit lebendig zu erhalten, daß wir Deutsche sind.

Lawn-Tennis in Deutschland 1890—1900.

Von Frhr. R. v. Fichard, Schlettstadt.

Für die Entwickelung des in Deutschland vielfach kurzweg „Tennis" genannten Spieles stellen die genannten Jahre zwei sehr markante Zeitpunkte dar: 1890 das kritische Jahr, in welchem ein neues Handicap-System dem sportlichen Gedeihen des Spieles einen neuen Weg eröffnete; 1900 der Abschluß der an Turnieren reichsten Tennis-Saison! Wir sind über Erwarten weit vorangekommen während dieser Zeit: die glänzendsten Turniere des Kontinents werden auf deutschem Boden veranstaltet; unsere Fürsten, unser Adel fördern dieselben; sie werden besucht von den besten Spielern des Kontinents und Englands; sie werden mustergültig durch die Turnier-Ausschüsse geleitet; es weht auf ihnen der Geist echten Sportsinns. Auf der Liste der 1900 in Deutschland ausgefochtenen Turniere stehen nicht weniger als 34 einzeln benannte Meisterschaften, unter denen folgende namentlich aufgeführt werden mögen, da sie mehr wie Worte einen Überblick über die Verbreitung des Spieles zu geben im stande sind. Ich nenne von nach Städten benannten Meisterschaften die von Berlin, Hamburg,

Homburg, Heiligendamm, Hannover und München; von Landes-Meisterschaften die von Preußen, Sachsen, Bayern, Württemberg; wir haben eine Meisterschaft von Süddeutschland, eine der Norddeutschen und endlich eine Meisterschaft von Deutschland und eine solche der Deutschen (erstere international, letztere nur offen für Deutsche). Der Höhepunkt wurde letztes Jahr wohl damit erreicht, daß die Meisterschaft von Europa zum erstenmal in unserem Heimatland zum Austrag gebracht wurde. Sehr zur Förderung des Ansehens von Lawn-Tennis hat auch das alljährlich in Homburg veranstaltete Armee- und Marineturnier beigetragen, zu welchem unser Kaiser stets prachtvolle Preise stiftete. Es besteht seit 1895.

In den Turnieren liegt, wie schon wiederholt ausgeführt, der beste Maßstab zur Beurteilung der Verbreitung eines Sportspieles. Ihre Anzahl und Frequenz, namentlich seitens deutscher Spieler, war 1890 noch sehr gering. Baden-Baden, Homburg und Hamburg, wo auch die ältesten Klubgründungen zu verzeichnen sind, sind unsere ältesten Turnierstädte. Sie sind nebst anderen deutschen Städten mit englischen Kolonien (wie Freiburg, Heidelberg, Hannover, München, Berlin) die Ausgangspunkte der allmählich immer intensiver gewordenen Verbreitung des Spieles in Deutschland. Frühe schon bildeten die deutschen Bade- und Kurorte und Seebäder sehr geeignete Infektionsherde von denen aus Tennis nach allen großen Städten Deutschlands verschleppt wurde und namentlich nach 1890 von diesen aus die kleinen Städte „ansteckte". In letzteren führt das Spiel fast durchweg noch jenes mehr idyllische, „zum guten Ton gehörige" Dasein, welches sich jeder sportlichen, d. h. sachgemäßen und auf größtmögliche Vollkommenheit hinwirkenden Bethätigung widersetzt, dagegen zur Pflege sommerlicher Geselligkeit mit Thee, Tanz und Wiesenfesten für sehr geeignet erachtet wird.

Bei der thatsächlich außergewöhnlich großen Verbreitung des Spieles haben mehrere Umstände zusammengewirkt: das große Interesse, das unser Kaiser demselben entgegenbringt und welches durch die Erbauung einer eigenen gedeckten Lawn-Tennis-Spielhalle einen besonders greifbaren Ausdruck gefunden hat. Es ist weiter nicht zu unterschätzen, daß viele deutsche Fürsten und Fürstinnen mit aller Energie sich des Spieles angenommen, und durch ihre persönliche Beteiligung an demselben weite Kreise für dasselbe zu interessieren wußten. Mit Dank ist weiter anzuerkennen, daß der Zentral-Ausschuß für Volks- und Jugendspiele Lawn-Tennis in den Kreis der von ihm geförderten Spiele aufgenommen und die Kenntnis desselben durch seine Spielkurse in weite Schichten der Bevölkerung getragen hat. Sodann ist viel über Tennis geschrieben worden. Der Verfasser ist in diesem Punkte etwas schuldbewußt, hat er doch nicht weniger als drei Handbücher, vier Jahrbücher und ungezählte Artikel in Fach- und Familienzeitschriften am Kerbholz. Er hat aber noch eine ganze Reihe von Helfershelfern im Laufe der Zeit teils gewonnen, teils gefunden (von der Meden, Heinecken, Voigt, A. Herrmann, Pfaundler). Nicht weniger wie fünf deutsche Sportzeitungen beschäftigen sich zur Zeit mit Lawn-Tennis („Spiel und Sport", „Sport im Bild", „Sport im Wort", „Allgemeine Sportzeitung", „Turnen und Sport"), und schon seit einiger Zeit bringen große Zeitungen, wie die „Frankfurter", ausführliche telegraphische Berichte über die bedeutenderen Turniere. — Zur Verbreitung des Spieles hat aber auch der Umstand beigetragen, daß die Damenwelt sich demselben mit Begeisterung angeschlossen hat, daß sie in demselben ein neues, zwangloses Geselligkeitsmittel entdeckt und als solches ausgenutzt hat. Der große sportliche Aufschwung, den das deutsche Volk genommen, ist Lawn-Tennis nicht nur zu gute gekommen, sondern ist auch von dem Spiel selbst mit veranlaßt und getragen worden. Denn es ist in sich interessant und fesselnd.

Vor 1890 wurden immer noch Versuche gemacht, Tennis auf Rasen zu spielen. Man ist in Deutschland seither ganz davon abgekommen; unser Klima und unsere Grassorten wollen sich nicht den Erfordernissen eines ebenen, harten Spielplatzes anbequemen. So ist in Deutschland vor allem die Spezialität der sogenannten Hartplätze mit ihrer tennenartigen Oberfläche ausgebildet worden, von der die Spielfelder in Hamburg, Homburg, Berlin und Straßburg vortreffliche Muster bieten. An Utensilien werden in Deutschland Pfosten und Netze gut hergestellt (v. Dolffs & Helle in Braunschweig); die Fabrikation der Lawn-Tennis-Bälle dagegen muß leider als ganz mißlungen erachtet werden. Über die anfänglich ungeschickten Versuche verschiedener Spielwarenfabriken, brauchbare Schläger zu bauen, ist lediglich die Firma Gebrüder Thonet hinweggekommen, die zur Zeit ganz vortreffliche Ware auf den Markt bringt, u. a. einen nach dem Verfasser benannten, von diesem entworfenen Schläger.

Eine zusammenfassende Organisation besitzen die deutschen Lawn-Tennis-Klubs nicht. Eine solche ist entbehrlich und undurchführbar. Dagegen stehen sämtliche Turnier-Ausschüsse in enger Fühlung miteinander und halten streng an den Bestimmungen der Lawn Tennis Association fest.

Ich schließe hiermit diesen Überblick. Es war mir, wiewohl ich mir schmeicheln darf, das umfassendste Lawn-Tennis-Archiv zu besitzen, nicht vergönnt, eine genaue chronologische Darstellung der Entwickelung des Spieles in Deutschland geben zu können. Die Nachrichten sind zu mangelhaft, sie müßten durch eine statistische, mit den dem Zentral-Ausschuß zur Verfügung stehenden Mitteln durchgeführte Erhebung erst noch beschafft werden. Von den Schwierigkeiten, denen ein Einzelner beim Einsammeln von Nachrichten begegnet, möge man sich einen Begriff daraus machen, daß auf eine in vier Sportzeitungen veröffentlichte diesbezügliche Bitte des Verfassers zwei Antworten einliefen! Wie ich in dem zum 1. Mai erschienenen neuen Jahrbuch 1900 trotzdem ganze 26 Seiten mit Klubnachrichten (eng gedruckt) füllen konnte, bleibt mein Redaktionsgeheimnis. Freunde chronologischer Darstellung finden übrigens in den genannten Deutschen Jahrbüchern alles zusammengetragen, was an Dokumenten über die Verbreitung überhaupt zu erlangen war. Vielleicht ist es mit Lawn-Tennis wie mit der Tugend einer schönen Frau: Je weniger man von ihr hört, desto besser ist sie.

5

Die Spielfeste in der Provinz Schleswig-Holstein im Jahre 1899.

Von Oberlehrer A. Dunker, Hadersleben.

Schon seit mehreren Jahren sind in unserer Provinz Wettspiele zwischen Anstalten und Vereinen an demselben Orte oder verschiedener Ortschaften untereinander eingeführt und gepflegt worden. Über die ersten Anfänge davon vergleiche man meine Programmabhandlung (Kgl. Gymnasium zu Hadersleben, Ostern 1895): „Die Bedeutung der Wettübungen für das Turnen“ *), S. 31.

Mehrere Schulen der Provinz, höhere und Volksschulen, vereinigten sich 1895 in Schleswig (Zeitschrift für Turnen und Jugendspiel V 106), um gelegentlich der dort stattfindenden Direktorenkonferenz Wettspiele zu betreiben. Die Folge war, daß das Kgl. Oberpräsidium ein Banner für die höheren Schulen der Provinz als Wanderpreis stiftete, der 1898 in Neumünster zum erstenmal in einem Fünfkampfe ausgefochten und von dem Realgymnasium in Altona für drei Jahre erworben wurde (Z. VII 220).

*) Im Buchhandel zu haben bei Buchhändler Martens in Hadersleben.

Erwähnenswert sind hier auch zahlreiche Wettspiele der Altonaer Schulen untereinander, einige Wettspiele in Flensburg zwischen dortigen Oberrealschülern und Haderslebener Gymnasiasten (Z. VI 159 und VII 160), und ein Wettspiel in Itzehoe (Z. VI 191), bei dem Altonaer Volksschulen beteiligt waren. Berichte über regelmäßige Sedanwettspiele seit 1893 auf dem Realgymnasium in Altona bringt die genannte Zeitschrift jährlich im September- oder Oktoberheft.

Auch die Wettspiele der Turnvereine unserer Provinz, die auch als Volksspiele im Gegensatz zu den Jugendspielen der Schüler bezeichnet werden, sind ursprünglich von Altona ausgegangen; zunächst finden wir Wettspiele zwischen dem Altonaer T.V., dem dortigen Realgymnasium und dem Eimsbütteler T.V. veröffentlicht (Z. V 204 und VI 253). Bei den Spielen gelegentlich der Zentral-Ausschußsitzung in Altona i. J. 1897 war je eine Riege des Leipziger Allgem. T.V.s, des Eimsbütteler T.Vs., des Haderslebener Gymnasiums von auswärts vertreten. Im Jahre 1899 hat die Zahl der Wettspiele zwischen Vereinen verschiedener Städte der Provinz sehr zugenommen (vgl. z. B. Z. VII 351 u. 367, VIII 127, 170 und 204).

Der Einfluß der Altonaer beschränkt sich nicht nur auf die Provinz, sondern erstreckt sich auch über die Grenzen derselben hinaus infolge gelegentlicher Reisen von Altonaer Riegen, z. B. nach Braunschweig und Lübeck, um an anderem Orte bei Wettspielen mitzuwirken. Es ist auch kein Zufall, daß das Allgemeine XI. deutsche Turnfest in Hamburg im Jahre 1898 gegen die früheren einen auffallenden Aufschwung auf dem Gebiete der Turnspiele erkennen ließ: war doch der Altonaer Turnverein allein mit sieben Wettspielen gegen verschiedene Mannschaften vertreten, und war doch die Leitung der Spiele auf dem Feste dem auf diesem Gebiete so überaus rührigen Oberlehrer Dr. Schnell in Altona übertragen.

Welche Folgen solche Wettspiele nach sich ziehen, dafür bietet unsere Provinz in den letzten Jahren ein hervorragendes Beispiel: In Kiel, Oldesloe, Flensburg und Hadersleben werden im September seit Jahren allgemeine Spielfeste veranstaltet, gewissermaßen zur Nachfeier des Sedantages, und mit dem Volksfeste in unserer Nordmark, dem Knivsbergfeste, sind von Jahr zu Jahr in weiterem Umfange, besonders reichlich i. J. 1899, turnerische Wettübungen und Wettspiele verbunden gewesen.

Auch die Wettspiele zwischen verschiedenen Dorfschulen im Kreise Hadersleben (vgl. Z. V 270, VI 285, VII 240) haben im letzten

Jahre wesentlich an Zahl und Bedeutung zugenommen. Im September und Oktober 1899 sind an 12 Stellen von reichlich 50 Landschulen Wettspiele, die meist mit einem Dreikampf in volkstümlichen Wettübungen verbunden waren, veranstaltet. Diese Zusammenkünfte der Schulen auf dem Lande, um gemeinsame Spiele zu pflegen, reichen bis ins Jahr 1894 zurück (vgl. meine genannte Programmarbeit S. 30). Dieselben wurden 1896 dann zunächst von Kreisschulinspektor Schlichting in seinem Aufsichtsbezirke, im westlichen Teile (Törninglehn) unseres Kreises, planmäßig eingerichtet und von ihm, größtenteils in meiner Begleitung, regelmäßig besucht. Als später Pastor Landt, zum Kreisschulinspektor ernannt, den östlichen Teil des Kreises als Aufsichtsbezirk übernahm, fand er dort solche Wettspiele auch schon vor als die Folge der jährlichen Spielkurse in Hadersleben. Auch er hat sich in kürzester Zeit in diese Einrichtung hineinversetzt und dieselbe von Jahr zu Jahr in weiterem Umfange planmäßig gefördert. Auch die Spielfeste in seinem Bezirke werden von ihm, meist in meiner Begleitung, besucht. Beide Herren sind Schleswig-Holsteiner; Landt stammt aus der Landschaft Dithmarschen, die wegen ihrer aus dem Mittelalter in die Jetztzeit herüberreichenden Boßelkämpfe zwischen verschiedenen Dorfschaften weithin bekannt ist.

Wie schon gesagt, haben sich 1899 an 12 Stellen über 50 Schulen an den gemeinsamen Spielen beteiligt. Die Versammlungspunkte sind entweder mitten auf dem Felde oder bei einer Ortschaft oder einer Wirtschaft, wie es gerade nach den örtlichen Verhältnissen für zweckmäßig erachtet wird. Es pflegen je nach den Umständen 2—10 Schulen zusammenzukommen. In einzelnen Fällen wurden die Schüler von Landleuten hin- und zurückgefahren; im letzten Jahre wurde auch wohl die mittlerweile eröffnete Kreisbahn benutzt, um den Ort der Zusammenkunft zu erreichen.

Es haben sich gelegentlich auch einzelne Schulen zu Vorspielen für diese Hauptzusammenkünfte vereinigt.

Als Spiele sind die folgenden ungefähr in der gewählten Reihenfolge bevorzugt: Schlag- und Schleuderball, Barlauf, Balljagd, Thor-, Fuß- und Faustball. Besonders im Westen pflegt auch ein Dreikampf zur Durchführung zu kommen; allerdings drohte dadurch bisweilen die Gefahr für die Spiele, daß diese mehr als wünschenswert zurücktreten könnten. Bei wiederholter Übung der Lehrer in der Leitung der Veranstaltungen wird diese Gefahr schon beseitigt werden. Es ist nur zu empfehlen, daß, ganz abgesehen vom Ministerialerlasse vom 15. März 1897 zu Gunsten der volkstümlichen Übungen, der Pflege dieser in den Schulen durch einen regelmäßigen Dreikampf eine sichere Stütze bereitet werde.

Beim Dreikampf der Landschulen des Kreises pflegt der Stafettenlauf als Laufübung gewählt zu werden, weil er die Reihenfolge der Leistungen der einzelnen Schulen ohne weiteres ergiebt; als Wurfübung ist das Schleudern des großen und das Werfen des Handballes beliebt (auch das Schlagball-Weitschlagen könnte hier gewählt werden) und als Sprung das Weit- und das Hochspringen (meist ohne Brett)

Die Spielvereinigung der zweiklassigen Dorfschule zu Schottburg, Kreis Hadersleben.

und der Dreisprung. Sind acht Schulen vorhanden, so erhält jede mit der besten Leistung in einer Übung für diese 8 Punkte; für die nächstbeste Durchschnittsleistung werden bei jeder Übung 7 Punkte gerechnet u. s. f.

Eine Auszeichnung der besten Anstalt beim Dreikampf oder der siegenden Schule bei einem Spiele hat bisher nicht stattgefunden. Verabredungen im voraus für die Wettspiele bei diesen Zusammenkünften scheinen, unserem Wunsche entsprechend, immer mehr getroffen zu werden. Farbige Hauben als Parteiabzeichen sind immer häufiger geworden und werden bald allgemein sein, nachdem in diesem Jahre einige Mittel aus der Kreiskasse zur Anschaffung solcher für mehrere Schulen verwandt sind.

Von den regelmäßigen Spielfesten in Städten der Provinz ist das in Hadersleben das älteste; es ist stets, und zwar seit 1892 (vgl. Z. I 286), vom Orts-Ausschuß zur Förderung der Spiele, an dessen Spitze jetzt Seminardirektor Schulrat Castens steht, veranstaltet, hat mancherlei Wandlungen erfahren, wurde in den Jahren 1895—97 (vgl. Z. IV 205, V 204) mit dem Sedanfeste verbunden, in den beiden letzten Jahren indes am 3. September als Nachfeier abgehalten (Z. VII 240, VIII 222).

Dieses Spielfest wurde 1899 mit einem Dreikampf für die Seminarübungsschüler, sowie für die Seminaristen in zwei und für die Gymnasiasten in drei Altersstufen, ferner mit einem Schlagballspiele ohne Einschenker unter Bürgerschülern eingeleitet. Den Besten jeder Gruppe wurden Preise (den Gymnasiasten Bücher) zuerkannt, für die der Ortsausschuß (am Gymnasium außerdem seit 1898 die Herzog-Friedrich-Stiftung) wie schon seit mehreren Jahren Mittel bewilligt hatte. Dann folgten gleichzeitig zwei Schlagballwettspiele (ohne Einschenker) zwischen der 2. und 3. Seminarklasse und zwischen der Prima und Obersekunda des Gymnasiums, ein Faustballwettspiel zwischen Erwachsenen (meist Studenten) und Gymnasiasten. Daneben führten Seminaristen Faustball, Tertianer Barlauf vor und zum Schluß die Gymnasiasten der oberen Klassen ein Fußballspiel. Von einem Wettspiele zwischen den Gymnasiasten und Seminaristen (Turnlehrer ist Herr Jendresen), welche die Hauptstütze des Haderslebener Turnvereins „Gut Heil" bilden und einen Anteil an der Entwickelung der Spiele nicht nur in der Stadt, sondern auch in der Provinz haben, wurde in diesem Jahre abgesehen, weil sie im Laufe des Sommers zur Vorbereitung für das Knivsbergfest schon öfter gegeneinander gespielt hatten.

Die Gymnasiasten rückten mit der eigenen Musikkapelle an der Spitze, wie sie auch anmarschiert waren, auf den Schulplatz zurück.

Seit 1890 bestehen die Spielfeste in Kiel und in Flensburg, und zwar werden beide von den Ortsvereinen für Jugend- und Volksspiele veranstaltet, „in der richtigen Überzeugung, daß nichts besser geeignet sei, die Aufmerksamkeit weiterer Kreise der Bevölkerung auf die Jugend- und Volksspiele hinzuleiten, als öffentliche Spielvorführungen" (Z. VI 25).

Dem Bericht von E. Strohmeyer über das diesjährige Kieler Spielfest (Z. VIII 235) entnehme ich folgendes, zum Teil wörtlich: Alljährlich, am 2. Sonntage vor dem Beginn der Michaelisferien, finden die das Bewegungsspiel betreibenden Abteilungen der Schulen und Vereine sich zusammen, um der Bevölkerung ein Bild von ihrer Thätigkeit zu geben. Hauptsächlich der Rührigkeit und Unermüdlichkeit des Vorsitzenden, Oberl. Peters, ist es zuzuschreiben, daß das Kieler Spielfest nunmehr ein Volksfest geworden ist.

Sämtliche Behörden der Stadt und der staatlichen Anstalten (wie Kaiserl. Werft, Garnisonverwaltung u. a.) bringen der Veranstaltung ihr wärmstes Interesse entgegen und sind bestrebt, das Gelingen derselben in jeder Weise zu fördern. Der Festzug umfaßte Abteilungen sämtlicher Knabenschulen und der meisten Turn- und Spielvereine in buntem Wechsel; eine große Anzahl von Fahnen belebte das Bild. An der Spitze marschierte die Tertia des Gymnasiums mit der im vorjährigen Stafettenlauf für ein Jahr erworbenen, vom Verein gestifteten Fahne. Der städtische Spielplatz war in vier gleich große Spielfelder eingeteilt, deren jedes 100 m in der Länge und 50 m in der Breite maß. In dem neuerbauten stattlichen Gerätschuppen befand sich eine unter der Aufsicht eines Arztes stehende Samariterstube. Es beteiligten sich 21 Schulen, darunter sämtliche Knabenschulen der Stadt, eine auswärtige und neun Mädchenschulen der Stadt.

Unter den Vorführungen und Wettspielen der Knaben waren Schlagball 9-, Faustball 6-, Barlauf 2-, Schleuderball und Stafettenlauf je 1mal vertreten. Der Berichterstatter betont, daß das Schlagballspiel wegen der Beschränktheit der dafür zur Verfügung gestellten Plätze sich nirgends recht entwickeln konnte, daß aber dieses Spiel ohne Einschenker sich auch in Kiel bei den Spielern Bahn gebrochen habe*). Den bedeutendsten Platz in der Reihe der Darbietungen nahm das Faustballspiel ein, das den Charakter der ganzen Vorführung beherrschte. Von den Spielen der Mädchen sind das Schlag- und das Kreisfußballspiel hervorzuheben.

Es folgte dann der Wettlauf über 110 m um die kleinen Fahnen.

Am Volksspiele beteiligten sich 12 Vereine, unter denen naturgemäß die Turnvereine wegen der bedeutenden Zahl ihrer Spieler die erste Stelle einnahmen, und 3 Gruppen von Angehörigen der I. Matrosendivision. Es war das erste Mal, daß das Militär an dem Spielfest thätigen Anteil nahm. Unter den 12 Vereinen waren die Spielvereinigung von 1897, der Verein der Marine-Zahlmeister-Applikanten und -Aspiranten, die Spielvereinigung der Sekretariatsanwärter, der Ev. Jünglingsverein, die Spielvereinigung der Maschinenbaulehr-

*) Kiel ist, soviel ich weiß, in unserer Provinz die einzige Stadt, in der das Schlagballspiel mit Einschenker hartnäckig verteidigt wird, doch fast nur von den Schulen, nicht von den Turnvereinen.

linge der Kaiserl. Werft, die Spielvereinigung der Ökonomiehandwerker der I. Matrosendivision.

Beim Volksspiel dominierte der Faustball noch mehr als beim Jugendspiel. Von den mitwirkenden 13 Abteilungen wurde 9mal jenes Spiel vorgeführt oder als Wettspiel betrieben.

Etwas geringer als im Vorjahre war die Beteiligung des weiblichen Geschlechts. Die Damenabteilungen der beiden größten Turnvereine zeigten Faust-, Tamburin- und Stoßball. Beim Stafettenlauf der Schulen (Schüler unter 16 Jahren) siegte wie im Vorjahre das Gymnasium, im Laufe um die große Schleife, wie bisher immer, der Mtv. von 1844. Eine Ansprache des Vorsitzenden beschloß mit der Verteilung der Preise das Fest.

Ich will nicht unterlassen, mit dem Berichterstatter zu betonen, daß mit dem großen Vorzuge der allgemeinsten Beteiligung der Nachteil sich verbindet, daß die schönsten Kampfspiele wegen Mangels an Raum nicht zur rechten Entfaltung kommen können. Ohne Ergänzung eines solchen Spielfestes, wie es das Kieler ist, durch gelegentliche Einzelwettkämpfe würde nicht der erforderliche Grad der Spieltüchtigkeit erreicht werden. Daraus ergiebt sich weiter, daß die Einzelwettkämpfe, welche ich als die Vorläufer der Spielfeste bezeichnet habe, niemals durch diese überflüssig werden können. Es soll hier auch noch betont werden, daß der Kieler Verein zur Förderung der Spiele jährlich einen ausführlichen Bericht drucken läßt, und daß der über das Jahr 1898 eine Einnahme und eine Ausgabe von nicht weniger als 2000 Mk. aufweist.

Nicht ganz in dem Umfange hat sich der Verein in Flensburg entwickelt, der, wie bereits angeführt ist, ebenfalls seit 1896 (Z. V 287) jährlich ein Spielfest veranstaltet.

Allein schon die Thatsache, daß die beiden dortigen Turnvereine letzten Sommer auch mit dem Schlagballspiele ohne Einschenker begonnen hatten (neben dem bereits bestehenden Betrieb von Faustball, Barlauf und Schleuderball), bewog mich, der Einladung zum diesjährigen Feste in Flensburg (Z. VIII 237) zu folgen und bei dem Wettspiel im Schlagball zwischen den beiden Vereinen die Rolle des Kampfrichters zu übernehmen. Gefangen wurde noch mit beiden Händen.

Es fanden noch zwei Schlagball-Wettspiele statt, und zwar zwischen zwei Volksschulen und einer Volksschule und der Quarta der Oberrealschule. Dabei wurde sicher mit einer Hand gefangen. Barlauf spielten die Tertianer, Faustball die Obersekunden der Oberrealschule und des Gymnasiums gegeneinander. Zwischen Bürgerschulen wurden noch ein Barlauf und ein Thorballspiel durchgeführt; ein Stafettenlaufen kam zweimal vor.

Die Mädchen führten Stoßball als Grenzball, Schlaglaufen, Reifenwerfen, Stafettenlaufen und Neckball vor.

Als Einzelwettkämpfe wurden ein Schlagballzielwerfen und ein Wettlauf über 200 m für Knaben unter 15 Jahren, ein Faustballweitschlagen und Sturmlaufhochspringen für Turner und Schüler unter 18 Jahren geboten. Am Schluß wurden nach einer Ansprache des Vorsitzenden, Oberlehrers Dr. W. Petersen, 20 Eichenkränze an die Einzelsieger und die siegenden Parteien verteilt. Die Leitung des technischen Ausschusses hatte Oberl. Dr. Graef. Das Interesse des Publikums war trotz ungünstiger Witterung ein lebhaftes. Der Spielplatz zwischen der Rennbahn für Radfahrer auf dem Sportplatz war für das Fest sorgfältig hergerichtet und eignete sich für dasselbe auch wegen der Tribünenanlagen gut.

„In dem holsteinischen Städtchen Oldesloe hat sich in den letzten Jahren, dank der unermüdlichen Thätigkeit des Kollegen Dr. Seltz, ein sehr reges Turn- und Spielleben entwickelt" (J. VII 222). Zur Förderung der in kräftigem Flusse befindlichen Bewegung hat sich 1898 ein Ausschuß von 15 Personen gebildet, der sich u. a. auch die Aufgabe gestellt hat, jährlich am Sonntage nach dem Sedantage ein allgemeines Spielfest, 1898 zum erstenmal, zu veranstalten.

1899 traten die Teilnehmer am Dreikampf (vgl. J. VIII 223) in 5 Altersstufen an. Nachdem dieser durchgeführt war, spielten 5 Altonaer Realgymnasiasten gegen 5 Oldesloer Sekundaner Faustball, daneben führten Quartaner Schlagball ohne Einschenker vor; dann spielten 10 Realschüler gegen 10 Volksschüler Barlauf und 5 Präparanden gegen 5 Turner Schleuderball. Ein Stafettenlauf um den Spielplatz herum (750 m) zwischen 12 Schülern vom Realprogymnasium und 12 Volksschülern im Alter von 11—13 Jahren schloß die Vorführungen. Hernach fand noch ein Fußballwettspiel zwischen Altonaer und Lübecker Turnvereinsmitgliedern statt, das großes Interesse erregte. Nach dem Ausmarsch hielt Realprogymnasialdirektor Dr. Bangert eine Ansprache, die in ein Hoch auf den Kaiser ausklang; die Eichenkränze überreichte Dr. Spanuth, Rektor der Kgl. Präparandenanstalt, den Siegern. Die Anteilnahme der Bevölkerung war noch nicht der aufgewandten Mühe entsprechend. Als ein gutes Zeichen ist es aber jedenfalls anzusehen, daß die Stadtvertretung zum erstenmal dem Ausschuß einen Beitrag zu den Kosten bewilligt hatte.

Seit 1894 veranstaltet der Deutsche Verein für das nördliche Schleswig auf dem zwischen Apenrade und Hadersleben an der Chaussee gelegenen Knivsberge alljährliche Volksfeste, die stets von Tausenden deutscher Volksgenossen besucht zu werden pflegen. Nachdem im vergangenen Jahre am Fuße des den Gipfel des Berges schmückenden Bismarckturmes ein Spielplatz von 100 m Länge und 70—80 m Breite angelegt worden ist, hat der Deutsche Verein denselben dem IV. deutschen Turnkreise „Norden“ zur Verfügung gestellt, damit dieser durch Veranstaltung geeigneter Wettkämpfe in den Leibesübungen zur Veredelung und Verschönerung des Festes sein Teil beitrage*). Im Jahre 1896 schon wurde das Knivsbergfest zuerst mit turnerischen Vorführungen verbunden. Der kürzlich innerhalb des IV. Turnkreises gegründete Nordische Spielverband hat sich u. a. auch die Förderung dieses Festes zur besonderen Aufgabe gemacht. Die Teilnahme am Feste von seiten der Turnvereine war auch 1899, obgleich schon wesentlich größer als in den früheren, doch noch eine verhältnismäßig schwache, indem sich dieselbe — von einzelnen Wettturnern aus dem Kieler Mtv. und der Lübecker Tsch. abgesehen — auf den Haderslebener Tv. „Gut Heil“, die beiden Flensburger Vereine (Mtv. und Tsch.), den Kieler Tv., den Kieler akad. Tv. „Dithmarsia“ und den Altonaer Tv. beschränkte. Dagegen waren die Leistungen im allgemeinen sehr befriedigend. „Im höchsten Grade erfreulich war vor allem die Beteiligung der nichtturnerischen Bevölkerung Nordschleswigs. Von Kiel, Flensburg, Sonderburg und Apenrade führten Extradampfer viele Hunderte von Fahrgästen nach dem kleinen Hafen Kallö, von wo aus der Knivsberg in etwa ½stündigem Marsche erreicht werden kann. Die Seefahrt dahin ist außerordentlich lohnend und der Preis dafür (Hin- und Rückfahrt von Kiel 3 Mk.) überaus billig. Die Zahl der zu Fuß, zu Wagen oder zu Rad eintreffenden Besucher belief sich auf mehrere Tausend, und wenn etwas den aus der Großstadt kommenden Fremdling in Erstaunen setzen konnte, so war es die große Masse der Fahrräder und der aus verschiedenen Entwickelungsstufen der menschlichen Kultur stammenden Fuhrwerke der ländlichen Fahrgäste. Der Festort verdient einen so zahlreichen Besuch aber schon allein seiner herrlichen Lage wegen. Von der Höhe des Berges genießt man einen wunderbaren Überblick auf der einen Seite weit über das Schleswig'sche

*) Vgl. über die Entwickelung der Knivsbergfeste: R. A. Schröder, Der Knivsberg und die deutschen Volksfeste im nördlichen Schleswig. 2. Heft der in R. Voigtländers Verlag erscheinenden, vom Zentral-Ausschuß ausgegebenen Sammlung „Deutsche Volksfeste“. Leipzig 1899. 13 S. 8°. Preis 40 Pfg.

Land, auf der anderen über das Meer hinaus bis zur dänischen Insel Fühnen. Ein schöner gelegener Punkt konnte für das Fest wohl kaum gewählt werden; wäre er nur leichter von allen Seiten zu erreichen!" Ich halte mich bei dieser Darstellung meist wörtlich an den Bericht von Dr. Schnell (Z. VIII 108), der 1899 zum erstenmal das Fest besuchte und frisch aus dem ersten Eindruck heraus geschrieben hat. Ein sehr günstiges Bild dieses Festes hat auch Prof. Dr. Hahn im Kreisblatte des IV. Turnkreises entworfen, dessen Vertreter er ist. Er war gleichfalls zum erstenmal zugegen.

Dem eigentlichen Feste ging ein Wettspiel im Schlagball ohne Einschenker zwischen den Tertien der Flensburger Oberrealschule und des Hadersleber Gymnasiums voran. Nachdem dann um 4 Uhr die offiziellen Festreden (Senator Jebsen-Apenrade auf den Kaiser, Direktor Spanuth-Hadersleben auf das deutsche Vaterland und Amtsvorsteher Kier-Sonderburg auf Schleswig-Holstein) erledigt und ein Begrüßungstelegramm vom Oberpräsidenten von Köller zur Kenntnis der Versammlung gebracht worden war, nahmen die Wettkämpfe der Erwachsenen ihren Anfang. An dem aus den Übungen Weitspringen, Stabhochspringen und Schlagballweitwerfen sich zusammensetzenden volkstümlichen Dreikampfe beteiligten sich etwa 40 Turner und Schüler des Hadersleber Gymnasiums. Als Wettspiele folgten dann zwei Faustballpartien und ein Schlagballspiel. Für Faustball erwies sich der Platz als noch nicht genügend geebnet. Am Schluß wurden 7 Eichenkränze an die Sieger der volkstümlichen Wettübungen und 4 für die siegenden Parteien verteilt.

Obgleich der Knivsberg schwer erreichbar ist, halten die Vertreter des Turnkreises „Norden" es doch für ihre Aufgabe, für die fernere Entwickelung und den guten Verlauf des turnerischen Teils dieser Festlichkeiten zu sorgen, damit sich dieselben für die Folge zu einem nordischen „Bergfeste" gestalten und dadurch gleichzeitig zur Kräftigung des Deutschtums in der Nordmark beitragen. Dadurch wird sich die Turnerschaft aber auch ein großes Verdienst um die Leibesübungen im Norden erwerben, für die die Knivsbergfeste als die Hauptstütze sich erweisen werden. Leider halten sich einige Turnvereine in Nordschleswig aus verschiedenen Gründen von der Deutschen Turnerschaft fern, wodurch es erschwert ist, dort den neueren Bestrebungen auf dem Gebiete des Turnwesens Eingang zu verschaffen. Wenn es trotzdem, und zwar mit um so größerer Energie, unternommen ist, auch vom Norden her die Spielbewegung über die Provinz zu verbreiten, so bedarf es eben einer solchen besonderen Stütze wie der Knivsberg-Veranstaltungen, um das Erreichte auch zukünftig sicher zu erhalten.

Ebenso berechtigt wie die Klage über die ungünstige Lage des Festortes ist die über unsere ungünstige Lage und die weitläufigen und schlechten Verbindungen bei uns überhaupt, worin auch die Hauptursache liegt, daß es der Deutschen Turnerschaft bisher nicht gelingen konnte, an der Nordgrenze festen Fuß zu fassen.

Ich will die Reihe der Spielfeste mit dem vom Altonaer Tv. am 1. Okt. zum Besten der Erbauung einer Turn- und Schwimmhalle in Altona veranstalteten beschließen. Otto Wedler berichtet darüber in der Deutsch. Turnztg. 1899 S. 321. Die Beteiligung der Einwohnerschaft war überaus groß; die Zahl der anwesenden Personen wurde auf etwa 5000 geschätzt. Für die Ehrengäste waren an den Langseiten des Spielplatzes Bänke aufgestellt. Der Altonaer Tv. hatte Ansichtskarten, welche seine Schlagball-, seine Bäcker- und Schornsteinfegerfußballmannschaft (der Verein bot nämlich eine Fußballvorführung, bei der eine Mannschaft in Bäcker-, die andere in Schornsteinfegerkleidung spielte; die Bäcker waren mit Mehl bestreut, damit sie ebensogut wie die Schornsteinfeger bei etwaigen Zusammenstößen abfärbten) darstellten, herstellen lassen. Die Angehörigen des Altonaer Tvs. beteiligten sich an 10 Wettkämpfen und 5 turnerischen Vorführungen. Der Hamburg-Eimsbütteler Tv. war mehrfach beteiligt; die Damenabteilungen beider Vereine spielten gegeneinander Tamburin. Die Hamburger Tsch. v. 1816 stellte eine Fußballmannschaft. Die Altonaer Feuerwehr kämpfte in Uniform und zwar im Tauziehen und Faustball; beide Spiele gehören zu den im Dienst vorgeschriebenen Übungen dieser Feuerwehr. Die Prima des Realgymnasiums spielte Faustball gegen die Damen des Altonaer Tvs. Das hervorragendste Wettspiel des Tages war das Schlagballspiel ohne Einschenker zwischen dem Altonaer Tv. und dem Eimsbütteler Tv.; diese beiden Mannschaften sind zur Zeit wohl in Deutschland die besten für dieses Spiel. Überhaupt galt es an dem Tage, wirklich gute Leistungen zu bieten. An turnerischen Vorführungen gab es einen Aufmarsch und Freiübungen der Knaben, Holzstabübungen der Mädchen, Eisenstabübungen der Männer, Barrenturnen und ein Keulenschwingen der Damenabteilung. Die Volksschulen Altonas wetteiferten noch im Laufe über 100 m. Die turnerischen Vorführungen fanden, wo sie zwischen die Spiele eingestreut waren, die größte Beachtung seitens der Zuschauer und wurden mit keinem geringeren Interesse verfolgt als die Wettspiele (vgl. Schnells Bericht J. VIII 255). Am Rechnenlaufen beteiligten sich das

Realgymnasium, die Realschule Ottensen und die drei Mittelschulen; ausgeschlossen hatte sich das Kgl. Gymnasium, das somit die einzige Altonaer Knabenschule war, die an dem Feste nicht thätigen Anteil nahm. Jede Schule stellte aus der Zahl ihrer Schüler unter 15 Jahren ihren besten Läufer und ihren besten Rechner.

Es folgte ein Wettreifstreiben für Knaben unter 12 Jahren aus den Knabenabteilungen des Altonaer Tvs. Dieser Wettkampf, an dem sich auch einige der kleinsten Knirpse mit der ihnen eigenen Unerschrockenheit beteiligten, hat sich ganz vortrefflich bewährt. Einige Knaben trieben ihre Reifen mit einer staunenerregenden Schnelligkeit und Sicherheit vor sich her.

Für Knaben über 12 Jahre aus den Knabenabteilungen des Altonaer Tvs. wurde auch ein Wettlauf veranstaltet.

An Preisen wurden nach Schluß des Festes ein Eichenkranz an die Feuerwehr für ihren Sieg im Tauziehen verteilt, sowie je ein Exemplar von Schnells Buch über „Die Schlagballspiele“ an die Sieger in den Wettkämpfen der Knaben.

Das Fest soll von jetzt ab alljährlich wiederholt und immer mehr zu einem Volksfest im edelsten Sinne des Wortes ausgestaltet werden.

Aus dem vorstehenden, meiner Ansicht nach sehr erfreulichen Bilde der im Jahre 1899 in Schleswig-Holstein veranstalteten Spielfeste und ihrer Vorläufer geht deutlich hervor, daß es sich nicht um zufällige oder gelegentliche Veranstaltungen hier und da handelt, sondern daß wir im besten Zuge sind, die grundsätzliche Veranstaltung von regelmäßigen, allgemeinen Spielfesten planmäßig vom Süden und Norden her über die ganze Provinz zu verbreiten, und daß die einzelnen beteiligten Kräfte in unserer Provinz mit seltenem Erfolge sich einander ergänzt und unterstützt haben.

Es ist hier wohl die richtige Stelle, den Beschluß der Direktorenkonferenzen der Provinz Hannover i. J. 1898 und der Rheinprovinz i. J. 1899: „Wettspiele haben sich auf Riegen derselben Anstalt zu beschränken,“ zu bekämpfen. Hätten wir diesen Grundsatz in Schleswig-Holstein befolgt, so stünde es mit unserem Jugend- und Volksspiel weit weniger günstig. Der erwähnte Beschluß giebt die Bedeutung der Wettspiele zu, empfiehlt aber nur eine halbe Maßnahme. Wer mitten in der Praxis steht und weiß, wie oft die Schüler einer Anstalt sich in ihrer Spielfertigkeit täuschen und sich dessen durch ein Spiel mit einem Gegner einer anderen Anstalt bewußt werden, wie Wettspiele unter Schülern derselben Anstalt, für die übrigens die

Parteibildung sehr schwer ist, meist nicht ausreichen, die spielerische Tüchtigkeit und das Interesse für das Spiel dauernd wachzuhalten, muß dem Beschluß der Direktorenkonferenzen von Hannover und der Rheinprovinz entgegentreten. Alles Gute führt Gefahren mit sich. Wenn wir die Wettspiele zwischen Riegen verschiedener Anstalten wegen der Gefahren, die damit verbunden sein können, ganz meiden wollen, so entbehren wir nach meiner Auffassung des Mutes, den wir uns gerade durch die Spiele anerziehen sollen!

Ich bin im Gegenteil der Ansicht, daß die städtischen Verwaltungen und die Regierungen die Pflicht haben, Spielfeste, wie sie hier zur Mitteilung gelangt sind, überall einzurichten und dafür zu sorgen, daß alle Kreise dabei beteiligt sind. Vor allem wäre es wichtig, daß die Seminare mehr in diese Bewegung hineingezogen würden.

Zum Schluß will ich noch auf die bei diesen Spielfesten bevorzugten Spiele eingehen. Vor einigen Jahren erfreute sich das Schleuderballspiel der größten Beliebtheit sowohl an den höheren Lehranstalten als auch in den Turnvereinen. Allmählich entwickelte sich das Verständnis für die feineren Kampfspiele; in demselben Maße trat der Schleuderball zurück. Jetzt nimmt das Faustballspiel die erste Stelle ein; das ist um so auffallender, als die Regeln dieses Spiels erst vor wenigen Jahren von München aus veröffentlicht sind und das Spiel sich in der Kürze der Zeit über Deutschland vom Süden her verbreitet hat. Leider haben sich die Süddeutschen bisher nicht in gleicher Weise in das deutsche Schlagballspiel hineingefunden.

Ich bin der Ansicht, daß das Faustballspiel wohlgeeignet ist, seine Stellung dauernd zu behaupten, wenn natürlich auch nicht in dem Umfange, wie es jetzt auftritt. Das Spiel stellt verhältnismäßig leichte Vorbedingungen, z. B. bezüglich der Spielerzahl und der Schnelligkeit der Beteiligten, hat daher die Einführung des Spielbetriebs in die Turnvereine sehr erleichtert und wird hoffentlich auch ältere Spieler immer mehr auf den Spielplatz ziehen. Es ist entschieden als Nationalspiel zu empfehlen und muß daher auch nach Möglichkeit vervollkommnet werden. Der Schleuderball empfiehlt sich zur gelegentlichen Einzelausbildung im Schleudern und Fangen.

Nächst dem Faustball wird von den Erwachsenen in Schleswig-Holstein am meisten Schlagball gespielt, und zwar eigentlich nur ohne Einschenker. Die Schuljugend der Provinz spielt sogar vorwiegend Schlagball und auch allgemein — von Kiel abgesehen — ohne Einschenker. Der Schlagball muß das Hauptspiel auch der Erwachsenen sein, solange ihre Gewandtheit dazu noch ausreicht.

Die Fußballwettspiele sind nicht ganz vernachlässigt. Das Spiel ist für kältere Monate zu empfehlen.

Eine noch größere Zahl von Spielen bis zu einiger Vollendung zu betreiben, erscheint mir kaum möglich zu sein. Daher ist es zweifelhaft, ob der Barlauf seine frühere Stellung behaupten wird. Auf die Vorzüge und Nachteile dieses Spieles gegenüber den anderen will ich hier nicht weiter eingehen.

Das Thorballspiel tritt ganz zurück; es wird kaum wieder zu einer wesentlichen Bedeutung bei uns gelangen.

Als Spiele für die Damen sind in erster Linie Tamburinball und Schlagball mit Freistätten zu empfehlen.

6

Volksspiele auf der Insel Gotland.

Von Dr. med. F. A. Schmidt, Bonn.

Gotland ist unter den zahlreichen Inseln der Ostsee eine der größten. Ein steiniger Strand, hier und da zu mäßig hohen, aber steilen, weißlichen Kreideklippen sich erhebend, umsäumt das flache, ziemlich fruchtbare Eiland, welches von einigen 50000 Menschen bewohnt wird, die zumeist von Ackerbau und Viehzucht leben. Einst trug die Insel eine der stolzesten Handelsstädte der Ostsee, das zur Hansa gehörige Wisby. Zahlreiche Deutsche waren hier ansässig und nahmen in der einheimischen Bevölkerung eine ausschlaggebende Stelle ein. Die Schicksale der Stadt seit ihrer Brandschatzung durch den Dänenkönig Waldemar Atterdag im Hochsommer 1361 sind bekannt genug. Der stille Ort zählt heute kaum noch 7000 Einwohner. Aber die mächtigen, malerischen Trümmer einer großen Anzahl von Kirchenbauten — nur die dreitürmige, im Übergangsstil erbaute Domkirche ist erhalten geblieben —, die gewaltige Ringmauer, noch von 38 Hochtürmen überragt, reiche geschichtliche Erinnerungen und der Zauber der Sage, dazu die herrliche Lage hart an der blauen Ostsee: alles das vereint sich, um diese romantische Trümmerstadt, der in ihrer Eigenart nichts Ähnliches in nordischen Landen zur Seite gesetzt werden kann, zu einem besonders begehrten Anziehungspunkt aller Besucher Schwedens zu gestalten.

Den Verfasser lockte aber noch ein anderes dazu, von Stockholm aus die Fahrt nach Wisby anzutreten, nämlich der Wunsch, etwas von den der Insel Gotland allein eigentümlichen alten Volksspielen an Ort und Stelle kennen zu lernen. Vor einigen Jahren hat Dr. Rüdiger aus Hamburg in der „Zeitschrift für Turnen und Jugendspiel" (Bd. V. 1896. Heft 5 f.) eine eingehendere Schilderung der Spiele und volkstümlichen Übungen bei den Bauern auf Gotland veröffentlicht. Anscheinend aber nicht aus eigener Anschauung. Weiterhin versuchte Dr. Rolfs in München das gotländische Pärkspiel als „neues Sportspiel auf alter Grundlage" in umgestalteter Form — er läßt den Ball statt mit der Handfläche mit einer Art Tennisschläger schlagen — bei uns einzuführen (s. den Aufsatz von Walther-München im Jahrbuch VII. 1898. S. 208)*).

Bei meiner Anwesenheit in Wisby hatte ich wiederholt Gelegenheit, Gruppen von Spielern beim Wurfsteinspiel (kasta varpa) zu beobachten. Namentlich aber freute es mich, einem Wettspiel im „Pärk", veranstaltet von dem Verein für Ballspiel und Leibesübungen in Wisby (Visbys Ball-Klubb och Idrottsförening), beiwohnen und die Fertigkeit der Spieler bewundern zu können. Einer der Herren des Klubs war dabei so liebenswürdig, mir fortlaufend während des Spiels Aufklärungen über dasselbe zu geben. Dies Wettspiel fand auf der Rasenfläche statt, welche sich vor dem wohl allen Besuchern Wisbys bekannten „Paviljong" befindet. Der Spielplatz war festlich geschmückt und rundum mit Flaggen in den schwedischen und Hansafarben umgeben. Desgleichen trug die eine Partei der Spieler blau-gelbe, die andere rot-weiße Sportmützen.

1. Pärk.

Das Pärkspiel ist heute heimisch nur auf der Insel Gotland. Auf dem Festlande Schwedens war dasselbe völlig unbekannt, und erst in jüngster Zeit versucht man die Einführung des Spiels bei der schwedischen Jugend. In seinem zur Förderung der Spiele an den Schulen in amtlichem Auftrag verfaßten Büchlein „Fria lekar" (Spiele im Freien) hat Prof. Törngren, Direktor des Gymnastischen Zentralinstituts in Stockholm, eine anschauliche Darstellung des Spieles geliefert.

Dr. Rüdiger weist in dem erwähnten Aufsatze nach, daß dieses Schlagballspiel nicht nur ein sehr altes ist, sondern auch auf nieder-

*) Auch wir hier in Bonn haben das Rolfs'sche Spiel mit gutem Erfolg geübt.

deutschem Boden, in Holland, wenigstens in der ersten Hälfte des 18. Jahrhunderts, geübt wurde. Inwieweit ein von Erasmus von Rotterdam in seinen Colloquia erwähntes Ballspiel „pila palmaria" auf den mit der Handfläche (palma) geschlagenen Pärkball zu beziehen ist, vermag ich nicht zu beurteilen. Zutreffendenfalls würde das Pärkspiel ein wenigstens aus dem Mittelalter stammendes germanisches Volksspiel darstellen, welches sich infolge besonders günstiger Umstände unter den gotischen Bewohnern der stillen, abseits gelegenen Ostseeinsel neben anderen uralten Leibesübungen bis auf unsere Tage in vollem Betrieb erhalten hat.

Es ist aber nicht nur das Alter des Spiels und seine Eigenart, welche uns dasselbe wert macht, sondern vor allem der hohe Übungswert, der in dem Spiele steckt. Das gotländische Pärkspiel ist meiner Meinung nach eines der bestausgebildetsten und anregendsten Kampfspiele, die es überhaupt giebt. Seine Einführung auf den deutschen Spielplätzen kann ich auf das dringendste empfehlen, zumal das Spiel nur ganz einfaches, billiges und leicht zu beschaffendes Gerät (außer dem geeigneten Ball noch einige Holzpflöcke und Latten) und keinen übergroßen Platz erfordert.

Das Spiel hat seinen Namen Pärk = Pferch von dem mit Latten (oder mit einer Schnur, die um vier Holzpflöcke geführt ist) umfriedigten Raum, dem Pferch, in welchen der Ball beim Einschenken jedesmal eingeworfen werden muß. Die Bezeichnung „Park"-Spiel, welche Dr. Rolfs angenommen hat, wie auch Törngren dieselbe vorschlägt, läßt den Sinn des ursprünglichen Namens ganz außer acht. Diese vornehm klingende Benennung paßt nicht zu dem altehrwürdigen, zur Zeit meist nur von Bauern geübten Spiel. Ich würde nach dem Vorgang der Namen „Faustball" und „Fußball" lieber empfehlen, das Spiel in Deutschland als „Handball" (das entspräche auch der pila palmaria des Erasmus von Rotterdam) zu bezeichnen. Denn das Schlagen des Balles mit der Handfläche ist das besondere Kennzeichen des Spiels. Für den umfriedigten „Pärk" wäre die entsprechende Bezeichnung „Pferch" die einfachste. — Gehen wir nunmehr zur Beschreibung des Spiels selbst über.

Spielplatz. Pärk kann auf jedem freien und ebenen Platz gespielt werden, wenn nur der Boden fest genug ist, um den zur Erde fliegenden Ball wieder aufprallen zu lassen. Kurzgeschorener, trockener Rasen ist besonders beliebt. Die Größe des Platzes beträgt etwa 15 : 40 Meter. Schwächere Spieler kommen auch mit einem kleineren Platz aus, gute Spieler beanspruchen eine größere Platzlänge. Die

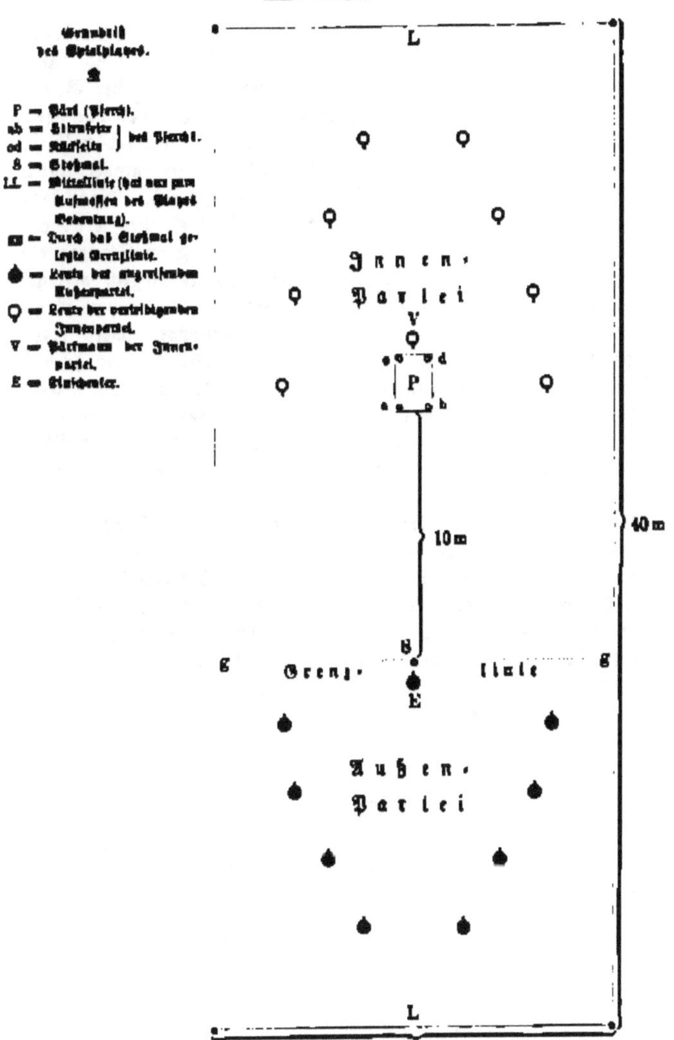

Fig. 1. Der Spielplatz.

Grenzen der Langseiten werden zweckmäßig durch einige Pflöcke oder Richtfähnchen festgelegt. Teilt man diesen rechteckigen Platz durch eine Mittellinie LL der Länge nach, so wird etwa an der Grenze des mittleren und äußeren Drittels dieser Linie ein rechteckiger Raum so abgemessen, daß er gleichfalls von der Linie LL halbiert wird und seine Längsseiten den Längsseiten des Platzes parallel liegen. Dieser rechteckige Raum ist der Pärk oder der Pferch. Die Längsseiten desselben sind je 2 m lang, während die Breitseiten je 80 cm lang sind. Jede Längsseite heißt in Gotland stång = Stange; die nach der längeren Platzabteilung (von wo aus der Angriff erfolgt) gerichtete Kurzseite heißt framsticka = Vorspan, die andere Kurzseite baksticka = Hinterspan. Diese Bezeichnungen haben ihren Ursprung in der Abgrenzung des Pferchs durch Holzlatten oder -scheite. Wir wollen die framsticka als Stirn-, die baksticka als Rückseite bezeichnen. Die vier Ecken des Pferchs werden durch Holzpflöcke, die in die Erde getrieben werden, genau festgelegt und diese Holzpflöcke entweder durch vier entsprechend lange Latten oder durch eine ringsumgeführte Leine verbunden. Damit ist die Umfriedigung des Pferchs hergestellt. 10 Meter von der Stirnseite des Pferchs entfernt wird nun weiterhin auf der Mittellinie LL ein Punkt S, der stötan oder stötån, d. i. das Stoßmal oder Wurfmal*) bezeichnet, sei es durch einen Holzpflock oder einen Stein. Für die Markierung sowohl des Stoßmals wie auch der vorwärts gewonnenen Punkte (s. u.) dürfte sich für unsere Spielplätze die nach Art eines Heftzwecks geformte Scheibe von Eisenblech mit abwärtsgehender Spitze zum Einstecken in den Boden nach der Angabe von Dr. Rolfs wohl empfehlen.

Die durch das Stoßmal gezogene, zur Stirnseite des Pferchs

---

*) Rüdiger und ihm nachfolgend Rolfs übersetzen stötan mit „Stützpunkt" und die durch diesen Punkt gelegte Linie mit „Stützlinie". Diese Bezeichnung hat nicht nur keinen Sinn, sondern ist auch eine unrichtige. Stötan oder stötån (Prof. Törngren verzeichnet diese beiden Formen des Worts, woraus hervorgeht, daß stötan nicht ein Hauptwort stöta mit dem bestimmten Artikel darstellt) ist in der ersten Silbe nicht von stötta = Stütz, sondern von stöt = Stoß abzuleiten. Was die zweite Silbe an oder ån betrifft, so existiert im niederrheinischen Platt das Hauptwort „De An" (sprich ‚Aan') für das Anfangs- oder Wurfmal bei Spielen. In meiner Knabenzeit nannten wir die in den Boden eingeritzte Linie, von der aus beim Knickerspiel z. B. der Knicker zuerst geschnellt wurde, oder von der aus im Wurfspiel mit einer Scheibe aus Blei oder Schiefer geworfen wurde, stets den „An". Möglich, daß diese niederdeutsche Bezeichnung dieselbe ist wie das holländische an oder ån. Ein Mal im Spiel heißt sonst im Schwedischen märke. Schmidt.

genau parallel verlaufende Linie, welche wir als Stoßlinie oder auch einfach als Grenzlinie bezeichnen wollen, bildet die Grenze zwischen den beiden spielenden Parteien. Der hinter dieser Linie liegende Teil des Spielplatzes ist von der angreifenden oder Außenpartei, der davorliegende mit dem Pferch von der verteidigenden oder Innenpartei besetzt.

Der Ball. Der beim Pärkspiel gebrauchte Ball hat einen Durchmesser von etwa 12—15 cm. Der Ball muß elastisch genug sein, um beim Auffliegen auf den Boden wieder aufzuprallen; er darf nicht zu hart sein, weil sonst das starke Schlagen des Balls für die Hand zu empfindlich sein würde. Der Ball wird so hergestellt, daß ein Kern aus Kork mit Wolle umwickelt und mit weichem Leder überzogen wird. — Nach unseren Versuchen erscheint es zweckmäßig, den Kern aus Kork noch mit einer dicken Filzschicht zu umgeben, über welche dann der Lederüberzug gelegt wird. Solche Bälle sind bei Sattlermeister W. Löwe in Bonn erhältlich. — Vielleicht läßt sich dieser Ball auch durch einen dickwandigen Gummiball ersetzen.

Die Spielparteien. Die Spieler, deren Zahl 8—24 sein kann, teilen sich in zwei gleiche Parteien. An der Spitze einer jeden Partei steht ein besonders guter Spieler als Anführer oder Obmann, der Pärkkarl (Pärkkerl). Dieser Obmann weist den einzelnen Spielern ihre Plätze an und bestimmt die Reihenfolge der Spieler beim Einschenken des Balls oder bei der Verteidigung hinter der Rückseite des Pferchs. Bei Beginn des Spiels wird gelost, welche Partei die angreifende Außenpartei, welche die verteidigende Innenpartei sein soll. Von da ab findet nach jedem Gang des Spiels ein bestimmter Wechsel der Parteien statt. Die Außenleute (Utkarlar) besetzen den Raum hinter der Grenzlinie, den Außenhof, so, daß der Einschenker an dem Stoßmal steht, während die anderen Außenspieler sich rückwärts von ihm verteilen. Die Innenleute (Inkarlar) verteilen sich im Innenhof ringsum hinter dem Pferch; nur ihr Obmann oder der diesen abwechselnde Pärkmann, welcher den von außen eingeschenkten Ball zurückzuschlagen hat, stellt sich unmittelbar hinter der Rückseite des Pferchs auf. — Bei Wettspielen ist die Anstellung eines Unparteiischen oder Schiedsrichters notwendig.

Spielgedanke. Der Spielgedanke ist der, daß eine angreifende Partei darauf aus ist, den ins Spiel eingebrachten und zwischen Verteidigern und Angreifern hin- und hergeschlagenen Ball an einem Punkte zur Ruhe zu bringen, welcher vor ihrer Grenzlinie im Gebiet der verteidigenden Partei, d. h. also im Innenhof, liegt. Ein solcher Gewinnpunkt heißt im gotländischen Spiel „kas". Die Angreifer gewinnen damit das Recht, die Grenze ihres Gebiets bis zu der durch diesen gewonnenen Punkt gelegten und der Stirnseite des Pferchs parallelen Linie vorzuschieben. Die Verteidiger haben die Aufgabe, sich die Bälle der Angreifer vom Leibe zu halten und bis hinter deren Grenze zurückzuschlagen.

Gewinnpunkte. Gelingt es den Verteidigern nicht, den von der angreifenden Außenpartei in ihr Gebiet hineingeschlagenen Ball so weit

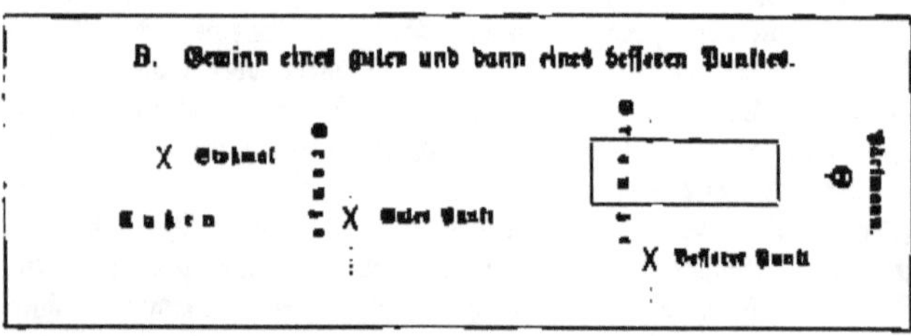

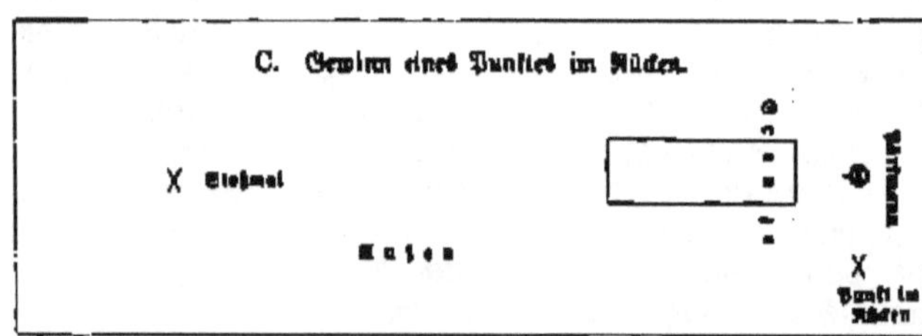

Fig. 2. Das Verschieben der Grenze der Außenpartei nach Gewinnung von Punkten.

zurückzuschlagen, daß er über die Grenze dieser Angreifer wieder hinüberfliegt (infolge eines Fehlschlags oder schlechten Schlags), oder: berührt der eingeschenkte oder eingeschlagene Ball bei einem der Innenleute einen anderen Körperteil als Hand oder Fuß, so wird diejenige

Stelle des Innenhofs wo der Ball zur Ruhe kam, mit einem Male oder einer Marke (Holzpflock, Stein oder Blechmarke) bezeichnet. Zur Ruhe kommt der Ball da, wo er von selbst am Boden liegen bleibt oder wo er, am Boden rollend, durch einen schnell hinzulaufenden Spieler der Außenpartei mit dem Fuß festgehalten wird; oder endlich da, wo er einen der Innenleute anders als an Hand oder Fuß berührt. Ein so von den Angreifern errungener Gewinnpunkt heißt einfach „kas“ oder „guter Punkt“, wenn er zwischen Grenzlinie und dem Pferch oder in der Höhe des Pferchs, aber noch vor der Rückseite desselben liegt. Liegt der demnächst errungene Punkt noch näher der Rückseite als der vorherige, so ist damit ein besserer Punkt (bättre kas) gewonnen. Liegt der gewonnene Punkt aber über die Rückseite hinaus, so haben wir einen Punkt im Rücken (kas i bakpärk), das höchste erreichbare Ziel eines Angriffs, über den nichts weiter hinausgeht. Eine Außenpartei, welche einen „Punkt im Rücken“ erzielt hat, braucht ihren Angriff nicht weiter fortzusetzen. — Die Grenzlinie rückt mit den errungenen Gewinnpunkten vor bis zur Rückseite des Pferchs, aber nicht weiter darüber hinaus; das Stoßmal bleibt dagegen stets unverrückt an seiner Stelle bestehen.

Einschenken des Balls. Der Ball wird ins Spiel gebracht durch das Einschenken des Balls, welches stets nur vom Stoßmal zu erfolgen hat. Die Spieler der angreifenden oder Außenpartei wechseln im Einschenken derart ab, daß jeder einmal den Ball einschenkt. Haben alle Angreifer einmal vom Stoßmal aus den Ball ins Spiel gebracht, so ist ein Gang des Spiels zu Ende, und ein neuer beginnt, auch wenn es der angreifenden Partei nicht gelungen war, einen guten Punkt zu gewinnen.

Das Einschenken des Balls geht so vor sich, daß der mit der einen Hand vorgehaltene Ball losgelassen und im selbigen Augenblick durch einen kräftigen Schlag oder Stoß mit der Fläche der anderen Hand vorwärts getrieben wird, und zwar muß der Ball innerhalb der Umfriedigung des Pferchs niederfallen. Fällt der eingeschenkte Ball außerhalb des Pferchs zur Erde, oder trifft er die Umfriedigung des Pferchs, so ist der Ball ungültig, und der betreffende Einschenker hat abzutreten und dem nachfolgenden Mann Platz zu machen.

Schlagen des Balls. Der im Spiel befindliche, d. h. richtig eingeschenkte Ball wird mit der rechten oder der linken Handfläche zurückgeschlagen, kann aber auch mit dem Fuße zurückgetreten werden, und zwar entweder aus der Luft, d. h. bevor der Ball den Boden berührt hat, oder, und dies ist das Häufigere, beim eingeschenkten Ball sogar die Regel, nach dem ersten Aufprallen des niederfliegenden Balles vom Boden. Im letzteren Falle ist der Schlag ungleich sicherer — vorausgesetzt, daß der Ball schön hoch geschlagen war und somit genügend hoch wieder aufprallt. Bei guten Spielern wird meist der Ball mit der Handfläche geschlagen, und das Zurücktreten des Balls mit dem Fuße wird nur angewendet bei sehr niedrig aufspringendem Ball, oder wenn in bestimmten Lagen des Spiels — z. B. bei Verteidigung einer bis zum Pferch oder gar bis zu dessen Rückseite vorgeschobenen Grenzlinie — solch kurzes Zurücktreten besondere Vorteile bietet. Niemals aber darf der Ball zurückgeschlagen oder zurückgetreten oder überhaupt berührt werden unmittelbar hintereinander von zwei Spielern derselben Partei.

Verlauf eines Spielganges. Ein Spiel setzt sich jedesmal zusammen aus einer Anzahl von Spielgängen. In jedem Gang des Spiels wechseln die Parteien einmal, sodaß diejenige Partei, welche zuerst angreift, zur verteidigenden Partei wird, sobald alle ihre Leute einmal den Ball eingeschenkt haben, oder sobald ein „Punkt im Rücken" von ihr errungen ist. Sie hat, wenn ihr Angriff einen guten Punkt erzielt hatte, die durch diesen gezogene neue Grenze gegen die bisherige Innenpartei zu verteidigen. Ist ein solcher Gang zu Ende, so hat die siegreiche Partei 10 gewonnen. Beim nächsten Gang wird wieder mit der ursprünglichen Grenze begonnen; nur ist jetzt zunächst angreifende Partei diejenige, welche beim vorhergehenden Gange zuerst im Innenhof als verteidigende Partei stand. So wird Spielgang nach Spielgang fortgesetzt, bis eine der Parteien 40 gewonnen hat. Damit ist ein Spiel zu Ende.

Sehen wir uns zunächst einmal den Verlauf eines solchen Ganges bei guten Spielern an. Nehmen wir an, die durchs Los bestimmte angreifende Außenpartei trage die Farbe Rot, die Innenpartei Weiß.

Der Obmann der Roten besetzt das Stoßmal als erster Einschenker, seine Leute stellen sich hinter ihm auf, so über den Außenhof verteilt, daß sie dem von den Weißen zurückgeschlagenen Ball, wo er auch niederfalle, möglichst sofort begegnen können. Ähnlich verteilen sich die Weißen auf ihrem Gebiet, während ihr erster Spieler den Posten am Pferch, dicht hinter dessen Rückseite, als „Pärkmann" besetzt hat. Nun stößt der Einschenker der Roten den Ball in den Pferch. Geschickt schlägt der Pärkmann der Weißen den Ball weithin in die Reihen der Roten zurück; aber der, in dessen Nähe der Ball zur Erde kam und wieder aufsprang, weiß ihn mit kräftigem Schlag der Hand zu treffen, sodaß er weit über den Pferch hinaus in das

Gebiet der Weißen hineinfliegt. Aber auch hier stehen geschickte Schläger, die dem Ball zu begegnen wissen. So fliegt der Ball zwischen den Roten und Weißen, mit kräftigen Schlägen getrieben, oft an 30 Meter weit in hohem Bogen die Luft durchschneidend, hin und her. Da fehlt einer der Roten den Ball, er rollt am Boden hin, — der erste Angriff auf die Weißen ist abgeschlagen.

Nun tritt ein neuer Einschenker an und drüben bei den Weißen ein neuer Pärkmann. Aber der eingeschenkte Ball trifft die Umfriedigung des Pferchs, ist also ungültig.

Ein Dritter besetzt das Stoßmal. Sicher geht sein Ball in den Pferch, ebenso sicher erfolgt der Gegenschlag. Wieder saust der Ball hin und her, aber den Roten gelingt diesmal ein unvermutet weiter Schlag; der hinzueilende Weiße hat nicht die Zeit, kräftig zum sicheren Gegenschlag auszuholen: nur matt trifft er den aufspringenden Ball, dieser kommt schon in der Höhe des Pferchs zur Erde, rollt hier weiter und wird von einem Roten, der hurtig über die Grenze vorspringt, vollends zum Stehen gebracht — im Gebiet der Weißen! Die Stelle, wo dies gelang, wird mit einer Marke versehen und durch diese eine Linie, parallel zur Stirnseite des Pferchs, in den Boden eingeritzt. Die Roten haben einen guten Punkt errungen und ihre Grenze nach vorwärts verlegt.

Nun tritt ein Vierter ans Stoßmal. Und wiederum haben die Roten Erfolg. Ein weitgeschlagener Ball wird von dem Spieler der Weißen, der dort zunächst stand, gefehlt; er rollt am Boden; zwar versucht der Spieler, ihn wenigstens mit dem Fuße zurückzutreten, aber auch das mißlingt: hinter der Rückseite des Pferchs kommt der Ball zur Ruhe: die Roten haben einen „Punkt im Rücken" errungen, die Grenze rückt bis zur Rückseite des Pferchs vor.

Nun tritt der Wechsel ein: die Weißen besetzen das von den Roten errungene Gebiet; die Roten haben das Gebiet hinter der Rückseite des Pferchs nunmehr zu verteidigen. Der Obmann der Weißen besetzt das Stoßmal; seine Leute aber stehen nun nicht mehr hinter ihm, sondern zum Teil seitlich, zum Teil vorwärts nach dem Pferch hin. Der Pärkmann der Roten hat seine Leute mehr nach rückwärts verteilt. Nun sendet der Einschenker der Weißen den Ball hinüber. Der Pärkmann der Roten hat blitzschnell gewahrt, wo gerade die Angriffslinie der Weißen eine Lücke hat; dorthin schlägt er mit leichtem Schlag den Ball, sodaß derselbe flach hinfliegt und schon träge am Boden rollt, bevor die Weißen ihn in das feindliche Gebiet zurückbefördern können. Erneute Angriffe folgen, die alle abgeschlagen werden. Schließlich haben alle

Leute der Weißen den Posten am Stoßmal innegehabt und einmal eingeschenkt, ohne daß es der Partei gelungen wäre, gleichfalls einen Punkt im Rücken zu erzielen. Der Gang ist zu Ende. Rot hat 10 gewonnen.

Berechnung des Spiels. Ein Spiel setzt sich also zusammen aus Gängen. In jedem Gang ist jede Partei einmal Angreifer und einmal Verteidiger. Die siegende Partei, d. h. diejenige, welche einen besseren Punkt erringt, näher der Rücklinie und weiter vorwärts vom Stoßmal, gewinnt 10. Außerdem gilt aber noch folgendes: Wenn keine der beiden Parteien in einem Gang einen Punkt erringt, so darf diejenige Partei, welche zuerst angreifende Partei war, sich 10 gut schreiben. Die nächstdem angreifende Partei hätte eben ihre Vorgängerin übertreffen müssen.

Machen aber beide Parteien hintereinander einen „Punkt im Rücken", so hat die zuletzt spielende Partei 10 gewonnen, da sie über die Grenze der Gegner, welche durch die Rückseite geht, hinausgekommen ist.

Ein Spiel ist beendet, wenn eine der Parteien 40 gewonnen hat. Ein Spiel kann also bestehen aus 4—7 Gängen. Es besteht nur aus vier Gängen, wenn stets dieselbe Partei in jedem Gang erfolgreich war; es besteht aus sieben Gängen, wenn jede der beiden Parteien in drei Gängen 10 gewonnen hatte, und erst der siebente Gang den Entscheid bringt.

Bei Wettspielen werden drei Spiele ausgefochten. Der glänzendste Sieg ist dann natürlich der, wo der Sieger alle drei Spiele gewonnen hat. Die unterliegende Partei ist dann „muuk" = Mönch geblieben.

Zur völligen Klarlegung der Berechnungsart möge das folgende Beispiel dienen, wobei wieder die Parteien Rot und Weiß einander gegenüberstehen und Rot für den ersten Gang zum Angriff ausgelost ist.

(Siehe Tabelle auf nächster Seite.)

Vorübung. Das Pärkspiel oder der Handball ist eins von denjenigen Spielen, welchen noch ungeübte Spieler bei den ersten Versuchen zunächst wenig Reiz abgewinnen können. Es ist damit gerade wie mit dem Cricket. Erst wenn die Spieler in dem gar nicht leichten Einschenken, sowie im kräftigen Schlagen und im Treten des Balls eine größere Treffsicherheit erlangt haben, befriedigt das Spiel mehr, um dann für gute Spieler zu einem ungemein fesselnden, in seinem

			Ergebnis: Rot	Weiß
1. Gang.	Rot:	Gewinnt einen Punkt im Rücken.		
	Weiß:	Erringt keinen Punkt über die Rücklinie hinaus	10	—
2. Gang.	Weiß:	Gewinnt einen guten Punkt.		
	Rot:	Gewinnt einen besseren Punkt, näher der Rückseite	10	—
3. Gang.	Rot:	Gewinnt einen guten Punkt.		
	Weiß:	Gewinnt einen Punkt im Rücken	—	10
4. Gang.	Weiß:	Erringt keinen Punkt.		
	Rot:	Erringt keinen Punkt	—	10
5. Gang.	Rot:	Gewinnt einen guten Punkt.		
	Weiß:	Gewinnt keinen Punkt	10	—
6. Gang.	Weiß:	Erringt einen Punkt im Rücken.		
	Rot:	Erringt ebenfalls einen Punkt über die Rücklinie hinaus	10	—
			40	20

Rot hat also ein Spiel gewonnen.

ganzen Verlauf alle Kräfte anspannenden Wettkampf zu werden. Sollten, was ich lebhaft wünsche, Spielvereinigungen in Deutschland dieses prächtige Spiel bei sich einführen wollen, so dürfen sie sich der Mühe nicht verdrießen lassen, zunächst nur das Einschenken und Schlagen des Balls in der beschriebenen Art zu üben und bei den ersten Versuchen mit dem Spiele den Pferch etwas breiter als angegeben abzumessen, auch das Stoßmal zum Einschenken näher als 10 Meter an den Pferch heranzurücken. Mit der wachsenden Spielfertigkeit wird sicherlich auch die Freude an dem Spiel wachsen.

Für die Knabenzeit bis zu 12 Jahren werden als vorbereitende Spiele folgende empfohlen und auf Gotland geübt:

1. Bäddra ball = Schlagball. Je zwei Spieler schlagen oder treten den Ball, nachdem er genau so wie beim Pärk eingeschenkt ist, zwischen sich hin und her. Der Ball darf nur zurückgeschlagen werden, nachdem er einmal den Boden berührt hat und wieder aufprallt. Sieger ist, wer die wenigsten Fehlschläge gemacht hat.

2. Väggpärk = Wandpärk. Der Ball wird gegen eine Wand geschlagen, die er mindestens 3 Fuß über dem Boden treffen muß, und zwar etwas schräg, sodaß er zur Gegenpartei hinfliegt. Ein

Spieler von dieser schlägt den zum Boden niederkommenden und aufprallenden Ball wieder zur Wand zurück u. s. w. — Es würde zu weit führen, die genaueren Regeln dieses hübschen Übungsspiels zu geben. Vielleicht findet sich dazu eine spätere Gelegenheit.

Puttpärk. Das hier beschriebene und zur Einführung empfohlene Pärkspiel heißt in Gotland: Vaulig Pärk oder Uppriglig Pärk, d. h. gewöhnliches oder aufrichtiges Pärkspiel. Es wird bei diesem Spiel auf schön hohe und weite Schläge besonderer Wert gelegt.

In einigen Gegenden Gotlands, und zwar bei den Bauerschaften im Süden der Insel, besteht aber noch eine andere Form des Spiels, das Puttpärk. Der wesentlichste Unterschied besteht hier darin, daß außer dem Pärkmann von der Innenpartei noch ein zweiter Verteidiger am Pärk aufgestellt wird, nämlich der Puttmann (puttkarl). Derselbe steht an der Stirnseite des Pärks, so, daß er mit dem hinteren Fuße im Pärk selbst, mit dem vorderen Fuße vor der Stirnlinie des Pärks sich befindet. Er hat wo möglich den eingeschenkten Ball in der Luft, bevor er die Erde berührt hat, zurückzuschlagen. Gelingt ihm das nicht, so fällt dem Pärk- oder Hintermann (bakkarl) das Zurückschlagen zu wie beim gewöhnlichen Pärk. Der Puttmann muß gut aufpassen, daß der Ball ihn dabei nicht berührt, da die Angreifer damit schon einen Punkt im Pärk gewonnen haben. Auch die Berechnung ist bei dieser Spielart viel verwickelter. Es kommt endlich beim Puttpärk mehr auf geschickte und listige als auf weite, hohe Bälle an. Daher hier auch häufiger der Ball getreten wird. — Es sei noch bemerkt, daß man in Wisby Puttpärk für die ältere Form des Spiels ansah, Uppriglig Pärk aber als schöner und übender weit vorzog.

2. Spiel mit dem Wurfstein (Kasta varpa).

Wie Pärk so ist auch das Spiel mit dem Wurfstein ein altes, nur der Insel Gotland eigentümliches Spiel. Der Wurfstein, über handgroß, platt, rundlich und etwa anderthalb Daumen dick (das Kalkgestein der Insel liefert solche Steine überall in Massen), ist der gotische Diskus. Nur wird er nicht, wie die griechische Diskusscheibe, zum Weitwurf benutzt, sondern zum geschickten Zielwurf nach einem in den Boden geschlagenen Holzpfahl und in Form eines Parteispiels mit festen Regeln.

Als Platz für das Spiel kann jede beliebige ebene Fläche mit hartem Boden benutzt werden, wofern sie nur etwa 15—18 Meter lang und einige Meter breit ist. Zur Herrichtung des Spielplatzes werden in einem Abstand von etwa 13—14 Metern (je nach der Ausbildung und der Kraft der Spieler nimmt man diesen Abstand etwas länger oder kürzer) zwei Holzpfähle in die Erde geschlagen. Von diesen heißt der eine der rechte, der andere der linke Pfahl, weil von dem einen Pfahl aus mit der rechten, von dem anderen mit der linken Hand der Wurf ausgeführt werden soll. Es wird immer nur von dem einen zum anderen Pfahl hin geworfen.

Der Wurf geschieht also sowohl rechts wie links, und zwar als eine Art Schockwurf. Dabei wird der Daumen auf die obere Fläche des Steins, der Zeigefinger um dessen Rundung gelegt, während die anderen drei Finger auf der Unterfläche sich ausspreizen. Das Fassen des Wurfsteins ist also ähnlich wie bei der Diskusscheibe. Beim Abwurf — nach vorherigem Rückführen des Armes zum Ausholen — wird der Stein derart losgelassen, daß während seines Fluges durch die Luft ständig die eine Flachseite nach oben, die andere nach unten sieht und der Niederschlag des Steines auf den Boden mit der ganzen unteren Flachseite erfolgt. Dadurch bleibt der Stein an der Stelle, wo er auf den Boden gelangt, sofort fest liegen und rollt nicht weiter.

Über den Gang des Spiels sei nur kurz folgendes mitgeteilt. Die Zahl der Spieler beträgt gewöhnlich 4—8, welche sich in zwei Parteien teilen. Ein jeder Spieler muß seinen Wurfstein durch bestimmte Zeichen oder eingeritzte Male von denen der anderen Spieler unterscheiden können. Es kommt nur darauf an, welche Partei einen Stein am nächsten an den Pfahl herangeworfen oder den Pfahl berührt oder gar denselben umgeworfen hat. Man legt auch schon einen Stein oben auf den Pfahl, der beim Anwurf gegen den Pfahl herunterfällt. Heißen die Parteien A und B, und hat einer von A den Anwurf, so folgt der zweite Wurf von einem der Spieler von B, und zwar wird zuerst vom Linkspfahl aus gegen den Rechtspfahl, also mit der linken Hand, geworfen. Liegt der Stein von A näher dem Pfahle als der von B, so werfen nun die Spieler von B weiter, und zwar entweder bis einer von diesen den ersten Wurf der A-Leute übertroffen hat, oder bis alle Spieler von B geworfen haben, ohne daß sie einen Stein noch näher dem Pfahl bringen konnten als der erstgeworfene Stein lag. In letzterem Falle hat die Partei A einen Punkt gewonnen. Die übriggebliebenen Spieler von A können nun noch versuchen, den Pfahl zu treffen oder umzuwerfen, was zwei weitere Punkte zählt. Wenn ein Stein im Niederschlagen einen anderen so trifft, daß dieser seine bisherige gute Lage verliert, so rechnet der Stein, welcher zunächst am Male sich befindet. Haben alle Spieler geworfen, und ist das Ergebnis festgestellt, so beginnt vom entgegengesetzten Pfahl (also nun vom Rechtspfahl) ein neuer Gang mit Wurf der anderen Hand. So wechseln Mal und Hand so lange, bis eine Partei 12 Punkte gewonnen hat.

Die Fertigkeit der Leute auf Gotland — Kasta varpa wird auch noch von bejahrten Männern gespielt — im Werfen der Steinscheiben ist eine sehr große. Es war ungemein anziehend, ein solches Spiel in seinem Verlauf verfolgen zu können. Mir würde der Zielwurf mit entsprechendem Wurfgerät in diese Form gebracht besser behagen als der Zielwurf mit dem Diskus nach der doch immerhin nicht billigen Zielscheibe, welche wir dem um unsere Sache sehr verdienten Direktor Weck verdanken.

7

Spielfest des Turnvereins „Jahn" zu Siegen, 2. VII. 1899, zusammen mit den Spielabteilungen des Bonner und des Kölner Turnvereins. Von W. Forschepiepe, Siegen.

Die Spielveranstaltung war insofern von besonderer Bedeutung, als unseren Mitgliedern hierbei Gelegenheit gegeben war, ihre Kräfte mit anerkannt tüchtigen Spielmannschaften, denjenigen des Bonner und Kölner Turnvereins, die unserer Einladung nach hier gefolgt waren, zu messen. Leider war das Fest von der Witterung sehr beeinträchtigt, doch konnten trotz des strömenden Regens noch gute Leistungen verzeichnet werden*). Nachdem wir unsere auswärtigen Gäste am Vorabend auf dem hiesigen Bahnhofe empfangen hatten, geleiteten wir selbige zum Vereinslokal, wo ihnen die Quartiere zugeteilt wurden.

Bei leidlich trockenem Wetter begannen am anderen Morgen die Einzelwettübungen auf dem Jahnplatze. Eine große Menschenmenge hatte sich hierzu eingefunden, die mit lebhaftem Interesse die Leistungen der auswärtigen und hiesigen Turner im Schleuderball-Werfen, deutschem und amerikanischem Dreisprung und Hürdenlaufen verfolgte.

Es errangen einen Eichenkranz:

*) Solch tapferes Aushalten und vollständiges Durchführen der Wettkämpfe trotz großer Ungunst der Witterung sei hier rühmend anerkannt. Man sollte die Worte: „Keinerlei Unwetter hindert" als allgemeinen Grundsatz bei allen Spielveranstaltungen aufstellen und diese, soweit es möglich ist, auch ausführen.

von Schenckendorff.

Im Schleuderball-Werfen:

1. Alb. Büdenbender, „Jahn", Siegen, 33,5 m,
2. C. Sprenger, „Jahn", Siegen, 32,3 m,
3. W. Forschepiepe, „Jahn", Siegen, 31,10 m,
4. Josten, Turnverein Köln, 31 m.

Im deutschen Dreisprung:

1. W. Nix, „Jahn", Siegen, 10,45 m,
2. Eug. Wildraut, „Jahn", Siegen, 10,10 m.

Im amerikanischen Dreisprung:

1. Denker, Turnverein Bonn, 10,60 m,
2. Vetter, Turnverein Bonn, 10,55 m.

Im Hürdenlauf über 100 m mit 4 Hürden:

1. Denker, Turnverein Bonn, $12\frac{1}{5}$ Sekunden,
2. Höfer, „Jahn", Siegen, $14\frac{2}{5}$ Sekunden,
3. Josten, Turnverein Köln, $14\frac{3}{5}$ Sekunden,
4. Vetter, Turnverein Bonn, $14\frac{4}{5}$ Sekunden.

An die Wettkämpfe reihten sich verschiedene Übungsspiele an, bis um 11 Uhr sich die Turner zur Stadt begaben, wo die zum Fest engagierte Kapelle des Pionier-Bataillons Nr. 20 aus Metz vor dem Kaiserdenkmal konzertierte. Das Wetter, welches sich bis dahin noch gehalten hatte, wurde am Nachmittag das denkbar schlechteste, sodaß sich der Festzug in strömendem Regen zum Spielplatz bewegen mußte. Hierselbst angelangt, fand zunächst das Fußball-Wettspiel zwischen den Mannschaften des Bonner und des Kölner Turnvereins statt, wobei erstere Sieger blieben. Hierauf folgte das Schleuderball-Wettspiel zwischen Bonner Turnverein und „Jahn", Siegen, das mit dem Siege des letzteren in zwei Gängen endigte. Die Übungsspiele des Turnvereins „Jahn" fielen wegen des schlechten Wetters aus.

Die Schüler der Spielabteilung des hiesigen Realgymnasiums unternahmen nun einen Fußball-Wettkampf gegen den Bonner Turnverein, in dem sie trotz recht wackerer Gegenwehr schließlich unterlagen.

Inzwischen war das Wetter so schlecht geworden, daß das Kürturnen ausfallen mußte, ebenso konnte von dem vorgesehenen Konzert auf der „Eintracht" keine Rede sein, weshalb sich die Turner abends im Saale der „Bürgergesellschaft" wieder zusammenfanden. Die Militärkapelle, sowie der Gesangverein „Sängerkreis" erfreuten die

Besucher mit passenden Vorträgen. I. Turnwart Kölsch beglückwünschte die Sieger zu ihren Erfolgen und sprach die Hoffnung aus, daß durch diese Veranstaltung die Spielbewegung in unserer Stadt einen neuen Antrieb erfahren möge, und nahm darauf die Preisverteilung vor.

An das Kürturnen am Barren, das recht gute Leistungen zu verzeichnen hatte, schloß sich der Tanz an, mit dem die Spielveranstaltung trotz ungünstigster äußerer Verhältnisse ihren uns dennoch alle befriedigenden Ausgang nahm.

Zweiter Abschnitt. Über den Fortgang der Spiele und verwandten Leibesübungen im Jahre 1899.

1

Die Wettkämpfe des Vorjahres.

Von Professor Dr. K. Koch in Braunschweig.

Der große Gedanke, daß vaterländische Festfeiern zur Hebung der im vaterländischen Sinne betriebenen Leibesübungen unserem Volke dringend not thun, hat im Vorjahre einen entschiedenen praktischen Erfolg zu verzeichnen gehabt. Zwei unserer größten und ehrwürdigsten deutschen Städte, die eine im Westen an den Ufern des Rheins und die andere im Osten an denen der Elbe, haben mit der Verwirklichung dieses Gedankens einen Anfang gemacht, der zu den schönsten Hoffnungen für die Zukunft berechtigt. Durch den Vorgang Dresdens und Kölns ist den anderen deutschen Städten ein nachahmungswertes Beispiel gegeben, wie sich auf diesem Gebiete praktisch vorgehen läßt, und wie sich die idealen Ziele erreichen lassen, die uns Deutschen einst ein Jahn und ein Arndt, ein Gneisenau und ein Fichte gesteckt haben. In diesem Jahre, wo wir die dreißigjährige Wiederkehr der großen Erinnerungstage von 1870 festlich zu begehen haben, wird das Vorbild, das uns Deutschen jene beiden Städte im Vorjahre gegeben haben, um so mehr zur Nachahmung antreiben, als inzwischen in ganz Deutschland der nationale Gedanke wieder bedeutend erstarkt ist. Was vor nunmehr neunzig Jahren, in den Zeiten der höchsten Begeisterung, jene Männer im Geiste vorausgeschaut hatten, daß unser deutsches Volk, nachdem es sich von der Schmach der Fremdherrschaft befreit hätte, zu leitender Stellung unter den Weltmächten berufen sein würde, daß es aber, um diese seine Aufgabe erfüllen zu können, seine gesamten Kräfte entfalten und aufbieten müßte, das fängt jetzt nach und nach an, uns zum klaren Bewußtsein zu kommen und in seiner ganzen Bedeutung in unserem Volke nachzuwirken. Zur vollen Entfaltung kann unsere Volkskraft nur durch allgemeine, im vater-

14*

ländischen Sinne betriebene Leibesübungen gelangen. Vaterländische Festfeiern, die solche Übungen unter unserer Jugend kräftig anregen, ihnen die entsprechende Anerkennung seitens der Volksgemeinde sichern und, schließlich als das Wichtigste, für sie die richtigen Bahnen anweisen und das rechte Maß und Ziel bestimmen, dürfen nicht fehlen in unserer Zeit, die an die deutsche Volkskraft auch in Friedenszeit, aber namentlich für künftige Kriegsfälle die höchsten Ansprüche stellt. Möge sich, was Jahn und seine Gesinnungsgenossen einst gewollt und gefordert haben, im Beginne des neuen Jahrhunderts zum Segen unseres Vaterlandes bald ganz verwirklichen.

Die vaterländischen Festspiele zu Köln fanden am 30. Juli im Stadtwalde statt. Die Veranstaltung ging aus von der Vereinigung der Bürger Kölns zur Förderung der deutschen Nationalfeste. Es beteiligten sich daran eine lange Reihe Vereine, die Turn- und Fechtvereine, die Spielvereine, die Ruderer, die Radfahrer, die Athleten, die verschiedenen Kriegervereine, die Musik- und Gesangvereine u. s. w. Der Festausschuß umfaßte die angesehensten Männer der Bürgerschaft; kurz, das Fest baute sich auf der weitesten Grundlage auf. Von einem prächtigen Festzuge eingeleitet, verlief es ganz nach dem Plane. Der Augenschein bewies, daß Wettkämpfe in den verschiedenen Leibesübungen sehr wohl möglich sind auch ohne Höchstleistungen, Trainieren, Bevorzugung der Bemittelten und Höhergestellten. Mit einem Worte, für einen ersten Versuch mußte der Verlauf des herrlichen Festes ganz außerordentlich befriedigend genannt werden. Ebenso nahmen die vaterländischen Festspiele in Dresden am 3. September unter sehr reger Beteiligung der Dresdener Bevölkerung einen vortrefflichen Verlauf. Mit Recht hob der Festredner auf dem Altmarkte, der zum Sammlungsplatze des stattlichen Festzuges bestimmt war, in seiner Ansprache hervor, daß die Festspiele aus echt deutschem Geiste geboren seien. Neben der Dresdener Turnerschaft, die in erster Linie für das Fest thätig war, wirkten namentlich die Ruderklubs mit, ferner die Radfahrer, die Schwimmer und die Spielvereinigungen der Schulen. Endlich trugen die Gesangvereine des Elbgaufängerbundes wesentlich zum Gelingen des Ganzen bei. Die Wettkämpfe fanden, soweit möglich, auf dem Festplatze statt in der Zeit von 3—7 Uhr; zum Schlusse erfolgte die Preisverteilung ebendaselbst. Im ganzen waren die zahlreichen Wettkämpfer in sechs Gruppen gesondert: 1. Fechter, 2. Radfahrer, 3. Ruderer, 4. Schwimmer, 5. Spieler, 6. Turner. Die letzte Gruppe war am zahlreichsten vertreten und in Jugendturner und Erwachsene gesondert.

Das herrliche Bild allseitiger Ausbildung, das sich vor den Augen der Zuschauer entwickelte, gab den erfreulichen Beweis von der körperlichen Tüchtigkeit, Kraft und Gewandtheit der Knaben, Jünglinge und jungen Männer und berechtigte das vieltausendköpfige Publikum, das mit regem Interesse den Verlauf der Wettkämpfe verfolgt hatte, sehr wohl zu dem jubelnden Beifall, in den es immer wieder ausbrach. Da die höchsten Behörden der Stadt und die Vertreter der Turnerschaft sich mit großem Eifer um das Fest bemüht haben, ist sicher zu hoffen, daß es, wie der Festredner aussprach, von nun an alljährlich in dem gleichen Geiste gefeiert werden wird.

Der Vorgang von Köln und Dresden hat vor allem zweierlei bewiesen: 1) daß sich auch in großen Städten wirkliche Volksfeste im nationalen Sinne feiern lassen, 2) daß bei solchen Festen die Turner sehr wohl mit den beiden anderen Arten der Leibesübungen, mit Spiel und Sport, Hand in Hand gehen können, ohne von der Strenge ihrer turnerischen Grundsätze irgend nachzulassen. Es wäre im höchsten Grade erwünscht, wenn auch in anderen Großstädten ähnliche Versuche und Erfahrungen gemacht würden. Am wertvollsten würde es unbedingt sein, wenn die Reichshauptstadt selbst den anderen deutschen Städten mit gutem Beispiele voranginge. **Berlin** verfügt über eine sehr zahlreiche und besonders tüchtige Turnerschaft, die ein solches Volksfest zu unternehmen und zu leiten wohl hinreichend Mittel und Kräfte besitzt. Die zahlreichen Sportvereine oder wenigstens die besseren Elemente aus ihnen würden sich zu einem gemeinsamen Vorgehen wohl den turnerischen Anschauungen zu fügen geneigt sein um des vaterländischen Zweckes willen. Eine erste Anregung dazu ist schon in Berlin von maßgebender Stelle aus erfolgt. **Ein alljährliches Volksfest in turnerischem Sinne am Geburtstage von Fr. L. Jahn** würde den alten Ruhm Berlins, auf dem Gebiete der Leibesübungen vorangegangen zu sein, wirkungsvoll wieder erneuern. Da Jahn in erster Linie sein Turnen, unter dem er alle kräftigen Leibesübungen verstanden wissen wollte, in den Dienst des Vaterlandes gestellt hat, würde eine Feier an seinem Geburtstage eine Einmütigkeit aller, die solche Übungen treiben, in kräftiger vaterländischer Gesinnung bezeugen. Aus diesem Grunde erscheint die Wahl des Tages, die man in Berlin getroffen hat, durchaus glücklich. — **Die deutsch-nationalen Wettkämpfe am 30. Juli in Leipzig**, zu denen sich Turn-, Spiel- und Sportvereine zusammengefunden hatten, zeichneten sich durch tüchtige Ergebnisse in den einzelnen Übungen aus. Leider aber scheint es bei ihnen an der wünschenswerten Volkstümlichkeit gefehlt zu haben, die den beiden Festen in Dresden und Köln ihren Hauptreiz und — von unserem Standpunkte — gleichfalls ihren Hauptwert verlieh. Was liegt dann, ob sich einzelne Turner oder Sportleute besonders tüchtig ausgebildet haben und neue Höchstleistungen zu erzielen im stande sind? Es kommt wesentlich bei den vaterländischen Feiern darauf an, eine Anregung auf die Gesamtheit des Volkes auszuüben, wie das in Dresden und Köln gelungen ist, und wie es der alten Leipziger Sedanfeier, die leider mit 1895 ihr Ende gefunden hat, regelmäßig alljährlich nicht minder gelungen war.

Der Jahrestag der Schlacht von Sedan wird bis jetzt leider nur an einzelnen Stellen regelmäßig gefeiert, wenigstens sehr selten nur durch wahre Volksfeste. Und doch ist dieser Tag als der Gedenktag der Wiedergeburt des Deutschen Reiches so geeignet dazu wie kein anderer. Die Feier in Braunschweig, wo sich das Sedanfest eingelebt hat, gelang wieder vorzüglich. In Hadersleben, Landsberg a. d. Warthe, Neumünster, Oldesloe, Stettin fanden an dem Tage Spielfeste statt. Die Wettspiele in Plön sind uns deshalb bedeutungsvoll, weil die kaiserlichen Prinzen dort teilnahmen. In Lübeck fochten die Turner, in Altona die Schüler des Realgymnasiums Wettkämpfe aus. — Von sonstigen Wettkämpfen bei vaterländischen Feiern sind noch das Knivsbergfest in unserem äußersten Norden und die Barlaufwettspiele um den Bismarckschild in Berlin zu erwähnen; über beide wird an anderen Stellen dieses Jahrbuchs ausführlich berichtet. Eine Feier ganz eigener Art war der Wettkampf auf dem Galtgarben im Samland am 29. Juli, mit dem die Königsberger Studenten die Erinnerung an die alten vaterländischen Feiern am Fuße des alten Kreuzes von 1813 würdig erneuert haben.

* * *

Von größter Wichtigkeit für die Veranstaltung wie für das Gelingen der Wettkämpfe sind die deutschen Spielverbände. Sie bieten eine feste Organisation derjenige Vereine, die das Spiel und die Leibesübungen im Freien eifrig pflegen, und machen sich zum Ziele: 1. Die Schaffung neuer Spielplätze für die heranwachsende Jugend. 2. Die Veranstaltung von Wettspielen allerlei Art. 3. Die eifrige Teilnahme bei vaterländischen Festen, die nach Jahns Grundsätzen durch volkstümliche Wettkämpfe verherrlicht werden. Im Verlauf des letzten Jahres haben zwei Vereine schon eine sehr segensreiche Wirksamkeit entfaltet, der Nordische Spielverband, der mit spieleifrigen und tüchtigen Turnern der Provinz Schleswig-Holsteins sowie des benachbarten Hamburg große Erfolge hat erzielen können, und der Rheinische Verband, dessen rührige Spielvereinigungen auch ihrerseits sich mit bestem Recht der Fortschritte freuen, die sie in diesem Jahre gemacht haben. Die Ausgangspunkte für die Spielbewegungen am Rhein und im Norden sind wesentlich die Turnvereine in Bonn und Altona gewesen. Am Schlusse des Sommers hat sich noch ein dritter Spielverband hinzugefunden, der Mittelrheinische, der in einer Versammlung von Vertretern der Turnvereine dieser Gegend am 22. Oktober zu Frankfurt a. M. gegründet worden ist. Er ist im Interesse unserer Sache mit größter Freude zu begrüßen.

Zu München-Gladbach ward am 15. Mai das erste rheinische Spielfest veranstaltet. Die Stadt bot auf ihrem herrlich gelegenen, sehr umfangreichen Rennplatze dem Spieleifer der Jugend eine so schöne Stätte, wie diese sich nur wünschen konnte. Auch die Gunst des Wetters kam dem Feste zu statten. Eine hellstrahlende Frühlingssonne goß ihren Glanz aus über die Turner- und Spielerscharen in ihren kleidsamen Trachten. Und umrahmt wurde das schöne Bild von dem nahen Walde, der in seinem Lenzesschmucke trefflich in die Jugendlust einstimmte. Mehr als 90 Vereine und Abteilungen erprobten dort im Wettkampfe ihre Kraft und Gewandtheit. Eine große Zuschauermenge war von nah und fern herbeigeeilt, um sich an diesem Anblick zu erfreuen. Für die allgemeine Wertschätzung, der sich das Fest erfreute, ist beachtenswert, daß die höchsten städtischen und staatlichen Behörden vertreten waren. Auch der Vorsitzende des Zentral-Ausschusses, Herr von Schenckendorff, war unter den zahlreichen Gästen. Mögen die künftigen Spielfeste des Rheinischen Verbandes ebenso günstige Erfolge erzielen!

Der Nordische Spielverband hat zwar kein so großes Fest veranstaltet, im übrigen aber eine sehr erfolgreiche Wirksamkeit entfaltet, da eine Anzahl kleinerer Feste und Wettkämpfe durch ihn angeregt sind. Da an anderer Stelle darüber berichtet ist, beschränken wir uns hier darauf, im allgemeinen hervorzuheben, eine wie große Regsamkeit auf unserem Gebiete überhaupt jetzt in der Provinz Schleswig-Holstein herrscht, was jedenfalls zum größten Teile dem Einflusse des Verbandes zuzuschreiben ist. Der Kieler Verein zur Förderung der Jugend- und Volksspiele verdient eine besondere Anerkennung deshalb, weil es ihm wie sonst keinem anderen trefflich gelungen ist, die verschiedensten Stände zur Teilnahme an den Wettkämpfen heranzuziehen. Außer 6 Turnvereinen und einem Spielverein beteiligten sich am Spielfest 3 Gruppen von Angehörigen der I. Matrosen-Division, die Spielvereinigungen der Maschinenbaulehrlinge sowie die der Ökonomiehandwerker, der Verein der Marine-Zahlmeister-Anwärter und derjenige der Sekretariats-Anwärter, der evangelische Jünglingsverein, ferner sämtliche Schulen, 17 Knaben- und 9 Mädchenschulen, auch eine auswärtige, dazu noch die höheren, endlich eine Anzahl Damenabteilungen der Turnvereine. Ein besonderes Verdienst des Kieler Vereins ist jedenfalls auch darin zu sehen, daß er für die Verbreitung unserer Spielbewegung in den Kreisen der Angehörigen unserer Marine mit gutem Erfolge gewirkt hat.

Die einzelnen Spielvereinigungen haben gleichfalls im vorigen Sommer zahlreiche Wettkämpfe ausgefochten. An erster Stelle zu nennen ist die Spielvereinigung im Allgemeinen Turnverein zu Leipzig, die hauptsächlich Fußball, Schlagball und Faustball, daneben aber auch andere Übungen, wie Stafettenlauf, betreibt und darin wiederholt Wettkämpfe, auch mit auswärtigen Gegnern, ausgefochten hat.

Auch aus Braunschweig, Breslau, Erfurt, Halle, Hamburg, Magdeburg, München, Stettin u. s. w. liegen Berichte über Wettkämpfe von Spiel- und Turnvereinen vor, auf die einzeln einzugehen zu weit führen würde. Doch kann ich nicht unterlassen, zu erwähnen, daß wir Braunschweiger zu Pfingsten die große Freude hatten, bei einem Spielfeste liebe Gäste aus Hamburg-Eimsbüttel und aus Leipzig hier zu sehen, und daß bei der Gelegenheit mehrere trefflich gelungene Wettkämpfe stattfanden, an denen sich die Gäste wie die hiesigen Spieler und Turner beteiligten. Am 18. Juni veranstaltete der Braunschweiger Ausschuß für Volksspiele, um unter der Schuljugend die alte Vorliebe für Schlagball, der in Braunschweig von alter Zeit her Kaiserball heißt, wieder neu zu beleben und zu stärken, ein Schlagball-Spielfest, auf dem Musterriegen der verschiedenen Schulen in diesem Spiele sich maßen; es waren dabei alle Spiele fremdländischen Ursprungs, wie Fußball, Cricket, Lawntennis und Faustball, ausdrücklich ausgeschlossen.

Wie die Spielvereine so haben auch die Turnvereine wiederum mehr Wettkämpfe im letzten Jahre als in früheren veranstaltet; so auf Gau- und Kreisturnfesten, wie zumal auf den Bergfesten, deren Zahl sich alljährlich steigert. Leider sind mir eingehende Berichte darüber nur wenig zugänglich gewesen. Als ein glänzender Beweis dafür, wie bedeutend die Teilnahme der einzelnen daran sich gesteigert hat, kann ich nur auf das Volkswetturnen auf dem Elme am 6. August verweisen, das dort zum 29. Male am Tetzelsteine gefeiert ward. Nach dem uns vorliegenden Berichte haben daran teilgenommen: die Turnvereine aus Braunschweig (4 Vereine), Wolfenbüttel, Helmstedt, Schöningen, Königslutter, Schöppenstedt und Blankenburg a. H., ferner waren aus größerer oder geringerer Entfernung dazu eingetroffen Turnvereine aus Berlin (13 Mitglieder), Magdeburg (19), Hannover (15), Hildesheim (5), Nordhausen (1) und Gifhorn (2). So rang um die Siegespalme die stattliche Zahl von 181 Wettkämpfern aus nah und fern. Trotz einer tropischen Hitze wurde von 11½ Uhr bis gegen 6 Uhr wacker geturnt, und es konnten nicht weniger als 126 Siegeskränze aus deutschem Eichenlaub verliehen werden. An erster Stelle ward ein Turner aus Hannover ausgerufen, an zweiter ein Braunschweiger Turner; an dritter Stelle erst kam ein Berliner, der erste Sieger des Hamburger Turnfestes, der der Turnerschaft in Berlin angehört. Die sehr erfreuliche Teilnahme an dem Elmfeste auch von Berlin, Magdeburg und Hannover her beweist, wie sehr die deutschen Turner den Wert solcher echt volkstümlicher Wettkämpfe zu schätzen wissen, und wie wenig sie sich um die theoretischen Einwände dagegen kümmern. Für die Turner aus Stadt und Land Braunschweig aber war es ehrenvoll, trotz so gefährlicher Mitbewerber sich so wacker zu halten, wie sie es gethan haben.

* * *

Über die Wettkämpfe bei Schul- oder Jugendfesten stehen noch weniger Berichte zu Gebote. Es steht zu hoffen, daß die vom Zentral-Ausschusse mit Preisen ausgezeichneten Schriften über Schulfeste der verschiedenen Anstalten für die Zukunft stärkere Anregung bieten werden, einmal dazu, daß mit solchen Festen geeignete Wettkämpfe verbunden werden, und zweitens dazu, daß davon in den betreffenden Fachzeitschriften kurze Beschreibungen einer weiteren Öffentlichkeit mitgeteilt werden. Die Schulen in der Provinz Schleswig-Holstein gehen, dank dem Einflusse des Nordischen Spielverbandes, hierin den anderen deutschen Schulen zumeist mit gutem Beispiel voran. Da die Preisschriften zum Teil eingehend auf diese ebenso verständig wie kräftig durchgeführten Wettkämpfe und auf die gesamten Schulfeiern Bezug nehmen, genügt es hier, darauf zu verweisen.

In vielen Beziehungen musterhaft kann die Feier genannt werden, die alljährlich das evangelische Pädagogium Godesberg veranstaltet. Das sogenannte Turnfest des Pädagogiums ist allmählich über die Grenzen des bloßen Turnens weit hinausgewachsen. Es bildet fast den Höhepunkt des ganzen Anstaltslebens. Zu der Feier dieses Tages kommen die früheren Zöglinge und Schüler, wenn sie irgend können, nach Godesberg, um die von ihnen dort lieb gewonnenen Stätten, ihre früheren Lehrer und Erzieher und namentlich auch ihre alten Schulfreunde einmal wieder zu begrüßen. Die „Ortsgruppe ehemaliger Schüler" thut das ihrige, um diesen Zusammenhang aufrecht zu erhalten und zu pflegen. Die „alten Herren" aber haben ihre Liebe und Anhänglichkeit für die Anstalt dadurch bethätigt, daß sie den Schülern derselben eine herrlich gearbeitete Fahne als Geschenk gestiftet haben. Ihrer Führung folgte auch heuer am 12. August unter den Klängen einer Musikkapelle die ganze Schar alter und jetziger Schüler zum Bahnhofe, um nach Rolandseck zu fahren. Auf der Plattform des Rodderbergs entwickelte sich sodann in Gegenwart vieler Eltern und Angehörigen und sonstiger Zuschauer ein ebenso heiteres wie kräftiges Spielleben, an dem sich nicht nur die Großen, sondern auch die Kleinen wacker beteiligten. Sie leisteten zum Teil ganz Bedeutendes; wenn auch weniger Einzelleistungen hervortraten, so war doch die gleichmäßige Durchbildung der großen Schar in hohem Grade anerkennenswert. Köstliche Stunden harmlosen Verkehrs boten sich dort inmitten der herrlichen Umgebung; mit einem Hoch auf den Kaiser schloß die vorzüglich gelungene Feier.

Im Verhältnis zu der prächtigen Feier in Godesberg war viel schlichter und doch in seiner Weise nicht minder vorbildlich das Spielfest der gewerblichen Lehrlinge auf dem Sportplatze zu Eisleben am 3. September. Der Gewerbeverein in Eisleben hatte im vorigen Sommer für die gewerblichen und Handwerkslehrlinge Jugendspiele am Sonntagnachmittag eingerichtet, und zwar mit so günstigem Erfolge, daß schon in demselben Sommer ein Spielfest veranstaltet werden konnte. Zunächst ward deutscher Schlagball mit Einschenker gespielt, dann kam ein im Posen'schen heimisches Spiel, „Pallantern", ein Schlagballspiel mit kleinen Bällen, an die Reihe, darauf folgten Schleuderball, Kreiswurfball und Kreiswanderball. Den Abschluß machten Preiswettspiele und Wettkämpfe im Tauziehen, Weitwurf mit dem Schleuderball, Wettlauf und Hürdenrennen. Die jungen Leute — ihre Zahl betrug etwa 80 — hatten sich in der kurzen Zeit des Bestehens der Jugendspiele schon ganz vortrefflich an die erforderliche Spieldisciplin gewöhnt und waren mit Lust und Liebe bei der Sache. Mit großer Befriedigung verfolgten den Gang der Spiele die Lehrmeister und Eltern der Lehrlinge, die dazu eingeladen waren und unentgeltlich Zutritt hatten. Die Bestrebungen des Gewerbevereins ernteten eine wohlverdiente Anerkennung und werden in diesem Jahre voraussichtlich kräftige Unterstützung bei der Bürgerschaft finden.

Einen sehr glücklichen Gedanken hat in der „Deutschen Turnzeitung" kürzlich Winter in Lüdenscheid ausgesprochen. Er empfiehlt dringend, am Fuße der jetzt so zahlreich erstehenden Bismarcksäulen Volksspielplätze anzulegen. Mit Recht sagt er, daß dann die Weiheflammen auf diesen nie erlöschen werden, wenn dort regelmäßig volkstümliche Wettkämpfe der Jugend stattfinden. Es bieten solche Plätze jedenfalls eine sehr geeignete Stätte, um dort in schönen Festen alljährlich immer wieder den nationalen Gedanken zu pflegen. Unsere Jugend wird sich dort am besten der Wahrheit bewußt werden, die jenes alte römische Wort ausspricht: Pro patria est, dum ludere videmur.

2

Das Fußballspiel im Jahre 1899.

Von Professor Dr. Konrad Koch in Braunschweig.

Im verflossenen Jahre hat das Fußballspiel in Deutschland so sehr an Umfang und Bedeutung zugenommen wie noch in keinem früheren. Ersichtlich hat sein Betrieb überall im Deutschen Reiche sich weiter ausgedehnt, und das dem Spiele zugewandte Interesse hat sich gleichfalls ungemein gesteigert. Die Jugend der höheren wie der unteren Schulen widmet einen großen Teil ihrer freien Zeit dem Spiel und ebenso von den Erwachsenen zahlreiche Turner, Spielvereine und Sportklubs.

Das große Ereignis des Jahres vom sportlichen Standpunkte aus war der Besuch, den eine vom Hauptverbande der englischen Fußballspieler entsandte Mannschaft in Berlin, Karlsruhe und Prag abstattete. Es ergab sich dabei leider, wie wenig einig unsere deutschen Spielvereinigungen untereinander sind. Mit Recht haben sich von vornherein eine Anzahl der wichtigsten und besten deutschen Spielverbände von den Wettspielen, die den stolzen Titel führten: „Deutschland gegen England" grundsätzlich ferngehalten und ihren Angehörigen die Teilnahme daran streng verboten. Immerhin waren die deutschen Mannschaften, die sich mit den Engländern in Berlin und Karlsruhe gemessen haben, stark genug, daß die Wettspiele als solche manche gute Lehre für unsere deutschen Fußballspieler haben geben können. Und von diesem Standpunkte aus mußten auch wir hier darauf eingehen. Die Engländer haben bis jetzt einen wesentlichen Vorteil vor uns voraus: daß ihre Leute schon von jung auf mit dem Balle umgehen lernen und so eine weit größere Herrschaft über ihn gewinnen. Da jetzt auch schon unsere Zehn- und Elfjährigen eifrig üben, wird dieser Vorzug der Engländer bald dahingeschwunden sein. Hoffentlich geht's so auch mit dem zweiten Vorzuge. Unsere Leute können durchschnittlich weniger gut laufen, weil sie im Genusse des Alkohols, besonders des Bieres, nicht mäßig genug sind. Und endlich, die Engländer wissen, daß der gute Fußballspieler nicht bloß spielen, sondern auch sonst seinen Leib gehörig üben muß. Der bessere Turner wird in zweifelhaften Fällen stets auch der bessere Fußballspieler sein. Offenbar verdankt die Altonaer Fußballmannschaft diesem Vorzuge, daß sie in Deutschland augenblicklich als eine der tüchtigsten, ich möchte sagen, als die tüchtigste dasteht. Auf die verschiedenen Wettspiele, in denen sich die Altonaer dieses Ansehen erworben haben, näher einzugehen, würde hier zu weit führen. Im allgemeinen stehen die besten Vereine in Hamburg-Altona jetzt unbedingt mindestens mit den zum Teil älteren Berliner Klubs auf einer Stufe in Bezug auf die Tüchtigkeit im Spiele. Die Leipziger Turner haben, offenbar weil sie sich nicht mehr mit würdigen Gegnern in ihrer Heimat messen, nicht so große Fortschritte gemacht. Doch zählen auch unsere westlichen Vereine am Rheinstrom sehr tüchtige Spieler in ihren Reihen.

Einen besonderen Ruhm teilen die Altonaer, Bonner und Leipziger Turner von lange her, daß sie unbedingt anständig spielen. Leider kann man das nicht von allen Berlinern sagen. Es muß freilich durchaus anerkannt werden, daß von den besseren Elementen der Fußballwelt in Berlin die tadelnswerten Roheiten, deren sich manche Klubs dort schuldig machen, in sehr strenger Weise gerügt worden sind. Auch wird von diesen gegen alle solche Ausschreitungen, wie sie unser Spiel in Verruf bringen, ein entschiedener Krieg geführt. Doch bis jetzt nicht mit ausreichendem Erfolge. Als die Altonaer am ersten Ostertage mit einem der bestangesehenen Berliner Klubs ein Wettspiel ausfochten, mußten sie auch in der Beziehung unliebsame Erfahrungen machen und klagten nachher über die wenig feine Spielweise ihrer Gegner. Auch hierfür hat der Besuch der Engländer eine heilsame Lehre gegeben: der bessere Spieler ist immer derjenige, der am anständigsten spielt. Wenn jeder Kaiser unserer Fußballmannschaften diese Lehre ernstlich beherzigt, wird es bald besser damit werden.

Sehr wichtig ist die frühe Gewöhnung der Jugend an unbedingte Rücksichtnahme auf den Gegner. Deshalb erscheint es um so erfreulicher, daß die Turnvereinigung Berliner Lehrer sich in diesem Jahre für eine eifrige Pflege des Spiels nicht nur an den höheren Schulen, sondern auch an den Volksschulen ausgesprochen hat. In früheren Jahren hatten sich gerade manche Berliner Turner mit viel Nachdruck gegen das Spiel ausgesprochen. Und so war denn die Sorge für die Ausbildung des jugendlichen Nachwuchses fast ausschließlich den Sportvereinen selbst überlassen. Soll das Spiel, wie der betr. Beschluß der Berliner Lehrer ausdrücklich verlangt, in turnerischem Sinne betrieben werden, so müssen eben die Turnlehrer sich seiner Pflege gründlich annehmen. Das wird allen wahren Freunden des Spiels im höchsten Grade erwünscht sein, da es dadurch nur an Feinheit gewinnen kann und vor Ausartungen möglichst geschützt wird. Möge der betreffende Beschluß der Berliner Lehrer von solchen segensreichen Folgen begleitet sein, damit die Berliner Fußballvereine, die ihrem Umfange nach sicherlich alle anderen deutschen übertreffen, sich auch durch ihre Spielweise vorteilhaft auszeichnen!

Eine bekannte englische medizinische Zeitschrift, „The Lancet“, lieferte früher alljährlich einen Schauerbericht über die beim Fußball vorgekommenen Unglücksfälle. Deutsche Blätter, die gelegentlich gern ihren Lesern das Vergnügen des „Gruselns“ machen, druckten stets eifrig diesen Bericht nach und knüpften einige absprechende Bemerkungen über das Spiel daran. In diesem Jahre hat sich die „Lancet“ bekehrt; sie bereut, daß sie früher gegen den Fußball gewesen sei wegen seiner Gefährlichkeit, findet nun, daß ein heilsamer, kräftiger Sport nicht ohne gewisse Gefahren möglich sei, daß deren Zahl beim Fußball verhältnismäßig gering sei, und stellt schließlich fest, daß die Unglücksfälle jetzt viel seltener vorkommen. Zu ihrer Belehrung hat sehr viel das großartige Wettspiel beigetragen, das am 15. April im Krystallpalast in London vor einer Zuschauermenge von 80 000 Mann stattgefunden hat. Die ersten englischen Staatsmänner, Lord Roseberry und Balfour, verteilten die Preise. Die Spieler waren die besten, die England stellen konnte. Jeder gute Spieler, schreibt die „Lancet“, vermied streng alle unschönen und unrichtigen Mittel. So viel erhellt jedenfalls auch aus dieser Thatsache, daß Fußball durch Roheit verliert und geradezu entartet, daß dagegen feines Spiel nicht als gefährlich anzusehen ist.

Die Geschichte des Fußballspiels in Deutschland hat

ihren Anfang in Braunschweig genommen. Wie weit liegen doch jene Zeiten zurück, als in Frankfurt und in Hamburg in allen Spielwarenhandlungen kein Fußball aufzutreiben war und der Turninspektor Aug. Hermann den ersten Ball aus England kommen ließ für den Herbst des Jahres 1874! Das Braunschweiger Gymnasium Martino-Katharineum war die erste Anstalt, die Fußball als Schulspiel einführte, und meine Klasse war es, die in ihren Wettspielen gegen Mannschaften der ganzen anderen Schule zusammen mit den sonstigen Fußballspielern in Braunschweig die ersten Male gewann. Noch bis in den Winter 1881 konnte meine Untersekunda es mit den besten Spielern der ganzen Anstalt aufnehmen und über die körperlich überlegenen Gegner durch größere Gewandtheit und treues Zusammenhalten einen Sieg nach dem anderen davon tragen. Bei der Feier des fünfundzwanzigjährigen Jubiläums unseres Fußballvereins im Anfange dieses Herbstes durften wir uns mit hoher Freude dem Gedanken hingeben, wie viel Nachfolge unser damals so vereinzeltes und so vielfach angefeindetes Vorgehen inzwischen gefunden hat. Im Gegensatze zu den meisten anderen deutschen Spielvereinigungen haben wir in Braunschweig den Fußball nie im Sommer getrieben, sondern nur im Winterhalbjahr. Allerdings haben wir uns dabei vor ungünstigem Wetter, selbst vor ein wenig Regen oder Schnee, auch vor dem Ostwinde nicht sonderlich gefürchtet. So kommt es, daß die Zahl der Spielnachmittage im Winter durchweg recht hoch gewesen ist. Nach den Eintragungen in unserem Spielalbum hat die Spielzeit durchschnittlich 16 Wochen betragen in jedem Schulhalbjahr. Seit Michaelis 1892 ist die Teilnahme an den Schulspielen auch im Winter allgemein verbindlich. Während früher zweimal wöchentlich gespielt ward, am Mittwoch- und Sonnabendnachmittag, finden jetzt viermal in der Woche Schulspiele statt: am Dienstag spielt die obere Abteilung, am Freitag die untere mit verbindlicher Teilnahme; am Mittwoch und Sonnabend wird außerdem freiwillig gespielt; daher ist jetzt im Halbjahre die Zahl der Spielnachmittage insgesamt bis auf 60 gestiegen. Bis 1893 ward von uns ausschließlich der gemischte Fußball (mit Aufnehmen) betrieben; in den Wettspielen mit Göttingen, Hannover und hiesigen Vereinen blieben unsere Schüler stets unbesiegt. Im Herbst 1893 sah ich mich veranlaßt, das einfache Spiel einzuführen, zunächst für die oberen Klassen, deren Vorgang auch die unteren bald nachfolgten. Unsere Fußballmannschaft hält sich auch in diesem Spiele wacker, doch steht sie keineswegs mehr auf der ersten Stufe in Braunschweig.

Neuerdings ist in Braunschweig das in Wien beliebte Fußballturnier mit Erfolg erprobt worden. Es empfiehlt sich für eine geringere Spielerzahl; auch ist es für den Zuschauer übersichtlicher und kommt der Einzelausbildung der Spieler zu gute. Der Platz dazu ist nur halb so groß wie der für gewöhnliche Wettkämpfe. Die Parteien bestehen aus je sechs Spielern, von denen drei als Stürmer in der ersten Linie stehen, zwei als Verteidiger in der zweiten, und der letzte als Thorwächter ganz zurückbleibt. Wer träge Schüler in Gang bringen will möge einmal mit dem Turnier einen Versuch machen. Auch weniger eifrige Leute werden leicht dabei warm, wenn sie sehen, daß es auf sie ankommt. Es kommt dabei eben der Einzelspieler mit seinen Leistungen mehr zur Geltung. Feineres Zusammenspiel aber wird sehr erschwert dadurch, daß die Markmänner (die Verbindung) fehlen.

Schnell hat in der „Zeitschrift für Turn- und Jugendspiel" kürzlich einen sehr anerkennenswerten Versuch gemacht zur Reinigung der Fußballsprache von dem barbarischen Kauderwelsch, mit dem sich manche Fußballspieler und selbst die Berichterstatter in den sportlichen Blättern besonders zu gefallen scheinen. Der Einfluß turnerischer Zucht würde auch in dieser Beziehung dem Spiele sehr zu gute kommen können. Unsere Jugend muß von früh auf richtig gewöhnt werden. Dann wird sie nicht von „Goal" reden und nicht von „Kicken" u. s. w. und wird, wenn sie heranwächst, einen kräftigen Widerwillen empfinden, wenn sie in einem deutschen Blatte ein künstliches imitiertes Engländertum sich breit machen sieht. Leider scheint augenblicklich die Unsitte noch im Wachsen zu sein; las ich doch kürzlich in einem Wiener Blatte einen Spielbericht, der mit den Worten anfing: „Den Ankick hatte"! Es erscheint dringend wünschenswert, daß für das Fußballspiel eine ähnliche Arbeit geleistet wird, wie sie Freiherr von Fichard für das Lawn Tennis auf Veranlassung des Deutschen Sprachvereins angefertigt hat: ein Verzeichnis aller gebräuchlichen Kunstausdrücke mit treffenden Verdeutschungen. Damals, als ich die erste deutsche Übersetzung der englischen Fußballregeln herausgab, habe ich sehr streng alle Sprachmengerei vermieden; eine große Anzahl der von mir gewählten Kunstausdrücke sind auch allgemein angenommen; inzwischen hat sich aber eine große Zahl neuer Ausdrücke nötig gemacht. Auf Grund der Schnell'schen Vorschläge würden sich jetzt von dazu berufener Seite gewiß Übersetzungen finden lassen, die auf allgemeine Anerkennung rechnen dürften.

Zum Schluß noch einige Worte über den Fußball in

fremden Landen. Italien, das Heimatland des modernen Spiels, hat angefangen, wieder sehr eifrig zu spielen. Wenigstens schreibt man aus Turin, daß auf der großen Piazza d'Armi täglich eine Menge Fußbälle zu sehen sind, und daß Sonntags das Feld mit Hunderten von Spielern einen großartigen Anblick bietet. Auch in anderen norditalienischen Städten, wie in Genua, wird eifrig gespielt. Zu den leidenschaftlichsten Spielern zählen die Studenten. In Österreich huldigt auch das Militär zum Teil dem Spiele. Die Offiziere des Turn- und Fechtlehrerkursus in Wien-Neustadt haben sich in dem prachtvollen Parke der Akademie, einem der besten Wiener Klubs, den Cricketern, entgegengestellt und in dem Wettspiele, wenn sie auch aus Mangel an Übung unterlagen, gutes Zusammenspiel und Taktik, Mut und rasche Entschlossenheit bewiesen. Aus Kiautschou wird berichtet, daß dort Angehörige unserer Marine vor den Augen des Prinzen Heinrich untereinander Fußball gespielt haben. Wenn dieser Bericht auf Glaubwürdigkeit Anspruch machen darf, so wäre damit der beste Beweis geliefert, daß das Bestreben der Marinebehörden in Kiel, unter den Mannschaften und Angestellten den Sinn für kräftige Leibesübungen zu wecken, vom besten Erfolge begleitet gewesen ist.

3

Laufen, Werfen und Springen im Jahre 1899.

Von O. Frasdorf, Bonn.

Der nur beschränkte Raum, der dem Berichte im „Jahrbuch" zur Verfügung gestellt werden konnte, ließ es wünschenswert erscheinen, ihn kürzer zu fassen als bisher und, da bei der Fülle der bekanntgegebenen guten Leistungen eine wesentliche Kürzung durch Höhersetzen der unteren Leistungsgrenzen nicht zu erreichen war, die zu den einzelnen Übungsarten gemachten Bemerkungen erheblich einzuschränken.

Benutzt wurden die Zeitschriften „Spiel und Sport", „Deutsche Turnzeitung", „Zeitschrift für Turnen und Jugendspiel" und „Sport im Bild", sowie die mir von verschiedenen Seiten in sehr dankenswerter Weise unmittelbar zugesandten Mitteilungen.

I. Laufen.

Unter den diesjährigen Berichten über veranstaltete Wettläufe fanden sich auffälligerweise keine Mitteilungen über Hindernisläufe mit verschiedenen Hindernissen; auch 50 m Lauf und Dreibeinlauf wurden nur je einmal veranstaltet. Erfreulich ist, daß — anscheinend durch das günstige Einwirken der „Deutschen Sportbehörde für Athletik" — bei keiner Veranstaltung, auch nicht mehr bei denen der Sportvereine, die Laufstrecken nach englischem Maß gemessen wurden. Die erreichten Höchstleistungen übertreffen bei den meisten Laufarten die des Vorjahres und lassen, ebenso wie die günstigen Durchschnittsziffern, auf eine eifrige Pflege des Laufs schließen.

1. Einfacher Lauf.

Strecke	Zeit		Name	Veranstaltung
50 m in	6	Sek.	Götze	Wettkämpfe d. F.-Kl.*) v. 1893. Hanau 17./9.
	6 3/5	„	Hermann	
	6 4/5	„	Rau	
100 m in	11	„	Landvoigt (Heidelberg)	Wettkämpfe d. F.-Kl. Straßburg 14./5.
	11 1/5	„	Fischer (Hamburg)	
	11 1/5	„	Dörry	Allgem. Sportfest. Berlin 20./8.
	11 1/5	„	Trebla	Wettkämpfe der F.-Kl. „Germania", „Preußen", „Fortuna" zu Berlin 3./9.
	11 1/5	„	Kubaseck	Wettkämpfe d. Spl.-Vg. d. T.-V. Hamburg-Eimsbüttel 29./8.
	11 1/5	„	Boyens	
	11 2/5	„	Donndorf	„ d. Sp.-Kl. von 1895/96. Berlin 22./5.
	11 4/5	„	Steinbeck (Berlin)	„ d. F. u. C.-Kl. „Eintracht", Braunschweig 6./8.
	12	„	Lenz	„ d. F.-Kl. Cannstatt 3./9.
	12	„	Hamann	„ d. T.-V. Stettin 3./9.
	12	„	Biehler	„ der Schüler, Freiburg 5./11.
	12	„	Jäger	„ beim Allgem. Sportfest zu Berlin 20./8.
	12	„	Schollelius	„ d. F.-Kl. Freiburg 11./6.
	12	„	Schindler	„ der Studenten. Berlin 8./7.
	12	„	Keller	„ d. F. u. C.-Kl. „Hamburg" zu Westende 8./4.
	12	„	Runge (Braunschweig)	Wettkämpfe d. F. u. C.-Kl. „Eintracht", Braunschweig 6./8.
	12	„	Gößmann (Hannover)	
	12	„	Heinemann (Hannover)	
	12	„	Ramendorff (Hannover)	
200 m in	23 1/5	„	Dörry (Berlin)	
	24	„	Ramendorff (Hannover)	
	24	„	Pförtner (Braunschweig)	Volkswetturnen a. d. Ame. VI. Turnkreis 28./9.
	24 1/5	„	Fischer (Hamburg)	Wettkämpfe d. F. u. C.-Kl. „Eintracht", Braunschweig 6./8.
	24 2/5	„	Woller (Barmen)	„ d. Niederrhein. T.-Kreises. Bonn 6./8.

*) F. = Fußball, T. = Turn, C. = Cricket, V. = Verein, Vg. = Vereinigung, Vb. = Verband, Sp. = Sport, Spl. = Spiel, Bd. = Bund, Kl. = Klub.

Strecke	Min.	Sek.	Name	Veranstaltung
200 m in		$24\frac{2}{5}$ Sek.	Schottelius	Wettkämpfe d. F.-Kl. Freiburg 11./6.
		$24\frac{1}{5}$ ″	Depen (Neuß)	″ d. Niederrhein. T.-Kreises. Bonn 6./8.
		$24\frac{1}{5}$ ″	Bräutigam (Mülheim)	″ d. Niederrhein. T.-Kreises. Bonn 6./8.
		$24\frac{4}{5}$ ″	Swiener (Düsseldorf)	″ d. Niederrhein. T.-Kreises. Bonn 6./8.
		25 ″	Kempken, Kaiserbergfest, Ruhrgau 17./8.	
300 m in		$43\frac{4}{5}$ ″	Schwarz	Wettkämpfe d. Sp.-V. „Blitz", Breslau 8./10.
		44 ″	Wegener	Wettkämpfe d. Sp.-V. „Blitz", Breslau 8./10.
400 m in		$53\frac{3}{5}$ ″	Ramendorff	″ d. Sp.-V. „Excelsior", Hannover 30./7.
		$55\frac{2}{5}$ ″	Schottelius	″ d. F.-Kl. Straßburg 14./5.
		$56\frac{1}{5}$ ″	Trebla	″ d. F.-Kl. „Germania", „Preußen" „Fortuna" zu Berlin 3./9.
		$59\frac{2}{5}$ ″	Keßler	″ der Studenten. Berlin 8./7.
500 m in	1 Min.	$11\frac{3}{5}$ Sek.	Klippel	d. F. u. C.-Kl. „Eintracht", Braunschweig 6./8.
	1 ″	12 ″	Lange (Berlin)	d. F. u. C.-Kl. „Eintracht", Braunschweig 6./8.
	1 ″	$12\frac{1}{5}$ ″	Eber	d. F. u. C.-Kl. „Eintracht", Braunschweig 6./8.
	1 ″	15 ″	einmal (in der II. Jugendgruppe) beim Sedanfest in Braunschweig.	
	1 ″	$17\frac{4}{5}$ ″	K. Lange (Berlin).	Deutschnationale Wettkämpfe. Leipzig 30./7.
800 m in	2 ″	10 ″	H. Friese	Wettkämpfe d. F.-Bd. Hamburg 20./8.
	2 ″	$15\frac{3}{5}$ ″	Trebla	″ d. F.-Kl. „Germania", „Preußen", „Fortuna", Berlin 3./9.
	2 ″	$23\frac{1}{5}$ ″	Geiß (Frankfurt)	Wettkämpfe d. F.-Kl. von 1893, Hanau 17./9.
	2 ″	$24\frac{1}{5}$ ″	Oehmichen	Wettkämpfe d. F.-Kl. von 1893, Hanau 17./9.
	2 ″	$25\frac{1}{5}$ ″	J. Schricker	Wettkämpfe der Studenten. Berlin 8./7.
1000 m in	2 ″	56 ″	Runge	″ d. F. u. C.-Kl. „Eintracht", Braunschweig 6./8.
	2 ″	$59\frac{3}{5}$ ″	Vogel	″ d. F. u. C.-Kl. „Hamburg" zu Westende 3./4.
	3 ″	$1\frac{1}{5}$ ″	einmal beim Sedanfest in Braunschweig.	
	3 ″	$3\frac{4}{5}$ ″	Reichmann	Wettkämpfe d. F. u. C.-Kl. „Hamburg" zu Westende 3./4.
	3 ″	$7\frac{1}{5}$ ″	Naebel (Berlin)	″ d. Sp.-V. „Blitz", Breslau 8./10.
	3 ″	$7\frac{3}{5}$ ″	Wegener	″ d. Sp.-V. „Blitz", Breslau 8./10.
	4 ″	33 ″	Duhne	″ d. F.-Bd. Hamburg 20./8.
	4 ″	$43\frac{4}{5}$ ″	Vogel	″ d. F. u. C.-Kl. „Hamburg" zu Westende 3./4.
	4 ″	$44\frac{1}{5}$ ″	Rickmann	″ d. Sp.-Kl. „Excelsior", Hannover 30./7.
	4 ″	$46\frac{3}{5}$ ″	Ramendorff	″ d. F. u. C.-Kl. „Eintracht", Braunschweig 6./8.
	4 ″	49 ″	Retzlaff	″ d. V. f. Bewegungsspiele. Pankow 6./8.
3000 m in	10 ″	$10\frac{3}{5}$ ″	Schade	″ d. F. u. C.-Kl. „Hamburg" zu Westende 10./8.
	10 ″	$17\frac{4}{5}$ ″	Waldau	″ beim Allgem. Sportfest zu Berlin 20./8.
	10 ″	$27\frac{3}{5}$ ″	Mandelkow	″ beim Allgem. Sportfest zu Berlin 20./8.

3000 m in 10 Min.	30 Sek.	Rau (Frankfurt).	Deutschnationale Wettkämpfe. Leipzig 30./7.
10 „	$30^{2}/_{5}$ „	Vogel	Wettkämpfe b. F. und C.-Kl. „Hamburg", zu Westende 2./4.
10 „	45 „	Schweikert „	b. F.-Kl. „Alemannia", Pforzheim 16./7.
5000 m in 21 „	11 „	Wegener „	b. Sp.-B. „Blitz", Breslau 8./10.
21 „	$11^{3}/_{5}$ „	Lehnert „	b. Sp.-B. „Blitz", Breslau 8./10.
7500 m in 26 „	19 „	Walbau „	b. Sp.-Kl. „Komet", Berlin 1./10.
28 „	$13^{4}/_{5}$ „	Vogel „	b. F. und C.-Kl. „Hamburg", zu Westende 10./8.
20 000 m in 86 Min.	30 Sek.	Schluricke	Wettlauf b. Sp.-Kl. „Viktoria" zu Kottbus 18./6.
90 „	30 „	Kaecke	
94 „	30 „	Brode	

2. Hürdenlauf.

100 m mit 4 Hürden, jede 1 m hoch.

$13^{2}/_{5}$ Sek.	Kempken (Wickerath)	Wettkampf des Niederrhein. Turnkreises. Bonn 6./8.
$13^{3}/_{5}$ „	Schlichting (Duisburg)	
$13^{3}/_{5}$ „	Hellingrath (Düsseldorf)	
$13^{4}/_{5}$ „	Karl Schröder (M.-Gladbach)	
14 „	Wittmaack	Wettkämpfe b. Spl. Vg. zu Hamburg-Eimsbüttel 29./8.
$14^{3}/_{5}$ „	Kubaseck	
$14^{2}/_{5}$ „	Schwarz	
$14^{3}/_{5}$ „	Schubert	
$14^{2}/_{5}$ „	Denker (Bonn)	Wettkämpfe des Niederrheinischen Kreises. Bonn 6./8.
$14^{3}/_{5}$ „	Becker (Bonn)	
$14^{3}/_{5}$ „	Velter (Bonn)	
$14^{4}/_{5}$ „	Hanse (Bonn)	
$14^{4}/_{5}$ „	A. Schröder (M.-Gladbach)	
$14^{4}/_{5}$ „	Bock (Duisburg)	
15 „	Heidemann (Remscheid)	
15 „	Stensbeck (Borbeck)	
15 „	4 Turner	Wettkämpfe des T.-B. zu Stettin 3./9.

110 m mit 10 Hürden, jede 1 m hoch.

$16^{3}/_{5}$ Sek.	Kempken.	I. Spielfest des Rhein. Spl.-Bd. zu M.-Gladbach 14./5.
$17^{3}/_{5}$ „	Schlichting	I. Spielfest d. Rhein. Sp.-Bd. zu M.-Gladbach 14./5.
$17^{3}/_{5}$ „	K. Schröder	
$18^{1}/_{5}$ „	Schopp	
$18^{4}/_{5}$ „	J. Schricker.	Wettkämpfe der Studenten zu Berlin 8./7.

3. Stafettenlauf.

300 m. 3 Läufer.

$37^{1}/_{5}$ Sek.	F.-B. am Königlichen Gymnasium	zu Bonn 7./10.
$37^{3}/_{5}$ „	Spl.-Abt. des T.-V.	

400 m. 4 Läufer.

$49\frac{1}{5}$ Sek. Kombinierte Bonner Mannschaft
$49\frac{2}{5}$ „ Kölner F.-Kl. } Bonn 12./11.
51 „ I. Mannschaft des F.-V. zu Straßburg 14./5.
52 „ Akadem. Ballspiel-Kl. zu Charlottenburg 1./7.
54 „ Kieler Männer-T.-V. beim Gauturnfest zu Neumünster 2./7.
$54\frac{1}{5}$ „ II. Mannschaft des F.-V. zu Straßburg 14./5.
55 „ F.-Kl. Hanau v. 1893
$55\frac{1}{5}$ „ Spielgesellschaft Frankfurt
$55\frac{3}{5}$ „ Mannheimer F.-V. } Hanau 17./9.

500 m. 5 Läufer.

$60\frac{1}{5}$ Sek. F.-Kl. M.-Gladbach
$60\frac{2}{5}$ „ Spl.-Abt. d. Bonner T.-V. } I. Rhein. Spielfest. M.-Gladbach 14./5. (gerade Bahn).
62 „ Spl.-Abt. d. T.-V. Eimsbüttel. Braunschweig 22./5.
$63\frac{4}{5}$ „ F.-Kl. „Germania“, Berlin-Friedenau 3./9.
$63\frac{4}{5}$ „ Altonaer F.-Kl. Hamburg 20./8.
$63\frac{4}{5}$ „ F.-Kl. „Preußen“ (Berlin). Braunschweig 6./8.
$64\frac{1}{5}$ „ F.-Kl. „Eintracht“, Braunschweig 22./5.
$64\frac{1}{5}$ „ V. f. Bewegungsspiele „Sportbrüder“, Leipzig 30./7.
$64\frac{9}{10}$ „ Spl.-Abt. d. Männer-T.-V. Braunschweig 22./5.

600 m. 3 Läufer.

1 Min. $18\frac{4}{5}$ Sek. F.-Kl. „Preußen“, Berlin 20./8. 200 m in durchschnittlich 26 Sek.

1500 m. 5 Läufer.

4 Min. 8 Sek. 300 m in durchschnittlich $49\frac{3}{5}$ Sek. F.-Kl. M.-Gladbach. I. Rhein. Spielfest M.-Gladbach 14./5.

1500 m. 10 Läufer.

8 Min. 28 Sek. 150 m durchschnittl. in $20\frac{4}{5}$ Sek.
8 „ 32 „ 150 „ „ „ $21\frac{1}{5}$ „ } T.-V. Tafelhof-Nürnberg 22./10.

21 000 m. 53 Läufer.

54 Min. 400 m durchschnittl. in $61\frac{7}{10}$ Sek. T.-V. Stotzheim (VIIIb. Kreis) 23./4.

82 300 m. 161 Läufer.

4 Stunden 3 Min. 500 m durchschnittl. in $88\frac{1}{5}$ Sek. Turner aus Frankfurt und Darmstadt.

4. Dreibeinlauf.

100 m in $15\frac{1}{5}$ Sek. Raspe-Mohr. Wettkämpfe d. Akad. Ballspiel-Kl. Charlottenburg 1./7.

5. Wettgehen und Fernmärsche.

15 km in 1 St. 25 Min. — Sek. Stutzke
1 „ 27 „ — „ Bargenda } Sp.-Kl. „Argo“, Berlin 5./11.
20 „ „ 2 „ 18 „ 35 „ Feul. Sp.-Kl. „Germania“, Friedenau 29./10.
25 „ „ 2 „ 37 „ $33\frac{3}{5}$ „ Waldau
2 „ 35 „ $18\frac{2}{5}$ „ Kloß } Sp.-Kl. „Komet“, Berlin 12./11.

30 km in 3 St. 17 Min. — Sek.	Eckert	} Sp.-Kl. „Argo", Berlin 30./4.
3 „ 30 „ 50 „	Spottock	
3 „ 59 „ 20 „	Otte	
75,1 „ „ 9 „ 21 „ 35 „	Förster	} Sp.-Kl. „Komet", Berlin 8./9.
9 „ 51 „ 15 „	Feul	
10 „ 45 „ 14 „	Dammann	

6. Schnitzeljagden.

12./ 2. Berliner F.-Kl. „Germania". Dauer 45 Minuten. Die Hunde kamen dicht hinter den Hasen am Ziel an. Vorsprung der Hasen 10 Min.

22./ 2. Spl.-Abt. d. Bonner u. Kölner T.-V. Dauer 30 Minuten. 1 Fuchs verlief sich, der andere wurde von den Hunden gefangen. Vorsprung der Füchse 10 Min.

26./ 2. Berliner F.-Kl. „Minerva". Laufzeit der Hasen 1 Stunde. Vorsprung derselben 10 Min. Laufzeit der Hunde 1¾ Stunden.

19./ 3. Akad. Ballspiel-Kl. Charlottenburg. Die Hunde kamen unmittelbar nach den Hasen am Ziel an.

7./10. Spl.-Abt. des Bonner T.-V. Laufzeit der Füchse 2 Stunden 4 Minuten. Vorsprung derselben 10 Minuten. Laufzeit der Hunde 2 Stunden 9 Min.

12./11. Sp.-Kl. v. 1895/96. Berlin. Laufzeit des ersten Hasen 55 Minuten. Abstand der ersten beiden Hunde 20 und 100 m.

II. Werfen.

Über Kugelwurf und Gerweitwurf lag aus diesem Jahre nur je eine Mitteilung vor, während über Gerzielwurf, Faustballweitschlagen und Stoßballweitwurf überhaupt nicht berichtet worden ist. Eine neue Übung ist das vom Turnverein Tafelhof-Nürnberg veranstaltete Steinhochstoßen.

Die Höchstleistungen stehen durchweg hinter denen des Vorjahres zurück, doch ist der Unterschied sehr gering. Meist handelt es sich um wenige Decimeter, und nur beim Schleuderballwurf ist ein erheblicherer Abstand festzustellen.

1. Wurf mit dem Cricket- oder Schlagball.

94,20 m	Klippel,	Wettkämpfe	b. F. u. C.-Kl. „Eintracht", Braunschweig 6./8.
89,65 „	Hunn	„	b. F.-Kl. Freiburg 11./7.
84,70 „	Schoeps	„	beim Spielfest. Halle a./S. 23./9.
83,10 „	Wesche	„	b. F. u. C.-Kl. „Eintracht", Braunschweig 6./8.
82,65 „	Jenssen	„	b. nord. Spl.-Vb. Hamburg 13./9.
81,87 „	Wagner	„	b. F.-Kl. Freiburg 11./7.
81,50 „	Müller	„	b. F. u. C.-Kl. „Eintracht", Braunschweig 6./8.
80,52 „	Maas	„	b. nord. Sp.-Vb. Hamburg 13./9.
79,48 „	Koberstein	„	b. F. u. C.-Kl. „Hamburg" zu Westende 3./4.

77,97 m Steinhauf (F.-Kl. „Germania“) Wettkämpfe d. F.-Kl. „Germania“, „Preußen“, „Fortuna“, Berlin 6./9.
77,70 „ Weinstein, Wettkämpfe beim Spielfest, Halle a/S. 23./9.
77,65 „ Beer (Hannover) „ b. Akad. Ballspiel-Kl. Charlottenburg 1./7.
74,88 „ Stier (Kiel) „ b. Knivsbergfest Schleswig.
73,90 „ Vollmeyer (Lübeck) „ b. nord. Spl.-Bd. Hamburg 13./9.
73,40 „ Protscher „ b. Schüler. Freiburg 5./11.
71,80 „ Peemüller „ b. Spl.-Vg. Hamburg-Eimsbüttel 29./8.
70 „ Voß (Georg) „ b. nord. Spl.-Bd. Hamburg 13./9.
70 „ Doose „ b. Spl.-Vg. Hamburg-Eimsbüttel 29./8.

2. Schleuderballwurf.

4 Pfund.

40,60 m Maaß, Wettkämpfe b. nord. Spl.-Bd. Hamburg 13./9.
39 „ 1 Schüler „ b. Gaues Süd-Nassau auf der Loreley 11./5.
38,65 „ einmal beim Sedanfest in Braunschweig.
37,80 „ Wilh. Voß Wettkämpfe b. nord. Sp.-Bd. Hamburg 13./9.
36,80 „ Schoeps „ b. Spielfest in Halle a./S. 23./9.
36,20 „ Philippsenburg (Altendorf). Wettkämpfe b. Kreises VIII b. Bonn 6./8.
36 „ Müller (Jena) Wettkämpfe b. T.-V. Rudolstadt 3./9.
35,70 „ Busch (Elberfeld) } „ b. Kreises VIII b. Bonn 6./8.
35,60 „ Adams (Haan) }
35,10 „ Wöhren (Eimsbüttel) Wettkämpfe b. nord. Spl.-Bd. Hamburg 13./9.
35,10 „ Bräutigam (Mühlheim) „ b. Kreises VIII b. Bonn 6./8.
35 „ 1 Wettkämpfer beim Spielfest in Landsberg a. W. 3./9.
35 „ E. Adalt bei den deutsch-nationalen Wettkämpfen zu Leipzig 30./7.

3¹/₂ Pfund.

38,50 m Enders (Wiesbaden)
37,50 „ König (St. Goarshausen)
36,25 „ Korbel (St. Goarshausen)
35,50 „ Overbeck (St. Goarshausen)
35,50 „ v. Chemnitz (Wiesbaden)
35,25 „ Basdus (Wiesbaden)
} Schüler. Spiel- u. Turnfest. Wiesbaden 6./8.

3. Diskuswurf.

31,52 m Klippel } Wettkämpfe d. F. u. C.-Kl. „Eintracht“, Braunschweig 6./8.
30,20 „ Hofmann (Hannover) }
29,39 „ Roosevelt. Wettkämpfe d. F.-Kl. Straßburg 14./5.
28 „ Probst „ d. T.-V. Stettin 3./9.
27,42 „ Howey (Hannover). Wettkämpfe d. F. u. C.-Kl. „Eintracht“, Braunschweig 6./8.

4. Kugelwurf (10 Pfund).

14,50 m 1 Turner. Gauturnfest d. Rhein-Moselgaues zu Linz.

5. Steinweitstoßen.

33 1/3 Pfund.

6,30 m	Philippsenburg	Wettkämpfe d. Kreises VIIIb. Bonn 6./8.
6,20 „	Peruß (Elberfeld)	

6,10 „ 1 Turner. Gauturnfest d. Siegerland-Gaues 24./7.
6,10 „ Theine (Essen). Schloßbergfest. Arnsberg 16./7.
6 „ Wirminghaus. Wettkämpfe d. Kreises VIIIb. Bonn 6./8.
6 „ 6 Turner. Krahnenbergfest. Andernach 18./6.
5,53 „ L. Müller (Schönefeld). Deutschnationale Wettkämpfe zu Leipzig 30./7.

30 Pfund.

6,70 m Rondi (Oberbilk) beim Kaiserbergfest. Duisburg 17./9.
6,68 „ Steinhoff (Hannover). Volkswettturnen a. d. Eilne. VI. Turnkreis 23./9.

6,60 „	1 Turner	beim Kaiserbergfest. Duisburg 17./9.
6,40 „	9 „	
6,30 „	1 „	
6,20 „	5 „	
6,10 „	7 „	
5,90 „	7 „	
5,86 „	6 „	

6. Steinhochstoßen.

17 kg.

„Der Wurf geschieht aus dem Stande auf ebener Erde über eine vom Standmal 2 m entfernte und 2 m hochgespannte Schnur" (a. d. Deutschen Turn-Ztg.).

3,60 m	Seubert (Nürnberg)	Waldfest des T.-V. Tafelhof-Nürnberg 6./8.
3,15 „	Murr (Fürth)	
2,85 „	Bek (Fürth)	
2,80 „	Schroll (Fürth)	
2,80 „	Stadelmann (Schwabach)	
2,75 „	Gg. Müller (Nürnberg)	

7. Gerweitwurf (2 kg).

21,47 m Reichlin (Freiburg). Wettkämpfe d. F.-V. Straßburg 14./5.

8. Fußballweitstoßen.

51,25 m	Adolf	Wettkämpfe	zu Leipzig 30./7.
50,83 „	Geis	„	d. F.-Kl. Freiburg 11./7.
50,05 „	Rickmann	„	d. Sp.-V. „Excelsior", Hannover 30./7.
49,39 „	Rehlaff	„	d. V. f. Bewegungsspiele. Pankow 6./8.
48,90 „	H. Friese	„	d. F.-Bd. Hamburg 20./8.
48,80 „	Flemming (Schüler)	„	b. Spielfest. Halle a./S. 23./9.
48,65 „	Baum	„	d. F.-Kl. v. 1893. Hanau 17./9.
48 „	Butz	„	d. Schüler. Freiburg 3./11.
46,97 „	Kaiserveil (Heidelberg)	„	d. F.-Kl. Straßburg 14./5.
46,80 „	Hoog	„	d. F.-Kl. Freiburg 11./7.
46,35 „	Beil (Schüler)	„	b. Spielfest. Halle a./S. 23./9.
46,15 „	W. Friese	„	d. F.-Kl. „Alemannia", Hamburg 4./6.
46 „	Achilles (Schüler)	„	b. Spielfest. Halle a./S. 23./9.

III. Springen.

Hochsprung und Weitsprung, mit Brett sowohl wie ohne Brett, weisen gegen den vorjährigen Bericht erheblich verbesserte Leistungen auf; die besten Sprünge beim Weithochsprung, Dreisprung und Stabhochsprung sind dagegen nicht ganz so gut wie früher. Das Springen ohne Brett scheint sich, nach der Menge der darüber vorliegenden Berichte zu urteilen, allmählich immer mehr die ihm gebührende Stellung als Hauptspringweise zu erringen, während anderseits der Dreischrittsprung (sog. deutscher Dreisprung), wenn man aus dem gänzlichen Fehlen im diesjährigen Berichte darauf schließen darf, sehr unbeliebt geworden ist.

1. Hochsprung.

a) Ohne Brett.

1,65 m	Steffen	Wettkämpfe	d. F.-Bd. Hamburg 20./8.
1,57 „	Runge	„	d. F. u. E.-Kl. „Eintracht", Braunschweig 6./8.
1,56 „	Augustin	„	d. nordischen Spl.-Bd. Hamburg 17./9.
1,55 „	Wagner	„	der Schüler, Freiburg 5./11.
1,55 „	Schnäbler	„	d. F.-Kl. Straßburg 14./5.
1,55 „	O. Möbbe	„	d. F.-Kl. „Alemannia", Hamburg 4./6.
1,55 „	Pfund	„	zu Leipzig 30./7.
1,55 „	Schindler	„	der Studenten. Berlin 8./7.
1,55 „	Nillert	„	d. V. f. Bewegungsspiele. Pankow 6./8.
1,52 „	Bayens	„	}
1,52 „	Wilh. Voß	„	}
1,52 „	Georg Voß	„	} d. nord. Spl.-Bd. Hamburg 17./9.
1,52 „	Paul Meißner	„	}
1,52 „	Frdr. Stein	„	}
1,50 „	Suchier	„	der Schüler, Freiburg 5./11.
1,50 „	Risler	„	d. F.-Kl. „Alemannia", Hamburg 4./6.
1,48 „	Raspe	„	d. Akad. B.-Kl. Charlottenburg 1./7.
1,47 „	9 Turner	„	d. nord. Spl.-Bd. Hamburg 17./9.

b) Mit Brett.

1,80 m 1 Turner beim Krahnenbergfest. Andernach 18./6.

1,78 „ Enders. Schüler. Spiel- u. Turnfest. Wiesbaden 6./8.

1,75 „ (1,80 gestreift). Grenz (Hannover). Volkswetturnen a. d. Elme 23./9.

1,70 „ Willet. Schüler. Spiel- und Turnfest. Wiesbaden 6./8.

1,70 „ einmal beim Schaufest in Braunschweig.

1,70 „ 3 Turner beim Krahnenbergfest. Andernach 18./6.

1,70 „	4 Turner	} beim Feldbergfest 11./6.
1,65 „	8 „	}

1,65 „ Weinstein (Schüler) beim Spielfest in Halle a./S. 23./9.

1,63 „	Henn	}
1,63 „	Harsy	} Schüler. Spiel- und Turnfest. Wiesbaden 6./8.
1,60 „	6 Schüler	}

2. Weitsprung.

a) Ohne Brett.

6,03 m Landvoigt, Wettkämpfe b. F.-Kl. Straßburg 14./5.
5,77 „ Schindler „ der Studenten. Berlin 8./7.
5,63 „ Steffen „ b. F.-Bd. Hamburg 20./8.
5,28 „ Rillert „ b. V. f. Bewegungsspiele. Pankow 6./8.
5,22 „ Koberstein „ b. F. u. C.-Kl. „Hamburg“ zu Westende 3./4.
5,20 „ Reicke „ b. V. f. Bewegungsspiele. Pankow 6./8.
5,20 „ Favre-Brandt „ b. Akad. B.-Kl. Charlottenburg 1./7.
5,07 „ Kutzelt „ zu Leipzig 30./7.
5,04 „ May „ b. V. f. Bewegungsspiele. Pankow 6./8.
4,90 „ Bichler „ b. Schüler zu Freiburg 5./11.
4,72 „ Bertholdt „ b. F.-Kl. „Alemannia“. Hamburg 4./6.
4,70 „ Suchier „ } der Schüler. Freiburg 5./11.
4,70 „ Walch „ }
4,66 „ Wagner „ } b. F.-Kl. Freiburg 11./7.
4,62 „ Hunn „ }
4,50 „ Gerlach „ b. F.-Kl. Cannstatt 3./9.
4,50 „ Ritter „ b. F.-Kl. „Alemannia“. Hamburg 4./6.

b) Mit Brett.

6,50 m Goll, Wettkämpfe b. Allg. T.-V. zu Dresden 28./5.
6,30 „ Kempken beim Kaiserbergfest 17./9.
6,20 „ Göhmann (Hannover). Kreisturnfest des VI. Kreises zu Goslar 25./6.
6,20 „ Zuleger (Worms) }
6,20 „ Merz (Offenbach) } Feldbergfest 11./6.
6,10 „ Hartenfels (Koblenz) }
6,10 „ Diehn (Frankfurt) }
6,10 „ Menneking (Hannover) }
6,10 „ Gutjahr (Hannover) } Kreisturnfest b. VI. Kreises zu Goslar 25./6.
6 „ 3 Turner }
6 „ Probst (Stettin) beim Gauturnfest des Ober-Gaues 9./7.
6 „ 1 Turner beim Gauturnfest b. Siegerland-Gaues 23./7.
6 „ 10 Turner beim Feldbergfest 11./6.
6 „ 3 Turner beim Kaiserbergfest 17./9.
5,92 „ Grimm (Altona) beim Knivsbergfest. Schleswig.
5,90 „ Mertens (Strubal) beim Gauturnfest b. Altmärkischen Gaues 9./7.
5,90 „ 1 Turner } beim Kaiserbergfest 17./9.
5,80 „ 6 „ }
5,80 „ 4 Turner beim Gauturnfest b. Siegerland-Gaues 23./7.
5,70 „ Berthold } Wettkämpfe b. Allg. T.-V. zu Dresden 28./5.
5,70 „ Wirth }
5,70 „ 1 Turner beim Krahnenbergfest zu Andernach 18./6.
5,67 „ Weinstein (Schüler). Spielfest zu Halle a./S. 8./8.
5,60 „ Brünnig (Gardelegen) } beim Gauturnfest b. Altmärkischen Gaues 9./7.
5,60 „ Schütte }
5,60 „ Frentz (Grabow) beim Gauturnfest des Ober-Gaues 9./7.

5,60 m Diering
5,60 „ Rädiger } Wettkämpfe d. Allg. T.-V. zu Dresden 28./5.
5,60 „ Trenkler
5,60 „ 8 Turner beim Kreisturnfest d. VI. Kreises zu Goslar 25./6.
5,60 „ Stange (Kiel). Knivsbergfest. Schleswig.
5,60 „ Willei. Schüler. Spiel- und Turnfest. Wiesbaden 6./8.
5,55 „ einmal beim Spielfest zu Oldesloe 3./9.
5,50 „ Munier
5,50 „ Riedel
5,50 „ Kohl } Wettkämpfe d. Allg. T.-V. zu Dresden 28./5.
5,50 „ Lehnert
5,50 „ Krag. Schüler. Spiel und Turnfest. Wiesbaden 6./8.

3. Weithochsprung.

a) Mit Brett.

3 m : 1,50 m Schlichting
3 „ : 1,47 1/3 „ Hochhaus (Essen)
2,90 „ : 1,45 „ Wirminghaus (Essen) } Wettkämpfe d. Kreises VIII b. Bonn 6./8.
2,90 „ : 1,45 „ Lepen (Neuß)
2,90 „ : 1,45 „ Wolter (Langenberg)
2,80 „ : 1,45 „ 5 Turner beim Gauturnfest d. Rhein. Mosel-Gaues zu Linz.
2,75 „ : 1,40 „ einmal beim Spielfest in Landsberg a. W. 3./9.

b) Ohne Brett.

2,50 m : 1,25 m Wagner } Wettkämpfe d. F.-Kl. zu Freiburg 11./7.
2,40 „ : 1,20 „ Hunn

4. Dreisprung (Hupf-Schritt-Sprung).

11,90 m Schmidt (Frohnhausen) } Schloßbergfest. Arnsberg 16./7.
11,70 „ Hermanns (Duisburg)
11,70 „ Augustin (Lübeck). Spielfest d. nord. Spl.-Vb. zu Hamburg 18./9.
11,70 „ Streck (Köln) beim I. Rheinischen Spielfest zu M.-Gladbach 14./5.
11,65 „ O. Schwarz. Wettkämpfe d. Spl.-Vg. zu Hamburg-Eimsbüttel 29./8.
11,62 „ Will. Wettkämpfe d. F.-Kl. „Germania", „Preußen", „Fortuna" zu Berlin 3./9.
11,50 „ Kusermann (Berge) } Schloßbergfest zu Arnsberg 16./7.
12,50 „ Werth (Gevelsberg)
11,40 „ Kemp (Rheydt) } I. Rheinisches Spielfest zu M.-Gladbach 14./5.
11,40 „ Dilthey
11,40 „ Jung (Schüler). Wettkämpfe beim Spielfest. Halle a./S. 25./9.
11,30 „ O. Schubert. Wettkämpfe d. Spl.-Vg. Hamburg-Eimsbüttel 29./8.
11,30 „ Jasper (Hamm). Schloßbergfest. Arnsberg 16./7.
11,22 „ Lank (Berlin). Deutschnationale Wettkämpfe zu Leipzig 30./7.
11,20 „ Schoeps. Spielfest. Halle a./S. 25./9.
11,20 „ 8 Turner beim Schloßbergfest. Arnsberg 16./7.
11,12 „ Allert, Wettkämpfe d. V. f. Bewegungsspiele. Pankow 6./8.
11,10 „ Koberstein „ d. F. u. C.-Kl. „Hamburg" zu Westende 3./4.
11,10 „ Schwartz „ d. nord. Spl.-Vb. Hamburg 17./9.

11,10 m Cessienz (Mannheim). Wettkämpfe d. F.-Kl. v. 1893 Hanau 17.9.
11,10 „ 8 Turner beim Schloßbergfest. Arnsberg 17.7.
11,09 „ Naedel } beim Allgemeinen Sportfest zu Berlin 20.8.
11,05 „ Lauf }
11,05 „ Augustin (Lübeck) } Wettkämpfe d. nord. Spl.-Bd. Hamburg 17.9.
11,05 „ Bollmeyer (Lübeck) }
11 „ Steinbrecher (Schüler). Spielfest. Halle a./S. 23.9.
11 „ 8 Turner beim Schloßbergfest. Arnsberg 16.7.

5. Stabhochsprung.

3,10 m Jodry (Hanau). Feldbergfest 11.8.
3,05 „ Slmpelkamp (Düssern). Schloßbergfest 16./7.
2,95 „ Wirth. Wettkämpfe d. Allg. T.-V. Dresden 28./5.
2,90 „ Gräf „ d. T.-V. Stettin 8.9.
2,85 „ Mädiger „ } des Allg. T.-V. Dresden 28./5.
2,85 „ Goll „ }
2,85 „ Sachau (Kiel). Knivsbergfest.
2,85 „ 1 Turner, Wettkämpfe d. T.-V. „Frischauf", Freienwalde 13.8.
2,80 „ Munler „ d. Allg. T.-V. Dresden 28.5.
2,80 „ Brune (Neheim). Schloßbergfest 16./7.
2,80 „ 3 Turner beim Gaufest des Siegerland-Gaues 23.7.
2,80 „ 12 Turner beim Feldbergfest 11.8.
2,80 „ 3 Turner (5 berührt) beim Kaiserbergfest 17./9.
2,80 „ 4 Turner beim Kreisturnfest zu Goslar 25./6.
2,75 „ Trentler. Wettkämpfe d. Allg. T.-V. Dresden 28.5.
2,75 „ Augustin (Lübeck). Knivsbergfest.
2,75 „ 6 Turner beim Feldbergfest 11./8.
2,75 „ Stähr (Fürth) beim Waldfest d. T.-V. Tafelhof-Nürnberg 6./8.
2,70 „ Wegmann. Wettkämpfe d. Allg. T.-V. Dresden 28./5.
2,70 „ 6 Turner beim Gauturnfest des Siegerland-Gaues 23.7.
2,70 „ Gräf (Stettin) beim Gauturnfest des Oder-Gaues 9.7.

6. Stabweitsprung.

7,45 m einmal beim Spielfest in Bielefeld.

4

Der Eislauf in den Wintern 1898/99 und 1899/1900.

Von Turninspektor A. Hermann, Braunschweig.

Der Winter 1898/99 war für den Eislauf im ganzen ungünstig, und viele geplante Vergnügungen auf dem Eise und Wettlaufen sind zu Wasser geworden. Die Eisbahnpächter, zumal in den großen Städten, wie z. B. Berlin und Hamburg, waren recht schlimm daran. In Berlin betrug der Ausfall nahezu eine Million

Mark. So sind denn die beiden Winter 97/98 und 98/99 für viele Eisplätze und Eislaufvereine recht verhängnisvoll gewesen. Immerhin weist die folgende Zusammenstellung der Eislauftage einiger Orte auf verschiedenen Breiten- und Längengraden vom Winter 98/99 gegen den vorhergehenden Winter teilweise erfreuliche Ziffern auf. Die in ( ) gesetzten Zahlen sind vom Winter 97/98 genommen.

Königsberg i. Pr. 15 (20). Hamburg 7 (1). Berlin, verschiedene Bahnen, 10—20 (5—16). Braunschweig, zwei Bahnen, 7 (0). Leipzig 14 (1½). Wiesbaden 24 (25). Heidelberg 5 (7). Bonn 5 (5). Hof i. B. 18 (23). München 20 (28). Augsburg 15 (22). Prag 30. Olmütz 20 (51). Troppau 20 (58). Wien, verschiedene Bahnen, 26—44 (57). Gmunden 11 (13). Innsbruck 43 (54). Davos 88 (98). Kopenhagen 0 (0). Amsterdam 0 (2).

Im Winter 98/99 sind durchschnittlich diejenigen Orte im Vorteil gewesen, welche Spritzeis schaffen konnten. So hat man z. B. in Wien das Kunststück fertiggebracht, nochmals, vom 22.—26. März 1899, durch Spritzeis eine Bahn zu schaffen. Es mag hierbei gleich bemerkt werden, daß man in Wien auch zur Herstellung einer Spritzeisbahn Bodenflächen betoniert hat. Der Beton macht es möglich, auch bei ganz geringem Frost in einer Nacht Eis zu erzeugen, da nicht mehr auf ein Durchfrieren des Bodens gewartet zu werden braucht. Im Winter 98/99, wo in Wien das Thermometer nur in 29 Nächten ½ bis 2° unter Null stand, konnte dort auf einem betonierten Platze an 29 Tagen, darunter an 12 ganzen Tagen, gelaufen werden. Auch da, wo man überschwemmte Wiesen benutzen konnte, hat es einige Tage für den Eislauf gegeben. Auf das herrliche Vergnügen, stundenlange Strecken mit Schlittschuhen auf Seen, wie z. B. auf den schönen Havelseen, zurückzulegen, mußte aber in beiden Wintern von 1897/99 ganz verzichtet werden.

Unter der Betrachtung solch betrübender Erscheinung für den Eislauf werden dann Erinnerungen wachgerufen, wie sie im „Deutschen Eissport" über das Gefrieren des Bodensees mitgeteilt sind*). Zuletzt war dieser See 1880 gefroren und bis dahin von 895 an im ganzen 29mal; unmittelbar hintereinander sogar in den Jahren 1564 und 1565. „Verfolgt man die deutschen Chronisten bis in das Jahr 574, so findet man in diesen Annalen, in welchen die Naturereignisse

*) Vergleiche „Deutscher Eissport" 1898/99, Nr. 3, 5, 9, 10, 11, mitgeteilt von A. Strubel und Max Wirth.

eine sehr sorgfältige Aufzeichnung zu finden pflegten, daß der Bodensee innerhalb 1200 Jahren nur 6mal *ganz* zugefroren war: 1363, 1435, 1573, 1695, 1709, 1830." Der See liegt bekanntlich 398 m über dem Meeresspiegel und umfaßt im ganzen 539 qkm.

Welch eine großartige Erscheinung, wenn man bedenkt, daß die Bewohner der an den Ufern des Bodensees liegenden Städte, die Konstanzer den Bregenzern, die Rorschacher den Lindauern, einander über die gewaltig große Eisfläche Besuche abstatten konnten!

Wie in allen Wintern, so verzeichnet *Davos* mit seinen vorzüglich eingerichteten Eislaufplätzen auch im Winter 1898/99 die meisten Eislauftage, und es werden deshalb daselbst auch alljährlich große Rennen abgehalten. Im genannten Winter wurde dort um die *Europameisterschaft im Schnell- und Kunstlauf* gelaufen. Sieger wurden: im Schnellauf P. *Östlund*-Trondhjem, im Kunstlauf U. *Salchow*-Stockholm.

Das Verbandslaufen des *Deutschen Eislaufverbandes*, welches in Düsseldorf abgehalten werden sollte, mußte des ungünstigen Winters wegen ganz ausfallen, ebenso das Laufen um die *Weltmeisterschaft im Kunstlauf*, das in Wien stattfinden sollte. Dagegen konnte trotz der ungünstigen äußeren Umstände im Februar 1899 zu Berlin das vom Berliner Schlittschuh-Klub geplante internationale Laufen um die *Weltmeisterschaft im Schnellauf* stattfinden, wobei ebenfalls P. Östlund als Sieger hervorging.

Dieses Eiswettlaufen gestaltete sich auch äußerlich dadurch hervorragend, daß es unter dem Protektorate des *Prinzen Friedrich Leopold von Preußen nebst dessen hoher Gemahlin* stand und der *Kaiser* dem Sieger die große goldene Königsmedaille als Ehrenpreis gestiftet hatte.

Wenden wir uns dem letzten Winter, dem vom 1899/1900, zu, so ist derselbe dem Eislauf endlich einmal wieder recht günstig gewesen. Es liegt gegenwärtig, da wir diesen Bericht abfassen (21. Februar) allerdings die Zusammenstellung der Eislauftage, wie wir sie eingangs für 1898/99 verzeichnen konnten, noch nicht vor, aber soviel steht fest, daß im ganzen das Ergebnis ein zufriedenstellendes sein wird. Hatten wir doch z. B. in *Braunschweig* 32 Eislauftage, im Vergleich zu den letzten drei Wintern eine seltene, hocherfreuliche Erscheinung. In Norddeutschland sind in diesem letzten Winter drei Perioden für den Eislauf zu verzeichnen. Die erste dauerte vom 10. bis 30. Dezember, die zweite, eine sehr kurze, vom 12.—21. Januar, die dritte vom 7.—16. Februar.

Somit konnten denn auch in diesem Jahre, am 14. Januar zu Berlin, unsere Laufen um die Meisterschaften im Schnell- und Kunstlauf des „Deutschen Eislauf-Verbandes" abgehalten werden, wobei J. Braun (Hamburg) im Schnelllaufen und W. Zenger (München) im Kunstlaufen erste Sieger wurden. Die Schnellaufen wurden sämtlich von Hamburgern und die Kunstlaufen von Münchenern gewonnen. Ganz besonders trat bei dem Kunstlaufen dieses Mal die „Jungmannschaft" (Junioren) durch höchst erfreuliche Leistungen hervor.

Der Deutsche Eislauf-Verband umfaßt gegenwärtig 10 Vereine mit 8 Anschlußvereinen.

Einen besonderen Genuß gewährte auch das bei unserem diesjährigen Verbandslaufen zum erstenmal vorgeführte Paarlaufen, von Münchener Herren ausgeführt, und dieser Genuß wurde noch erhöht durch ein Laufen zu Vieren, welches ebenfalls Münchener zeigten. Das waren sogenannte „Gesellschaftsübungen", die mit ihren eigenartigen Wechseln auf alle Zuschauer einen hohen Reiz ausübten. Ein kunstvoll zusammengestelltes Programm und ein tadelloses Zusammenarbeiten sicherten diesen Herren die höchste Anerkennung.

In Berlin konnte auch am 29. Januar um die „Meisterschaft im Kunstlaufen von Europa" der internationalen Eislauf-Vereinigung für 1900 gelaufen werden, wenn auch der Halensee, auf dem diese Meisterschaft ausgefochten wurde, schon die Spuren vom Ende der zweiten Eislaufperiode für Norddeutschland ziemlich deutlich zeigte. Sieger wurde auch dieses Mal wie für 1899 U. Salchow-Stockholm.

Bei dieser Gelegenheit fand ein „Paarlaufen", woran sich auch Damen und Herrn beteiligten, ebenfalls mit auf der Laufordnung, und es wurde auf diesem Gebiete ganz Vorzügliches geboten.

Es ist sehr erfreulich, daß auch das weibliche Geschlecht nicht nur immer mehr den Eislauf pflegt und sich dadurch im Winter den höchsten Genuß reinster Freuden zu verschaffen sucht, sondern daß unsere Mädchen und Jungfrauen auch dabei mehr der Pflege des Kunstlaufes auf dem Eise sich zuwenden, denn die Anmut und Grazie, zugleich mit Kraft gepaart, welche sie hierbei entwickeln und zeigen können, vermögen sie nicht einmal im Turnsaal, geschweige denn im Ballsaal zu entfalten.

Die „Meisterschaft im Schnelllaufen von Europa" für 1900 wurde am 3. und 4. Februar in Budapest auf allen vier Strecken: 500 m, 1500 m, 5000 m, 10000 m, von P. Östlund-Trondhjem gewonnen. Mit übermenschlicher Kraftanstrengung und riesigen Geldopfern haben es die Budapester fertig gebracht, den Weg zum 1300 m über dem Meeresspiegel, inmitten der Hohen Tatra gelegenen Csorbaer See zu öffnen und die Hotels dort in stand zu setzen, um das Laufen möglich zu machen, weil in Budapest das Tauwetter jedes Eis zu Wasser gemacht hatte.

Die Laufen um die Weltmeisterschaften für 1900 wurden ungünstiger Witterungsverhältnisse halber statt in Wien, wo sie abgehalten werden sollten, am 10. und 11. Februar in Davos zum Austrage gebracht. Im Schnelllauf siegte P. Östlund-Trondhjem und schuf auf vier Strecken neue Höchstleistungen. Im Kunstlauf wurde G. Hügel-Davos (früher Wien) erster Sieger. In der Europameisterschaft (zu Berlin) wurde er nach Salchow zweiter.

Nicht unerwähnt darf bleiben, daß neben diesen Wettveranstaltungen im Schnell- und im Kunstlauf, die sich auf weitere Kreise erstreckten, auch an den meisten Orten, wo Eislaufvereine bestehen, Vereinswettlaufen abgehalten wurden. Ganz besonders wenden diese Vereine auch dem Jugendlaufen ihre Aufmerksamkeit zu, und allen, die sich für die Pflege des Kunstlaufes interessieren, empfehlen wir deshalb die vom Deutschen Eislauf-Verbande herausgegebenen „Elemente im Figurenlaufen“, welche alle einfachen Figuren der Pflichtübungen im Figurenlaufen umfassen und in ihrer Knappheit, Klarheit und Übersichtlichkeit eine vorzügliche Anweisung bieten.

Als das beste Werk über die „Kunstfertigkeit im Eislaufen“ können wir das von Holletschek-Troppau empfehlen. (5. Auflage, 5000 Figuren, 1000 Zeichnungen; über 300 S. Preis 1,70 Mk. Verlag „Deutscher Eissport“, Berlin SW. 46.)

Wenn Fr. L. Jahn im „Deutschen Volkstum“ S. 246 sagt: „Schlittschuhlaufen, von Klopstock besungen, von Vieth mit einer Rede („Über das Schlittschuhlaufen“) gefeiert, von Frank (Med. Polizei) angerühmt, ist lange nicht so allgemein, als es beim Mittelstande sein könnte“*), Ja, wenn man sich in der Erinnerung gar wachruft, daß im 16. und 17. Jahrhundert in Deutschland in den Schulgesetzen das Betreten des Eises, Glitschen und Schlittschuhlaufen untersagt war und man dasselbe als einen das Leben gefährdenden Unfug ansah, während schon Comenius (1698) das Schlittschuhlaufen für die Jugend hervorhebt, so muß man sich freuen, daß in der Gegenwart das Schlittschuhlaufen neben den Bewegungsspielen im Freien immer mehr zum Allgemeingut der Bevölkerung wird und zwar ebenso für das weibliche wie für das männliche Geschlecht.

*) Jahn hätte auch GutsMuths noch mit erwähnen sollen.

In vielen Städten Deutschlands richtet man auf Spielplätzen und Schulhöfen im Winter jetzt Eisbahnen her, und man sucht auch durch die Schulverwaltungen (in Berlin z. B. durch die Deputation für das städtische Turn- und Badewesen) solche Vorrichtungen für die Schüler und Schülerinnen der Volks- oder Gemeindeschulen unentgeltlich zu schaffen.

Das ist so recht im Sinne und Geiste des Odendichters Klopstock, der, beiläufig bemerkt, auch das Ballspiel im freien Felde sehr liebte und namentlich dafür in Dänemark viele Damen zu gewinnen wußte. Wenn er im Spiel nach jemandem mit dem Balle zu werfen hatte, so traf er diesen meist so kräftig, daß rote oder gar blaue Flecke an der Schulter 2c. des Getroffenen nichts Seltenes waren.

Er schreibt: „Ich liebe das Reisen und die meilenlangen Spaziergänge; aber das Schrittschuhlaufen ist noch viel anders." Er legte dem Eissport eine große sanitäre Wirkung bei. An Gleim schreibt er einmal: „Es ist doch ewig schade, daß Sie, wenn Sie kränkeln, sich nicht durch Schrittschuhlaufen curiren können. Es ist dies eine von den besten Kuren:

„Recipe den 4. März.
Drei halbe Stunden des Vormittags,
Zwei des Nachmittags,
Gute Gesellschaft!
Viel Frühstück!
Item ein wenig Nordwind zum Trunke bei der Arzney.
Treib dieses 8 Tage hintereinander.
Probatum est." *)

Daß das Schlittschuhlaufen in Deutschland Eingang und Verbreitung fand, ist nicht zum wenigsten ein Verdienst Klopstocks.

In der „Deutschen Turnerzeitung" von diesem Jahre nimmt auf S. 136 jemand, den wir genau zu kennen glauben, das Wort, um als Sachkenner den Turnvereinen es warm ans Herz zu legen, sie möchten zur Winterzeit Eisriegen bilden, um den schon geübten Eisläufern, sowie den Anfängern Gelegenheit zu bieten, „eine Bewegung, die alles übertrifft, was Bewegung heißt", in reiner, klarer, staubfreier Winterluft zu betreiben und auch die Ausbildung der Turner im Schnell- und Kunstlauf in Übung zu nehmen. Mit Recht wird darauf hingewiesen, wie z. B. die turnerischen Reigen von den Turnplätzen auch auf Vereine, wie Radfahrer- und Schwimmvereine, über-

*) Mitgeteilt von Felix Braband-Hamburg im „Deutschen Eissport".

gegangen sind, und wie von diesen auch die Einrichtung der Musterriegen-vorführungen geschaffen ist. Die Eisriege eines Turnvereins sollte den Eisplatz als einen in das Freie übersetzten Turnsaal betrachten. Wir können den in jenem Artikel gegebenen Anregungen und Vorschlägen nur Erfolg wünschen.

Die Höchstleistungen im Schnelllauf sind im Deutschen Eislaufsverbande dieselben geblieben wie in den Wintern 1897/1899.

Die allgemeinen (Welt-) Höchstleistungen haben sich auf vier Strecken folgendermaßen umgestaltet:

Strecke	500 m	45$\frac{1}{5}$ Sek.		P. Östlund (Trondhjem); 10./2. 1900 Davos.
„	1 000 m	1 Min.	34 Sek.	derselbe, daselbst.
„	1 500 m	2 „	22$\frac{3}{5}$ „	derselbe, daselbst.
„	5 000 m	8 „	37$\frac{3}{5}$ „	J. J. Eden (Holland) 25./2. 1894; Hamer.
„	10 000 m	17 „	50$\frac{3}{5}$ „	P. Östlund: 11./2. 1900; Davos.

Dritter Abschnitt.
Spielkurse für Lehrer und Lehrerinnen.

1. Spielkurse des Jahres 1900.

Aufgestellt von E. von Schenckendorff, Görlitz.

A. Lehrerkurse.

Nr.	Ort	Zeit der Kurse	Namen der Herren, an welche die Anmeldungen zu richten sind.
1	Bonn	27. Mai bis 2. Juni	Dr. med. F. A. Schmidt.
2	Braunschweig	28. Mai bis 2. Juni	Gymnasialdirektor Schulrat Prof. Dr. Koldewey.
3	Frankfurt a. M.	25. Mai bis 2. Juni	Turninspekt. W. Weidenbusch.
4	Hadersleben	17.—21. April	Oberlehrer Dunker.
5	Posen	27. August bis 1. September	Oberturnlehrer Kloß.
6	Stolp i. P.	14.—19. Mai	Oberlehrer Dr. O. Preußner.

B. Lehrerinnenkurse.

Nr.	Ort	Zeit der Kurse	Namen der Herren, an welche die Anmeldungen zu richten sind.
1	Bonn	5.—8. Juni	Dr. med. F. A. Schmidt.
2	Braunschweig	4.—9. Juni	Turninspektor A. Hermann.

Nr.	Ort	Zeit der Kurse	Namen der Herren, an welche die Anmeldungen zu richten sind.
3	Frankfurt a. M.	15.—23. Juni	Turninspektor W. Weidenbusch.
4	Krefeld	23.—24. Juni	Turnlehrerin Martha Thurm.

C. Sonstiges.

1. Herr Oberturnlehrer Karl Schröter in Barmen ist bereit, als Wanderlehrer an anderen Orten einwöchentliche Lehrkurse für Lehrer oder für Lehrerinnen während der Oster-, Pfingst- oder Herbstferien (Mitte August bis Mitte September) abzuhalten. Verhandlungen müssen frühzeitig eingeleitet werden und sind direkt mit Herrn Schröter zu führen.

2. Herr Hauptturnlehrer Scharf in Krefeld wird im Laufe des Sommers sämtliche Teilnehmer an den bis jetzt in Krefeld abgehaltenen Spielkursen zur Wiederholung von Spielen, zur gegenseitigen Berichterstattung und zum Austausch der gemachten Erfahrungen zu einer mehrtägigen Zusammenkunft vereinigen. Auch können Lehrer, die an anderen Orten einen Kursus durchgemacht haben, daran teilnehmen. Verhandlungen sind direkt mit Herrn Scharf zu führen.

3. Die Spielkurse sind sämtlich kostenfrei. Die Teilnehmer und Teilnehmerinnen sind zur Einzahlung von 3 M. verpflichtet, wofür ihnen das 9. Jahrbuch 1900, sowie die bis dahin erschienenen kleinen Schriften und Spielregeln des Zentral-Ausschusses ausgehändigt werden.

2. Die deutschen Spielkurse des Jahres 1899.

Von Professor H. Wickenhagen, Rendsburg.

A. Lehrerkurse.

Ort	Zeit der Kurse	Leiter	Zahl der Teilnehmer	Stand der Teilnehmer: Lehrer an Volks-, Bürger- u. Mittelschulen	Lehrer an Seminaren	Lehrer an höheren Schulen	sonstige	Heimat der Teilnehmer: Preußen	sonstige deutsche Staaten	außerdeutsche Staaten
Bonn	18.—20. Mai	Dr. med. F. A. Schmidt u. Oberturnlehrer F. Schröder	23	20	—	1	2	21	2	—
Braunschweig	15.—20. Mai	Schulrat Professor Dr. Koldewey, Professor Dr. Koch, Turninsp. A. Hermann	22	10	1	5	6	4	17	1
Elberfeld	1.—6. Mai u. 11.—19. Sept.	Oberlehrer Dr. Burgaß	15	12	—	3	—	15	—	—
Frankfurt a. M.	15.—20. Mai	Turninspektor Weidenbusch	42	38	1	3	—	38	4	—
Hadersleben	4. bis 8. April	Dunker, Oberlehrer am Gymnasium	20	20	—	—	—	20	—	—

Ort	Zeit der Kurse	Leiter	Zahl der Teilnehmer	Stand der Teilnehmer				Heimat der Teilnehmer		
				Lehrer an						
				Volks-, Bürger- u. Mittelschulen	Seminaren	höheren Schulen	sonstige	Preußen	sonstige deutsche Staaten	außerdeutsche Staaten
Kiel	10.—17. Juli	Peters, Oberlehrer am Gymnasium	70	—	—	—	Lehrlinge der Kaiserlichen Werft	70	—	—
Königsberg in Pr.	19. bis 24. Juni	Tribukait, Stadtschulrat	60	56	1	3	—	60		—
Krefeld	12. bis 17. Juni	Hauptturnlehrer O. Scharf	25	22	—	2	1	25	—	
Magdeburg	4.—9. Sept.	Stadtschulrat Platen, Hauptturnlehr. Köhler	33	32	—	1	—	30	3 (2 Anhalt, 1 Reuß j. L.)	—
Posen	21. bis 26. August	Oberturnlehrer Kloß	16	8	1	7	—	16	—	—
Stolp i. P.	5.—10. Juni	Oberlehrer Dr. Preußner	7	4	—	3	—	7	—	—
		Summa	333	222	4	28	79	306	26	1
				Sa. 333				Sa. 333		

Außerdem hielt der Oberturnlehrer K. Schröter-Barmen während der Pfingstwoche einen Kursus für Lehrer des Kreises Arnsberg in Hüsten ab. Über einen im Auftrag der Kgl. bayrischen Regierung zu Regensburg abgehaltenen Kurs berichtet der Leiter, Ph. Geiger, in „Zeitschr. für Turnen u. Jugendsp." VIII. S. 45.

B. Lehrerinnenkurse.

Ort	Zeit der Kurse	Leiter	Zahl der Teilnehmerinnen
Bonn	21.—26. Mai	Dr. med. F. A. Schmidt u. Oberturnlehrer F. Schröder	22; davon 20 aus der Rheinprovinz und 2 aus Westfalen
Braunschweig	24.—27. Mai	Turninspektor A. Hermann	20: davon 8 aus Braunschweig, 8 aus preuß. Provinzen, 2 aus dem Königr. Sachsen, 1 aus Schaumburg-Lippe, 1 aus Sachsen-Altenburg. Dazu 4 Lehrer (2 Braunschweiger, 1 Preuße, 1 Schwede)
Frankfurt a. M.	26. Juni bis 1. Juli	Turninspektor M. Weidenbusch	19: Turn-, Handarbeits- und Haushaltungslehrerinnen. Außerdem wurden für Frankfurter Lehrerinnen ein Spielkursus vom 25.—30. Sept. abgehalten, an dem sich 26 Lehrerinnen beteiligten.
Königsberg i. Pr.	19.—24. Juni	Stadtschulrat Dr. Tribukait	63 Damen (nähere Angaben fehlen)
Krefeld	5.—7. Juni	Martha Thurm	30: 28 Lehrerinnen der umliegenden Kreisschulinspektionen; 2 Damen ohne besonderen Beruf.
		Summa	154 Lehrerinnen; 4 Lehrer

3. Allgemeine Übersicht über die von 1890—1900 abgehaltenen Spielkurse.

Von Professor H. Wickenhagen, Rendsburg.

Es sind bisher ausgebildet worden:

Nr.	Jahr	Männer	Frauen	in Männerkursen	in Frauenkursen	Bemerkungen
1	1890	190 dazu [illegible] Hospitanten	—	3	—	
2	1891		—		—	

Nr.	Jahr	Männer	Frauen	in Männer-	in Frauen-kursen	Bemerkungen
3	1892	396	284	11	5	
4	1893	302	297	16	6	
5	1894	469 einschl. akad. Kurs Berlin 1 Hospitant 2 im Lehrerinnenkurs gebildet	340	14 einschl. akad. Kurs	8	
6	1895	341 dazu 3 i. Lehrerinnenkurs	361	22	7	
7	1896	568 davon 63 auch in Lehrerinnenkursen gebildet	169	18	4	
8	1897	232 dazu 4 i. Lehrerinnenkursen	221	7	4	
9	1898	103 dazu 3 i. Lehrerinnenkursen	125 dazu 5 Hospitanten	6	5	
10	1899	333 dazu 4 i. Lehrerinnenkursen	154	10	4	
	Sa.	3634 dazu 31 Hospitanten und 71 i. Lehrerinnenkursen gebild. Lehrer	1951 dazu 5 Hospitanten	107 (einschl. 1 akad. Kurs)	43	

Die akademischen (Hochschul-)Kurse haben in der vorliegenden Tafel (mit Ausnahme von Berlin 1894) keine Berücksichtigung gefunden. Näheres über diese siehe Jahrbuch 1896, S. 150 ff.

Es sind demnach in den vom Zentral-Ausschuß eingerichteten Kursen bis zum Ende des Jahrhunderts 3730 Lehrer und 1956 Lehrerinnen ausgebildet worden.

4. Leiter der Spielkurse von 1890—1900.

Von Professor H. Wickenhagen, Rendsburg.

1. Professor Dr. med. Angerstein-Berlin †. 2. Mittelschullehrer Becker-Hadersleben †. 3. Turninspektor Böttcher-Hannover. 4. Schulrat Brodführer-Koburg. 5. Oberlehrer Dr. Burgaß-Elberfeld. 6. Oberlehrer Dunker-Hadersleben. 7. Professor Eckler-Berlin. 8. Gymnasialdirektor Dr. Eitner-Görlitz. 9. Schulrat Professor Dr. Euler-Berlin. 10. Turnlehrer Hannemann-Berlin. 11. Schulrat

Hackenhayn-Koburg. 12. Oberlehrer Heinrich-Berlin-Schöneberg. 13. Reallehrer Heinrich-Sonderburg. 14. Dr. Henry-Breslau. 15. Turninspektor Hermann-Braunschweig. 16. Oberturnlehrer Jordan-Görlitz †. 17. Professor Keßler-Stuttgart. 18. Oberturnlehrer Kloß-Posen. 19. Hauptturnlehrer Köhler-Magdeburg. 20. Professor Dr. Koch-Braunschweig. 21. Gymnasiallehrer Kohlrausch-Magdeburg. 22. Gymnasialdirektor Prof. D. Dr. Koldewey-Braunschweig. 23. Oberturnlehrer Krampe-Breslau. 24. Stadtschulrat Dr. Krosta-Stettin. 25. Schulrat Dr. Küppers-Berlin. 26. Kreisschulinspektor Lindner-Bochum. 27. Turnlehrer Leutheußer-Koburg. 28. Direktor Maul-Karlsruhe. 29. Oberlehrer Mehmacher-Schwerin. 30. Professor Nehring-Berlin. 31. Städtischer Turnwart Pape-Berlin. 32. Oberlehrer Peters-Kiel. 33. Lehrer Petersen-Rendsburg. 34. Stadtschulrat Platen-Magdeburg. 35. Oberlehrer Dr. Preußner-Stolp i. Pr. 36. Lehrer Rödlein-Koburg. 37. Gymnasiallehrer Reinhardt-Neubrandenburg. 38. Privatdozent Dr. Reinhardt-Berlin. 39. Dr. Rissom-Heidelberg. 40. Stadtschulrat Dr. Rohmeder-München. 41. Oberlehrer Dr. Rosbund-Danzig. 42. Hauptturnlehrer Scharf-Krefeld. 43. Amtsgerichtsrat Schiegnitz-Koburg. 44. Dr. med. F. A. Schmidt-Bonn a. Rh. 45. Oberlehrer Dr. Schnell-Altona. 46. Dr. Schreiber-Marburg. 47. Oberturnlehrer Schröder-Bonn a. Rh. 48. Oberturnlehrer Schröter-Barmen. 49. Oberturnlehrer Schurig-Osnabrück. 50. Turnlehrer Sillwe-Stolp i. Pr. †. 51. Stadtschulrat Dr. Tribukait-Königsberg i. Pr. 52. Turnlehrer Walde-Bochum. 53. Königl. Rat Weber-München. 54. Dr. Wehlitz-Greifswald. 55. Turninspektor Weidenbusch-Frankfurt a. M. 56. Professor Wickenhagen-Rendsburg.

Hierzu die Lehrerinnen.

1. Fräulein Meyer-Königsberg i. Pr. 2. Fräulein Pankritius-Königsberg i. Pr. 3. Fräulein Sabise-Magdeburg. 4. Fräulein M. Thurm-Krefeld. 5. Fräulein Ulrich-Breslau. 6. Fräulein Zappe-Magdeburg.

Vierter Abschnitt. Mitteilungen des Zentralausschusses aus dem Jahre 1899.

1

Der vierte deutsche Kongreß für Volks- und Jugendspiele zu Königsberg i. Pr. am 25. u. 26. Juni 1899.

Vom Geschäftsführer des Zentral-Ausschusses, Prof. H. Raydt, Leipzig.

Volkstüchtigkeit durch Volksgesundung — das kann man mit Recht als den Grundton des vierten deutschen Kongresses für Volks- und Jugendspiele hinstellen, der am 25. und 26. Juni des verflossenen Jahres in der Hauptstadt der Provinz Ostpreußen, der altberühmten preußischen Krönungs- und Residenzstadt Königsberg, stattfand.

Der Zentral-Ausschuß hatte sich bei der Wahl seines vierten Kongreßortes — die drei ersten waren Berlin, München und Bonn — von dem Gesichtspunkte leiten lassen, daß eine Stadt im Osten unseres Vaterlandes als Versammlungsort wünschenswert sei und hatte Königsberg gewählt, weil es durch die in früheren Jahrbüchern geschilderte Palästra Albertina und den vom Stadtrat Dr. Simon geschenkten großen Spielplatz, jetzt Walter Simon-Platz, besondere Anknüpfungspunkte für alle Freunde der Volks- und Jugendspielbewegung besaß.

Der Kongreß hat einen in jeder Hinsicht trefflichen Verlauf genommen. Alle Verhandlungen und die außerordentlich zahl- und umfangreichen Veranstaltungen vollzogen sich ohne jeden Mißton zu allgemeinster Zufriedenheit; die Arbeiten des Kongresses haben den Mitgliedern des Ausschusses neue Anregungen gegeben und haben insbesondere im Osten unseres Vaterlandes nachhaltig befruchtend gewirkt.

Der gute Verlauf des ganzen Kongresses ist zum großen Teile dem Ortsausschuß zu verdanken, insbesondere seinem Vorsitzenden, dem Stadtschulrat Dr. Tribukait, dann dem freundlichen Entgegenkommen der königlichen und städtischen Behörden und vielen sonstigen

Bewohnern Königsbergs. Ihnen allen sei auch an dieser Stelle nochmals der herzlichste Dank dargebracht.

Zu gleicher Zeit mit dem Volks- und Jugendspielkongresse tagte in Königsberg der zehnte ostpreußische Städtetag. Viele der hierzu anwesenden Bürgermeister und sonstigen städtischen Vertreter brachten der Volks- und Jugendspielbewegung lebhaftes Interesse entgegen und besuchten die Veranstaltungen des Kongresses; gewiß haben sie von denselben neue Anregung in ihre Heimat mitgenommen.

Dem Kongreß war ein von 124 Teilnehmern besuchter Kursus zur Ausbildung von Lehrern und Lehrerinnen in den Volks- und Jugendspielen unter der Leitung der Herren Stadtschulrat Dr. Tribukait und Rektor Dobrik vorausgegangen, der am Sonnabend, den 24. Juni, seinen Abschluß fand. Die meisten der Kursisten beteiligten sich an den nachfolgenden Kongreßveranstaltungen und erhielten sicherlich einen guten Eindruck von der Größe der Volks- und Jugendspielbewegung, welcher sie ebenfalls ihre Kräfte widmen wollten.

Der Besuch des Kongresses war ein überaus erfreulicher. Von den Vertretern der Königsberger Behörden seien die Herren Oberpräsident von Bismarck, Oberpräsidialrat von Waldow, Regierungspräsident von Tieschowitz, Landeshauptmann von Brandt, Landesrat Sebbig, Oberbürgermeister Hoffmann, Bürgermeister Brinkmann, Konsistorialpräsident D. von Dörnberg und Generalsuperintendent D. Braun erwähnt. Mit besonderer Freude begrüßten es die Kongreßteilnehmer, daß der um die Jugendspielbewegung so außerordentlich verdiente frühere preußische Kultusminister, Oberpräsident von Goßler, das einzige Ehrenmitglied des Zentral-Ausschusses, den Verhandlungen und Spielvorführungen von Anfang bis zu Ende beiwohnte. Auch viele sonstige Reichs-, Landes- und Stadtbehörden hatten Vertreter geschickt, deren Aufzählung hier zu weit führen würde. Erwähnt möge noch sein, daß auch das preußische Kriegsministerium einen Vertreter, Herrn Oberst Brix, entsandt hatte, und daß viele Offiziere den Kongreßverhandlungen beiwohnten.

Überhaupt ist das Interesse und Verständnis, welches den Bestrebungen des Zentral-Ausschusses für Volks- und Jugendspiele von den staatlichen, militärischen und kommunalen Behörden, insbesondere Preußens, entgegengebracht wird, ein so hervorragendes und von Jahr zu Jahr wachsendes, daß schon allein hierdurch der Zentral-Ausschuß merkt, daß er auf dem rechten Wege ist.

An Seine Majestät den Kaiser wurde im Verlaufe des ersten Kongreßtages folgendes Telegramm einstimmig beschlossen:

„Sr. Majestät dem Deutschen Kaiser in Kiel.

Eurer Majestät sendet der vierte, von Offizieren, Sanitätsoffizieren, Beamten und vielen anderen Bürgern der alten Krönungsstadt Königsberg zahlreich besuchte deutsche Kongreß für Volks- und Jugendspiele in Gegenwart der beiden Herren Oberpräsidenten von Ost- und Westpreußen, sowie des hiesigen Regierungspräsidenten und zweier Beauftragten des Herrn Kriegsministers und des Herrn Generalstabsarztes der Armee unterthänigsten Huldigungsgruß. Getreu Eurer Majestät Meinung, daß unser Vaterland einer kräftigen Generation bedarf, beraten wir die Frage, wie sich die deutsche Jugend in den Dienst der nationalen Wehrkraft stellen soll. Wir hoffen, daß unsere einstimmig angenommenen Beschlüsse im Sinne Eurer Majestät ausgefallen sind und unserem geliebten Vaterlande zum Segen gereichen werden."

Auf dasselbe lief folgende Antwort ein:

„Seine Majestät der Kaiser und König haben Allerhöchst Sich über den Huldigungsgruß der Teilnehmer an dem deutschen Kongreß für Volks- und Jugendspiele sehr gefreut, lassen für diese Kundgebung bestens danken und wünschen allen auf die Kräftigung der deutschen Jugend gerichteten Bestrebungen reichen Erfolg.

von Lucanus,
Geheimer Kabinettsrat."

Mit dem Kongreß war eine gut beschickte Spiel- und Sportausstellung in der Palästra Albertina verbunden, ebenso eine solche der gesamten Spiel- und Sportlitteratur. Aus beiden konnte man die gewaltigen Fortschritte erkennen, welche auf dem ganzen Gebiete der Leibesübungen in freier Luft in Deutschland in den letzten Jahren gemacht sind.

Am Vorabend des Kongresses fand im Saale des Theaterrestaurants ein zwangloses Beisammensein statt, bei welchem Herr Stadtschulrat Tribukait als Vorsitzender des Ortsausschusses die auswärtigen Kongreßteilnehmer aufs herzlichste begrüßte. Vorangegangen waren nicht-öffentliche Sitzungen des Vorstandes und des gesamten Zentral-Ausschusses.

Der erste Kongreßtag brachte zunächst frühmorgens eine Dampferfahrt nach dem Königsberger Haff, die ein Berichterstatter der „Königsberger Allgemeinen Zeitung" in fesselnder Weise folgendermaßen schildert:

Mehr als das „Ende gut" hat das „Anfang gut, alles gut" als Sprichwort seine Berechtigung. Für Kongresse jedenfalls, denn nichts war in gleichem Maße geeignet, geradezu die Grundlage all der sorgfältig seit Wochen und Monaten getroffenen Vorbereitungen zu geben, als der prächtige, sonnenhelle Junisonntag, mit dem der erste Kongreßtag für Volks- und Jugendspiele begann. Wohl wehte zum goldenen Sonnenschein ein kühler Wind, aber auch dieser wurde freudig von den Teilnehmern begrüßt, auch er gehörte „mit ins Programm“, denn ohne diese Luftbewegung hätte man das zu erwartende Hauptschauspiel, das Segeln auf dem Haff, nicht genießen können . . . . .

Schon von 7 Uhr morgens ab herrschte an der Grünen Brücke ein äußerst reges Leben. An der vorstädtischen Seite lagen die drei Dampfer, festlich geschmückt mit Flaggen und frischem Blattgrün, bereit, die Kongreßteilnehmer an Bord zu nehmen: der kleine „Puck“, die schnelle „Germania“ und die bedächtig daherschaukelnde „Selika“. Auf der „Germania“, dem größten der Dampfboote, hatte das Musikchor Platz genommen; bald erschollen lustige Weisen auf den Gewässern, und die Stimmung gestaltete sich schon vor Abfahrt, die wegen der Brückenöffnung sich etwas verzögerte, in jeder Hinsicht „ganz famos“.

Nun schwammen die Dampfer mit ihren Gästen den Pregel hinab. Wer wie wir Einheimische das Bild kennt, welches sich bei einer Fahrt pregelabwärts den Blicken entrollt, ist doch immer wieder von neuem durch dasselbe gefesselt. Um so mehr waren es unsere fremden Gäste aus dem Reiche, die bewundernd das prächtige Hafenbild an sich vorüberziehen ließen: die zahlreichen gewerblichen Etablissements, die schwimmenden Kolosse der entgegenkommenden und fest ankernden Dampfer, die Riesengebäude der Walzmühle und des Silospeichers.

Die ganze Fahrt der drei Dampfer pregelabwärts glich einer Art Triumphzug. Überall von den Ufern grüßten die Passanten zu den Schiffen herüber, und die Grüße wurden mit Hurra erwidert; am Bootshause des Ruderklubs „Germania“ hatte der ganze Klub Aufstellung genommen und unter „präsentierten Riemen“ scholl ein donnerndes „Hipp, hipp, hurra!“ über die Gewässer; zahlreiche Radfahrer begleiteten den Treidelbamm entlang den Dampferfestzug.

Vor Holstein bekamen die Festgenossen noch andere Begleitung: die schnellen, elegant gebauten Boote des „Königsberger Ruderklubs“ und des „Ruderklubs Germania“ gesellten sich plötzlich auf dem Pregel den Festgenossen zu und hielten tapfer mit der Dampfkraft Schritt. Ist der Rudersport in Königsberg in seiner jetzigen Ausdehnung auch neueren Datums, so weiß man doch, wie sehr er sich in der kurzen Zeit ausgebildet hat, und eine wie tüchtige, sportbegeisterte Schar von Anhängern er heute zählt. Was auf diesem Gebiete hier geleistet wird, fand auch vor den prüfenden Augen der Kongreßmitglieder allgemeine Anerkennung.

Nun ging es auf das Haff hinaus. Hell und klar lag die wunderschöne Landschaft vor den Blicken, die strahlende Junisonne glitzerte in den Gewässern wieder, vereinzelte Möwen tauchten in die Flut, und von den Ufern grüßten die hohen Wälder der Kaporner Heide, die steilen Abhänge von Paterswalde und die zahlreichen Ortschaften, die wie ein Kranz ringsherum um das Haff liegen. So ging die Fahrt bis Tonne Nr. 8. Da plötzlich tauchte ein hohes, weißes Segel auf. Wie über das Wasser hinwegfliegend kam es näher, und bald begrüßte der erste Abgesandte der hiesigen Segelvereine die Festteilnehmer. Was sich nun den Blicken bot, bildete den Höhepunkt der ganzen Fahrt. Die drei Dampfer machten „Stopp!“, und im nächsten Augenblick waren sie von der Segelflotte der Klubs „Rhe“ und „Baltic“ förmlich umkreist. Tüchtig blies die frische Brise in die vollgeschwellten Segel und schob die ganz auf der Seite liegenden Kutter pfeilschnell über die Hafffläche herüber. Besonders interessant war jedesmal das Manöver „Rhe!“. Die Führung der Bote wurde mit einer Sicherheit gehandhabt, die alle Anwesenden in Erstaunen setzte. Direkt auf einen der Dampfer hinauf steuerte die aus elf Seglern bestehende Flottille, schon fürchtete man einen Zusammenstoß, da im letzten Moment — Rhe! und dicht vor Bord der Dampfer schwenkte die Flottille zur Seite oder hindurch durch die von den Festschiffen gebildeten Zwischenräume und in Bogen oder Schlangenlinien um die Dampfbote herum. Wer das glänzende Schauspiel am gestrigen Sonntage mit angesehen, der mochte wohl begreifen, warum man das Segeln den „König der Sporte“ genannt hat. Mut, Entschlossenheit, Geistesgegenwart, diese drei Tugenden bildet das Segeln in der That in ganz hervorragendem Maße aus.

Nach dem schönen Schauspiele ging die Fahrt wieder rückwärts den Türmen der Stadt Königsberg zu. Wie die Hinfahrt, so erweckte auch die Rückfahrt überall begeisterte Zurufe: „Ahoi gut Wind!“ „Hipp, hipp, hurra!“ „Gut Heil!“ und „All Heil!“ so scholl es wieder zu den Festteilnehmern von Wasser und Land herüber, und die Rufe erweckten jedesmal ein freudiges Echo. Auf der „Germania“ hielt Herr Turninspektor Hermann-Braunschweig, der Hauptförderer des Mädchenturnens, noch eine kurze Ansprache an die Fest- und Schiffsgenossen: fest wie die Wacht am Rhein stehe auch die Wacht am

Haff. „Treu wie zu Lande auch zu Wasser alle Zeit dem Kaiser! Hoch, hoch und immerdar hoch der Kaiser!" Begeistert stimmten alle in das Hoch ein, und über die Pregelfluten hinüber ertönte, von den Festgenossen gesungen mit Musikbegleitung: „Deutschland, Deutschland über alles." — Am Zollhause hatte dann die schöne Fahrt ins Haff ihr Ende erreicht. — —

War der erste Tag des Kongresses hierdurch in angenehm erfrischender Weise begonnen, so konnte man sich um so freudiger der um zwölf in dem schön dekorierten Festsaal der Palästra Albertina beginnenden ernsten, etwas anstrengenden Arbeit widmen.

Der Vorsitzende, Herr Direktionsrat a. D. von Schenckendorff, eröffnete die glänzend besuchte Versammlung mit folgenden Worten:

„Ich eröffne hiermit den IV. Kongreß für Volks- und Jugendspiele Deutschlands.

Hochgeehrte Versammlung! Der Zentral-Ausschuß tritt, seitdem er öffentliche Kongresse abhält, heute zum erstenmal hier im Osten des Reiches in Wirksamkeit. Mit lebhaftem Interesse sind wir der Entwickelung der Spielbewegung und der Förderung der Leibesübungen im Osten des Reiches gefolgt, und wir haben die Überzeugung, daß die Bewegung in gutem Flusse sich befindet. Es heißt wohl niemand im Osten zurücksetzen, wenn ich sage, daß gerade Königsberg, unsere diesmalige Kongreßstadt, Vorzügliches, Mustergültiges auf diesem Gebiete geleistet hat. Wir erkennen dies aus einem gedeihlichen Zusammenwirken der städtischen und Universitätsbehörden mit der Lehrerschaft, der Turnerschaft und der Bürgerschaft, unter der Förderung der königlichen Staatsregierung. Besonders aber sind es wohl zwei Ihrer Mitbürger gewesen, die wieder ganz besonders fördernd gewirkt haben, nämlich die Herren Stadtrat Dr. Walter Simon und Dr. Lange. Ich bedaure mit meinen Freunden im Zentral-Ausschuß aufrichtig, daß wir beide Herren heute hier nicht unter uns sehen, um ihnen den wohlverdienten Dank auch des Zentral-Ausschusses aussprechen zu können.

Meine Damen und Herren, so kommen wir also in erster Linie hierher nach Königsberg, um auch von Ihnen zu empfangen und Anregung zu erhalten. Aber als deutscher Kongreß kommen wir auch, um Anregung zu geben, und zwar nicht allein für den Osten des Reiches, sondern auch für das ganze Vaterland, in Fortsetzung der von uns übernommenen Aufgaben.

Welch ein gewaltiger Aufschwung hat sich unter allen Kulturvölkern der Erde in dem letzten halben Jahrhundert doch vollzogen im öffentlichen Leben, im wissenschaftlichen, Verkehrs-, wirtschaftlichen und sozialen Leben! Wir haben uns als Deutsche die Frage vorzulegen, ob wir nicht etwa hinter der Kultur anderer Völker zurückgeblieben sind. Und da können wir ohne Hochmut und Überhebung sagen, daß wir auf diesem Gebiet zum Teil an der Spitze marschieren, zum Teil im siegreichen Wettkampfe mit anderen Völkern stehen. Aber auf einem Gebiet der Kultur sind wir noch weit zurück. Das ist das Gebiet der Kultur durch Leibeszucht, jene Kraftquelle für unsere Gesundheit, unsere Arbeitskraft und unseren Frohsinn, und wir müssen sagen: noch nie hat es eine Zeit zuvor gegeben, wo gerade wie jetzt wir einer so großen Widerstandskraft bedurften; wo so vieles auf uns einstürmt, wo das Leben einen so ganz anderen Charakter angenommen hat, da ruft es uns von allen Seiten zu: was dem deutschen Volke in allererster Linie heute mit not thut, das ist ein gesunder Volkskörper. Die körperlichen und sittlichen Schäden, die aus diesem nicht voll widerstandsfähigen, zum Teil schwachen und kränklichen Zustand des Volkskörpers hervorgehen, sind schon so oft geschildert worden, daß ich mich aus Rücksicht auf die Zeit überhoben fühle, hier auf eine solche Schilderung meinerseits noch einzugehen. Ich will nur erwähnen, daß heute gleich nach meinen Eröffnungsworten der erste Redner im Kampfe für unsere gute Sache ein Moment hervorheben wird, das, wie ich hoffe, in der weiteren Entwickelung unserer Bestrebungen von bedeutsamem Einfluß sein wird. Ich meine die Frage, wie wir durch Leibesübungen zugleich der nationalen Wehrkraft dienen können.

Nun, meine Damen und Herren, Ihr zahlreiches Erscheinen legt Zeugnis davon ab, welch reges Interesse hier in Königsberg und weit darüber hinaus in den Nachbarprovinzen herrscht. Ich heiße Sie namens des Zentral-Ausschusses aufs herzlichste willkommen.

Ich begrüße in erster Linie die so zahlreich erschienenen Damen, für deren Erscheinen ich ganz besonders danke. Wir bedürfen ihrer Mitarbeit auf diesem Gebiete; wegen ihrer so bedeutsamen Einwirkung, die sie in der Familie und auch sonst äußern können, sind wir für unsere Bestrebungen wie in keiner anderen Sache auf die Mitwirkung der Damen angewiesen.

Ich begrüße ferner den Herrn Vertreter der Provinz, Herrn Oberpräsidenten Grafen v. Bismarck, und ebenso Herrn Regierungspräsidenten v. Tieschowitz und die anderen Herren Vertreter der Staatsbehörden. Wir wissen es sehr wohl, in welcher eindrucksvollen und nachhaltigen Weise gerade die staatlichen Behörden für die Förderung unserer Bestrebungen wirken können, und ich habe seit einer langen Reihe von Jahren — seit fast zehn Jahren — nicht versäumt, alle Materialien, welche uns zur Verfügung standen, den hohen Behörden zuzusenden; ich habe nicht versäumt, Wünsche und Anregungen namens des Zentral-Ausschusses zu geben, und ich kann in der That sagen, daß gerade von dieser Seite her ein außerordentliches Wohlwollen unseren Bestrebungen entgegengebracht worden ist. Indem Sie an unserem Kongresse teilnehmen, sehen wir das erneute Interesse der Behörden, auch weiter für unsere gute Sache wirksam sein zu wollen.

Zur großen Befriedigung gereicht uns aber auch die Anwesenheit der militärischen Herren Vertreter, sowohl der Herren Offiziere wie der Herren Sanitätsoffiziere. Wir hoffen, daß von heute ab ein gemeinsames Band Sie mit uns verbinden wird; denn, meine Herren, wenn es uns gelingt, die rechten Vorbedingungen, die rechten Grundlagen für eine militärische Ausbildung unserer nationalen Wehrkraft zu schaffen, so werden wir damit sowohl dem militärischen, dem vaterländischen Interesse und damit dem Interesse der Gesamtheit dienen, als auch werden wir zugleich unsere gesamten Bestrebungen auf ein höheres Niveau heraufbringen und damit die körperliche Kultur im deutschen Volke zu einer Pflicht auch des Vaterlandes, zu einer Pflicht des Selbsterhaltungstriebes machen. Wir werden damit die großen und weiten Kreise, die uns heute zwar nicht entgegenstehen, aber doch gleichgültig im Lande gegenüberstehen, für unsere Bestrebungen gewinnen, da eine körperliche Kultur nicht allein notwendig ist um der Gesundheit, um des Frohsinns willen, sondern auch um der Erhaltung unseres Vaterlandes willen. So ist es uns denn ganz besonders willkommen, daß auch der Herr Kriegsminister einen Vertreter hierher entsandt hat, den Herrn Oberst Brix, und daß weiter der Herr Generalarzt der Armee Dr. v. Coler den Herrn Oberstabsarzt Dr. Bobrik mit seiner Vertretung betraut hat. Ich heiße beide Herren besonders willkommen, weil ich darin ein Anzeichen erblicke, daß unsere weitere Arbeit und unsere Anregungen einen entgegenkommenden Boden finden.

Ich begrüße ferner alle anderen, die hier erschienen sind, ohne weitere Namen zu nennen, besonders auch aus den breiten Kreisen der Bürgerschaft, der Turnerschaft, der Lehrerschaft, den sportlichen Verbänden u. s. w., und ohne irgend einen zu vergessen, sage ich: seien Sie alle, die Sie von nah und fern hierhergekommen sind, um uns bei unserem schönen, für unser Vaterland — davon halten wir uns überzeugt — so hochbedeutsamen Werke zu helfen, — seien Sie alle herzlichst willkommen zu unserer heutigen Gemeinschaft im Dienste der

Volksgesundheit, der Volkstüchtigkeit, im Dienste unseres Vaterlandes! Möchte unsere Arbeit gesegnet sein!"

Hierauf ergriff Oberbürgermeister Hoffmann-Königsberg das Wort: „Geehrte Herren vom heutigen Kongreß! Ich habe die große Ehre, Sie namens der städtischen Behörden Königsbergs hier begrüßen zu können. Die Einwohnerschaft hat Sie bereits herzlich willkommen geheißen. Das haben Sie wohl gesehen aus der großen Menge von Veranstaltungen, mit denen jeder von uns sich beeilt hat, Sie zu empfangen, und aus der freudigen Teilnahme, die aus den Gesichtern aller Anwesenden hervorleuchtet. Klein ist das Verdienst der städtischen Behörden, größer das der Einwohnerschaft, die zu allen Zeiten hier, in einer Handels- und zugleich Universitätsstadt, die körperlichen Übungen nicht hintangesetzt hat; denn rudern, segeln und fechten hat unsere Jugend stets gemocht.

Viel haben Sie des Lobes gespendet zwei Männern, die uns, der Stadtverwaltung, sehr nahe gestanden und noch stehen. Wenn dieses Haus hier der Universität übergeben ist von einem einstigen Bürger unserer Stadt, Herrn Dr. Lange, so ist der Stadt Königsberg ein Spielplatz übergeben von einem anderen hochverdienten Mitgliede der Bürgerschaft und des Magistratskollegiums, und es ist mir eine Freude, hier vor den Herren des deutschen Kongresses für Volks- und Jugendspiele verkünden zu können, daß der Magistrat unserer Stadt beschlossen hat, den unserer Jugend gestifteten Spielplatz fortan Walter Simon-Platz zu nennen. Die Zustimmung des verehrten Geschenkgebers ist bereits dazu gegeben, während sie vor Jahren uns verweigert wurde. Wie gering aber auch das Verdienst der städtischen Behörde sein mag, dessen können Sie sich versichert halten, daß wir mit Hochachtung zu den Zielen ausblicken, die der Kongreß verfolgt. Sie haben eine Seite der Volksseele mit dem Zauberstabe berührt, und wiederklingt es in der Jugend und in weiteren Kreisen von Jugendlust, Daseinsfreude und Frohsinn. Maß und Ziel allen diesen Bewegungen zu setzen, das haben Sie sich zur Aufgabe gestellt. Wenn man die heutige Tagesordnung überblickt, sieht man, wie Sie im Dienste des wahren Guten und Schönen Maß und Ziel finden. Sie wollen in der Erziehung der weiblichen Jugend den ewig wahren Naturgesetzen Achtung und Folgsamkeit erzwingen; Sie wollen im Schwimm- und Turnunterricht das herrliche Kunstwerk der Schöpfung, den menschlichen Körper, zur harmonischen Schönheit entwickeln und wollen diese schönen Formen in den Dienst des Vaterlandes stellen.

Wir, der Magistrat und die Stadtverordneten, wünschen, daß die nach diesen Zielen gerichteten Bestrebungen Ihrer Versammlung zu einem gedeihlichen Erfolge geführt werden. Ich begrüße Sie namens unserer Stadt." (Beifall.)

Sodann sprach Oberstabsarzt Dr. Bobrik-Königsberg: „Seine Excellenz der Herr Generalarzt der Armee Dr. v. Coler hat mich in Vertretung des zur Zeit dienstlich abwesenden Generaloberarztes beauftragt, dem Kongreß für Volks- und Jugendspiele zur Kenntnis zu bringen, welch lebhaftes Interesse dem Zentral-Ausschuß zur Förderung der Volks- und Jugendspiele in Deutschland sowohl seitens des Herrn Generalarztes der Armee wie auch seitens des gesamten Sanitätscorps entgegengebracht wird. Indem ich mich dieses für mich so ehrenvollen Auftrages entledige, benutze ich meinerseits die Gelegenheit, im Namen des Sanitätscorps die Mitglieder des Kongresses hier herzlich willkommen zu heißen und den Arbeiten des Kongresses segensreichen Erfolg zu wünschen." (Bravo!)

Es sprach hierauf Herr Lehrer Gimboth-Königsberg: „Hochansehnliche Versammlung! Im Namen und im Auftrage des hiesigen Lehrerinnenvereins, des Rektorenvereins, des Königsberger Lehrervereins und des Ostpreußischen Provinziallehrervereins, also als Vertreter von mindestens 4000 Lehrpersonen unserer Provinz habe ich die hohe Ehre, den hier tagenden IV. Kongreß für Volks- und Jugendspiele ganz ergebenst zu begrüßen und ihm die allerherzlichsten Glückwünsche zu einem segensreichen Verlaufe desselben zu übermitteln.

Meine hochgeehrten Damen und Herren, die Zeit liegt noch nicht sehr weit hinter uns, als die Volksschule häufig noch als das Aschenbrödel angesehen wurde. Erfreulicherweise hat sich das Blatt gewendet, und ich übertreibe wohl nicht, wenn ich zu behaupten mir erlaube: es findet heute ein Wettstreit zwischen den verschiedensten politischen Parteien und Gesellschaftsschichten um den Einfluß auf die Volksschule statt. Sie gleicht heute dem Dornröschen, dem alle zum Geburtstage ein Angebinde darbringen möchten, der eine dies, der andere das. Jener möchte Aufgabe und Ziel der Schule mehr nach der inneren, dieser mehr nach der äußeren Seite erweitern. Ja, wer hätte heute nicht einen speziellen Lieblingswunsch für die weitere Ausgestaltung der Volksschule!

Das muß uns als die ersten und natürlichsten Pfleger und Förderer dieses für die Volksbildung maßgebenden Instituts wohl sehr erfreuen. Aber es muß uns auch vorsichtig und besonnen machen, und in der That stehen wir manchen sogenannten neupädagogischen Bestrebungen sehr kühl und ruhig abwartend gegenüber.

Wenn aber etwas von den neueren pädagogischen Bestrebungen unser wärmstes Interesse erregt hat, so ist es die Fürsorge für die Kräftigung und Stählung des Körpers beider Geschlechter unserer Jugend, wie sie sich in der Förderung des Spielens und Schwimmens kundgiebt, eine Fürsorge, die sich im Sturme die Sympathie nicht nur der ostpreußischen, sondern der gesamten Lehrerschaft des Deutschen Reiches erworben hat. Ganz gewiß ist die pädagogische Bedeutung des Spielens sehr groß, — abgesehen von der großen Summe mannigfacher Vorteile geistiger und körperlicher Art, mit der es gleichsam wie aus einem Füllhorn den Spielenden überschüttet; indem es ihn erfrischt, kräftig, heiter, geschickt und gewandt macht, seine geistigen Kräfte und Fähigkeiten anregt, enthüllt es auf der anderen Seite dem Lehrer die Individualität des Schülers und wird so für ihn zu einer psychologischen Fundgrube, die sich nie erschöpft. Erblicken wir nicht schon in dem spielenden Knaben den künftigen Mann? Legte nicht selbst Plato auf die Kinderspiele großen Wert und riet, dieselben immer in derselben Weise zu treiben, damit die Jugend an das Stete und Feste sich gewöhne und durch den Wechsel nicht neuerungssüchtig werde?

Aber nicht nur in der Theorie, sondern auch in der Praxis bekunden alle diejenigen Vereine, welche ich zu vertreten die Ehre habe, ihr lebhaftes Interesse für diese neue Bewegung, wohl zeitgemäße Bewegung. Ich erinnere nur daran, daß weit mehr denn hundert Personen, Damen und Herren, aus allen Gegenden unserer Provinz an dem hier stattgefundenen Spielkursus teilgenommen haben.

Zum Schluß habe ich nur noch den Wunsch, daß es dem Verein zur Förderung von Volks- und Jugendspielen im Bunde mit der Schule gelingen möge, jenes antike, im Wechsel der Zeiten aber beständig gebliebene Ideal der Erziehung verwirklichen zu helfen, nämlich daß ein gesunder Geist in einem gesunden Leib wohne, eine schöne Seele sich in einem schönen Körper darstelle." (Beifall.)

Der Herr Vorsitzende schloß dann den einleitenden Teil mit folgenden Worten: „Ich danke den Herren, welche soeben in so freundlichen und warmen Worten den Kongreß begrüßt haben. Herr Oberbürgermeister Hoffmann hat hierbei eine Seite berührt, die uns, meine Damen und Herren, ganz besonders nahe steht. Das ist, daß wir in der Schule die Jugend nicht allein mit Gesundheit und Frische für die Aufgaben des Lebens erfüllen, sondern wir wollen — das sprechen wir offen aus — in der Jugend den Frohsinn, die Jugendfreude wieder erwecken. Denn was heißt alles Leben und Vegetieren, was heißt überhaupt alles Existieren, wenn nicht hier zu allem Leben auch das Spiel, die frohe und freie Bewegung, wie sie der Jugend angemessen ist, hinzukommt? Erst in der freien Bewegung, erst dann, wenn das Blut kräftig zirkuliert, und wenn in froher Gemeinschaft mit den Spielkollegen der Knabe und das Mädchen zusammenwirken, erwacht der Frohsinn des Herzens, und deshalb wissen wir genau, was es heißt für unser Volk, wenn die Jugend eine froh verlebte Jugend hat. Wenn uns dieses gelingen sollte, werden wir für die Weiterentwickelung unseres Volkes Grund legen, und dann glauben wir für die Sache genug gethan zu haben.

Ich danke auch dem Herrn Oberstabsarzt Dr. Bobrik für die freundlichen Worte, die er in Vertretung des Herrn Generalarztes der Armee Dr. v. Coler gesprochen hat. Ich stehe mit letzterem bezüglich unserer Bestrebungen ja schon seit Jahren in Verbindung, und gerade der Umstand, daß er sowohl Mitglied des Unterrichtsministeriums wie des Kriegsministeriums ist, giebt uns eine Bürgschaft für eine gute Vermittlung für unsere Bestrebungen, denen wir von heute ab näher treten.

Und was endlich Herr Lehrer Simboth namens der Lehrerschaft Ostpreußens, ja aller Lehrer Deutschlands uns gesagt hat, das hat uns mit großer Befriedigung erfüllt. Wir müssen sagen: wenn die Lehrerschaft an der Förderung unserer weiteren Bestrebungen in der gleichen Weise mitwirkt, wie sie es seither schon gethan hat, so werden wir allmählich auf der ganzen Linie siegreich vorwärts kommen, und können wir, wie ich bestätige, nur mit großem und herzlichem Danke auf diese Mitwirkung hinsehen.

Der Kongreß trat nunmehr in die weitere Tagesordnung ein, deren nächster Gegenstand der Vortrag des Herrn Realschuldirektor Dr. Lorenz-Quedlinburg war: „Welche Anforderungen stellt der Heeresdienst an die moralischen und körperlichen Eigenschaften der Jünglinge, oder wie kann die Jugenderziehung im Dienste der nationalen Wehrkraft die Vorbedingungen dazu schaffen?“

Der Vortrag wurde mit allseitigem und größtem, sich mehrfach wiederholendem Beifall des Kongresses aufgenommen. Seine Grundgedanken finden auf den Seiten 14—66 ausführlichsten Ausdruck; ebenso sind auf den Seiten 17, 18 die vom Kongreß angenommenen bz. Leitsätze zum Abdruck gebracht.

Nach dem Vortrage sprach zunächst der Mitberichterstatter Herr Oberstleutnant Jähns-Berlin, der sehr interessante Parallelen zwischen

Spiel und Ernst zog. Ernster Kampf und Jugendspiele hätten von jeher in innigen Wechselbeziehungen gestanden, bei den alten Griechen schon wie bei unserem Volke. In allen wesentlichen Punkten stimmte Redner dem Referenten zu, namentlich in Bezug auf die Verwerflichkeit der „Soldatenspielerei". Es sei möglich, die Menschen zur Tapferkeit zu erziehen, und Pflicht der Jugenderzieher, dies Werk auszuüben. Von Natur seien die Menschen furchtsam; Mut sei ein Erziehungsprodukt durch Generationen hindurch. Die Erziehung zur Tapferkeit werde am besten durch Wettspiele gefördert; Springen und Klettern erhöhe die Marschfähigkeit. Der Wert der Marschfähigkeit sei durch die Eisenbahnen in militärischer Beziehung nicht herabgemindert. Das moderne Kulturleben erniedrige die Fähigkeit zur Marschtüchtigkeit. Auch das viele Biertrinken mache für die Marschtüchtigkeit schlapper als irgend etwas anderes. Das Trinken als Sport ohne Bedürfnis sei eine deutsche Krankheit und ein Laster und schädige Gesundheit und Nationalvermögen. Ein Zehntel der Arbeitskraft brauche Deutschland jährlich für geistige Getränke und nur ein Achtzehntel für die Landesverteidigung. „Wir vertrinken also nahezu doppelt so viel, als wir für unser Heer ausgeben." Die Jugendspielbewegung und die Mäßigkeitsbestrebungen müßten Hand in Hand miteinander gehen. Redner vereinigte seine Bitten mit denen des Berichterstatters im Sinne der Leitsätze desselben.

Herr Oberst Brix, der Vertreter des Kriegsministers, sprach sich unter freudiger Zustimmung zu den Ausführungen des Herrn Dr. Lorenz dahin aus, daß das Militär durch eine gut vorgebildete Jugend große Vorteile haben würde. Wer, wie er, lange Zeit eine Compagnie gehabt, wisse aus der Praxis, daß ein großer Teil junger Leute unvorbereitet dem Militär zugewiesen würde. Namentlich in den Dorfschulen müßten Jugendspiele eingerichtet werden, denn der größte Teil der Rekruten komme vom Lande. Durch ein Hand-in-Hand-arbeiten würden große Vorteile errungen werden.

Herr Rektor Dobrick hielt hierauf einen ebenfalls außerordentlich interessanten Vortrag über die „Förderung des Schwimmens und Badens von Schulkindern". An der Hand der neueren Untersuchungen wies Redner nach, welch große physiologische Bedeutung Schwimmen und Baden besitze, ebenso welche prophylaktische Bedeutung zur Verhütung von Krankheiten. Redner verwies hier auf das neu erschienene Buch des zweiten Vorsitzenden A. Schmidt: „Unser Körper." Ganz besonders sei Baden und Schwimmen ein Verhütungsmittel gegen Tuberkulose; es wölbe den Brustkorb, lasse Herz und Gesäße erstarken. Wie überhaupt gegen Infektionskrankheiten, so mache Schwimmen und Baden — das lehrten die neuen Untersuchungen — besonders gegen die Tuberkulose immun. Den Wert des Bades drücke die Überschrift über dem Hohenstaufenbad in Köln aus:

„Gesundheit, Kraft zu mehren,
Der Schwächlichkeit zu wehren,
Der Frohnatur zum Schutz,
Der Reinlichkeit zum Nutz,
Dem Schmutz zum Trutz."

Der Referent beleuchtete dann die Thätigkeit der im Dezember vorigen Jahres erfolgten Gründung der „Deutschen Gesellschaft für Volksbäder" und kam dann auf die seiner Zeit von Dr. Walter Simon in Königsberg ins Leben gerufenen Schulbäder zu sprechen. Die hier erzielten guten Erfolge müßten andernorts zur Nacheiferung dienen.

Die Königsberger Volksschullehrer hätten sich dabei in den Dienst der Sache gestellt und ständen den englischen Volksschullehrern nicht nach, denen die Fachpresse „Takt und Geschicklichkeit" nachgerühmt habe.

Eine Debatte knüpfte sich an die durch sehr lebhaften Beifall ausgezeichneten Ausführungen des Herrn Rektors Dobrik nicht, da die Zeit bereits zu weit vorgerückt war.

Mit einem begeistert aufgenommenen Hoch auf den Kaiser schloß darauf der Vorsitzende die erste Sitzung des Kongresses.

Zu einem wahren Volksfeste, an welchem fast ganz Königsberg teilnahm, gestalteten sich am Nachmittag die Spielvorführungen von Schulen und Vereinen auf dem „Walter Simon-Platze". Wer vermöchte dieses Leben und Treiben, diese Fülle von Jugend- und Spiellust, die sich dort auf dem Platze entfaltete, zu beschreiben! Diesen echten Frohsinn, diese vor Lebenslust glühenden Gesichter unserer kommenden Generation! Mit Flaggen und Guirlanden war der ganze Spielplatz geschmückt, und lange schon vor dem angesetzten Beginn um 5 Uhr harrten Zuschauer wie Mitwirkende der kommenden Ereignisse. Als endlich der Böllerschuß das Zeichen zum Beginn gab, war alles bereits in den Spielfeldern auf Posten. Kaum wußte der Kongreßteilnehmer, wohin das Auge blicken sollte, denn überall bot sich etwas Interessantes zu schauen, jedes Feld wetteiferte mit dem anderen, um durch tüchtige Vorführungen möglichst viele Zuschauer anzulocken. Hier übte man Tauziehen, dort Kreisfußball, Kreisball oder Sau- und Schlagball, an anderer Stelle sah man das interessante Kurnik oder Ziegenspiel, Freistättenball, „Fuchs aus dem

Loch", schwarzer Mann, Schleuderball, oder man übte Barlauf, Hindernislaufen, Lawn-Tennis, Tamburinball, Grenzball, und was sonst noch von interessanten Ballspielen in das Programm der Spielplätze aufgenommen worden ist. Fast alle Gäste des Kongresses waren auch zu den Spielen auf dem Walter Simon-Platze erschienen; mit ganz besonderem Interesse betrachtete Herr Oberpräsident v. Goßler jede einzelne dieser Spielübungen.

Waren schon die ersten Spiele der Schulen äußerst interessant, so war dies in noch erhöhtem Maße der Fall, als die Studierenden und die Vereine auf den Plan traten. Hier wurde zum Teil, namentlich auf dem Gebiete des Schleuder- und Faustballes, geradezu Mustergültiges geleistet, und ganz besonders erfreulich war die rege Anteilnahme, mit welcher das Publikum, man kann sagen, jeden Wurf begleitete. Daß die Damen, die in den praktischen Turnkleidern sehr hübsch aussahen, die meisten Zuschauer hatten, als die Damenturnvereine zu spielen begannen, war nicht nur der Galanterie zuzuschreiben; man konnte beobachten, daß seitens dieser Damenturnvereine in Spielvorführungen ganz Ausgezeichnetes geleistet wird. In einer der Damenriegen turnte übrigens der alte Vorfechter des Mädchenturnwesens, Herr Turninspektor Hermann-Braunschweig, rüstig mit. Viel zu früh ertönte allen kurz vor 7 Uhr der letzte Böllerschuß, der den Spielen ein Ende bereitete.

Gewissermaßen ein Nachspiel zu den Vorführungen auf dem Walter Simon-Platze waren die Lawn-Tennis-Spiele und die Radfahrreigen auf dem Platze innerhalb der Zementbahn des Tiergartens, und nachdem die Jugendspiele geendet, strömte die Zahl der Kongreßteilnehmer zu dem neuen Schauplatz der Vorführungen. Es wurde ganz ausgezeichnet Croquet gespielt, und in besonderem Maße erregten die Radfahrer lebhaftes Interesse. Im Musterreigen von drei Paaren wurde sehr viel geleistet, und großen Beifall errangen auch die Hochrad-Fahrreigen. Als die Schlußriege auf den Plan trat, hatte sich die spät untergehende Sonne bereits dem Horizont genähert, und so bildete der Schluß des Tages auch zugleich den Schluß der anläßlich des Kongresses hier veranstalteten Spielvorführungen.

Ein frisches, munteres Leben herrschte Montagvormittag um 8 Uhr vor dem Tragheimer Thor; denn nachdem die Königsberger Jugend am Sonntage bei den Spielen auf dem Jugendspielplatze gezeigt hatte, daß sie es trefflich verstanden, sich bei fröhlichem, gesundem Spiel zu bewegen, sollte sie nun darthun, daß sie sich auch mit dem feuchten Elemente vertraut gemacht hatte. So pilgerten denn nach der Schülerbadeanstalt im Oberteich die Schüler und Schülerinnen der hiesigen Volksschulen in hellen Scharen hinaus. Gegen 8 Uhr versammelten sich dort auch die Mitglieder des Kongresses für Volks- und Jugendspiele, sowie eine ziemlich große Anzahl von Zuschauern.

Die Vorführungen der Schulkinder übertrafen bei weitem die Erwartungen, welche die Kongreßmitglieder an dieselben gestellt hatten. Als am Sonntag bei dem Kongresse in der Palästra Herr Rektor Dobrik seinen Vortrag über die Förderung des Schwimmens und Badens von Schulkindern gehalten hatte, da wurde von seiten des Herrn Dr. F. A. Schmidt-Bonn Zweifel gefaßt, ob eine Durchführung der höchst lobenswerten Bestrebung, von seiten der Schule das Baden und Schwimmen zu fördern, möglich sei; aber diese Bedenken des Herrn Dr. Schmidt sind, wie er bei der Verhandlung in der Palästra, die am Montag stattfand, selbst eingestand, sofort geschwunden, als er sah, mit welcher Furchtlosigkeit und Sicherheit sich die Jugend im Wasser bewegte. Und in der Thal war es ein schöner Anblick, wie nicht nur die Knaben, sondern sogar die kleinsten Mädchen im Alter von acht Jahren ohne Furcht und Zagen mit frischem, fröhlichem Mut von dem hohen Springbrett hinunter ins Wasser sprangen, und mit welcher Sicherheit sie sich dort zu bewegen verstanden. Ja, die Knaben begnügten sich hiermit nicht, sondern zeigten den Zuschauern eine Anzahl von Kunststücken, indem sie zu zweien, der eine auf der Schulter des anderen stehend, von dem Springbrette heruntersprangen. Daneben hatte man auch Gelegenheit, zu beobachten, wie der Schwimmunterricht in jener Anstalt erteilt wird, denn eine Anzahl von Schülern erhielt an der Angel oder an der losen Leine vor den Augen des Publikums Unterricht, während eine Schar von Nichtschwimmern sich in einer flachen Stelle des Wassers umhertummelte.

Als die Vorführungen beendet waren und die Schulkinder sich wieder bekleidet hatten, wurden sie von ihren Lehrern zusammengerufen, und Herr Stadtrat Pohl hielt eine Ansprache an sie, indem er hervorhob, daß die Kongreßmitglieder mit lebhafter Freude beobachtet hätten, wie gern und wie freudig die Schüler das Schwimmen und Baden übten, und welche Sicherheit und Gewandtheit sie darin erreicht hätten. Der Umstand aber, daß den Kindern die Gelegenheit zur Ausübung dieser so gesunden und kräftigen Bewegung so günstig geboten werde, müsse ihnen ein Ansporn sein, sich dafür dankbar zu erweisen, indem sie brauchbare Schüler und Schülerinnen und in späteren Jahren tüchtige Bürger und Bürgerinnen des Vaterlandes werden mögen. Zur Belohnung für ihren Eifer wurde darauf den Freischwimmern ein Glas Milch und ein belegtes Butterbrot verabfolgt.

Zum Schluß ergriff Herr Turninspektor A. Hermann-Braunschweig das Wort, indem er den Lehrern und Lehrerinnen seinen herzlichen Dank dafür aussprach, daß sie durch vorzüglichen Unterricht an ihrer Stelle dazu beigetragen haben, eine gesunde und kräftige Generation heranzuziehen.

Nachdem eine kleine Frühstückspause gemacht war, begaben sich die Kongreßmitglieder und der größere Teil der Zuschauer nach der Palästra, wo der zweite Teil der Verhandlungen stattfand.

Der Vorsitzende nahm bei der Eröffnung der Sitzung, der wiederum eine große Anzahl von Damen und Herren beiwohnte, sodaß der Saal dicht gefüllt war, Gelegenheit, dem anwesenden Herrn Oberpräsidenten von Westpreußen Dr. v. Goßler den Dank auszusprechen für sein Erscheinen und zu betonen, wie es die Kongreßteilnehmer mit Stolz erfülle, daß der eifrigste Förderer der Spielbewegung zu den Sitzungen von Danzig herübergekommen und bei den Beratungen zugegen sei.

Die dann folgenden Vorträge der Herren Turninspektor Hermann und Dr. F. A. Schmidt finden sich S. 96 und 119 ff.

An die Vorträge schloß sich eine anregende Aussprache, an der sich die Herren Lehrer Elrey-Königsberg, der Vorsitzende, Professor Dr. Zauber-Königsberg, Professor Raydt-Leipzig, Rektor Dobrik-Königsberg, Dr. F. A. Schmidt-Bonn, Turninspektor Böttcher-Hannover und Professor Wickenhagen-Rendsburg beteiligten.

Nach dem herzlichen Schlußwort des Vorsitzenden brachte Stadtschulrat Dr. Tribukait ein mit lebhaftestem Beifall aufgenommenes Hoch auf den an der Spitze der Volks- und Jugendspielbewegung in Deutschland stehenden, unermüdlichen Freiherrn von Schenckendorff aus und dankte ihm für die ganz vortreffliche Leitung der Kongreßverhandlungen.

An die Sitzung schloß sich unter der Führung des Herrn Geheimrats Professor Dr. Bezzenberger ein Rundgang durch die Räume der Palästra Albertina, deren Einrichtungen allgemeine Anerkennung fanden.

Das daraussolgende Festessen, bei welchem Seine Exzellenz der Herr Oberpräsident Graf von Bismarck das Hoch auf Seine Majestät den Kaiser ausbrachte, verlief in animiertester Weise; noch manche gute Worte wurden bei demselben gesprochen. An die beiden abwesenden großen Königsberger Förderer der Volks- und Jugendspiele, Stadtrat Dr. Simon und Dr. Lange, wurden dankende Begrüßungstelegramme abgesandt.

Von 5—7 fanden dann wieder wie am Vortage fesselnde Volks- und Jugendspiele auf dem Walter Simon-Platze statt, denen auch der Oberpräsident Graf von Bismarck mit größtem Interesse beiwohnte.

Ein großartiges Gartenfest in dem festlich beleuchteten Gartenetablissement „Luisenhöh", das durch kraft- und kunstvolle Gesangvorträge mehrerer Männergesangvereine, sowie durch ein Brillantfeuerwerk verschönt wurde, brachte einen harmonischen Abschluß des offiziellen Teiles des Kongresses.

Am Dienstag, den 27. Juni, wurden noch unter liebenswürdiger Leitung von Herren des Ortsausschusses Sehenswürdigkeiten der alten Krönungsstadt und ihrer Umgebung aufgesucht.

Der in der geschilderten Weise so schön verlaufene Königsberger Kongreß dürfte seine weittragende Bedeutung dadurch besitzen, daß sich eine neue Richtung in den Arbeiten des Zentral-Ausschusses zielbewußt in den Dienst der nationalen Wehrkraft Deutschlands stellt.

Die nationale Wehrkraft unseres Volkes durch Gesundung und Stärkung des heranwachsenden Geschlechts immer weiter zu vermehren, dürfte aber in der That die wichtigste Aufgabe Deutschlands im neuen Jahrhundert sein. Denn so groß unser Besitz an geistiger und materieller Macht auch am Beginn des neuen Jahrhunderts ist, er bedeutet für die Zukunft wenig, wenn nicht die kommende Generation kraftvoll sich weiterentwickelt an Körper und Geist. Hierfür möge jeder Vaterlandsfreund an seinem Teile wirken!

2

Verzeichnis der an den Zentral-Ausschuß i. J. 1899 gezahlten Beiträge.

Vom Schatzmeister Prof. Dr. K. Koch, Braunschweig.

I. Staatliche und Landes-Behörden.

1) Preuß. Kultusministerium	ℳ	2200
2) Herzoglich Anhaltisches Staatsministerium		200
3) Landesdirektion der Provinz Westfalen (auf 5 Jahre)		20
4) Kreisausschuß Schmalkalden (jährlich)		10

II. Städtische Behörden.

(Nach dem durchschnittlichen Verhältnis von 1 Mark für jedes Tausend Einwohner.)

a) Laufende Jahresbeiträge.

1) Aachen . . . . ℳ 134
2) Altenburg . . . . „ 40
3) Angermünde . . . . „ 7
4) Aschersleben . . . . „ 25
5) Auerbach i. V. . . . . . . „ 10
6) Baden-Baden . . . . „ 15
7) Barby . . . . „ 10
8) Bautzen . . . . „ 22
9) Bensheim (Großh. Hessen) „ 6
10) Beuthen i. Oberschl. . . . „ 40
11) Biberach in Württemberg „ 10
12) Biebrich . . . . „ 18
13) Bingen . . . . „ 10
14) Bitterfeld . . . . „ 10
15) Borna . . . . „ 10
16) Braunschweig . . . . . . „ 50
17) Bremerhaven . . . . . . „ 20
18) Bruchsal . . . . „ 18
19) Buchholz i. S. . . . . . . „ 15
20) Burgstädt . . . . „ 5
21) Chemnitz . . . . „ 50
22) Colmar (Els.) . . . . . . „ 80
23) Cosel . . . . „ 6
24) Crefeld . . . . „ 100
25) Danzig . . . . „ 50
26) Darmstadt . . . . „ 50
27) Delitzsch . . . . „ 10
28) Demmin i. Pommern . . . „ 12
29) Dessau . . . . „ 20
30) Deutsch-Krone . . . . . . „ 7
31) Dülken . . . . „ 9
32) Düsseldorf . . . . „ 200
33) Duisburg . . . . „ 60
34) Ebingen (Württemberg) . . „ 8
35) Eibenstock . . . . „ 10
36) Eilenburg . . . . „ 15
37) Einbeck . . . . „ 10
38) Eisleben . . . . „ 25
39) Elmshorn . . . . „ 10
40) Ems . . . . „ 6
41) Erfurt . . . . „ 50
42) Erlangen . . . . „ 20
43) Eutin . . . . „ 5
44) Frankenhausen . . . . . . „ 6
45) Freienwalde . . . . ℳ 8
46) Friedrichsthal bei Sulzbach (Kreis Saarbrücken) . . . „ 6
47) Gardelegen . . . . „ 10
48) Gera . . . . „ 43
49) Gießen . . . . „ 20
50) Glauchau . . . . „ 25
51) Gmünd (Schwaben) . . . „ 20
52) Gnesen . . . . „ 20
53) Gollnow . . . . „ 8
54) Görlitz . . . . „ 100
55) Goslar . . . . „ 15
56) Gotha . . . . „ 30
57) Grabow a. O. . . . . . . „ 15
58) Greifswald i. P. . . . . . „ 20
59) Grimma . . . . „ 9
60) Grünberg i. Schl. . . . . „ 20
61) Gütersloh . . . . „ 7
62) Hadersleben (Schleswig) . „ 10
63) Hagen i. W. . . . . „ 40
64) Hameln (von 1898 an) . . „ 17
65) Hanau . . . . „ 30
66) Haspe . . . . „ 15
67) Hattingen (Ruhr) . . . . „ 8
68) Heidelberg . . . . „ 30
69) Herford . . . . „ 20
70) Hettstedt . . . . „ 10
71) Höchst a. Main . . . . . „ 10
72) Insterburg . . . . „ 24
73) Johann-Georgenstadt . . . „ 5
74) St. Johann a. Saar . . . „ 150
75) Jüterbogk . . . . „ 8
76) Kiel . . . . „ 100
77) Kirn (Stadt) . . . . . . „ 6
78) Köln a./R. . . . . „ 300
79) Königshütte i. Oberschles. „ 40
80) Konitz i. Westpreußen . . „ 10
81) Konstanz . . . . „ 25
82) Kreuznach . . . . „ 20
83) Krotoschin . . . . „ 10
84) Kulmbach (für die Volksbibliothek) . . . . „ 3
85) Kyritz (Priegnitz, von 1897 ab) . . . . „ 10

86) Landsberg a. Lech . . . . ℳ 6
87) Langenbielau . . . . . „ 17
88) Langenfeld i. Voigtl. (von 1899 ab) . . . . „ 5
89) Lauenburg a. d. E. . . . „ 5
90) Leer (Ostfriesland) . . . „ 20
91) Lennep . . . . „ 20
92) Leobschütz . . . . . . „ 15
93) Lissa i. Posen . . . . . „ 10
94) Löbtau (Dresden-Löbtau) „ 12
95) Lößnitz i. Erzgebirge . . „ 8
96) Lüdenscheid . . . . . . „ 25
97) Marienwerder . . . . . „ 10
98) Meiningen . . . . . . „ 12
99) Memmingen . . . . . . „ 10
100) Metz . . . . „ 50
101) Mittweida . . . . . . „ 15
102) Moers . . . . „ 6
103) Mülheim a. Rh. . . . . „ 25
104) Münster i. Westf. . . . . „ 30
105) Neuhaldensleben . . . . „ 10
106) Neunkirchen (Reg.-Bezirk Trier) . . . . „ 5
107) Neurode i. Schlesien . . . „ 10
108) Neustadt (Oberschl.) . . . „ 20
109) Neuwied . . . . „ 10
110) Nieder-Hermsdorf b. Waldenburg in Schlesien . . . „ 10
111) Nordhausen . . . . . . „ 20
112) Oberglogau . . . . . . „ 6
113) Oberhausen (Rheinland) . . „ 30
114) Oels i. Schlesien . . . . „ 10
115) Oelsnitz . . . . „ 12
116) Oppeln . . . . „ 25
117) Oranienbaum (Anhalt) . . „ 8
118) Osnabrück . . . . . . „ 50
119) Ostrowo . . . . „ 10
120) Pasewalk . . . . „ 10
121) Pegau . . . . „ 5
122) Plauen i. V. . . . . . . „ 20
123) Posen . . . . „ 75
124) Pößneck . . . . „ 10
125) Pritzwalk . . . . „ 10
126) Rastenburg . . . . . . „ 8
127) Regensburg . . . . . . „ 20
128) Reinickendorf bei Berlin . . „ 15
129) Rendsburg . . . . . . „ 15
130) Rosenheim . . . . ℳ 12
131) Rostock . . . . „ 30
132) Rügenwalde . . . . „ 5
133) Saalfeld i. Thür. . . . . . „ 10
134) Saarbrücken . . . . „ 30
135) Saarlouis . . . . „ 8
136) Sagan . . . . „ 15
137) Salzwedel . . . . „ 10
138) Sangerhausen . . . . . . „ 12
139) Schmölln, S.-A. (Schulvorstand) . . . . „ 10
140) Schneeberg i. S. . . . . . „ 3
141) Schöneberg bei Berlin . . „ 20
142) Schrimm . . . . „ 6
143) Siegen . . . . „ 20
144) Sonderburg . . . . „ 5
145) Sorau (N.-L.) . . . . . . „ 15
146) Steele (Stadt) . . . . . . „ 11
147) Steglitz bei Berlin . . . . „ 20
148) Sterkrade . . . . „ 12
149) Stettin . . . . „ 50
150) Stolberg (Rheinl.) . . . . „ 5
151) Straßburg i. Els. . . . . . „ 120
152) Straßburg i. Uckermark . . „ 7
153) Swinemünde . . . . „ 10
154) Tarnowitz . . . . „ 15
155) Torgau . . . . „ 10
156) Trebnitz i. Schlesien . . . „ 8
157) Tremen . . . . „ 6
158) Ulm (Stadtpflege) . . . . . „ 20
159) Uetersen . . . . „ 6
160) Verden (Aller) . . . . . . „ 20
161) Wald (Rheinland) . . . . „ 15
162) Wandsbeck . . . . „ 22
163) Wattenscheid . . . . . . „ 15
164) Weiden . . . . „ 8
165) Weinheim (Baden) . . . . „ 10
166) Werdau . . . . „ 15
167) Werl . . . . „ 6
168) Wernigerode . . . . „ 10
169) Wetzlar . . . . „ 8
170) Wickrath . . . . „ 5
171) Witten . . . . „ 30
172) Wolfenbüttel . . . . „ 15
173) Wörlitz . . . . „ 3
174) Wriezen . . . . „ 7.50
175) Zerbst . . . . „ 20

b) Von 1894 ab auf sechs Jahre bewilligt.

1) Mylau . . . . ℳ 6
2) Sprottau . . . . ℳ 7

c) Von 1895 ab auf fünf Jahre bewilligt.

1) Essen (Rheinprovinz) . . ℳ 100
2) Halberstadt . . . . ℳ 10

d) Von 1896 auf fünf Jahre bewilligt.

1) Aue i. S. . . . . . . ℳ 10
2) Rudolstadt . . . . . . „ 12
3) Sondershausen . . . . ℳ 10

e) Von 1897 auf fünf Jahre bewilligt.

1) Bayreuth . . . . ℳ 10
2) Habelschwerdt . . . . . „ 6
3) Köthen . . . . „ 10
4) Neu-Ulm . . . . „ 5
5) Sulzbach (Kreis Saarbrücken) Bürgermeisterei . . . . ℳ 15
6) Ückermünde . . . . . . „ 9
7) Waldheim i. S. . . . . . „ 10

f) Von 1897 auf vier Jahre bewilligt.

1) Stendal . . . . ℳ 21

g) Von 1897 auf drei Jahre bewilligt.

1) Güstrow . . . . ℳ 20

h) Von 1898 auf fünf Jahre bewilligt.

1) Netzschkau . . . . ℳ 8

i) Von 1898 auf drei Jahre bewilligt.

1) Osterode (Ostpreußen) . . . . ℳ 10

k) Von 1899 auf sechs Jahre bewilligt.

1) Alt-Damm . . . . ℳ 6

l) Von 1899 auf fünf Jahre bewilligt.

1) Altena . . . . ℳ 10

m) Von 1899 auf vier Jahre bewilligt.

1) Altona . . . . ℳ 100

n) Von 1899 auf drei Jahre bewilligt.

1) Rothenburg ob der Tauber . . . . ℳ 8

o) Von 1900 auf fünf Jahre bewilligt.

1) Ludwigslust i. M. . . . . ℳ 10

p) Für 1899 bezw. für 1900 bewilligt.

1) Aken . . . . ℳ 7
2) Allenstein . . . . „ 23
3) Annaberg i. Erzg. . . . . „ 15
4) Arnstadt . . . . „ 10
5) Beeck b. Ruhrort . . . . . „ 20
6) Belgard . . . . „ 10
7) Bernburg . . . . „ 33
8) Bielefeld . . . . „ 30
9) Bogutschütz, Gemeinde im Kr. Kattowitz . . . . . ℳ 12
10) Blankenburg a. H. . . . . „ 10
11) Bonn . . . . „ 40
12) Bückeburg (Schulvorstand) „ 6
13) Bunzlau . . . . „ 15
14) Bütow (Reg.-Bez. Köslin) „ 6
15) Bützow (Mecklenburg) . . . „ 6

16) Buxtehude . . . . ℳ 6
17) Charlottenburg . . . . . „ 100
18) Cöpenick . . . . „ 15
19) Dortmund . . . . „ 30
20) Dramburg . . . . „ 5
21) Durlach, Baden (für das Jahrbuch) . . . . „ 3
22) Eckernförde . . . . „ 10
23) Ehrenbreitstein . . . . . „ 3
24) Eschwege . . . . „ 10
25) Eßlingen . . . . „ 25
26) Eupen . . . . „ 10
27) Falkenstein (Vogtl.) . . . . „ 10
28) Flensburg . . . . „ 40
29) Frankenberg i. S. . . . . . „ 5
30) Frankenstein (Schl.) . . . . „ 12
31) Frankfurt a. M. . . . . . . „ 200
32) Freiberg i. S. . . . . . . „ 10
33) Gößnitz (S.-A.) . . . . . . „ 6
34) Greiz . . . . „ 25
35) Gumbinnen . . . . „ 10
36) Hannover . . . . „ 250
37) Harburg . . . . „ 10
38) Heide i. Holstein, (Schulkollegium) . . . . „ 15
39) Heilbronn a. N. . . . . . . „ 35
40) Helmstedt . . . . „ 3
41) Hersfeld . . . . „ 7,50
42) Hildesheim . . . . „ 30
43) Hirschberg i. Schles. . . . . „ 17
44) Hof (Bayern) . . . . „ 20
45) Homburg v. d. H. . . . . . „ 20
46) Husum . . . . „ 10
47) Inowrazlaw . . . . „ 15
48) Itzehoe . . . . „ 15
49) Jena . . . . „ 20
50) Kalk . . . . „ 15
51) Karlsruhe . . . . „ 100
52) Kattowitz (Oberschl.) . . . „ 25
53) Kempen (Posen) . . . . . . „ 10
54) Koburg . . . . „ 20
55) Kolberg . . . . „ 20
56) Königsberg i. Pr. . . . . . „ 100
57) Kreuzburg (Oberschl.) . . . „ 10
58) Kulm . . . . „ 10
59) Labes . . . . „ 5
60) Landeshut (Schl.) . . . . . „ 15
61) Langenberg (Rheinland) . . . „ 10
62) Leipzig . . . . ℳ 300
63) Leisnig . . . . „ 5
64) Lemgo . . . . „ 10
65) Limbach i. Sachsen (Schulkasse) . . . . „ 12
66) Lötzen . . . . „ 5
67) Luckenwalde . . . . „ 5
68) Lüneburg . . . . „ 30
69) Magdeburg . . . . „ 200
70) Malstatt-Burbach . . . . . „ 20
71) Mannheim . . . . „ 50
72) Marienberg i. S. . . . . . „ 7
73) Markneukirchen . . . . . . „ 6
74) Meerane (Sachsen) . . . . . „ 30
75) Merzig . . . . „ 10
76) Minden i. W. . . . . „ 20
77) Mühlhausen i. Th. . . . . . „ 20
78) München . . . . „ 100
79) Myslowitz . . . . „ 13
80) Nakel . . . . „ 10
81) Neumünster . . . . „ 20
82) Neu-Ruppin . . . . „ 15
83) Neustadt i. Ob.-Schl. . . . „ 20
84) Nienburg a. Weser . . . . . „ 15
85) Nördlingen . . . . „ 5
86) Northeim i. Hannover . . . . „ 10
87) Nürnberg . . . . „ 30
88) Nürtingen (Hospitalpflege) . „ 5
89) Oberlahnstein . . . . . . „ 7
90) Oberkirchen . . . . „ 13
91) Offenbach . . . . „ 40
92) Oschatz i. S. . . . . . . „ 10
93) Oschersleben . . . . „ 12
94) Osnabrück . . . . „ 30
95) Parchim . . . . „ 13
96) Peine . . . . „ 20
97) Penig . . . . „ 13
98) Pirna . . . . „ 15
99) Pritzerbe . . . . „ 2
100) Quedlinburg . . . . „ 20
101) Reichenbach i. V. . . . . . „ 25
102) Rheidt . . . . „ 15
103) Rheindahlen . . . . „ 6
104) Riesa . . . . „ 10
105) Roßlau (Anhalt) . . . . . „ 10
106) Ruhrort . . . . „ 20
107) Saargemünd . . . . „ 20
108) Schlettstadt . . . . „ 10

109) Schweidnitz . . . . . . ℳ 25
110) Seifhennersdorf . . . . „ 7,50
111) Siegen . . . . „ 20
112) Spandau . . . . „ 50
113) Stolp i. P. . . . . . . „ 20
114) Teterow (Meckl.) . . . . „ 6
115) Thorn . . . . „ 25
116) Treptow a. d. Rega . . . „ 12
117) Trier (für das Jahrbuch „ 3
118) Uckendorf (Amt) . . . . „ 19
119) Viersen . . . . ℳ 30
120) Weimar . . . . „ 25
121) Weißstein . . . . „ 10
122) Wiesbaden . . . . . . „ 75
123) Wittenberg (für d. Jahrbuch) . . . . „ 3
124) Wittenberge . . . . . . „ 12
125) Wolgast . . . . „ 10
126) Wurzen . . . . „ 20
127) Zwickau i. S. . . . . . „ 30

III. Vereine.

1) Beuthen, Oberschlesien, Verein zur Waisenpflege . . . . ℳ 15
2) Birnbaum, Volksbildungsverein. Kassierer: Lehrer Th. Einsporn . „ 10
3) Braunschweig, Eisbahnverein. Vorsitzender: Turn-Insp. A. Hermann „ 50
4) Braunschweig, Lehrerverein. Lehrer E. Müller, Salzdahlumerstr. 11 „ 10
5) Bremen, Verein z. Beförderung d. Spiele im Freien. Senator H. Hildebrandt, Domheide 10/12. Kassierer: Carl Schütte, Rembertistr. . . . . „ 30
6) Danzig, Verein der Ärzte des Reg.-Bez. Dr. Th. Wallenberg, Geistgasse 113 . . . . „ 10
7) Freiberg i. S., Ärztl. Bezirksverein. Dr. med. Curt Richter, Burgstraße 24 . . . . „ 6
8) Görlitz, Verein f. Knabenhandarbeit und Jugendspiel. Reallehrer Weise, Struvestr. 24 . . . . „ 30
9) Gotha, Verein d. Gothaer Ärzte. Dr. med. Greffrath . . . . . . „ 10
10) Hagenau, Ärztl. Hygiein. Ver. in Elsaß-Lothringen. Sanitätsrat Dr. Biedert. Schatzmeister: Sanitätsrat Dr. Eninger, Straßburg, Hoher Steg 17 . . . . „ 10
11) Hamburg, Knabenhort-Gesellschaft. Pastor Otto Schoobt, Besenbinderstraße 28 (4 Vereine à 3 ℳ) . . . . „ 12
12) Kiel, Gesellschaft freiwilliger Armenfreunde. Kieler Spar- u. Leihkasse, H. Imhoff, Eisenbahndamm 6 . . . . „ 15
13) Kiel, Verein zur Förderung der Jugend- und Volksspiele in der Stadt Kiel. Oberlehrer Peters, Fährstr. 40 . . . . . . „ 10
14) Lauenburg, Neuer Bürgerverein . . . . „ 5
15) Lauenburg, Verein für Jugend- und Volksspiele. Prof. Dr. Blume „ 5
16) Leipzig, Deutsche Turnerschaft. Polizeisekretär Otto Atzrott, Steglitz, Filandastraße 24 . . . . „ 100
17) Leipzig, Ruderklub. W. Schädlich, Petersstr. 28, I . . . . „ 10
18) Leipzig, Ärztlicher Bezirksverein für Leipzig-Land. Dr. med. Donath, Leipzig-Eutritzsch . . . . „ 10
19) München, Volksbildungsverein. Rathaus München 62, I Sporer . „ 20
20) Trier, Verein f. erziehl. Knabenhandarbeit. Dr. von Nell . . . . „ 2

IV. Sonstige Beiträge.

a) Laufende Jahresbeiträge.

1) von Dolffs & Helle, Fabrikanten, Braunschweig . . . . ℳ 40
2) C. Trapp, Fabrikbesitzer, Friedberg bei Frankfurt a. M. . . . . . „ 100
3) Kammerherr v. Unger, Weißer Hirsch bei Dresden . . . . „ 5
4) R. Voigtländers Verlag, Leipzig . . . . „ 40

b) Von 1896 ab auf fünf Jahre bewilligt.

1) Geh. Medizinalrat Dr. Abegg in Danzig (auf einmal bezahlt) jährlich ℳ 5
2) Richard Curtius, Gauvertreter Duisburg . . . . „ 10
3) Sanitätsrat Dr. Dittmar in Saargemünd. Von 1897 auf fünf Jahre (auf einmal bezahlt) . jährlich . . . . „ 5
4) Hauptmann a. D. Gelsberg in Görlitz . . . . „ 10
5) C. Magnus, Braunschweig . . . . „ 10
6) Geheimer Kommerzienrat C. Spaeter in Koblenz . . . . „ 20
7) Kaufmann Gustav Schultze, Groß-Biesnitz bei Görlitz . . . . . . „ 20

c) Andere Beiträge.

1) Zeitschrift: Der Hausdoktor, Berlin SW. . . . . ℳ 6

3

Verzeichnis der Mitglieder des Zentral-Ausschusses und der Unter-Ausschüsse.

A. Der Zentral-Ausschuß.

v. Schenckendorff, Direktionsrat a. D., Görlitz, Vorsitzender. Dr. med. F. A. Schmidt, stellvertr. Vorsitzender, Bonn. Professor Raydt, Direktor, Leipzig, Geschäftsführer. Professor Dr. Koch, Braunschweig, Schatzmeister. Hermann, Turninspektor und Gymnasiallehrer, Braunschweig. Weber, Königlicher wirklicher Rat und Direktor der Turnlehrer-Bildungsanstalt, München.

Dr. v. Goßler, Königl. Preuß. Staatsminister, Oberpräsident der Provinz Westpreußen, Danzig, Ehrenmitglied.

Back, Bürgermeister, Straßburg i. E. v. Below-Saleske, Major a. D., Saleske i. Pommern. Bier, Direktor der Königl. Turnlehrer-Bildungsanstalt, Dresden. Blenck, Geh. Oberregierungsrat, Direktor des Königl. Preuß. statist. Bureaus, Berlin. Böttcher, Stadt-Turninspektor, Hannover. Brandenburg, Amtsgerichtsrat, Mitglied des Abgeordnetenhauses und des Reichstags, Bersenbrück i. W. Tunker, Oberlehrer, Hadersleben. Professor Eckler, Oberlehrer der Königl. Turnlehrer-Bildungsanstalt, Berlin. Professor Dr. v. Esmarch, Geh. Mediz.-Rat, Generalarzt, Kiel. Professor Dr. Euler, Schulrat, Unterrichtsdirigent der Königl. Turnlehrer-Bildungsanstalt, Berlin. Frhr. v. Fichard, Schlettstadt. Dr. med. Goetz, Vorsitzender der Deutschen Turnerschaft, Leipzig-Lindenau. Grimm, Stadtrat, Frankfurt a. M. Heinrich, Oberlehrer, Schöneberg b. Berlin. Hirschmann, Vorstand des Königl. öffentl. Turnplatzes, München. Dr. Hueppe, Universitätsprofess., Prag. Dr. Kerschensteiner, Stadtschulrat, München. Professor Keßler, Vorstand der Königl. Turnlehrer-Bildungsanstalt, Stuttgart. Dr. Knörck, Oberlehrer, Berlin-Groß-Lichterfelde. Professor Dr. E. Kohlrausch, Hannover. Dr. Krosta, Stadtschulrat, Stettin. Dr. Küppers, Schulrat, Unterrichtsdirigent der Königl. Turnlehrer-Bildungsanstalt, Berlin. Prof. Dr. Lion, Direktor des städtischen Schulturnens, Leipzig. Dr. Lorenz, Direktor der GutsMuths-Realschule, Quedlinburg. Mühlmann, Regierungs- und Schulrat, Merseburg. Platen, Stadtschulrat, Magdeburg. Dr. Reinhardt, Privatdozent an der Universität Berlin. Prof. Dr. Reinmüller, Direktor der Realschule in St. Pauli, Hamburg. Dr. Rolfs, Hofrat, München. Rentier Sombart, Stadtrat, Magdeburg. Dr. Schnell, Oberlehrer, Altona. Schröder, Oberturnlehrer, Bonn. Schröer, städtischer Turnwart, Berlin. Martha Thurm, Turnlehrerin, Krefeld. Dr. Tribukait, Stadtschulrat, Königsberg i. Pr. Vogel, Kaufmann, Leipzig. Wallber, Turn- und Reallehrer, München. Prof. Wickenhagen, Oberlehrer, Rendsburg. Dr. Witte, Gymnasiallehrer, Braunschweig. Witting, Oberbürgermeister, Posen. Professor Dr. Richard Zander, Königsberg i. Pr. Zettler, Direktor des städtischen Schulturnens, Chemnitz.

B. Unter-Ausschüsse.

1. Der technische Ausschuß.

G. H. Weber, Königl. wirkl. Rat, München, 1. Vorsitzender. Dr. H. Schnell, Oberlehrer, Altona, 2. Vorsitzender. Dr. Reinhardt, Privatdozent an der Universität Berlin, Schriftführer. Heinrich, Oberlehrer, Berlin-Schöneberg. A. Hermann, Turninspektor, Braunschweig. Th. Hirschmann, Vorstand der Königl. öffentl. Turnanstalt, München. Dr. K. Koch, Professor am Gymnasium Martino-Katharineum, Braunschweig. Dr. E. Kohlrausch, Professor am Kaiser Wilhelms-Gymnasium, Hannover. Dr. med. F. A.

Schmidt, Arzt in Bonn. Fritz Schröder, Oberturnlehrer, Bonn. Max Vogel, Kaufmann, Leipzig.

2. Der Ausschuß für Jugend- und Volksfeste.

Dr. med. F. A. Schmidt, Bonn, Vorsitzender. A. Hermann, Turninspektor, Braunschweig, stellvertr. Vorsitzender. G. H. Weber, Königl. wirkl. Rat, München, Schriftführer. Oberlehrer Dunker, Hadersleben. Dr. med. Goetz, Vorsitzender der Deutschen Turnerschaft, Leipzig-Lindenau. Prof. Dr. K. Koch, Braunschweig. Turn- und Reallehrer E. Walther, München. Dr. E. Witte, Braunschweig.

3. Der Ausschuß für die deutschen Hochschulen.

H. Wickenhagen, Oberlehrer, Professor, Rendsburg, Vorsitzender. Heinrich, Oberlehrer, Berlin-Schöneberg. Dr. Knörck, Oberlehrer, Berlin-Groß-Lichterfelde. F. Schröder, Oberturnlehrer, Bonn.

4. Der Ausschuß für die Fortbildungs- und Fachschulen.

Platen, Stadtschulrat, Magdeburg, Vorsitzender. Dr. Kerschensteiner, Stadtschulrat, München. Schröer, städt. Turnwart, Berlin. Sombart, Stadtverordneter, Magdeburg. Dr. Tribukait, Stadtschulrat, Königsberg i./Pr.

5. Der Ausschuß für Förderung der Wehrkraft durch Erziehung.

v. Schenckendorff, Görlitz, Direktionsrat a. D., Vorsitzender. Dr. med. F. A. Schmidt, Bonn, stellv. Vorsitzender. Dr. Lorenz, Realschuldirektor, Quedlinburg, erster Geschäftsführer. A. Hermann, Turninspektor, Braunschweig, zweiter Geschäftsführer. v. Goßler, Staatsminister, Danzig, Ehrenmitglied. Euler, Professor, Berlin. Keßler, Professor, Stuttgart. Dr. Koch, Professor, Braunschweig. Platen, Stadtschulrat, Magdeburg. Raydt, Studiendirektor, Leipzig. Schröer, städt. Turnwart, Berlin. Weber, Königl. wirkl. Rat, München. Wickenhagen, Professor, Rendsburg.

Verzeichnis der vom Zentralausschuß herausgegebenen Schriften.

(Sämtlich in R. Voigtländers Verlag in Leipzig erschienen.)

Jahrbuch für Volks- und Jugendspiele.

Herausgegeben von E. von Schenckendorff und Dr. med. F. A. Schmidt, Vorsitzenden des Zentralausschusses. 8°.

Es sind erschienen: Jahrgang I (1892) 1 M., II–IV (1893 bis 1895) je 2 M., V–IX (1896 bis 1900) je 3 M. Alle Jahrgänge sind noch zu haben, I und II zusammen zum ermäßigten Preise von 2 M. 50 Pf.

Kleine Schriften.

Taschenformat. Hübsch kartoniert.

Band 1. **Ratgeber zur Einführung der Volks- und Jugendspiele.** Im Auftrage und unter Mitarbeit des Zentralausschusses neu bearbeitet von Turninspektor A. Hermann in Braunschweig.
Dritte, verbesserte und vermehrte Aufl. 1900. 64 S. 50 Pf.

Band 2. **Anleitung zu Wettkämpfen, Spielen und turnerischen Vorführungen bei Volks- und Jugendfesten.** Von Dr. med. F. A. Schmidt in Bonn.
Zweite, umgearbeitete Auflage. 1900. 144 Seiten mit Abbildungen und fröhlichem Buchschmuck. 1 M. 80 Pf.

Spielregeln des technischen Ausschusses.

Heft 1. **Faustball.** 2. Aufl.
" 2. **Fußball** (ohne Aufnehmen). 3. Aufl.
" 3. **Schlagball** (ohne Einschenker). 3. Aufl.
" 4. **Schleuderball.** Vorlauf. 2. Aufl.
" 5. **Schlagball** (mit Einschenker).
" 6. **Tamburinball.**
" 7. **Schlagball mit Freistätten.**
" 8. **Grenzball. Stoßball. Feldball.**
" 9. **Fußball** (mit Aufnehmen).

(Heft 1–9:) Westentaschenformat. Kartoniert, je 20 Pf., 50 Stück und mehr desselben Heftes je 15 Pf.

Diese Sammlung von Spielregeln wird fortgesetzt. Sie ist dazu bestimmt, einheitliche, von Fachmännern erprobte Spielregeln in Deutschland einzuführen.

Flugschriften über Volksfeste.

Heft 1. Wie sind die öffentlichen Feste des deutschen Volkes zeitgemäß zu reformieren und zu wahren Volksfesten zu gestalten? Gekrönte Preisschrift. Von Dr. E. Wille.

1898. 8°. 32 Seiten. 50 Pf.

Heft 2. Der Knivsberg und die deutschen Volksfeste im nördlichen Schleswig. Von R. A. Schröder.

1899. 8°. 16 Seiten. 40 Pf.

Heft 3. Das Sedanfest in Braunschweig. Von A. Hermann, Turninspektor.

1899. 8°. 32 Seiten. 40 Pf.

Heft 4. Die Veranstaltung von Jugendfesten an städtischen Knabenschulen. Zwei preisgekrönte Arbeiten von W. Peters und P. Hoffmann.

1900. 8°. 19 Seiten. 40 Pf.

Heft 5. Die Veranstaltung von Jugendfesten im Freien an Landschulen. Zwei preisgekrönte Arbeiten von H. Hinz und Fr. Sange. 1900. 8°. 23 Seiten. 40 Pf.

Heft 6. Die Veranstaltung von Jugendfesten an höheren Schulen. Preisgekrönte Arbeit von R. A. Schröder.

1900. 8°. 11 Seiten. 40 Pf.

Wehrkraft und Jugenderziehung.

Zeitgemäße Betrachtung auf Grund seines beim deutschen Kongreß zu Königsberg am 25. Juni 1899 gehaltenen Vortrages. Von Dr. H. Lorenz, Direktor der Realschule zu Quedlinburg. 1900. 8°. 31 Seiten. 1 M.

Pierer'sche Hofbuchdruckerei
Stephan Geibel & Co.
Altenburg, S.-A.

www.ingramcontent.com/pod-product-compliance
Lightning Source LLC
Chambersburg PA
CBHW030338270326
41926CB00009B/871

* 9 7 8 3 7 4 2 8 1 2 7 5 9 *